牟宗三先生全集㉗

牟宗三先生晚期文集

牟宗三　著

《牟宗三先生晚期文集》全集本編校說明

周博裕、黎漢基

　　本書所輯錄者爲牟宗三先生在1949年赴台之後討論學術問題之論文、訪談記錄及演講記錄，但已輯爲專書或包含於其他論著者、評論現實問題者，以及屬於譯述性質者均不收。牟先生評論現實問題的論著另編成《時代與感受續編》，單篇譯述則編成《牟宗三先生譯述集》。

　　本書共收錄論著四十二篇，其中一篇是英文論文。此文係牟先生於1972年在夏威夷大學出席東西哲學家會議時所發表的論文；根據文中的說明，此文係節錄其刊於《新亞書院學術年刊》第14期（1972年9月）的〈王學的分化與發展〉一文（後收入《從陸象山到劉蕺山》）。以上論著中，有不少篇曾多次發表，爲免累贅，每篇之後僅註明第一次發表的出處。至於其他出處，則請參考本《全集》所附的〈牟宗三先生著作編年目錄〉。

　　本書所收論著，若有一種以上的版本，則以最完整或最後出現的版本爲依據，再與其他版本相互校勘。除英文論文列於書末之外，其餘各篇均依年代先後排列。

目　次

介紹《中國文化之精神價值》

民國以來，對於中國文化作反省的了解者，無過於此書。五四運動時所謂整理國故者，乃根本不了解中國文化之精神與價值。這也無怪其然，因為他們的基本精神是在打倒，而不在求了解。惟當時有一特出者為梁漱溟先生，他著有《東西文化及其哲學》。他了解中國文化亦有其悟入處。他的悟入處亦有其中肯處與獨到處。但他未能順他的悟入處，向裡、向深處盡量披露出來，亦即於中國文化之本源，未能「致廣大而盡精微」地充分開出來，而即轉入他的社會改造運動。而他的社會改造運動及其理論亦終於與他的講中國文化之悟入處所透露之本源，弄成兩橛，而有啣接不上貫通不起之感。此可由其近數年來所出之《中國文化要義》惟是自橫剖面的社會組織以及由之而生的社會生活、生活習性而立言，即可看出。後來又有馮友蘭先生著《中國哲學史》，首言對於中國思想文化須有「同情的了解」。此比五四時代稍進一步，然其「同情的了解」畢竟不夠，根本未接上中國思想文化之核心。其上下五千年，如數家珍，好像無甚毛病者，實則於根本義理、根本精神處全未抓住，因而亦根本不相應。此其故是因為他的學力是停在西方新實在論哲學的立場上，故根本不入，亦不相應也。倒是以寫小品文起家，號稱

幽默大師的林語堂先生，對於中國文化的精神與價值，確有親切的體會。雖是偏於軟性，不能以積極而嚴肅的態度出之，然在其本分上亦算不容易了。這是他自處之格如此。

了解中國文化，亦須了解西方文化，而且現在反省地了解中國文化亦常隨了解西方文化的程度而定。在西方文化方面，如果不了解它的文化生命之徹上徹下的主要特徵，以及其中之幾個主幹，如希臘的傳統、基督教的傳統，便無法說是了解西方文化。在中國方面，如果不能徹上徹下把握而且通透其文化生命之主流（儒家）以及其旁流（如道家、佛家），亦無法說得上了解中國文化。在哲學或思想系統上，如果不能深入希臘的理性主義、繼承希臘的理性主義而建立的中世紀的神學（經院哲學）、以及近代的理性主義與德國的理想主義這一大流而把握其真實義，便不能盡其文化生命之蘊，亦無法取得對照，以盡中國文化生命之蘊。如果爲近代精神所限，爲科學精神所限，而停在隨此等精神下來的經驗主義、自然主義、唯物論、實在論、唯用論、進化論等，則無法了解西方文化生命之主流，亦根本接不上其學術思想之大流，而感覺與之爲對立，而且亦根本不能接觸文化問題，且反而亦必不能了解中國文化爲何事，且更感覺與之爲對立，而覺其爲一無所有也。中國自清末接觸西方文化以來，第一階段有嚴復翻譯亞當斯密的《原富論》、穆勒的《名學》、《群己權限論》等，大體限於英國經驗主義的思想傳統中的著作，而這些亦比較切於現實，近於常識。而嚴復之翻譯此類著作，其動機亦大抵是在補偏救弊，補中國傳統文化生命中之所缺，其本人亦不必就是此立場，彼亦不必感覺到這些東西必與中國文化爲對立，當然彼亦不能反省中國文化精蘊之何所是，而疏通以

貫之。至五四運動爲第二階段,始籠統地以科學與民主爲號召,而
以廣泛的理智主義爲基本精神,因而始直接地與中國文化爲對立,
而必欲打倒之,毀棄之。此純爲表面的近代科學精神所限,旣不能
通過西方文化生命之源流,故更不能疏導中國文化生命而接契之。
此純爲一否定之階段。此後稍沈潛而歸於切實,然大體仍是以理智
主義、實在論爲基本精神。而一般之風氣,則在此基本精神下,走
上純理智的繁瑣學究之態度,支離破碎客觀外在的考據途徑。上面
說到的馮友蘭即是此過程中之人物。此種基本精神亦根本不能通曉
西方文化生命之大流,故亦根本不能接上中國文化生命之內蘊。但
是醞釀到現在,遭逢時代之大變,面對共黨唯物論史觀徹底反文
化、毀文化之大魔,實亦引生我們重新反省中西文化之大流,亦實
應從理智主義、實在論再進一步,上通希臘的理性主義、中世紀的
宗教精神,以及近代的理性主義、德國的理想主義,窮盡通透其文
化生命之全幅內蘊。夫如是,然後再返觀中國文化生命之內蘊,始
可接得上,而覺其並非一無所有,且頓時覺得其全幅內蘊,整個明
朗活現起來,而得疏導出其盡處在那裡,其不足處在那裡。此當是
我們現在所處的第三階段。此當以理想主義、人文主義,開闢價值
之源,貫通道德宗教與科學民主,爲基本精神。從這發展的階段上
說,唐先生這部書正好可以說是這一階段中劃時代的一個標識。

　　此書第六章論中國先哲之心性觀,第七、第八兩章並論中國先
哲之人生道德理想論。在此三章中,把中國文化生命中之主要骨
幹,徹底予以透出,因而亦形成此書之基幹。第九至第十三各章則
橫論中國文化之各方面:中國人間世界、日常生活、社會政治與教
育及講學之精神、中國藝術精神、中國文學精神、與中國之人格世

界對照之西方人格世界、中國之人格世界。此皆比較具體、輕鬆而活潑，易於了悟。然而妙義絡繹，美不勝收。其義理之熟，智慧之圓，幾鮮有倫匹。此諸方面之體會可以配合烘托前三章之基幹，以見中國文化生命全體大用之一貫。第十四章論中國之宗教精神與形上信仰──悠久世界。此繼承心性觀與人生道德理想而向上透入。徹底予以披露，將其「致廣大而盡精微，極高明而道中庸」天德之涵覆，地德之持載之高明性、博厚性以及悠久性，全體彰顯，而見其爲最圓融、最高級之宗教精神。此若非於先哲之心性論及人生道德理想論，有義理上之徹底了悟，不能調適而上遂，宏闢至此也。此書〈自序〉云：「此書乃以我所知之西方文化思想中之異於中國者爲背景，以凸出中國文化之面目。〔……〕通常唯恃直覺了悟者，吾皆以『方以智』之道加以剖解，而終歸於見天心、自然、人性、人倫、人文、人格之一貫。吾於中國文化之精神，不取時賢之無宗教之說，而主中國之哲學與道德政治之精神，皆直接自原始敬天之精神而開出之說。故中國文化非無宗教，而是宗教之融攝於人文。」唐先生數年來於宗教精神體會最深，其造詣可謂遠矣。故其論中國文化，於「向上開擴」一義，言之最透。此於培植中國文化之根，彰顯其本源上之持載，有大貢獻。其〈自序〉又云：「於中西理想主義以至超越實在論者之勝義，日益識其會通。乃知夫道，一而已矣，而不諱言宗教。」

　　此「向上開擴」一義，不特極成宗教境界，且本中國「宗教融攝於人文」之精神，而可以消除各高級宗教之偏執，漸以開拓通達其自己，而會通各大宗教而不與之爲對立，且使其自身間不對立，此「向上開擴」一端，宋明儒者，未能臻此。不特此也，中國文化

固須順其所固有，於向上一端，需要開擴；且須於向下一端，需要撐開。此即疏導中國文化之盡處與不足處，而見今日言中國文化爲繼承宋明儒者而爲第三期，亦即明中國文化未來之創造也。本書第十五、十六、十七三章皆言中國文化之創造。茲錄其對於中國文化精神之根本缺點之反省一段話，以明於向下一端需要撐開之意：

〔……〕中國文化之精神，在度量上、德量上，乃已足夠，無足以過之者，因其爲天地之量故也。然文理上，確有所不足。亦可謂高明之智，與博大之仁及篤實之信，皆足，而禮義不足。因而必須在內容中充實。度量上、德量上之足夠，多只見精神之圓而神。圓而神者，宜充實之以方以智，此方以智非智慧之智，乃理智之智。如圓中無方形加以支撐，則圓必有縮小而趨於一點之勢。吾意謂：毀中國文化之圓爲方，再爲線，而孤線單持，乃中國數十年來，功利主義者、科學至上論者、單純的民主自由歌頌者、共產主義者之所爲。此固不可。然徒圓而無方，神而無智，以支撐之，則神之卷而無迹，其有若無，未可定也。故吾人今日必納方於圓，以撐開此圓。或由中國文化精神之圓中，化出方來，如《河圖》之轉爲《洛書》。〔……〕又吾所謂納方於圓之人格精神、文化精神，必須爲依一十字架以開出之方。所謂依十字架以開出之方，即人之精神，依分殊理想，向上向外四面照射，而客觀化，以成就科學知識、工業機械文明、生產技術，及各種客觀社會文化領域分途發展與社團組織、國家法律，以眞實建立一多方面表現客觀精神之人文世界。

〔……〕吾意孔、孟之功，在於見天命於人性，繼天體仁而
立天道於人道，亦可謂之立太極於人極。而宋明儒學之復
興，在由人性人道以立天道，可謂之由人極，以立太極。然
中國文化中，尚有皇極之觀念。太極為絕對精神，人極為人
格之主觀精神，皇極為客觀精神（此三精神之意與黑格耳所
言不必同）。中國過去所謂立皇極，表面上似限於政治。然
皇者大義，故吾今將立皇極之義，擴而大之，而以多方面表
現客觀精神之人文世界之真實建立，或社會人文世界之充量
發展，為立皇極。皇極之立，依於人格之主觀精神，亦歸宿
於人格之主觀精神。皇極、人極、太極三者皆立，然後中國
文化精神之發展，乃百備至盛而無憾。（頁361-362）

此段話明下端須撐開之意。而藉古老的「皇極」一名以明之。而立
皇極即轉出客觀精神也。即吾所常言之須轉出知性方面之邏輯、數
學、科學與客觀實踐方面之近代化的國家、政治、法律意也。關此
方面，唐先生書中有探本溯源、究達竟委之說明。讀者必須取原書
而讀之，方能知其切義。

　　吾人今日了解中西文化，實是疏通中西傳統文化生命而復甦
之，以重開文運。惟重開文運，始能一方抵住共黨之魔道，一方重
建支離破碎之文化世界。所以在重開文運中，必一方立教化，整風
俗；一方創政制，開國體，使中國以及世界文化走上康莊諧和之大
道。即照中國歷史言之，西漢初年之「復古更化」，即含有立教化
整風俗、創政制開國體之兩面，故富於建構性與綜和性。宋儒講學
運動，本亦含有此兩面，惟范仲淹與王安石之兩次變法運動失敗，

於創政制開國體一面未有積極之彰顯，然而其立敎化移風俗一面，
則固有極大之心力。其復興儒學，由人極以立太極，在文化史中固
佔一極高之位置。即西方之文藝復興，亦一方開啓近代文化文明之
精神，一方亦促成各民族國家之建立。吾人今日乘時代之所需，重
開文運，則亦必含有此兩面而無疑。唐先生此書，雖未必立爲當下
之風所通曉所接受，然而大勢所趨，世界若無前途則已，若有前
途，則固舍此途徑莫屬也。

原載《人生雜誌》第5卷第8期（1953年7月21日）

簡論哲學與科學

一

　　學問大端，不外哲學與科學。科學是順感官經驗以外取，此可曰順取，順取以成知識。哲學則是就科學之順取以逆得，逆得以明天地人物之德性。依此言之，科學與哲學，其範圍與方向俱有不同。科學的範圍是呈現於吾眼前的事實對象。外在的自然界固是事實對象，就是我的身體現象、心理生理現象，亦是事實對象。這是它的範圍。至於它的方向，是就它了解這「事實對象」而言。它以這「事實界」為對象，外向而了解之。這種外向而了解之，就是我所謂「順取」。而哲學的方向，則必就此順取而反回來，反回來以明事實界之意義與根源，此種反明就是所謂「逆得」。由此逆得所定的範圍就是事實界背後的意義與根源。科學將呈現於眼前的事實予以條分縷析的明朗，而哲學則將其背後的隱藏予以「徹法源底」的明朗。科學的明朗成知識，哲學的明朗成智慧。

　　現實上有一「既成之有」，即可就此「既成之有」而反明之。有「知識」一既成之事實，則反省此事實而明之，即為知識論。有

現實之人生，則反省此事實而明之，即爲人生哲學，即爲道德宗敎之所由成。有呈現於吾眼前的整個自然界，則反省此事實而明之，即爲本體論、宇宙論，總而名之曰形上學。反明就是反省的覺悟。呈現出來的是旣成事實，反明則開變化之源，暢生生之機，以明旣成事實之所由來。推拓得開，則天地變化、草木蕃，此就是反明而開變化之源，此是哲學的功用。推拓不開，則天地閉、賢人隱，一切皆僵化，此就是陷溺於科學而僵滯於事實者之所致。

中國以前打天下，有所謂逆取、順守。逆取是哲學的，順守是科學的。是以凡打開僵局，恢復其創造之生機，以開變化之源的，便是哲學的。生機一開，一串一串的事實便接連而成，順事實之接連而曲成之、而條理之、而穩定之，便是順守，這是科學的。

就學問本身言，哲學的反明就是「反省的覺悟」。這個意思的學是中國以前所十分意識到而徹底完成的。以往聖賢言學都是就此範圍與方向而言的。以下略事徵引以明之。

二

班固《白虎通義》，就傳統的趨勢，下「學」之定義曰：「學之爲言覺也，以覺悟所不知也。」班固是東漢時人，他根據以往的經典，以覺言學，遂成爲學之定義，後此言學，亦莫不就此定義而用心，以言學之意義與內容。這是中國以前對於學的一個傳統的看法。

《論語》首言「學而時習之」。朱注曰：「學之爲言效也。人性皆善，而覺有先後。後覺者，必效先覺之所爲，乃可以明善而復

其初也。」此雖以效言學，然覺亦函其中。效者是效法古人或先覺者如何覺悟以明善而復其初也。此不但把「反省的覺悟」函於學中，而且亦把反省的覺悟所指之對象與內容亦確定出來。先言「人性皆善」，後言「明善以復其初」。此即吾開頭所言「逆得以明天地人物之德性」。逆而得之，即是反而明之。能反明天地人物之德性，則可以開變化之源，暢生生之機矣。朱注此處所言，雖限於人性，然亦實通於天地人物而總言之。《中庸》不云乎：「能盡己之性，則能盡人之性；能盡人之性，則能盡物之性；能盡物之性，則可以與天地參而贊化育矣。」此實反明之學之全功，亦即其全幅領域也。

《大學》亦言：「大學之道，在明明德，在新民，在止於至善。」「明明德」即是反明人之性也。明明德與新民是內聖外王合一之學，亦即道德實踐之全體。是以古人之學即在完成「道德的實踐」也。古人以明明德爲學，以明德爲學之對象，此可見此所謂學是哲學的，與今人所意指之學完全不同。今人以呈現於眼前之自然事實爲學之對象，以條分縷析明此事實爲學問。此所謂學是科學的。此不要緊，但只以此爲學問，而以「明明德」爲非學問，則大過，此今人之陋也。古今人對於學問的觀點整個相翻，所以遂使人對於古人所謂「學，覺也」之反明的學問完全不解，完全不知其意義，全不視之爲學問，此今日之所以人失其主，土崩瓦解，而天下大亂也。然在古人，對於此學之意義，幾乎是家常便飯，天下之所共喻。然則古人之言學，豈盡囈語乎？這必有「所關者大」存其中也。

《禮記·學記》篇云：「君子如欲化民成俗，其必由學乎？」

其學的過程如下：「一年視離經辨志，三年視敬業樂群，五年視博習親師，七年視論學取友，謂之小成。九年知類通達，強立而不反，謂之大成。夫然後足以化民易俗，近者說服而遠者懷之，此大學之道也。」這是說學之過程，而《大學》即透進一步而綜結之曰：「大學之道，在明明德，在新民。」此言其徹法源底之內容。「知類通達，強立而不反」，此之謂大成。這種大成，不能反明人生之本源而通透其明德，不能至。不能通透其明德，亦不能知類通達，強立而不反。明德既明，事理通達，然後可以言化民成俗。化民成俗即新民之事也。此由反明天地人物之性之學而進至政治教化歷史文化之域也。蓋反明天地人物之性之學整個是一道德實踐之學，而道德實踐不能不擴及於政治教化歷史文化之範圍也。所謂「學者，覺也」，即覺此全套而明之，以歸諸實踐。

故《荀子‧勸學篇》曰：「學惡乎始？惡乎終？曰：其數則始乎誦經，終乎讀禮；其義則始乎為士，終乎為聖人。」荀子此言，與〈學記〉篇所言相類。蓋亦偏於政治教化歷史文化而言學，然而「始乎為士，終乎為聖人」，歸諸實踐則一。為士為聖人，不能不有「反明天地人物之性」一段工夫。此段荀子不甚能言，以其學力不甚能透乎此也。然「學，覺也」，以成道德實踐，則不悖，以概括政治教化歷史文化之實踐，則亦不悖。蓋荀子注重外王一面也。

至於孟子，則甚透內聖一面，即明明德一面。故曰：「學問之道無他，求其放心而已矣。」心之放而不反，即是心之逐物，陷溺於物欲之中而顛倒不已，此即孟子所謂「物交物則引之而已」。求其放心，即是使心從物欲交引中超拔，而使良知良能之本心呈露也，亦即是明德之呈露。此種從物欲交引中超拔即是「反省的覺

悟」，亦可曰逆而覺之，此即反明也。這「逆而覺之」一關實是
「人之所以異於禽獸」者。

三

　　讀者若想懂得一點哲學，便請從此逆覺之路入，廣讀中西典籍
皆無不印證此義也。西方哲學雖不是從道德人生入手，然逆而覺
之，反而明之之路同。吾前言及知識論、本體論、宇宙論，皆是由
逆覺反明而成。遍及西方哲學之全部，蓋皆可融攝於中國往哲所定
之逆覺反明之學問中而不悖，而且可以充實中國往哲所定之學問之
意義與內容。吾人今日若想了解一點哲學，由逆覺反明之路入，則
哲學可不只是「理智之遊戲」。要想得到技術知識，則學種種科
學；要想了解人生文化之源，則即須逆覺反明而讀哲學。而且吾人
今日所處之時代，正是大動亂之時、社會崩解之時、文化理想衝突
之時。人性、人道不得保，個性、價值不得保，自由、民主不得
保，歷史、文化不得保，國家、民族不得保。此皆須吾人逆而覺
之，反而明之，以明其確切不拔之根本原理，以堅定自己之信念，
由是而引生吾人之全幅道德實踐也。此種原理與信念（肯定）皆不
能從科學中得來。譬如人性、人道，此必須由徹底透露人之明德而
見其為確定不可移，然後人性人道方得保，而吾人之為保障人性人
道而反共，方有其堅強不拔之理由。人性、人道保，則個性、價值
保。個性、價值保，則自由、民主方可得而言。由是而歷史、文
化、民族、國家，皆得以在此前提下而被肯定矣。此若不由哲學的
逆覺反明以開變化之源，暢生生之機，則吾人無由得而肯定也。吾

在此，簡言其大義如上，讀者順此悟入，必可見其有切實不可疑者在焉。

原載《幼獅月刊》第1卷第9期（1953年9月）

實存哲學的人文價值

今天的題目是「實存哲學的人文價值」，這是聯合國中國同志會定的，我原來的題目是「論存在主義」。現在即可改為「存在主義的人文價值」。

existentialism 一詞，我以為可直接譯為「存在主義」，不必加什麼顏色。普通譯為「實存哲學」、「實存主義」或「生存主義」等，都有誤會。

存在主義是晚近西方大陸上的一派思想。它開始於丹麥人而受教於德國的契爾克伽德（Kierkegaad, 1813-1855）。現在講這一派思想的，除這個開始人以外，大都還包括以下幾個人物；尼采（Nietzsche, 1844-1900）、海底格（Heidegger, 1889- ）、法人薩特利（Sartre, 1905- ）、德人亞斯皮耳（Jaspers, 1883- ）、法人馬塞耳（Marcel, 1889- ）。在這幾個人中，海底格稍特別。他先受新康德派的影響，後來漸與胡塞爾（Husserl, 1859-1938）接近。他講學的路數，最終也是胡塞爾的。他主要的論題是體性學（ontology，亦譯本體論或萬有論）中的「有」（being）。所以他的講「存在」（existence）倒是本體論中的存在。他的中心問題是：什麼是有？為什麼要有而不無？他喜歡討論有無問題。他的哲學倒是關於

存在的哲學。他與胡塞爾、哈德曼大體是一條路的。所以人們雖把他與存在主義聯在一起，而他自己卻屢次聲明不承認這種聯合。那麼，在這裡我們可以不把他劃在存在主義一派內，或至少討論存在主義的主要意義不以他爲主。如果除去海底格，以其餘那幾個人爲主，則存在主義的主要意義與意向，我們可以簡單地作如下之規定：他們都不是講體性學中的「有」之問題的，他們的興趣不在外在的形上學或本體論，不在理智地分解萬有。他們使用「存在」一詞而名爲存在主義，目的不是在分析存在，講關於「存在」的哲學，而倒是興趣在人生，倒是人生哲學，以道德宗教問題爲主。依是，他們之使用「存在」一詞而名爲存在主義，實是他們所注意的問題與方向中之開端的入路或態度之標識，而他們之使用「存在」一詞亦大都是作形容詞用，即標識其開端的態度是「存在的」，以別於「非存在的」。

如是，在這裡，我先說說「存在的」與「非存在的」之意義，以明他們爲什麼使用此詞以標宗趣。

自柏拉圖、亞里士多德以來，首先發明了定義法。對於任何事物，我們可以給它一個定義。定義所表示的是一個事物之「本質」（essence，亦可譯「體性」）。柏拉圖的「理型」與亞里士多德的「形式」，皆意指這定義中的「本質」而言。依是，我們對於一個物，首先有了本質與存在這一對概念。一個現實的具體物是「存在的」，而單言它的本質，由邏輯定義所表示的，則是「非存在的」。它是一個抽象的普遍之理。然而它雖是「非存在的」，它卻是一個「有」。依是，有以下之推理：有一具體物必有其所以爲此物之本質，但有了本質，不必有現實的具體物，即不必函此物之存

在。依是，人的本質並不函人的存在。本質與存在合在一起而成一個具體物，光靠邏輯定義所表示的本質，並不夠，這需要一個「實現原理」。譬如把人定為「理性的動物」，單只這個本質並不函人的存在。要使一個具體的人存在，這須要一個血統的觀念、生物學的觀念。這就是實現原理之所在。不獨人如此，凡是有限存在皆然。然則什麼東西是本質與存在合一呢？曰：只有上帝如此。在上帝，其本質即函其存在。本質與存在是一。依是，就萬物而言，凡邏輯定義所表示的本質俱是「非存在的」。

復次，從邏輯上講，有所謂特稱命題與全稱命題。前者指示一特殊事件，故亦名「存在命題」。後者則表示一個普遍之理或原則，故亦曰「非存在命題」。譬如「殺人者死」，若翻成命題，便是一個全稱或普遍命題；它表示一條法律，並不指陳社會上一個出現的殺人事件。

復次，萊布尼茲說，一個東西一經存在，便有無窮的複雜。若單從邏輯定義所表示的本質方面說，則都清楚地列舉出來，呈現於吾人的意識中，當然不能無窮的複雜。所以無窮複雜是由於「存在」。

以上略明「存在的」與「非存在的」之意義。此義而明，則存在主義者為什麼使用此詞以標宗趣，便可明白。他們使用此詞而名為存在主義，即表示其從具體而真實的存在處入手以觀整個人生之命運。他們不是從邏輯論上、知識論上或外在形上學上，討論存在與非存在的東西。他們只是藉用以為其觀察人生之開端入路或態度之標識。這一個標識只表示他們要從理智主義解放出來，要從理智的分解，邏輯抽象的思考以把握萬事萬物甚至人類中解放出來。歸

到人生上，就是把人的情與意，內在的眞實主體，不只是「非存在」的抽象的「思」之主體，從論理智的掩蓋中透顯出來。人只有從論理智的掩蓋中透顯出情與意，才有眞正的內心生活，才能了解具體而眞實的人生（此就是存在的觀點），才能講個性、人格、自由或不自由、痛苦失望、安與不安，才能接觸到道德宗教的問題，有神或無神。這一串就是存在主義者所注意的問題與所意指的方向。那麼，我所說的他們使用「存在」一詞而名爲存在主義之意義，便是很恰當的。我們不要單就「存在」一詞之字面上望文生意，著加顏色，繁爲辭說。那麼，即逕直翻爲「存在主義」亦是很妥貼的了。

他們使用此詞以標宗趣，若再從其所反對的，或所遮撥的，或其所痛切感覺到的時風、學風之流弊方面以觀，則更顯然。

他們這幾位思想家大抵都一致感覺到十九世紀末、二十世紀以來時代精神之向廣度的量的方面趨之流弊。他們都反對十七、十八世紀啓蒙思想所留傳下來的以「知性」爲主的外在的理性主義，因爲這只是邏輯、數學的思考，淹沒了眞正個性人格之透顯。他們也不滿意於黑格爾的大系統主義，因爲這淹沒了個體的眞實生活之經歷。這些都是「非存在的」態度。關於這方面，且不必多說。順以「知性」爲主的外在的理性主義之學風下來的外在的、廣度的、量的時代精神，尤其爲他們所痛切感覺到。這種外在的、廣度的、量的時代精神，固然爲邏輯、數學的理性主義、理智主義之學風所領導，而尤以基督教之墮落、民主政治之運用、科學之首出庶物所陪襯烘托成。這整個趨勢是外在的、量的、集團的、機械的，而都是非人格的、非個體的。所以在這種時風、學風中，眞實的人品，眞

正的道德、宗教，都不能講。這就表示時代精神之向下趨而提不
住。從這裡演變出共產主義，此種墮落的趨勢遂達至於極點，而釀
成今日之大禍。民主政治，從政治形態上說，當然是進步的、合理
的，而且有其永恆的價值，但其運用則不能不是量的、集團的，此
蓋爲其本質所必函。時代精神之爲非人格的，當然不能先從民主政
治一面看。基督教之墮落、科學之首出庶物而轉成科學工業技術
化，而釀成科學一層論、理智一元論，都足以烘托成這種趨勢。我
們今日當然既不能反宗教，亦不能反民主，亦不能反科學，這都是
永恆的眞理。但這裡有時代風氣問題。我們今日當然要依據自由民
主、科學、宗教，來反共產主義之徹底非人格的。但是在十九世紀
末，民主主義、泛社會主義、科學一層論、理智一元論之量的、非
人格的流弊，已爲契爾克伽德與尼采所洞見。所以契爾克伽德首先
反對他國家的教會，以爲這足以埋沒眞正道德宗教生活之昇進。同
時他也感覺到時風、學風之量的、非人格的趨勢，而有「或此或
彼」（either-or）之呼聲。「或此或彼」，簡單地說，就是：或是
量的、集團的、非人格的，或是個體的、人格的。人們必須於此有
一選擇，決定其命運。這是很有智慧與洞見的一個呼聲（我以爲契
爾克伽德是近代西方唯一有道德宗教生活體驗的一個人）。而稍後
的尼采復亦痛斥基督教與民主主義（注意：他不是就政治形態說
話，而是就時代風氣說話）。就因爲這兩者都取從愚衆，而成爲量
的、集團的、非人格的。我們現在，因爲處在自由民主與共產極權
顯明對立的時代，說話當然與十九世紀末時代的尼采有不同。但
是，在當時泛民主主義與泛社會主義（共產主義亦在內）混融在一
起，我想由尼采看來是一流。那麼，由我們現在看來，從存在主義

的大宗旨方面說話，眞正代表量的、集團的、非人格的，乃是共產黨，此在所必反。而對於自由世界方面，則尼采與契爾克伽德的呼聲，正是一種提醒與補充。科學不能反，而科學一層論、理智一元論卻須反。民主政治不能反，而泛民主主義、不能通道德宗教的泛自由主義，卻須反。宗教不能反，而宗教的墮落卻可以反。所以對於此方面的反，實是一種提醒與補充。此進入二十世紀經過第二次大戰後的存在主義，即已經表現出這種態度來了。

由以上的說明，存在主義者之所以使用此詞而名爲存在主義，其大體精神可以見了。他們就是要加重個人的主體性，個人的人格性，復興道德宗教一成分，從量的、集團的、非人格的窒息中恢復人的品位。由此，我們很易看出這派思想的時代意義及文化理想上的意義。他們所重視的倒眞是「個性」與「價值」兩觀念，這是十九、二十世紀以來的學風所不喜歡的名詞。可是一方面是自由民主，而一方面在學風上，卻純是科學的、理智的、量的、非人格的。這叫做自身之分裂與背謬，此時代悲劇之所以成也。

我以上所說的大都是存在主義開端一段，亦可以說是前半段。至於後半段，即其對於人生向裡體驗一段，即存在主義之內部的系統一段，我在這裡不能多講。不過我可以提示一點，即：他們在這方面並不透，還在摸索中。當然其中有些妙論。但是要擔負時代使命，開啓文運，非徹底透出與透徹不可。其所以不透，並不是他們的聰明學力問題，乃是他們的文化遺產問題。因爲他們所注意的問題與方向是「人極」的問題。這在西方學術文化史上是一個新方向。在他們的學術文化遺產裡，沒有一個規模爲其所繼承、所遵循以前進。希臘的傳統是科學的、理智的，順著下來是物本。基督教

是神本。存在主義的方向是人本。在這方面,他們並無古人爲其遺留規範,當然一時不能透了。在西方文化史中,當然有人文主義一流,但人文主義在西方亦始終未透出。現在存在主義之不透,亦正由於西方人文主義之不透(關此,我有〈人文主義之完成〉一文,載《民主評論》4卷13期及14期)。所以我們現在可以說存在主義實是一種人文主義之變形,他們所注意的問題與方向,其規模是在中國。假若他們肯虛心到中國來讀讀佛學,讀讀孔、孟下來的宋明理學,則存在主義的內部系統一段必然會全部徹底透出。必須自己內部系統徹底透徹,然後放出來可以重新調整文化理想,重開文運。那時,中西文化協調的遠景也可以成熟了。存在主義畢竟是西方人對於這個時代與其文化傳統有感覺有反省的一派思想。這些人畢竟有較爲內在的要求。我們不可囿於英、美人的學術而一味忽視之也。

自由講話

㈠周南先生

聽了牟先生今天深刻的演講,個人覺得牟先生不僅對中國文化有深刻的認識,對外國文化也是有深刻認識的。牟先生說,如果歐洲哲學家能研究中國孔、孟之學,則歐洲的哲學思想一定可以有很大的成就。這話很正確。譬如歐、美哲學解答不出來的上帝之謎,我們中國人卻知道這是「道」的問題。

中國政治向來是「爲政在人」,爲解決人的問題特產生了考試

制度，漢唐兩代之鼎盛，實行考試制度是一主要原因。目前民主政治重視選舉制度，選舉制度之利弊，國父在《五權憲法》中已有說明，事實之表現，選舉制度目前可謂已趨沒落，今後是否應以考試配合選舉，使質（考試）量（選舉）並重，敬請指敎。

㈡瞿立恆先生

方才聽到牟先生在座談會上的演講，內心感到無限興奮。能有這樣一次有意義的演講，介紹一派新的思想，實在是一件值得大書而特書的幸事。

牟先生談到實存哲學的譯名問題，持議精闢，非常佩服。實存哲學的譯名甚多。我國最早介紹這派哲學的，是提倡人生缺憾美的李石岑先生，他在民國十七年寫了一本小冊子，由商務出版，介紹實存哲學的開山祖契爾克迦德（Soren Aaby Kierkegaard），書名《體驗哲學淺說》，將實存哲學譯爲「體驗哲學」。抗戰期間，張嘉謀先生給長沙商務書館寫了一本小書，名叫「生存主義」。後來，謝幼偉先生用「靜觀」的筆名在三十七年七月二十五日的《申報·學津週刊》（張其昀、謝幼偉合編）上寫了一篇〈關於嘉爾克嘉〉，亦採用生存主義的譯法。同年八月份商務印行的《文學雜誌》（朱光潛主編）上有一篇陳石湘先生介紹沙爾特的文章，內中將實存哲學譯作「唯在哲學」，取其不講唯心，不講唯物，只講「唯在」之意。至於日本人何以將其譯作「實存哲學」，據我的猜測，它原先只是指契爾克迦德的哲學。單就契爾克迦德而言，譯作實存哲學，大體還說得過去，因爲契爾克迦德嘗用「眞實的存在」（wirklich Existenz）一詞，並且常說：「人的主觀存在是唯一眞

實的存在。」所謂「實存」，殆即由此「直燒」過來的。但是世異時移，近三十年來實存哲學派別紛立，在這派哲學由契爾克迦德發展到 Jaspers、Heidegger，再發展到 Sartre、Rousselot、Marcel 的今天，它的內涵已起了很大的變化。例如，「存在」一詞，在契爾克迦德是講人的主體的存在，他所說的幾種存在感如「飛躍」（Aufsprung），「重演」（Wiederholung）可以說都是些人格心理學上的概念；但在沙爾特則是講一般客觀個體的存在，他所謂「存在先於體性」（existence precedes essence），已是一個本體論上的命題。因此，「實存哲學」的譯法，在今日來說，似已有欠妥當。牟先生主張把它譯為「存在主義」，我個人對於這一譯法非常同意，並且極為愛好。四十年多天，我移譯 Sartre 的 *Existentialism and Humanism* 一書（先後連載於拙編《駱駝雜誌》），亦用「存在主義」的譯法。

　　實存哲學早在一百年前即已產生，但未為人注意。契爾克迦德於逝世前三年在日記中說：「丹麥需要一個死人。將來在我死後，我的幽靈將向全國發出呼聲。」（A. Dru 譯 *Journals*，467頁）如今這一呼聲不僅傳遍丹麥，且已響徹全世界。實存哲學的時代終於已到來。存在主義之在今日風靡一時，固有上述歷史淵源，但亦有其時代背景。它是對於二十世紀機械化、平庸化、集體化等等荒謬趨勢的一大反動。二十世紀是怎樣一個時代？簡單的說，它是一個無情而殘酷地否定人的存在的時代！存在主義千言萬語，它所要求的只有一點，即積極肯定人的存在。存在主義的另一先驅者尼采，對於上述趨勢尤其猛力抨擊，流風所被，以尼采式超人自居的黑衣首相墨索里尼亦剽竊其思想，而在羅馬 Venezia 廣場上，對著那些

「多數的、太多數的」（戲用尼采語）群衆大呼打倒「集體人」、「經濟人」，而高唱所謂「完全人」（L'homme inte'gral）。H. Duce 的話一點不錯，錯在他所做的一套與講的一套完全南轅北轍。法國小說家馬爾洛（Andre'Marlaux）有一句警語：「十九世紀的時代問題是上帝已否死了，二十世紀的問題乃是人已否死了。」對於第一個問題，尼采與馬克思一致回答說「上帝死了」，不過他們又捧出了二個新上帝，一個抬出超人，一個抬出集體人，以致根本無法回答第二個問題。只有存在主義者，由於身受現代人的極度苦楚，才對第二問題作了一個有力的答覆：「人沒有死，只要每個人的『我』都復活過來！」

最後牟先生說尼采哲學與存在主義都沒有「透出來」，不知所謂「透」是否指哲學系統的透而言，若係如此，則存在主義不僅今日未通，恐怕將來永久也不會透，因爲存在主義是先天的反系統的，所以有人稱它爲一種「反哲學的哲學」（an anti-philosophy philosophy）。尼采在晚年獲得「永恆的重演」（the eternal recurrence）一概念，自譽爲其哲學金字塔之塔頂，不知在此塔頂之上，尼采哲學是否可以算是透了，牟先生是我傾慕多年的當代思想家，希有以進敎之。

(三)牟宗三先生（綜合解答）

周先生因有感於民主政治之運用中之量的、集團的、非人格的流弊，而想到以考試制度來補救。這是政治內部運用的技術問題。我們現在可以不討論。我的意思是：就存在主義的觀點說，這是時風、學風、文化理想的問題。這種量的、非人格的流弊，不只是從

民主政治一面說。他們感覺到這種時風,實是想恢復眞正人的品
位,恢復道德宗敎一成分的活力,不要光僵滯在科學與民主上。他
們不是從政治內部上說話,單限於政治來反對民主或補救民主,他
們是從整個文化理想上來扭轉時風、學風。這樣,科學與民主亦無
礙。民主政治,從政治形態或政體上說,當然是進步的、合理的政
治形態,有其永恆的價值。我們現在因共產極權之暴露,益見其爲
必須而無可疑。尼采當時並未注意到這一點,因爲他還是在十九世
紀末。他所注意的不是政治形態,而是時風中的論民主主義、論社
會主義所表現的量的、集團的、非人格的風氣。不幸而爲希特拉所
利用。這當然由於尼采立言之不愼。進入二十世紀,經過二次大戰
的存在主義便不是這樣。然而這種時風、學風必須扭轉,恢復眞正
人的品位,恢復道德宗敎一成分之活力,這卻是無可懷疑的。亦猶
之乎科學不可反,而科學一層論、理智一元論卻甚不可。

　瞿先生提到存在主義對於人類未來前途究如何指示,這確是很
有意義的問題。這當是未來的社會形態文化途徑的問題。現在西方
論存在主義的人,亦提到存在主義對於政治與宗敎尙無清楚而確定
的規畫。尼采曾嚮往一新貴族階級之出現,然其所謂新貴族完全是
從生命上講,不是從道德理性上講,這必流入霸道與奴役人民。這
點,我在別處已另有論列。這條路不可取。原存在主義所以對於宗
敎與政治,即對於未來的文化途徑,尙無清楚而確定的觀念,是因
爲他們的內部系統尙未透徹之故。他們尙有有神論與無神論的對
立。其所以不透徹,也正由於其前之人文主義不透徹。若是他們眞
透徹了,人文主義徹底彰顯而完成了,足以爲指導文化生命前進之
最高原則,則有神論、無神論的對立可以不存在,而對於宗敎與政

治亦必有清楚的確定。這點我想是可以作到的。至於尼采所說的
「永恆的再現」，似是於生命之創造中見「眞常」，恐與輪迴無
關。

　　（中華民國42年9月3日上午9時台北聯合國中國同志會第七十
七次座談會紀要）

原載《大陸雜誌》第7卷第5期（1953年9月15日）

墨子

一

墨子略後於孔子，生卒年月不可考。約當於春秋末、戰國初一階段。名翟，姓墨氏。魯人，或曰宋人。孫詒讓《墨子閒詁》斷為魯人。說宋人者，蓋因其嘗為宋大夫，遂以為宋人。

墨子與孔子時既相接，地既相鄰，處於當時中國文化程度最高之地，而又博學，長於《詩》、《書》、《春秋》（此言《春秋》，非孔子所修《春秋》）。墨子自言曰：「吾嘗見百國《春秋》。」蓋當時各國之史書也。今本《墨子》中所引《詩》篇，與孔子所刪述者同；所引《尚書》如〈甘誓〉、〈仲虺之誥〉、〈說命〉、〈大誓〉、〈洪範〉、〈呂刑〉，亦與《書》同。而又好學不倦。《墨子·貴義》篇云：「子墨子南遊使衛，關〔扃也〕中載書甚多，弦唐子見而怪之，曰：『吾夫子教公尚過曰：揣曲直而已。今夫子載書甚多，何有也？』子墨子曰：『昔者周公旦朝讀書百篇，夕見漆十士。故周公旦佐相天子，其脩至於今。翟上無君上之事，下無耕農之難，吾安敢廢此？』」可見其好學自勵。

　　彼亦常歷述先聖往事。稱善必舉堯、舜、禹、湯、文、武，言惡則必桀、紂。然其精神氣質，則不與儒家同。《淮南子·主術》謂「孔丘、墨翟皆修先聖之術，通六藝之論。」實則六藝為儒家之學，非墨氏所治也。彼固長於《詩》、《書》及百國《春秋》，然於禮則法夏紬周，於樂則非之。是則彼雖稱引《詩》、《書》，而精神氣質固自不同。

　　其精神特別處，《莊子·天下》篇言之甚善：「不侈於後世，不靡於萬物，不暉於數度。以繩墨自矯而備世之急。古之道術有在於是者，墨翟、禽滑釐聞其風而悅之。〔……〕作為〈非樂〉，命之曰〈節用〉。生不歌，死無服。墨子氾愛兼利而非鬥。其道不怒；又好學而博，不異〔言尚同也〕，不與先王同〔先王謂周先王〕，毀古之禮樂。黃帝有〈咸池〉，堯有〈大章〉，舜有〈大韶〉，禹有〈大夏〉，湯有〈大濩〉，文王有辟雍之樂，武王、周公作〈武〉。古之喪禮，貴賤有儀，上下有等。天子棺槨七重，諸侯五重，大夫三重，士再重。今墨子獨生不歌，死不服。桐棺三寸而無槨，以為法式。〔……〕其生也勤，其死也薄，其道大觳〔乾枯乏潤澤〕；使人憂，使人悲。其行難為也。恐其不可以為聖人之道，反天下之心，天下不堪，墨子雖獨能任，奈天下何。離於天下，其去王也遠矣。墨子稱道曰：『昔禹之湮洪水，決江河，而通四夷九州也，名山三百，支川三千，小者無數。禹親自操橐耜而九雜天下之川；腓無胈，脛無毛，沐甚雨，櫛疾風，置萬國。禹大聖也，而形勞天下也如此。』使後世之墨者，多以裘褐為衣，以　蹻為服。日夜不休，以自苦為極，曰：『不能如此，非禹之道也，不足謂墨。』」準此，則墨子之精神氣質，大體可窺矣。

二

　　蓋周文演變至春秋戰國，已成虛架子，是其敝也。此之謂浮文。浮文無實，必救之以質。當時儒、墨、道三家皆欲以質救文。儒家是順而救之，墨、道兩家，則逆而救之。何以謂順而救之？蓋儒家能通曉夏、商、周歷史文化之發展。周文是歷史文化演變之結集，亦是進步之表示。周文之核心即在禮樂。禮以別異，樂以合同，而禮之關係尤大。周文之所以為文，即在「禮」也。而禮之實必本於人情人性，此即親親之殺，尊尊之等。由親親尊尊之情，而為之制禮以定其等殺，則人道立。故曰：「人統之正，託始文王。」此是中華民族文化生命與民族生命兩者相諧一而為一根之發展，乃歷史文化之大流，不可廢也，不可悖也。孔子惟能通曉此大流，故必首先肯定而繼承之，故曰：「郁郁乎文哉，吾從周。」而復以文為己任也。此即為順而救之。其救之以「質」為何？曰：即順禮樂而道仁義也。此即點出一顆「真實的道德心」。此步指點，真可以說是儒家推擴得開的地處，在義理上也真可以說是達到「天地變化草木蕃」的境地。開闢人之心靈，恢弘人之志氣，無有加於此者。儒家之治六藝，與其繼承歷史文化之傳統，惟在通過表現在外面的迹而透進一步疏通其生命，點出其意義，而一是皆歸於「真實的心」。至於節文度數，則損益進退，固無不可。儒者不於此斤斤也。故孔子曰：「禮云禮云，玉帛云乎哉？樂云樂云，鐘鼓云乎哉？」又曰：「人而不仁，如禮何？人而不仁，如樂何？」又曰：「禮與其奢也，寧儉。喪與其易也，寧戚。」此即不重浮文而重

「眞實的心」也（當時固有小人儒以及所謂賤儒，專以治喪侍奉人為事者，然此不足以代表儒家。墨子所非者大抵皆指此類言。此不獨墨子，即後來荀子亦痛斥此類人）。

儒家是順而救之，救之以「眞實的道德心」。而道、墨兩家，則是逆而救之。而其所以逆又不同。逆者或是徹底反這些東西，如墨家之法夏紬周；或根本忽視這些東西，如道家之反樸歸眞。從此「逆」上說，道、墨兩家皆不能繼承由民族生命、文化生命而發之歷史文化之傳統而立言。道家之逆亦是想救之以質。但其救之以質的態度是求個人心境之自適自得，不滯於物而逍遙乘化。故其質是灑脫自在的心境。茲可藉《莊子・田子方》篇的話以明此義。「溫伯雪子適齊，舍於魯。魯人有請見之者，溫伯雪子曰：『不可。吾聞中國之君子，明乎禮義，而陋於知人心，吾不欲見也。』至於齊，反舍於魯，是人也，又請見。溫伯雪子曰：『往也蘄見我，今也又蘄見我，是必有以振我也。』出而見客，入而歎。明日見客，又入而嘆。其僕曰：『每見之客也，必入而歎，何邪？』曰：『吾固告子矣：中國之民，明乎禮義而陋於知人心。昔之見我者，進退一成規，一成矩，從容一若龍，一若虎。其諫我也似子，其道我也似父，是以歎也。』」明乎禮義而陋於知人心，是即表示其不能從虛文中解放也。進退一成規，一成矩，從容一若龍，一若虎，此若舞者之步法，「槃辟其步，逶蛇其迹。」（郭象語）陷溺於形式之中而不得大自在，亦即其生命全外在化於形式之中而中心無主。儒者於此點出「眞實的道德心」，而道家於此則求解脫而得自在。此亦可謂精神之解放。但此種解放，是由衝破一切禮義形式而成，故其所顯之自在心境，亦一往不返，而流入孤明，再不能客觀化而為

人文之肯定。吾人即由此「不能客觀化而爲人文之肯定」處，見出其自在之心境，即所謂道心，只是一乾冷晶光之圓鏡，而四無掛搭處。故流入虛無飄蕩而避人避世或蕩檢逾閑也。儒家所點出的「真實的道德心」，則能再客觀化而爲人文之肯定，是則既能透過形式而又能肯定形式，而道家之道心則不能也。故道家之道心，可以說只是「虛靈之孤明」。此即其救文之「質」也。

三

然無論儒家的「真實的道德心」，或道家的「虛靈孤明的道心」，皆是在墮落時代中，而由「主體」之透露，以恢復其精神。凡當時風低沈之時，而欲提撕向上，重開文運，則必反歸主體而直透本源，故其始也，必帶浪漫精神，而歸於絕對主體主義、理想主義（此徵之西方文化發展亦然）。此在儒道兩家皆能之。惟儒家是順而救之，點出真實的道德心，而能由主體主義、理想主義客觀化出來，而轉爲客觀主義、古典主義，遂完成人文主義之極致。而道家是逆而救之，則其主體只是虛靈之孤明，而非真實的道德主體，故一往不返，不能轉爲客觀主義，因而亦成爲「反人文的」。此由於其不能繼承歷史文化之大流而立言，故開始點即乖離而歧出。然其尚能由透露主體而趨高明，故於後來心靈之開擴有大助力。

墨家之逆而救之，則能不由透露主體而前進。此是其特別處，亦是其最不行處。墨子亦常言「仁者」，然不能由仁者點出一真誠惻怛之「仁心」，是則「仁」只爲一形容詞，亦爲一虛位字。亦盛言義，然其義是外在而附於事，未能收進來而由義以點出一「真實

的道德心」。是則義為外在而掛空,而不能於「精神主體」中有其根源,是即其不能開闢心靈世界、價值世界也。因此,由其外在而附於事之義,遂外在地而上推至「天志」以為其根(《墨子》有〈天志〉篇,下稍論之)。是義仍為超越而外在者,而不能由精神主體以貫注之。彼言「仁者」是順俗言,彼不能識仁心,遂轉而言「兼愛」。彼言「兼愛」,實即是儒家「推己及人」之公心。此純就「用」上說,未能於精神主體中點出其「體」。因此,彼視兼愛,亦如義然,仍上推至天志以為其根。此亦是超越而外在者,未能由精神主體以貫注之。彼就用上所言之兼愛,剋就其所言而觀之,亦無甚病處,人為善,有公心,自無不好處(如孟子之所斥責,非必其「所言者」之所函。吾將於下文稍明之)。然不能貫徹精神主體而尋出其本源,惟是推出去而泛說,則終是落空而無力。吾之所以說此,端在明墨子精神氣質之特別處,惟是一質樸乾枯之氣質在籠罩。氣質是形而下的,遂黏著於外物。彼一切言論教義,皆黏著於外物而落於實然境界中以表現。彼之心靈亦為此氣質所籠罩,故不能超脫上透而湧現「當然」之世界。心靈為其氣質所蒙蔽,而始終未能透出者。彼之好惡為其主觀之氣質所限,故其識量德慧皆在氣質中直接表現,而不能達高遠悠久開擴變化之境。此則在轉移頹風,開啓文運上,甚為不足。順氣質走,無有不直接照面者。其正面主張,如上所略述,他就用上落於實然境界中而為外在的泛說,此就是直接照面。其於攻儒家處,反禮樂、反厚葬久喪,唯是落於實用主義,而實用至極,則必反人文,一切皆為簡單之物質生活所封閉。有人下文化之定義為「生物學上所不必須的東西」。依此,如照實用言,則只能限於生物學上所必須者。此誠儉

矣，樸矣，而殊不知成爲價值之窒塞，人道之枯萎。故荀子謂其
「蔽於用而不知文」。此誠確評。反浪費，崇質樸，此固甚好，而
不能於原則上以實用主義、功利主義來辯說。然而墨子於此不能
透，此即表示其順其主觀氣質之好惡而爲直接照面者。吾人如此
說，非必謂其所攻擊者爲必對。任何東西，都可有流弊，都可批
評。吾於此不就其「所攻擊者」來辯駁，單看其「能攻擊」一面之
立場，由此以觀其精神氣質之所在與限度。

　　彼旣無論於正面或反面，皆不能由透露精神主體而立言，故其
救周之文，乃是取直接對立而反之的途徑，而且順其由質樸乾枯之
主觀氣質而來的好惡以反之，故其救文之「質」即是其質樸乾枯之
氣質也，不而是從心靈世界中開闢出來的理性精神之實也。依此其
好學而博，亦只是駁而不純，雜而無統。其所成之敎義系統，亦是
順其主觀氣質而來的一個隔離系統，不能繼承歷史文化之傳統而落
實於其中也。依此，不能於民族生命、文化生命中起鼓舞蕩漾之作
用，因而亦不能擔負轉移頹風、開啓文運之使命（儒家能之）。彼
之質樸乾枯之氣質、實用功效之精神，可以轉爲社會行動家、社會
事功家。然其行動與事功亦不是政治家的，即不是綜攝時代、通曉
世變之客觀的，而只是社會的，隸屬於社會下層的，依附於他人
的。此其集團之所以流於俠也。

四

　　吾以上旣略述墨子之精神氣質之何所是，茲再順其主張而申明
之。

㈠兼愛:「子墨子言曰:仁人之事者,必務求興天下之利,除天下之害。然當今之時,天下之害孰爲大?曰:若大國之攻小國也,大家之亂小家也,強之劫弱,衆之暴寡,詐之謀愚,貴之敖賤,此天下之害也。又與〔如〕爲人君者之不惠也,臣者之不忠也,父者之不慈也,子者之不孝也,此又天下之大害也。〔……〕此胡自生?此自愛人利人生與?既〔則〕必曰:非然也,必曰:從惡人賊人生。〔……〕惡人而賊人者,兼與?別與?即必曰:別也。然即〔則〕之〔此〕交別者,果生天下之大害者與。是故別,非也。子墨子曰:非人者必有以易之。〔……〕兼以易別。然即〔則〕兼之可以易別之故,何也?曰:藉爲人之國,若爲其國,夫誰獨舉其國,以攻人之國者哉?爲彼者猶爲己也。爲人之都,若爲其都,夫誰獨舉其都,以伐人之都者哉?爲彼猶爲己也。爲人之家,若爲其家,夫誰獨舉其家,以亂人之家者哉?爲彼猶爲己也。然則國、都不相攻伐,人家不相亂賊,此天下之害與?天下之利與?即必曰:天下之利也。〔……〕此胡自生?〔……〕必曰:從愛人利人生。〔……〕愛人而利人者,別與?兼與?即必曰:兼也。然即之交兼者,果生天下之大利者與?是故子墨子曰:兼是也。」(〈兼愛下〉)詳此所云,則兼愛只是推己及人之公心,此公心即體諒旁人之心也。至其所謂「別」只是不能體諒他人之私心。不能體諒他人,則通不出去,故曰別。能通出去,則曰兼。此是墨子所用之名詞。如此而言,並無過患。兼爲是,別爲非,亦無問題。墨子於本篇下文復引《尙書》以明文王、大禹、商湯等皆能以公心、虛心、敬畏心,而兼愛天下,此皆儒者所雅言,並無可非處。然則其所言之兼愛,並不函「愛無差等」之義。孟子斥其兼愛

為無父，即示其無親親仁民愛物之差等。實則墨子之言本身並不涵此義，而此兩義亦並不相衝突。然墨子並不能把握住親親之殺、尊尊之等與夫由此而生之禮文之密義，彼於此甚忽視而不能鄭重之，此足示其不能把握文化生命之傳統，不能把握人道之立之所由寄者，而徒泛說兼愛，而不能透至真實的道德心之主體，是則於本源及其擴充處，全成虛脫，故孟子如此呵斥之也。而墨子之後學以及望風口耳之輩，在當時亦實有以兼愛與差等為衝突者，故孟子得以順其風而斥之也。此亦實由於墨子本人義理之不透，以及其力詆儒家言禮而使然。殊不知儒者所言之禮非儒家之私制，乃由夏、商、周文化傳統而結成，而言禮不能離卻親親與尊尊。今墨子非儒，反禮非樂，故易使人聯想其並親親尊尊而反之也，或至少墨子於此亦甚不鄭重。由此而忽視差等之義焉，故孟子得以無父責之也。吾人今日看古人之言論：一、須首先客觀地了解其本義；二、於其所攻擊者不必多所計較（於墨子非儒，孟子斥墨皆然），而當反觀其能攻擊一面之立場精神與境界。如是則義理可以相通（如兼愛與差等），而立言之層次與境界亦可以釐清矣。

　　㈡尚同：「子墨子言曰：古者民始生，未有刑政之時，天下之人異義。是以一人則一義，二人則二義，十人則十義。其人茲衆，其所謂義者亦茲衆，是以人是其義，以非人之義，故交相非也。〔……〕夫明乎天下之所以亂者，生於無政長，是故選天下之賢可者，立以為天子。〔……〕是故里長者，里之仁人也。里長發政里之百姓，言曰：聞善與不善，必以告其鄉長。鄉長之所是，必皆是之；鄉長之所非，必皆非之。夫若不善言，學鄉長之善言；去若不善行，學鄉長之善行。則鄉何說以亂哉？〔……〕鄉長唯能壹同鄉

之義，是以鄉治也。鄉長者，鄉之仁人也。〔……〕國君唯能壹同國之義，是以國治也。國君者，國之仁人也。〔……〕天子唯能壹同天下之義，是以天下治也。天下之百姓，皆上同於天子，而不上同於天，則災災猶未去也。今若天飄風苦雨，溱溱而至者，此天之所以罰百姓之不上同於天者也。」（〈尚同上〉）

案：此所言亦理之當然，其本身無問題。其所言層層上同，亦即層層上下諧和之意。何以能諧和？里長、鄉長、國君、天子皆仁人，亦即皆「賢良聖知辯慧之人」，故能有諧和之道，致生諧和之果。此其意亦不函專制極權。因墨子明言：「上有過則規諫之，下有善則訪薦之。」惟其言質直簡單，而不能致曲耳。又其所言亦不函只有同之普遍性而無異之個體性。彼尚不能由致曲而意識到此問題。荀子謂其「有見於齊，無見於畸。〔……〕有齊而無畸，則政令不施。」（《荀子·天論篇》）亦未恰當。蓋墨子所謂一人一義，正是畸也。荀子之言亦不是普遍性與個體性問題。惟荀子於〈非十二子篇〉謂其「尚功用，大儉約，而僈差等」，則甚的當。「尚功用，大儉約」，即是「蔽於用而不知文」，此是墨子之陋處。「僈差等」則是指其忽視「親親之殺，尊尊之等」而言。此已言之於兼愛條。墨子教義中非必函抹殺個性也。惟儒家文化意識強，故重人性個性。普遍性與個體性兩者之諧和與並存易為其所函，亦易為其所把握，故由之亦易引發民主政治也。此在墨、道、法三家，皆無此根源。關此可不詳論。

㈢天志：墨子言上同，最後必上同於天，此則可以顯示一超越而外在之標準。天子不能上同於天，即表示其不能以公心而兼愛天下也，故由此言「天志」。天亦有志，亦有意。天之志與意為何？

曰：亦兼愛交利也。此亦即「義」之所從出。故墨子曰：「今天下之君子之欲爲仁義者，則不可不察義之所從出。〔……〕然則義何從出？子墨子曰：義不從愚且賤者出，必自貴且智者出。〔……〕然則孰爲貴？孰爲智？曰：天爲貴，天爲智而已矣。然則義果自天出矣。〔……〕吾所以知天之貴且智於天子者有矣。曰：天子爲善，天能賞之；天子爲暴，天則罰之；天子有疾病禍祟，必齋戒沐浴，潔爲酒醴粢盛，以祭祀天鬼，則天能除去之。然吾未知天之祈福於天子也。」（〈天志中〉）又曰：「然則何以知天之愛天下之百姓？以其兼而明之。何以知其兼而明之？以其兼而有之。何以知其兼而有之？以其兼而食焉。何以知其兼而食焉？四海之內，粒食之民，莫不犓牛羊，豢犬彘，潔爲粢盛酒醴，以祭祀於上帝鬼神。〔……〕且吾言殺一不辜者，必有一不祥。殺不辜者誰也？則人也。予之不祥者誰也？則天也。若以天爲不愛天下之百姓，則何故以人與人相殺，而天予之不祥？此我所以知天之愛天下之百姓也。順天意者，義政也。反天意者，力政也。」（〈天志上〉）「故置此以爲法，立此以爲儀。將以量度天下之王公大人卿大夫之仁與不仁，譬之猶分黑白也。」（〈天志中〉）

　　案：墨子立天志以爲法式規矩，中函有原始的素樸的宗教精神。然彼不能透露精神主體（spiritual subjectivity）以貫注之，則天亦只成爲理智的、乾枯的、外在的抽象體，而其個人方面則又惟是一質樸乾枯之氣質，實用功利主義之意向，故不能成立宗教也。而其集團遂只成爲社會行動家、事功家。

五

　　墨子在現實方面，順其質樸乾枯之氣質，尙功用，大儉約，以
繩墨自矯，定下其刻苦的生活方式。此實足以激勵末俗，而使有重
濁質樸之氣者以從之。故彼能結成一社團，而風行天下。《墨子‧
公輸》篇載其說楚王曰：「臣之弟子禽滑釐等三百人。」《淮南
子》亦記墨子服役者百八十人，皆可使赴火蹈刃，死不旋踵。又有
所謂鉅子，蓋墨家大師也。故《莊子‧天下》篇云：「以巨子爲聖
人，皆願爲之尸，冀得爲其後世。」其中以孟勝、田襄子、腹䵍爲
最著。《呂氏春秋‧上德》篇：「墨者鉅子孟勝，善荆之陽城君。
陽城君令守於國，毀璜以爲符，約曰：『符合聽之。』荆王薨，群
臣攻吳起，兵於喪所，陽城君與焉，荆罪之。陽城君走。荆收其
國。孟勝曰：『受人之國，與之有符。今不見符，而力不能禁，不
能死，不可。』其弟子徐弱諫孟勝曰：『死而有益陽城君，死之可
矣。無益也，而絕墨者於世，不可。』孟勝曰：『不然。吾於陽城
君也，非師則友也，非友則臣也。不死，自今以來，求嚴師，必不
於墨者矣。求賢友，必不於墨者矣。求良臣，必不於墨者矣。死
之，所以行墨者之義，而繼其業者也。我將屬鉅子於宋之田襄子。
田襄子賢者也，何患墨者之絕世也？』徐弱曰：『若夫子之言，弱
請先死以除路。』還歿頭前於孟勝。因使二人傳鉅子於田襄子。孟
勝死，弟子死之者八十三人。二人以致令於田襄子，欲反死孟勝於
荆。田襄子止之曰：『孟子已傳鉅子於我矣。』不聽，遂反死
之。」據此所載，則誠可歌可泣者矣。

《呂氏春秋・去秋》篇又載：「墨者有鉅子腹䵍，居秦，其子
殺人。秦惠王曰：『先生之年長矣，非有它子也。寡人已令吏弗誅
矣。先生之以此聽寡人也。』腹䵍對曰：『墨者之法曰：殺人者
死，傷人者刑。此所以禁殺傷人也。夫禁殺傷人者，天下之大義
也。王雖爲之賜，而令吏弗誅，腹䵍不可不行墨子之法。』不許惠
王，而遂殺之。」此亦難能。

即墨子本人亦嘗助宋而禦楚。「公輸盤九設攻城之機變，子墨
子九距之。公輸盤之攻械盡，子墨子之守圉有餘。公輸盤詘。」
（〈公輸〉）案：此可見墨子且有巧智。在其實際之行動中，墨子
集團亦有實測之知，類乎一些原始的科學知識。由是而引生辨名
理，此即《墨經》是也，亦曰《墨辯》，此則大體屬於墨子之後
學。《莊子・天下》篇云：「相里勤之弟子伍侯之徒，南方之墨者
苦獲、已齒、鄧陵子之屬，俱誦《墨經》，而倍譎不同，相謂別
墨。以堅白、同異之辯相訾，以觭偶不仵之辭相應。」案：今本
《墨經》，多不可解。五四以來，講者多矣。茲可不論。

由以上可知，由其實際行動之勇於赴義，演變而爲戰國時之游
俠。由其實測之知，演變而爲戰國時之墨辯，以與名家相出入。此
墨家之歸結也。墨子不能透露精神主體以貫注其外在之天志，故不
能成宗教。彼爲質樸乾枯之氣質所限，爲實用功利之思想所封，宜
其轉爲社會行動家而流於俠也。而在此氣質之籠罩下，亦不能透露
清明之理智，而爲名數之學之研究，故雖乘戰國之風而有墨辯，亦
究未能爲科學植基立規模也。然則墨學之絕，亦有以也。以其精神
氣質本易脫離學術文化發展之統緒而流於社會下層也。然其於立身
處世，幹事赴義處，亦有可以激勵末俗而足資取法者。《易》曰：

「貞固足以幹事。」（〈乾・文言〉）此語，墨家可以當之矣（然貞固亦有本心靈世界之開闢而轉出理性精神而來，亦有本氣質而來。墨子大體偏於本氣質而來也）。

原載張其昀（編）：《國史上的偉大人物》第1冊
（台北：中華文化出版事業委員會），1953年11月

我了解康德的經過

　　我在學校讀書的時候，並不能解康德。那時，我是在讀羅素等人的書，尤其雅愛懷悌海。在中國方面，那時我大講《易經》。從漢《易》以至清朝的胡煦與焦循，我很費了一番整理疏解的工夫。因此遂寫成《從周易方面研究中國之元學及道德哲學》一書。然當時我卻並不了解孟子。陸、王一系，我也不能了解。此系不能了解，程、朱一系也並不能眞了解。我那時之治《易》學，完全是宇宙論的興趣。但因對孟子一系不能了解，則其所了解之《易》亦不是儒學之眞精神，即於儒家精神中之《易》學之原義，並不能很自覺地把握透徹也。因此，我那時所了解的《易經》尙是一種外在的觀解的形上學，對於實踐主體一面並無所悟。

　　同時，我泛濫於西方諸哲學理論，覺一套一套都不壞。雖有主觀之喜歡，然亦只是情感上之喜歡不喜歡而已，並不能明其所以然，以及其理之必然。當時甚感困惑、苦惱，對於哲學，實並不能獨立地置一辭也。乃置之，決不敢作哲學問題的討論，因並無入手處也。於是，遂致力於邏輯。自在學校讀數理邏輯起，直至三十歲，始終未間斷，遂有《邏輯典範》之寫成。此書於珍珠港事變那一年由商務印書館印出。這部工作，在我思想的發展中，可以說是

最有意義的一階段，最有扭轉的作用。我於邏輯技術方面並不行，所以我並不能作一邏輯專家。然我對於邏輯本性以及邏輯系統之了解，則並不甚差。據我一步一步思辨，乃逼迫著我不能同意時下講邏輯的人之自處於形式主義與約定主義。近時有邏輯天才，而能創發邏輯的人，其對於邏輯之反省與了解，大都是站在反傳統之理性主義的立場的，甚至幾乎全是。所以他們只願停在形式主義與約定主義上。我在這裡很不以為然。我以為如果如此，則邏輯與數學之必然性與定然性決不能保。如果我們就邏輯系統之為套套邏輯系統，再就邏輯、數學之為定然的與必然的，而審慎一貫地思辨下去，則必不能停止於約定主義。如是，要保住邏輯、數學之必然性與定然性，則必有其理性上的先驗根據，不必如畢塔哥拉斯、柏拉圖，以至於近代的笛卡爾等那樣的古典的理性主義之從外面講。它的先驗根據，必有存在學方面的牽連；這一層，經過近代的數理邏輯之形成，是可以淘汰的。邏輯與數學是可以與存在方面沒有牽連的。如是，我們由它的純形性與套套邏輯性，而如言其先驗根據，則必落在「知性」上。此吾邏輯書中所以有「顯於知性而歸於知性」之說。邏輯系統，顯於知性，明其並非無來歷；歸於知性，明其並非無安頓。如是，我由套套邏輯之形式性，進而認識其為純理性。由歸於知性，而認識其為純理，則吾已由形式主義進至理性主義，已由約定主義進至先驗主義矣。我此步扭轉與躍進，並不過分，乃是一步一步逼至的，而亦並不喪失其套套邏輯性與形式性。

當我由對於邏輯的認識而進至此境界時，我一下子敲開了康德哲學之門，我頓時了解了他所說的「知性」，他所說的「超越的統覺」，即客觀而邏輯的我，一時感到無限的快慰。因為從這裡我始

洞開哲學之門。我若不能進至此步扭轉與躍進，我也必趨於今日之維也納派、邏輯實證論。我之接近康德，初無成見。因為開始我並不懂他，對他並無好感。乃是理之逼迫我如此。因此，只要人們不要成見太深，能好學深思，順客觀之理走，則「理」即可以送到你這裡，不由你不承認。

當我由邏輯的追求而敲開康德哲學之門時，我同時也了解了孟子以及陸、王一系的學問。因此經十餘年的發展，至近數年來，因為時代的艱危、國家的喪亂，乃多講道德價值、歷史文化諸方面。社會上表面觀之，乃驚其轉變如此之甚。其實則並未轉變，乃是一根之發展。

我那本邏輯書並不是無錯誤的。在演算技術方面，有許多錯誤。現在商務印書館方面已絕版了。將來須重加整理。但是其中的基本義理，並不受影響。自我對於邏輯有了那步扭轉的認識後，我即開始預備一部《知識論》。在十年的時光內，我一直未停止思考。於三十八年來台的那一年，大體已寫成。這便是我所名之的《認識心之批判》。積稿累累，藏之篋簏，一時無法公世。此書顧名思義，很顯然與康德有關，實即等於重寫一部《純理批判》也。此書的內容，本文當然不能講。我只說說我的用心。

所謂重寫一部《純理批判》，意即：在路向方面，完全是康德的，然在哲學內容方面，則又可以說完全不同於康德。其所以有此結果，完全繫於對於邏輯的認識。康德那時的邏輯以及對於邏輯系統的認識，比起現在，當然是不夠的。康德所憑藉的傳統邏輯中的十二判斷，由之以言十二範疇，在我的工作裡，可以說完全廢棄，即有不廢棄，亦完全變了質。我首先對於邏輯有了先驗主義與理性

主義的認識，進一步，我即由邏輯之顯於知性而歸於知性，就邏輯系統之所以形成，而發見知性所自具之形式條件，爲經驗知識所以可能之先驗的形式條件。我名爲純理（純邏輯系統所表達者）在實際理解中之外在化。純理，若脫離實際理解，而自純粹理解上以言之，則經由其外在化，一方面說明純邏輯系統自身之形成，一方面說明數學與幾何之形成，一是皆保持先驗主義與理性主義之立場。在這裡，我對於數學的解析，一方既不同於康德，一方亦不同於近時羅素的邏輯主義、希爾伯的形式主義及布露維的直覺主義。而對於羅素的還原公理、相乘公理、無窮公理，批評尤詳，尤其扭轉的作用。在羅素，是邏輯與存在雙線平行的（那三個公理都可以叫存在公理），而在我則是邏輯一線。故我的講法，更能作到數學歸於邏輯，而一是又皆歸於先驗主義，故比羅素尤能保住數學之必然性與定然性，不似羅素說之無根。我這種講法，可以說是康德的路向、骨幹，以消融近代在邏輯方面的成就與對於數學本性的認識。我這樣作，既可以活轉並充實康德哲學的精神，又可以扭轉近時之學風，使邏輯、數學不孤懸，以開拓哲學之境界。否則，康德死矣，而哲學亦死矣（如邏輯實證則表示哲學之死）。

由以上所說的基本用心，遂使哲學內容完全不同於康德。然若能不背康德的「超越的統覺」，客觀而邏輯的我，則那些內容本可以變更一個說法的。只要客觀而邏輯的我之自具形式條件（即以此而成其爲客觀而邏輯的我）以施設現象界，以使經驗知識爲可能，這一基本意思不變，則便是康德的路向、康德的骨幹。本這個骨幹，我把「認識心」的全部領域，知性及超知性，予以窮盡無漏的展示，完全順理之發展看認識心之本性、範圍與限度，而又扣緊

「存在即被知」一主斷以言認識心全部之範圍與限度。哲學的全部
系統可以三言盡之：「凡存在的是被知的」，此是觀念性；凡「被
知的是現實的」，此是現實性；「凡現實的是合理的」，此是如理
性。然此三主斷，在認識心方面，皆不能有最後之極成與究極之證
明。此即顯示出認識心之限度。故對於認識心全部領域之考察，一
方充分展露出認識心自身之系統與成就，一方亦顯示出一部道德形
上學之必須。這界線以及轉折處，十分清楚。康德已盡了大部責
任，然猶未十分透也。康德有三批判。吾人承之而發展，則不必再
如此，只須一部《認識心之批判》與一部道德形上學，即足矣。

友人康君毅先生在其《中國文化之精神價值》一書中，有下面
一段話：

儒家之肯定自然世界之實在，依於心之虛靈明覺之涵蓋性，
與對自然世界之仁心與敬意。故中國儒家視人與自然之關
係，先純爲情上之一直接感通之關係。人之由自然以得養其
生，自情上觀之，此亦即自然對人之恩。由是，人亦可直接
繼以一報天地之恩之心。人對自然之態度，在開始點遂既非
一征服之態度，亦非以理智加以了解之態度。此亦即智德只
能爲末德之一故。西方哲學恆以智德在先，而先對自然取一
理智上求加以了解之態度。近世之認識論者，更多以吾人與
自然之關係，爲一「通過吾人之印象觀念，而與之相連結」
之間接關係。彼等恆誤以「在吾人之自覺的反省中之印象觀
念」，爲吾人之心靈之最初所直接接觸，而不知此乃智性活
動之產物。此智性之活動，乃後於吾人與自然直接感通之情

者。在此直接感通之情中，首先所有者，唯是對所感自然之一統體的覺攝。人之有此覺攝，初實爲不夾雜任何自覺的慾望（人之自覺的慾望，乃依自覺的觀念而後起者）。亦無我物之辨，而渾然不二者。此是一純情，純感通。亦即純性純仁之實現。第二步，則爲依吾人超越的心覺之能力，之繼續流露申展，推開此「統體之覺攝與其內容」而客觀化之。此時吾人之心覺，復支持所客觀化者，而奉承之。此即主賓之展開。吾人之心覺之主體，奉承此所客觀化者，即可謂心覺之遇之以禮。第三步，則爲對此整全之覺攝與內容有一選擇，而加以剖判。此選擇與剖判，則根於吾人自己之生命活動或精神活動之興趣。此興趣由吾人生命活動、精神活動，有特定要求而來。此要求，又常爲吾人之過去生命活動、精神活動，所嚮往之形式所規定。由此選擇與剖判，吾人於此整全之覺攝之內容，或取或捨。所取者與所捨者，乃分二半，以各當其位。此即認識活動中之義。吾人取吾人感興趣與注意之所在，而排除所捨者，乃重置定所欲取者。吾人之心覺遂回繞於所取者而把握之，以與其外截斷。吾人遂有一自覺之觀念，或完成一貞定之心覺。此乃眞爲認識活動中之智。夫然，故吾人一切自覺中之觀念，皆爲智性活動之產物；亦爲心覺之流露，而向客觀伸展後，受一定之規定，再回到自身之產物。然吾人之心既有觀念後，若不以此觀念判斷以後所感通之物，再客觀化之於判斷所對之客觀實在中；吾人之心覺，即可由回繞此觀念後，而生一執著，並以爲此觀念即其自己。凡爲智性活動之產物之觀念，依於上所謂智

性活動之回繞作用，必然爲一分別並立者。於是當吾人之執
觀念爲自己也，遂以吾人之心即爲此一群觀念之拼合體，或
以心覺所直接接觸者，唯此分別並立之原子式之觀念群。人
此時遂以心之產物爲所直接接觸者。此即西方洛克、巴克
萊、休謨之所持，而實則此乃以心之智性活動之產物爲心，
而顚倒本末之論也。（頁138-140）

唐先生此段話非常有意義，乃綜觀全部心性活動而爲言，而又能識
其本末者。蓋吾人日常生活中，與現實相接觸，智性最爲凸出，而
其明辨物理又最有成果，所謂「知識」是也。即隨此凸出之觸角，
而簇聚一大堆知識成果於其上，故最易爲吾人所注目。而西方文化
生命又特別表現此觸角，故又特別注目此觸角。其特別表現者，即
其邏輯、數學與科學也。其特別注目者，其哲學即環繞此觸角而用
心也，故有知識論及外在的、觀解的形上學之成立也。吾人數十年
來薰習西方之哲學問題與思考路數，乃亦以此觸角爲中心。別的且
不說，即就吾所寫之《認識心之批判》言，即全幅以此智性之活動
範圍爲主也。經過其活動之全部，而認識其本性、範圍與限度，始
逼迫出一個道德形上學之範圍，即迫使吾人由「認識心」（即智
性）而轉至「道德的天心」也。即智性之認識心並不能窮盡心德之
全體。然吾人此種活動，還是由理論思考之逼迫而使然，由如理地
暴露智性之全幅歷程而見超乎智性者。如不能透盡智性之全幅歷程
而見其窮，則必以智性爲無限之籠罩者，西方之一般哲人及近時之
學風皆如此。即使能透盡智性之全幅歷程而見其窮，而由此窮而見
超乎智性者。此所謂「超」，如只是理論思考之逼迫，則亦不函其

必爲智性之本而爲籠罩者；此或可只爲外乎智性而與智性爲不同，而與之爲對立也。此處若不能於心性本源有透徹眞實之了悟，並不能眞極成超乎智性者之爲本源而且爲籠罩者。康德於此，即見其有未甚透也。蓋康德者，即由對智性之理論思考之逼迫而見其窮也。今若看唐先生此一段話，則眞足以使人灼然體悟到超乎智性者之爲本源而且爲籠罩者，蓋人與自然世界之關係，其先本純爲情上之一直接感通之關係。中國儒者講學，即直接把握住此情上之感通關係而言心性，以及其所函蘊之一切。故其爲學最能不失生命之眞與全。由此觀之，則智性之全部範圍實只是此全而眞之底子中之凸出者。它必以此全而眞之底子爲背據，而亦必歸於此全而眞之底子而得落實。由此始眞見超乎智性者之爲本源而且爲籠罩者。

　　吾人注目於此凸出之觸角，而單獨考論其自身之系統，此實是由其爲凸出而孤離之，亦即抽象地考論之也。故孤離地而考論此智性自身之系統，而發展至超越的統覺、客觀而邏輯的我，此「我」實只是一思想主體或邏輯主體，乃純爲形式的，而非存在的。故其所自具之形式條件，藉以施設現象界，使經驗知識爲可能，亦只是此形式的思想主體之邏輯地綱維知識與智識對象，而非存在地或實現地統馭世界也。此只滿足成知識之條件，而不滿足成實踐之條件也。此所以近時存在主義者之開山祖契爾克伽德（Kierkegaard）必力反黑格爾之客觀的泛理性系統以及笛卡爾之「我思故我在」也。「我思故我在」所證明的，並不是一眞實而存在的我（主體），它只是一個同語重複所表示的形式的我。然如吾人一旦知道此只是智性系統中的我；然如吾人一旦知道此只是智性系統中的我，則亦不要緊矣。言智性自身之系統，本是抽象地、孤離地言

之，本只是滿足成知識之條件。假若一旦知其窮，而且知有爲之本
源而籠罩之的背據，則收攝於此背據中而頓然見其實，則此智性自
身之系統實亦是心性之全體大用中之必有的一套也。所可患者，發
而不能收耳，順其凸出而終身不反耳。康德於此有大功，非小智者
所能測。吾今將此凸出之智性自身之系統，全幅予以表露而見其
窮，亦即爲其被收攝於全而眞之背據中留一餘地也。如是將見康德
哲學必愈活轉而充實。康德有知，此將必爲其所喜也。際此衰世，
謹以此意，紀念康德，係亦庶幾見剝復之幾云耳。

原載《民主潮》第3卷第17期（1954年2月16日）

答勞思光先生論學風

思光先生：

　　承賜教，論治學風氣，甚感奮。居今日中國而言學，誠不禁感慨係之。尊論指出不能尊理與不願尊理之病，言之尤深切。尊論言其相狀，雖分為二，而究實言之，實是一病。「不能」亦由於「不願」。要之，不誠而已。此真如孟子所言，是不為也，非不能也。非真不能，則不能根於不願，不願根於不誠。夫理道無窮，以有涯之生，自不能盡。此誠不能也。然能尊理，願向上，則能力資質有限，而識量無限。知有越乎吾所知者，而尊重之，知有吾一時所不及或所不喜者，而客觀承認之，或存疑之，而不動輒予以抹殺或曲解。抹殺是妄也，曲解則強不知以為知，是自欺欺人也，是謂不誠。若有尊重承認之識量，則自能精誠不息，而不陷溺於一得，以沾沾自喜。是即尊論所謂能自省察而求日進也。然無此識量，則必膠著而自欺。故不能尊理，亦實由於不誠也。

　　不誠之病，實是大害。障蔽重重，胥由此起。然此猶屬於個人心地者。如尊論所言之不能尊理、不願尊理之風，若真就風氣而言之，則既成為風氣，必有其所以成之歷史淵源。故凡風氣皆是客觀問題。不誠者假風氣以自飾，乘風氣以自溺，不知其為不誠也。故

以不能、不願、不誠責之，彼必不服。未必能促其覺悟也。疏導風氣之所以成，明其障蔽之所由生，而見其何以有此僻執，則庶幾於其覺悟稍有助焉。然亦未敢必也。人心之陷溺也久矣，勢不至極不轉。

近時學人所假借以自飾之風氣，厥為科學一層論、理智一元論之態度。只承認科學一層之真理，而不承認其他領域之真理，則必假借科學以自飾其不誠，而流於謬妄之僻執。只承認對於事象施以理智的知解分析為學問，除此無學問，非學問，則必流於淺薄的理智主義，而抹殺價值，摧毀理想。古人言：「大學之道，在明明德。」試問今人以此為學問乎？今人以「明德」為學問對象乎？理智的知解分析之對象中有明德乎？今人以分門別類的知識為學問，以經驗事象為學問之對象，以理智的知解分析為治學之途徑。此觀學校教育之科目即可知矣。若以「明明德」為學問，則必私議而非笑之矣。此最足以觀古今之變。古人以知解事象為見聞之知，近人以見聞之知為真正學問，而抹殺其他。然尊德性之知，則能保存價值，涵養理想，然則欲求科學一層論、理智一元論者而不抹殺價值，摧毀理想，寧可得乎？求其能尊理向上，以超轉其境界，寧可得乎？彼方以其所居者為真正學問之所在，寧肯一顧此層以外以上之理乎？是即所謂假借科學以飾其不誠，久假而不歸，不知其不誠也。如是而障蔽成焉，而僻執生焉。

原科學一層論、理智一元論之態度之所以成，實由於五四前後，憑生命之氾濫、一時之想像，而來之不經之思想。思想不成其為思想，是即義理不成其為義理。思想與義理皆有矩矱與法度。徒憑想像之奔馳，則生命已拔根。雖偶有所中，而不勝其怪誕不實之

弊。雖有生命之衝動，因此亦具創造性，然究不勝其混亂走邪之
弊，此不可爲眞實之創造。此風不能久。思想義理不能眞實站得
住，則順生命之氾濫、想像之奔馳，而來之胡思亂想，即不得不收
縮凝結而落實。落實，對胡思亂想言，是進一步。然落實而歸於理
智主義，則收縮凝結即轉而爲凍結。雖是進一步，而弊亦隨之。想
像之奔馳，雖不眞爲創造性，然尙有衝動性，雖不可謂爲有義理根
據之理想，尙可有投射虛映之理想。然轉而爲乾枯淺薄之理智主
義，則衝動性與理想性皆摧毀而無餘。非眞創造之衝動與無義理根
據之理想，誠可厭，亦誠恍惚不可以爲準。由此而言收縮凝結之落
實，誠有其價值。落實，則不奔馳，自不能不尊知解，尙分析，而
注意於小題，精明於事象。此有類於前人講學中之漸教。漸教有其
理據，則此種落實，亦不可厚非。亦有類於西方文藝復興後必繼之
以十七、十八世紀啓蒙思想之理性主義，而彼理性主義亦正以「知
解」爲主者也。在中國，彼輩雖不能有貢獻於科學，然以科學爲準
之落實態度，亦有其意義。吾未嘗不知其價值。如其前期之奔馳爲
想像的、戲劇的、靑年的、浪漫的，則此收縮凝結之落實即爲知解
的、散文的、中年的、實際的。知解之心靈形態、意識形態，是現
實的、實際的，扣緊於對象而不離，重經驗系統，切實而不狂想。
事業家建功立業，學問家博學多聞，由漸以積，由習以成。即科學
知識亦是在此知解形態上而出現。故知解之心靈形態是有現實之成
果者。「道隱於小成，言隱於榮華。」然知道者鮮，遂以小成爲自
得。此其所以易爲人所接受也。如是而有考據，而有科學方法，一
是無不以知解之理智分析是尙，亦猶乾嘉之樸學也。然此種心靈形
態之爲平庸的、學究的、散文的、平面的，亦不可掩。於個人人格

之培養，德性、智慧、器識之培養，毫無助益。此近世知識分子之所以卑陋塵凡而毫無志趣也。蓋此心靈形態積習既久，最足以埋沒性靈，泯滅價值，窒塞生機，而日引人於瑣碎。此古人所謂支離破裂也。再經積習，便不復知尚有眞實之學問。如是而科學一層論、理智一元論之態度遂成，收縮凝結亦轉而爲凍結，膠著僵化，成爲僻執而不覺。如是理想毀矣，價值泯矣。一味庸俗，一味市儈，彼等不知有培養眞實創造心靈之學問，亦不復知有義理根據之理想。凡遇言創造心靈與理想者，皆非彼等所能忍、所願聞，仍一味以胡思亂想視之。如是科學一層論遂轉而爲科學獨斷論，理智一元論遂轉而爲極端無理者。故理智主義必轉而爲懷疑主義、否定主義、虛無主義，而在現實方面，則又極端唯物、功利與自私。此亦就西方啓蒙思想後必繼之以唯物論、功利論，而斯賓格勒所以有西方末日之論也。黑格爾最知「知解心靈」之意義、價值與限度。彼之言此，正預伏向上一機也。近人之陋，何足以知之？而猶狂吠黑格爾。此正見其不自量也。

　　一方收縮凝結而爲泯滅理想之理智主義，一方即有邪僻狠愎之共產主義以爲迷惑青年人之假理想。三、四十年來，此兩流相激相蕩，遂釀成國家之大災難。痛定思痛，亦當有以自覺矣，而猶不自覺，豈不可痛？共產黨不足論，自由中國再不覺，則終無以自立，更不必言反共與建國。眞實之思想義理透不出，眞實之創造心靈透不出，則泯滅理想之理智主義不能轉，望其虛心以尊理，更不可能。此區區數年來所發憤以用其誠者惟在此，而僻執者不肯降心以思也。蒙足下不棄，暢論學風之弊，遂略發如上，以就正有道。意不能盡也。

附簡

此函甫寫訖，有閱之者，以為函中知解心靈之本性、限度與流弊，已知之矣，然向上一機之心靈，即所謂抒發真實思想義理之心靈、表現真實創造之心靈，是何心靈，尚未具備。雖不能詳，何妨略言一二，以使閱者稍有眉目。私意亦以為然，故略附數語於此，以就正焉。

抒發真實思想義理之心靈、表現真實創造之心靈，私意即「創造的理性」（非邏輯思解之理性）之心靈，或云主動理性之心靈。此不必詳為解說。簡言之，耶穌所表現之心靈，孔、孟所表現之心靈，以及宋明儒者所表現所講說之心靈，皆是此種創造的理性之心靈也。《莊子・天下》篇云：「天下大亂，賢聖不明，道德不一。天下多得一察焉以自好。譬如耳目鼻口，皆有所明，不能相通。猶百家眾技也，皆有所長，時有所用。雖然，不該不遍，一曲之士也。判天地之美，析萬物之理，察古人之全，寡能備於天地之美，稱神明之容。是故內聖外王之道，闇而不明，鬱而不發，天下之人各為其所欲焉以自為方。悲夫！百家往而不反，必不合矣。後世之學者，不幸不見天地之純，古人之大體，道術將為天下裂。」多得一察焉以自好，各為其所欲焉以自為方，即知解心靈之學也。判、析、察，皆知解心靈之用也。備天地之美，稱神明之容，盡內聖外王之道，則創造的理性之心靈也。見天地之純與古人之大體，亦創造的理性之心靈也。往而不反，道術將為天下裂，則知解心靈之弊也。莊子慨乎言之。衡諸今世，莊子所言，無一字不合。耶穌所痛斥之法利賽人與文士，亦知解心靈也。耶穌說一切律法都要成全，此便是創造的理性之心靈，但不是法利賽人口中之律法。今之知識

分子大體皆向法利賽人一路走，故無思想、義理與理想也。「備天地之美，稱神明之容」之心靈，名曰「眞實心」。思想、義理、理想，皆從眞實心中流出，不從僵化的、乾枯的、失心的「知解心」中流出。知解心無可談儒學與佛、老。則時人之謬，亦無足怪。

　　當聞一多作《死水》時，尙有其想像與靈感。及至進淸華大學，感覺徒憑《死水》不足列學人之林，遂自慚形穢，覺自家空疏，一無所有。蓋徒憑《死水》，不足以作敎授也。於是，遂將其想像靈感收縮凝結而爲知解，如是，從事博學多聞，從事考據訓詁。如是，你知，我也知；你能，我也能。如是，始可滿足敎授之條件，滿足博士學究之條件，而可以自豪矣。此從學問進程言，對其《死水》一階段，亦未始不是一進步。然及其知解興趣已盡，而又不能超轉其心靈，而僵滯於知解中，則必無眞實之思想義理可言。如此而欲衡量事理，縱論天下事，涉足於國家政治之艱難局勢中，未有不出於激情之反動者。此於何見之？彼以爲我以十餘年之工夫，從事博學多聞，從事考據訓詁，已盡解中國文化之底蘊。其結論則爲震驚一時之喪心病狂語：「墨子是強盜，孔子是騙子，老子是小偷。」天乎！人乎！焉得有如此失心之人乎？今之攜其知解心靈以論事理者，亦大抵皆此類也。惟不似聞一多之激烈，故亦不如其明白爽朗也。然其內心實鄙視中國歷史文化與知解學問以上之學問，此與聞一多正無二致。然則僵滯於知解心靈而不轉，堅執其科學一層論、理智一元論之態度而不捨，則不爲庸俗市儈，即爲決裂狂馳而不可收拾。此是何等時代？人心學風猶如此。故不覺言之而痛也。謹附聞。

原載《民主潮》第4卷第2期（1954年4月1日）

答勞思光先生

思光先生：

　　拜讀大教，知於時風學風，憂念甚深。前次尊函論不能尊理、不願尊理之病。今復進而言時人「畏難之習」，以明所以陷於自封，不能層層前進，窮智見德之故。其意可謂切而備矣。夫學問之事，仁且智足以盡之。德性厚者，雖一時未能自覺而見德性之主體，以進至於德性之學，然亦必勤勤懇懇，虛心努力以盡智。能盡其智者必能知智之窮。知智之窮，則必迫其自覺而見德性之主體。彼於智之事、仁之事，初無意、必、固、我之見，只本其智之活動，循理以求之。理之必然送彼至何處，彼之心量即認可至何處。能循理之必然以見各領域之本質與界限，以及其本末間之轉折與貫通，此亦是智之事。能如此盡智，亦足見智之窮。此種智之活動，當即康德所謂批判的活動。批判活動釐清各領域之本質與界限。但內在於各領域之自身，亦各有其相應之系統。如邏輯領域、數學領域、科學領域等，皆有其自身之系統。內在於此各領域，而作智之活動，則其盡智為構造的、工作的。如此盡智，則亦可見智之窮，或終身由之而不捨，則亦不失為專家，蓋人不盡能作批判的活動故。如真能盡構造的、工作的、活動之智，而為專家，則必盡本

分，守分際，而不流於狂悖。「知之爲知之，不知爲不知。」「君子於其所不知，蓋闕如也。」此聖人明訓，亦足藉以表示眞專家之虛心。於其所不知而闕如，則亦表示專家「存而不論」之智、之窮。此存而不論之智、之窮亦表示專家之消極的見德也。是故無論批判活動之盡智，或構造活動之盡智，皆必能盡其智而見智之窮，而決不流於抹殺之狂悖。是故眞科學家，決不爲唯科學論者；眞邏輯家，決不爲泛邏輯論者；眞數學家，決不爲唯數學論者。不然，則眞培根所謂「洞窟之蔽」矣。人可以以全幅精力用於邏輯，或用於數學、或用於科學，但不謂天地間只有邏輯語言、科學語言或數學語言。然天資刻薄之輩，既不勤懇以作批判活動之盡智，又不作構造活動之盡智，而唯駐足於構造活動之智，欣羨構造活動之智之成果，望道而未見，遂望洋而興嘆，以爲天地間之事畢盡於此矣。此是一重欣羨之自我陶醉，非眞盡智者也。莊生云：「道行之而成，物謂之而然。」不行不謂，而惟欣羨，遂流於科學一層論、理智一元論，抹殺一切，而不知其爲狂悖。此今日提倡科學之怪態也，亦尊函所謂「畏難而故作合理化之解釋」之「懶人哲學」也。其所謂不懶者，實只憧憧往來之欣羨畔援而流於情感之僻執而已，何曾眞凝聚其心志以勤懇從事於智之活動乎？懶人總是懶人，衆生可悲，此處亦見氣質之限度。佛尙有不可轉之闡提，然則足下所謂「見德工夫必須與窮智工夫相接，能相接則兩兩安立，庶免此病」，此亦只是盡其在我而已，勿謂如此即可以醫治懶人也。

　　承詢《民主評論》所載拙作〈世界有窮願無窮〉一文中「以理生氣」一義，茲略酬答如後。

　　「以理生氣」本是理學家之老話，其最初之根源，出於孟子。

拙文中已引及孟子集義養氣之說。孟子又言：「夫志，氣之帥也。
氣，體之充也。夫志至焉，氣次焉。故曰：持其志，無暴其氣。」
此皆「以理生氣」之意。理生氣亦只是大體理氣相對而言。大體粗
略言之，反易顯其主從之義。先生解「以理生氣」爲「理性意志範
鑄經驗條件以成行爲；於此，理性意志爲形式，經驗條件爲材料。
形式範鑄材料，乃成行爲之單體。則由理生者是此單體，應非材
料。」如此分疏，亦可。蓋前賢只言理與氣，未如亞里士多德之言
四因。視氣爲經驗條件或材料（說「材質」比較好一點），則是以
四因說爲背景。又此處言經驗條件，當是存在學上之意義，而非知
識論上之意義，故材料亦當是存在學上之材質，而非知識論上之
「經驗與料」。柏拉圖、亞里士多德之材質皆是存在學上之材質，
前賢所言之氣，如解爲四因說中之材質，亦是存在學上之材質。如
視氣爲四因說中之材質，則理自不能生氣。亦如亞里士多德之言形
式加在材質上，使材質之潛能性實現而爲某一物，故形式代表「實
物性」（actuality）而材質則只有「潛能性」（potentiality）。然
形式之加於材質上而實現其潛能性，其所生者爲一「成爲之發展過
程」，而非材質也。而「成爲之發展過程」又必溯源於「因致因」
（efficient cause）。由「因致因」，始能言引生也。是則能生者亦
非作爲形式因之理，而是作爲動力之因致因。形式加在材質上實現
其「潛能性」，此只靜態地分解言之。若動態地綜和言之，則眞正
引生此具體實現過程者乃在「因致因」，而非形式因。若落實言
之，則亞氏所謂因致因、形式因、目的因（譯「終成因」較好）三
者，實是一根而發，而爲同一面，而與材質爲對立。即此四因中，
前三者爲同質的，惟「材質」一面始眞爲「異質的」。故「因致

因」，雖其始也，說動力、說生機，高之則說靈魂，然最後必歸於
「心」。是則因致因爲心，亦即心爲生化原理或實現原理也。而形
式之理亦由心生，統而言之爲一理。亞氏自宇宙論上言，而前賢則
自人生之實踐言。而理歸於心，心理合一，其義尤彰顯。此理即實
現之理，而落於道德實踐上，即理性意志也。此作爲實現之理之理
性意志，顯然含有因致因、形式因、目的因，三者而爲一，而非只
形式因也。前賢理氣對言之，「理」實即此三義俱備之理。而對於
氣的看法，則有時是靜態的，有時是動態的。孟子言養氣，言浩然
之氣，皆是動態的。從宇宙論上言氣化流行，從人生上言血氣，言
心氣，亦皆是動態的。所謂動態的，是說氣在行爲中表現，而亦因
行爲亦必在氣中行。氣在行爲中表現與行爲在氣中行，皆表示現實
生活中具體而動態之氣。具體而動態之氣，可以養，自可以生。而
此種氣亦實可以代表現實行爲（偏於行爲之動能一面，不偏於形式
或理則一面），故引生行爲，亦可也。至於靜態的看法，則氣即可
以說材質，此則不就「過程」言，而是就「根源之能」言。例如說
「天資」，即是氣之靜態義。才、情、氣皆可就「根源之能」之材
質言。此爲「既成之有」，自不能無中生有也。雖不能無中生有，
然可以陶鑄引發，使其在未來行爲過程中可以成正果，此是誘發規
正之生。故「引生」一詞實可兼動態、靜態兩義而言之。而能生之
因，則必在心理合一之實現之理，亦即理性的意志，而吾人亦名曰
道德的主體，或絕對主體性，亦即孟子所言性善之「性」也。以此
爲本，故生生不息，故亦云引生無盡的未來。若此大本透不出，提
不住，而一任氣機鼓蕩，雖有聰明心智之用，亦是「以氣盡理」
（此所謂「理」是外在的事物之理），亦張橫渠所謂「氣質之性，

君子不謂性也」。此言「氣」，亦是取其動態義，不取其靜態之材
質義。若言抽象而靜態之材質，則不可云「以氣盡理」矣。若以
「根源之能」解析此靜態之材質，則此「能」之盡理亦是照顧著其
後來之發出或表現的動態言。然無論靜態、動態，以氣盡理者，要
之皆無「德性之主體」以潤之，故氣竭而盡，而文化生命亦有斷滅
之時矣。

原載《民主潮》第4卷第7期（1954年6月16日）

中國文化之特質

一、中國文化生命裏所湧現的觀念形態

　　中國文化，從其發展的表現上說，它是一個獨特的文化系統。它有它的獨特性與根源性。我們如果用德哲費息特的話說，中華民族是最具有原初性的民族。惟其是一個原初的民族，所以它才能獨特地根源地運用其心靈。這種獨特地根源地運用其心靈，我們叫它是這個民族的「特有的文化生命」。

　　這個特有的文化生命的最初表現，首先它與西方文化生命的源泉之一的希臘不同的地方，是在：它首先把握「生命」，而希臘則首先把握「自然」。《尚書‧大禹謨》說：「正德利用厚生」，這當是中國文化生命裏最根源的一個觀念形態。這一個觀念形態即表示中華民族首先是向生命處用心。因為向生命處用心，所以對自己就要正德，對人民就要利用厚生。正德、利用、厚生這三事實在就是修己以安百姓這兩事。「生命」是最麻煩的東西。所以有人說：「征服世界易，征服自己難」，征服自己就是對付自己的生命。這個最深刻最根源的智慧發動處，實是首先表現在中國的文化生命

裏。正德或修己是對付自己的生命,利用厚生或安百姓則是對付人
民的生命。所謂對付者就是如何來調護我們的生命、安頓我們的生
命。所以中國文化裏之注意生命、把握生命不是生物學的把握或了
解,乃是一個道德政治的把握。所以正德、利用、厚生這個觀念形
態就是屬於道德政治的一個觀念形態。「生命」是自然現象,這是
屬於形而下的。就在如何調護安頓我們的生命這一點上,中國的文
化生命裏遂開闢出精神領域:心靈世界,或價值世界。道德政治就
是屬於心靈世界或價值世界的事。正德是道德的,利用厚生是政治
的。這就開啓後來儒家所謂「內聖外王」之學。正德是內聖事,律
己要嚴;利用、厚生是外王事,對人要寬。二帝三王這些作為政治
領袖的聖哲首先把握了這一點而表現了這個觀念形態。這個觀念形
態,本是屬於道德政治的。我現在再進一步,名之曰:仁智合一的
觀念形態,而以仁為籠罩者。依此,我將說中國的文化系統是一個
仁的文化系統。

　　或者說,你所說的「仁智合一」,這裏面卻並沒有智。關此,
我再把我所確定的那個觀念形態,再進一步規定一下。我曾由古史
官的職責說明這個觀念形態。《周官・說史》曰:「掌官書以贊
治。」又曰:「正歲年以敘事。」前一句即表示:根據歷代的經驗
(官書)以贊治,這是屬於道德政治的。後一句則表示:在政治的
措施中,含有對於自然的窺測。古天文律曆由此成。這是屬於
「智」之事。我們可以說:智就在政治的措施中,在利用厚生中表
現,在道德政治的籠罩下而為實用的表現。由此,即可明:中國的
文化系統是仁智合一而以仁為籠罩者的系統。

　　但在這裏須注意:因為這個觀念形態是由如何調護安頓我們的

生命而成，因之而成為道德政治的，故其經過後來的發展，仁一面特別彰著，這是很自然的，而智一面則始終未獨立地彰著出來，這是憾事。這是了解中國文化生命的發展的一個大關節。其意義後面再說。

順道德政治的觀念模型而來的發展，就是周公的制禮，因而成為「周文」。而周公的制禮，最基本的就是確定人倫。人倫的最大的兩個綱領則是親親之殺，尊尊之等。由此演生出五倫。親親尊尊的文制。人道由此確定。故前人有云：「人統之正，託始文王。」即因周公制體故也。至孔子出，他能充分欣賞了解這一套禮制，故曰「郁郁乎文哉，吾從周。」進而他又點出它的徹上徹下的「意義」，此即是：由親親以言仁，由尊尊以言義。這是言仁義的文制根源。及至把仁義點出來了，則其涵義即不為親親尊尊之文制所限，而廣大無邊，遂從這裏開闢出中國文化生命的全幅精神領域。

雖說廣大無邊，亦有一個中心的要領。這就是通過孟子的「仁義內在」而確定性善。仁義，若由上面所述的源原來了解，本是由於如何調護安頓我們的形而下的自然生命而顯出的一個道德生命、理性生命。這是我們的聖哲首先由渾一的生命中看出一個異質的東西，即：生命不徒是自然生命、清一色的生物生命，而且有一個異質的理性生命，由心靈所表現的理性生命。依此，仁義必內在，而性善必成立。故孟子由惻隱之心見仁，由羞惡之心見義，由辭讓之心見禮，由是非之心見智。仁、義、禮、智就是心之德，亦即是由心見性也。這一個心性，是我固有之，非由外鑠我也，故是先天而內在的。這個心性就是道德的心性，我們於此亦曰道德理性。這是定然而如此的，無條件的。這個心性一透露，人之所以為人的「道

德主體性」（moral subjectivity）完全壁立千仞地樹立起來。上面
通天，下面通人。此即爲天人合一之道。內而透精神價值之源，外
而通事爲禮節之文。這一個義理的骨幹給周公所制之禮（文制）以
超越的安立（transcendental justification）。這整個的文化系統，
從禮一面，即從其廣度一面說，我將名之曰：禮樂型的文化系統，
以與西方的宗敎型的文化系統相區別。從仁義內在之心性一面，即
從其深度一面說，我將名之曰：「綜和的盡理之精神」下的文化系
統，以與西方的「分解的盡理之精神」下的文化系統相區別。這兩
個名詞須要解析一下。

二、綜和的盡理之精神與分解的盡理之精神

何以說是「綜和的盡理之精神」？這裏「綜和」一語是剋就上
面「上下通徹，內外貫通」一義而說的。「盡理」一詞，則是根據
《荀子》所說的「聖人盡倫者也，王者盡制者也」，以及《孟子》
所說的「盡其心者知其性也」，《中庸》所說的「盡己之性」、
「盡人之性」、「盡物之性」等而綜攝以成的。盡心、盡性、盡
倫、盡制，統概之以盡理。盡心、盡性是從仁義內在之心性一面
說，盡倫、盡制則是從社會禮制一面說，其實是一事。盡心、盡性
就要在禮樂型的禮制中盡，而盡倫、盡制亦算盡了仁義內在之心
性。而無論心、性、倫、制，皆是理性生命，道德生命之所發，故
皆可曰「理」。而這種「是一事」的盡理就是「綜和的盡理」。其
所盡之理是道德政治的，不是自然外物的，是實踐的，不是認識的
或「觀解的」（theoretical）。這完全屬於價值世界事，不屬於

「實然世界」事。中國的文化生命完全是順這一條線而發展，其講說義理或抒發理想純從這裏起。例如，如要順孟子所確立的義理骨幹而深度地講心性天道，他不能忘掉歷史文化中廣被人羣的禮樂文制。因爲中國人所講的「道」，本是從歷史文化中的禮樂文制蒸發出來的。這是孔、孟、荀以及後來的理學家所決無異辭的。不煩徵引。同時，如要順歷史文化而講禮樂文制，則不能不通於心性與天道。此不待理學家而始然，在孔、孟、荀時期即已然矣。《禮記·禮器》篇有云：「禮之以多爲貴者，以其外心者也。德發揚，詡萬物，大理物博。如此，則得不以多爲貴乎？故君子樂其發也。禮之以少爲貴者，以其內心者也。德產之致也精微，觀天子之物無可以稱其德者。如此，則得不以少爲貴乎？是故君子慎其獨也。古之聖人，內之爲尊，外之爲樂，少之爲貴，多之爲美。是故先王之制禮也，不可多也，不可寡也，唯其稱也。」這是表示「綜和盡理」最精美的一段話。故言有聲之樂，必通無聲之樂，言有體之禮，必達無體之禮，言有服之喪，必至無服之喪。是之謂達「禮樂之原」（見《禮記·孔子閒居》）。這還是就禮樂一面說。若就心性一面說，則我可以就日常生活的「踐形」來說明這種綜和的盡理之精神。孟子說：「惟聖人然後可以踐形」，誰能且不管，我且說踐形之意義。「踐形」就是有耳當該善用其耳，有目當該善用其目，有四肢百體當該善用其四肢百體。善用之，則天理盡在此中表現，而四肢百體亦盡爲載道之器矣。此之謂實踐其形，亦曰「以道殉身」也。如是，則不毀棄現實，而即在現實之中表現天理；而現實不作現實觀，亦全幅是天理之呈現。即此簡單而平常之「踐形」一語，實一下子敲破乾坤，而頓時「上下與天地同流」矣。此種精神，唯

中國文化生命裡有之。如於此而再不能感奮興發，而不能認取中國文化之價值，而致其讚嘆之誠，則可謂無心者矣。任何好東西，他亦不能了解。是以中國文化生命，無論從禮樂一面或心性一面，其所表現的「綜和的盡理之精神」所成之文化系統實是一充實飽滿之形態。我亦曾名之曰「圓盈的形態」，名儒教為「盈教」，以與西方的「隔離的形態」，名耶教為「離教」，相區別（「離」、「盈」二詞取於《墨經》。當時關於堅石之辯，有離、盈二宗。今昔用之，以明中西兩文化系統之不同）。

反觀西方，則與以上所說者整個相翻。

我前面開頭即說，中國首先把握生命，西方文化生命的源泉之一的希臘，則首先把握「自然」。他們之運用其心靈，表現其心靈之光，是在觀解「自然」上。自然是外在的客體，其為「對象」義甚顯，而生命則是內在的，其為對象義甚細微，並不如自然之顯明。所以中國人之運用其心靈是內向的，由內而向上翻；而西方則是外向的，由外而向上翻。即就觀解自然說，其由外而向上翻，即在把握自然宇宙所以形成之理。其所觀解的是自然，而能觀解方面的「心靈之光」就是「智」。因為智是表現觀解的最恰當的機能。所以西方文化，我們可以叫它是「智的系統」，智一面特別凸出。

希臘早期的那些哲學家，都是自然哲學家，他們成功了許多觀解自然宇宙的哲學系統。這就是他們的心靈之光之開始與傳授（還須注意：這些人物並不是政治領袖，並不像中國的二帝三王之傳授）。即到蘇格拉底出，雖說從自然歸到人事方面的真、美、善、大等概念之討論，然其討論這些概念仍是當作一個外在對象而討論之，仍是本著用智以觀解的態度而討論之，他並沒有如孔、孟然，

歸本於內心之仁義上。因爲用智以觀解，所以最終便發見了眞的東西有成其爲眞的之理，美的有成其爲美的之理。善、大等亦然。就是說，他發見了「理型」（idea, form）。理型一出，任何事物，任何概念，都得到了「貞定」。這裡所謂貞定，一函有明朗，脈絡分明；二函有定義，名、言俱確。他盡畢生之力來從事發見理型的辨論。他不自居爲智者，而只說是愛智者。這個「愛智」是由智以觀解與其所觀解出之理型而規定，此爲智之特別凸出甚顯。柏拉圖順他的路終於建立了一個含有本體論宇宙論的偉大系統，這裡面含有理型、靈魂（心靈）、材質、造物主等概念。你可以看出這個系統是由「觀解之智」之層層分解，層層深入，而思辨以成之。故文理密察，脈絡分明，一步一步上去的。此之謂智之觀解之由外而向上翻。到亞里士多德，由理型、形式、再轉而言共相（即共理或普遍者），則十範疇出焉，五謂出焉，定義之說成焉，由之以引生出全部傳統邏輯。如是，貞定了我們的名言，亦貞定了我們的「思想」。這三大哲人一線相承，暴露了智的全幅領域，外而貞定了自然，內而貞定了思想。邏輯、數學、科學的基礎全在這裡。智的全幅領域就是邏輯、數學、科學。當然自然科學之成立，還是近代精神下的事，尚不是希臘人愛好形式之美的審美興趣所能盡。然這是細分別的說法，大分別言之，還是一個基本精神之流傳。故近人講西方文化，從科學一面說，必歸本於希臘也。希臘人愛好形式之美，故其所盡的智之事，自以邏輯、數學爲凸出也。此由柏拉圖之特別重視數學幾何，亞里士多德之能形成邏輯，即可知之。

我之略述這一傳統，主要意思是在想表明：這一智的文化系統，其背後的基本精神是「分解的盡理之精神」。

這裡「分解」一詞，是由「智之觀解」而規定。一、函有抽象義，一有抽象，便須將具體物打開而破裂之；二、函有偏至義。一有抽象，便有捨象。抽出那一面，捨下那一面，便須偏至那一面；三、函有使用「概念」，遵循概念之路以前進之義。一有抽象而偏至於那一面，則概念即形成而確定，而且惟有遵循概念之路以前進，始彰分解之所以為分解。分解之進行是由概念之內容與外延之限定中層層以前進。由此三義，再引申而說，分解的精神是方方正正的，是層層限定的（這就是遵守邏輯、數學以前進）。因此顯示出有圭角而為多頭表現。綜起來，我們可說這是「方以智」的精神（《易經》語）。而中國「綜和的盡理之精神」，則是「圓而神」的精神（亦《易經》語）。

至於「分解的盡理」中之「盡理」，從內容方面說，自以邏輯、數學、科學為主。若籠罩言之，則其所盡之理大體是超越而外在之理，或以觀解之智所撲著之「是什麼」之對象為主而特別彰著「有」之理（being）。即論價值觀念，亦常以「有」之觀點而解之。這與中國盡心、盡性、盡倫、盡制所盡之「理」完全異其方向。關於此層，我且不必多說。因為這要牽涉到各方內容問題。

我以上所說「分解的盡理之精神」是就希臘的「學之傳統」說（此在他處，我曾名之曰「學統」）。就是從希伯來而來的宗教傳統下的基督教的精神，即耶穌的精神，一方面說，我也說它是分解的盡理之精神。此處之所謂「分解」完全是就耶穌的宗教精神之為隔離的、偏至的而言。耶穌為要證實上帝之絕對性、純粹性、精神性（以「愛」來滲透上帝之全體），遂放棄現實的一切。打你的左臉，連右臉也給他打；剝你的內衣，連外衣也給他。將現實的物質

的一切，全幅施與，藉這種施與，把「絕對的愛」傳達過去，不管是敵是友（這與孔子的仁不同，與孔子所說的「唯仁者能好人能惡人」亦不同）。當他傳教的時候，有人說你的母親來找你，他就說：誰是我的母親？誰是我的兄弟？凡相信上帝的話的，才是我的母親，才是我的兄弟。依據他的敎訓，人間的倫常道德都是無足輕重的。進一步，「凱撒的歸凱撒，上帝的歸上帝。」連現實的國家亦不在他的心念中。因爲他的國是在天上，不在地下。最後連自己的生命亦放棄。這就是他的上十字架。他上十字架是自動的。當他開始傳教時，就預定了這一步：預定要捨命，要親身作贖罪的羔羊。不但他自己如此，他對他的門徒也說：「如果你們不肯背起你們的十字架，便不配作我的門徒。」他前面一切的放棄就是醞釀這一步。所以我們要了解他放棄現實的一切，就要從這最後一步的意思上來了解。他要作贖罪的羔羊，他要把上帝的「絕對的愛」、「普遍的愛」，傳達到人間，他要把「上帝之爲上帝」全幅彰著出來，所以他必須把現實的一切、感覺界的一切，統統剔除淨盡，將他自己歸於神，與神合一。藉他的上十字架的精神，把上帝的內容全幅彰著於人間。所以依基督敎的敎義，他是神，而不是人，他是道成肉身，他是聖子。由他之爲「道成肉身」，上帝之爲聖父、聖子、聖靈之三位一體性始成立。他之將感覺界的一切剔除淨盡而彰顯上帝，一如幾何學家之彰顯幾何中的方圓。幾何中的方圓，不是感覺的。要顯那個方圓，必須把感覺的東西統統抽盡。數學中的數目及數目式之純粹性亦然。雖然一是屬於科學的，一是屬於宗教的，而其基本精神之同爲「分解的盡理之精神」，則固彰彰明甚。照中國的文化講，人人皆可以爲聖人。而依基督敎的文化系統，則

只有耶穌是聖子，這是獨一無二的，也不許有二。我起初以為這不
對，近來我才了解它的意義。因為在分解的盡理之精神下，耶穌那
種隔離的偏至的宗教精神，必須有一個欄擋住才行。否則若人人都
可以為聖子，都像耶穌那樣，則人間非毀不可，一切現實的活動都
不能有意義，而文化亦不能有，如是連上帝亦無意義了。所以必只
以耶穌為聖子，為人間樹立真理之標準，光明之源泉，以明人間須
要上帝，上帝亦須要人間，如是方能保住人間的活動及文化。就這
一擋住，才成功了西方文化之為基督教的文化系統。而這個文化系
統顯然是隔離的、分解的，而耶教之為離教亦是顯然的。

　　我以上是就希臘、希伯來兩種西方文化的源泉，從其內在的本
質上說明其為「分解的盡理之精神」下的文化系統，藉以說明西方
的科學及耶穌所成的宗教都是這種精神下的成果。我現在且可再進
而從現實的歷史因緣上，以明其文化生命裡所早出現的民主政治
（或近代化的國家、政治、法律），也是「分解的盡理之精神」下
的產物。

　　何以說民主政治其背後的基本精神也是「分解的盡理之精
神」？蓋民主政治之成立，有兩個基本觀念作條件：一是自外限
制，或外在地對立而成之「個性」。此與盡心、盡性、盡倫、盡制
之內在地盡其在我所成之道德的聖賢人格不同；二是以階級的或集
團的對立方式爭取公平正義，訂定客觀的制度法律以保障雙方對自
的權利與對他的義務。此與一無階級對立之社會而其文化生命又以
道德人格之個人活動為主者不同。在現實的歷史因緣上，西方有階
級的對立。其自外限制而成之「個性」，其最初之靈感源泉是來自
基督教，即：在上帝面前人人平等。但這一個靈感須要落實，須要

在現實上爭取。一落到現實上，他們有階級的對立。所以他們的自
外限制而成之個性，其本質的關鍵胥繫於由階級地集團地對外爭取
而顯。他們的自外限制或外在的對立，並不是空頭地個人與個人為
外在的對立，而是有階級的對立以冒之的。由階級地集團地對外爭
取而反顯透出個性的尊重。所以他們的個性自始即不是散漫的、散
沙的。這種個性以權利義務來規定，而權利義務之客觀有效性胥繫
於制度法律之訂定。所以這種個性可以說是外在的，是政治法律
的，與道德藝術的人格個性之純為內在的不同。但是這種內在的人
格個性必靠那種外在的個性之有保障，始能游刃有餘地安心地去發
展。這裡我們可以看出，成立民主政治的兩個基本觀念，即外在的
個性與集團地對外爭取方式，其總歸點是在一個政治法律形態的
「客觀制度」之建立。一個政治法律式的客觀制度之建立是注目於
人群的抽象的一般的客觀關係之建立，此非單注目於所識所親的具
體的倫常關係所能盡。我這裡不能詳述民主政治之內容。我只略說
其成立之基本點，即可看出它背後的基本精神是分解的盡理之精
神。分解的盡理必是：一、外向的，與物為對；二、使用概念，抽
象地概念地思考對象。這兩個特徵，在民主政治方面，第一特徵就
是階級或集團對立。第二特徵就是集團地對外爭取，訂定制度與法
律。所謂盡理，在對立爭取中，互相認為公平合於正義的權利義務
即是理，訂定一個政治法律形態的客觀制度以建立人群的倫常以外
的客觀關係，亦是理。

　　西方的民主政治之成立固由於其現實歷史上有階級，但這卻不
是說民主政治的本質必賴有階級。民主政治正是要打破階級的，階
級對立只是促成民主政治的一個現實上的因緣。可是階級雖不是民

主政治的本質，而集團爭取的方式卻是民主政治的本質之一。中國的文化生命未形成階級，這一方面固然是好的，但是亦因而集團性不顯，這卻是在實現民主政治上是一大缺陷。而其文化生命裡，又只以完成道德人格與藝術性的人格（藝術性人格一面前未述及，下將論及）爲主流，而在此主流之方向裡亦是不能出現民主政治的。這也是了解中國文化生命的發展之大關節之一。容後論之。

以上說明了中國文化爲綜和的盡理之精神，西方文化爲分解的盡理之精神。此處猶須有指明者，即，我這裡所謂綜和、分解，不是指各門學問內部的理論過程中的綜和分解言，亦不是就文化系統內部的內容之形成過程中的綜和分解說。這是反省中西文化系統，而從其文化系統之形成之背後的精神處說。所以這裡所謂綜和與分解是就最頂尖一層次上而說的。它有歷史的絕對性，雖然不是邏輯的。因爲西方的文化生命雖是分解的盡理之精神，卻未嘗不可再從根上消融一下，融化出綜和的盡理之精神。而中國的文化生命雖是綜和的盡理之精神，亦未嘗不可再從其本源處，轉折一下，開闢出分解的盡理之精神，這裡將有中西文化會通的途徑。

三、概念的心靈與智之直覺形態及知性形態：中國所以不出現邏輯、數學、科學之故

西方的文化生命，其背後不自覺的是分解的盡理之精神。而分解的盡理之精神，其透現在外面，根本就是一個概念的心靈（conceptual mentality）（其直接的切義是表現在成邏輯、數學、科學處。至於在宗教與政治方面，則是其借用義）。因爲在智之觀

解中，智之機能特別彰著，故其使用概念的心靈亦特別顯明。然而在中國，因爲智未從仁中獨立地彰著出，故其概念的心靈亦特別不顯，而且不行。概念的心靈就是智之「知性形態」（understanding form）。

在中國，無論道家、儒家，智之知性形態始終未轉出。我在這裡，可先略述道家。在道家，無論老子的《道德經》或《莊子》（指書言），從知性到超知性這個轉進的關節處以及超知性的境界，都意識的很清楚（道家雖有其修養工夫以及其說明此工夫的觀念理路，然其表示此工夫與觀念理路惟是從知性轉至超知性一面說，此則與儒家不同處）。老子《道德經》開頭就說「道可道，非常道。」可道與不可道，他意識的很清楚。如果用現在的話說出來，可道世界就是可用一定的概念去論謂的世界，而此世界必爲現象世界，而使用概念去論謂的主體就是知性主體，即表現爲知性形態的主體。在主體方面，使用概念，必遵守使用概念理路；在客體方面，用概念去論謂皆有效，即皆有確定而恰當的指謂。譬如方當方的，圓當圓的，上當上，下當下，皆不可亂。不可道世界就是不能用一定的概念去論謂的世界，而此世界必爲本體世界，即老子所說的「道」；而主體方面則必爲超知性主體，此在道家即說爲無思無慮，無爲而無不爲的道心之因應，用今語說之，則名爲「智的直覺」（智的直覺，非感觸直覺，intellectual intuition not sensible intuition）。道家於超知性方面，能正面而視，發揮的很盡致。《道德經》的作者很能知道「道」這個本體不能用一定的概念去論謂。例如：「其上不皎，其下不昧。迎之不見其首，隨之不見其後。」這就表示說：道，從上方面說，亦不見得是皎亮；從下方面

說，亦不見得是幽昧。昧而不昧，皎而不皎。馴致亦無所謂皎，亦無所謂昧，亦無所謂上，亦無所謂下。同理，首而非首，尾而非尾，前而非前，後亦非後。馴致亦無所謂首與尾，亦無所謂前與後。是則上下、皎昧、首尾、前後諸概念，皆不能有確定而恰當的指謂。用上一個概念，即須否定此概念而顯道之性。這種用而不用以顯道之性，按照西方哲學，我們可以叫它是「辯證的論謂」（dialectical predicate）。道家當然沒有用辯證這個名詞，然這裡是一個辯證的思維，則毫無問題。《莊子・齊物論》篇幾乎整個是說如何從知性範圍內按照一定標準而來的是非、善惡、美醜之相對世界轉到超是非、善惡、美醜之絕對世界。這種超轉，就叫做「恢詭譎怪，道通爲一」。恢詭譎怪，簡名爲詭譎，亦即莊子所說的「弔詭」。恢詭譎怪有遮、表兩面的意思。從遮方面說，按照一定標準而來的相對世界都是沒有準的，依此都可予以大顛倒。而此大顛倒，自知性範圍觀之，即恢詭譎怪矣。但不經此一怪，則不能通爲一而見本眞。從表方面說，這種詭譎即顯示道體之永恆如如。而詭譎或弔詭，在英語即爲 paradox，而此弔詭即「辯證的弔詭」（dialectical paradox）也。

由以上可知，道家對於超知性境界以及對「超知性境」之思維法，皆意識的很清楚。可是對於可道世界以及知性範圍內的事，則不能正面而視，不能道出其詳細的歷程以及其確定的成果，而只模模糊糊地順常識中有這麼一回事而囫圇地摸過去。這就表示：概念的心靈未彰著出，而智之知性形態亦始終未轉出。是以知性中的成果，即邏輯、數學、科學，亦未出現。這一層領域完全成了一片荒涼地，意識所未曾貫注到的地方。要超過它，必須經過它。而且在

經歷中，必須把此中的成果能產生出來。如是，「超知性境」亦因而充實明朗而有意義。這叫做兩頭雙彰。否則，知性領域固荒涼，而「超知性境」亦暗淡，此中國文化生命裡高明中之憾事也。

　　儒家繼承二帝三王歷史文化之傳統而立言，其用心別有所在。他們對於知性領域內的事，順俗而承認之，不抹殺，亦不顛倒，但亦不曾注意其詳細的經歷以及其確定的成果。因為他們的用心是在道德政治、倫常教化，不在純粹的知識。故對於知識以及成知識的「知性」從未予以注意（只有荀子稍不同，但荀子這一面在以往儒家的心思中亦不予以注意而凸出之）。他們之透至「超知性境」，亦不順「從知性到超知性」這一路走。此與道家不同處。他們之透至超知性境是順盡心、盡性、盡倫、盡制這一路走，此是道德政治的進路，不是認識論的進路。他們由盡心、盡性而透至超知性境，是以「仁」為主，惟在顯「德性」。惟德性一顯，本心呈露，則本心亦自有其靈光之覺照，即自此而言「智」。此「智」即在仁心中，亦惟是仁心之靈覺。儒家從未單獨考察此智以及其所超過之「知性之智」，因其所注意的惟在顯仁心，而仁心即為道德之天心，而非認識的心。此亦與道家不同。道家順「從知性到超知性」一路走，故雖至超知性之「道心」，而其道心亦仍只是「認識的心」。即，只是一片乾冷晶光的圓鏡。道家始終未轉至性情的仁心。此亦可說有智而無仁，此其所以道家，以前斥其為異端處。儒家由盡心、盡性透至「超知性境」所發露之「智」亦是「圓智」，但不是乾冷的，而是有「仁以潤之」的。

　　可是我們在這裡就注意這仁心中的圓智亦是智之直覺形態，而不是知性形態（知性形態的智，是「方智」）。孔、孟俱仁智並

講，「仁且智，聖也」。孔、孟俱不敢以仁且智自居。敢不敢是另
一回事。我們在這裡是注意此種智的意義。孔、孟之智俱是聖賢人
格中的神智妙用，即是仁心之智慧，總之則曰德慧。《論語》載：
「樊遲問智。子曰：『務民之義，敬鬼神而遠之，可謂智矣。』」
這只是孔子隨機應答。而其所顯示之智之意義，亦只是通曉分際。
這還是「知之為知之，不知為不知，是知也」之智。《論語》又
載：「樊遲問仁，子曰：『愛人。』問知，子曰：『知人。』樊遲
未達。子曰：『舉直錯諸枉，能使枉者直。』樊遲退。見子夏，
曰：『鄉也，吾見於夫子而問知。』子曰：『舉直錯諸枉，能使枉
者直。何謂也？』子夏曰：『富哉言乎！舜有天下，選於眾，舉皋
陶，不仁者遠矣。湯有天下，選於眾，舉伊尹，不仁者遠矣。』」
這是就「知人論世」以言智。通曉分際之智，知人論世之智，俱是
一種智慧之妙用，非邏輯、數學之智也。

　　對於仁智，吾嘗各以兩語說之。仁以感通為性，以潤物為用。
智以覺照為性，以及物為用。仁是本。寡頭的智是道家的智。有此
本，則智不乾不冷，不虛幻，不遊離。隨仁之感通而貼體落實，此
即不虛幻，不遊離，故不成「光景」（光景，宋明儒者雅言之，拆
穿光景是聖賢工夫中一大關節）。隨仁之潤澤而無微不至，無幽不
明；智之所至，即仁之所潤，故不乾不冷。貼體落實，故不穿鑿。
不乾不冷，故不為賊。故攝智歸仁，仁以養智。仁為本，故「仁者
安仁」。智為用，故「智者利仁」。孔子又言「智及仁守」。此雖
自工夫或自有仁有智的人而言之，亦通於仁智之本性也。

　　此種聖賢人格中或悱惻之仁心中的圓智神智，《易經·繫辭
傳》亦盛言之。曰：「乾知大始，坤作成物。乾以易知，坤以簡

能。易則易知，簡則易從。」乾代表心靈，創造原理，故曰「乾知大始」，而其知又以易知，是則乾知即具體而圓之神智之知也。又曰：「子曰：『知幾其神乎？』〔……〕幾者，動之微，吉之先見者也。君子見幾而作，不俟終日。〔……〕子曰：『顏氏之子，其殆庶幾乎？有不善未嘗不知，知之未嘗復行也。』《易》曰：『不遠復，無祗悔，元吉。』」又曰：「知周乎萬物而道濟天下，故不過。旁行而不流，樂天知命，故不憂。安土敦乎仁，故能愛。」順此而進，義蘊無邊。我這裡只說，此種仁心中的神智圓智，其及物也，是一了百了，是一觸即發而頓時即通於全，這裡沒有過程，沒有發展。復次，是具體的，而不是抽象的，故順幾而轉，無微不至。這裡沒有概念，亦沒有分解與綜合。故曰：「直覺形態」。

此種直覺形態的智，如用西方哲學術語言之，即是：其直覺是理智的，不是「感覺的」；其理智是直覺的，不是辨解的，即不是邏輯的。可是這種智，在西方哲學家言之，大都以為只屬於神心，即惟上帝之心靈始有之。而人心之直覺必是感覺的，其理智必是辨解的。他們把圓智只屬於神心，而於人心之智，則只言其知性形態。此固可以彰著「知性主體」，而特顯「概念之心靈」，因而亦能產生邏輯、數學與科學，然而人心之超知性一層，則彼不能通透，是固其文化生命中本源處之憾事也。反之，中國文化生命，無論道家、儒家，甚至後來所加入之佛教，皆在此超知性一層上大顯精采，其用心幾全幅都在此。西方所認為只能屬於神心者，而中國聖哲則認為在人心中即可轉出之。此還是跟「人人皆可以為聖人」來。而人心之轉出此一層，則即曰天心或道心。因之其所顯之智，吾人亦得即以圓智或神智名之。

　　依西方哲學，人心之知性，其了解外物，而成知識，一方必須有「感覺的直覺」供給材料，即依感覺的直覺而與外物接，一方知性本身之活動亦必須是辨解的，即遵守邏輯的理路的，因而亦必使用概念。這是總持的說法。進一步，知性之成知識，在其使用概念以辨解的過程中，必依據一些基本的形式條件，此亦曰範疇，此如時間、空間、質、量、因果等。即知性之了解外物必通過這些形式條件始可能。但是神心之了解萬物，既不是感覺的，亦不是辨解的，因而亦不須使用概念，亦不必通過時空、質量、因果等形式條件。這與上帝之統馭世界之不需有國家、政治、法律的形式同（關於此層，下節論之）。而中國之聖賢人格中之圓智妙用亦同樣不是感覺的、辨解的。我們也可進而說，亦同樣不須通過時空、質量、因果等形式條件（在佛家，如轉出勝義現量或般若智時，亦不須通過這些形式條件，故佛家名這些形式條件皆為分位假法）。故在中國文化生命裡，惟在顯德性之仁學，固一方從未單提出智而考論之，而一方亦無這些形式條件諸概念，同時一方既未出現邏輯、數學與科學，一方亦無西方哲學中的知識論。此一環之缺少，實是中國文化生命發展中一大憾事。我們即由此說它的發展之程度及限度。

　　智，在中國，是無事的。因為圓智、神智是無事的，知性形態之智是有事的。惟轉出知性形態，始可說智之獨立發展，獨具成果（即邏輯、數學、科學），自成領域。圓智、神智，在儒家隨德走，以德為主，不以智為主。它本身無事，而儒者亦不在此顯精采。智只是在仁義之綱維中通曉事理之分際。而在道家，無仁義為綱維，則顯為察事變之機智，轉而為政治上之權術而流入賊。依

是，人究竟是人，不是神；人間究竟是人間，不是天國，而無事之圓智、神智亦只好在道德政治範圍內而用事。

　　一個文化生命裡，如果轉不出智之知性形態，則邏輯、數學、科學無由出現，分解的盡理之精神無由出現，而除德性之學之道統外，各種學問之獨立的多頭的發展無由可能，而學統亦無由成。此中國之所以只有道統而無學統也。是以中國文化生命，在其發展中，只彰著了本源一形態。在其向上一機中，徹底透露了天人貫通之道。在本源上大開大合，一了百了。人生到透至此境，亦實可以一了百了。而即在此一了百了上，此大開大合所成之本源形態停住了，因而亦封閉了。然而人不是神，不能一了百了。人間是需要有發展的。它封閉住了，它下面未再撐開，因而貧乏而不充實。中國的文化生命，在其發展中，只在向上方面撐開了，即：只在向上方面大開大合而彰著了本源一形態，而未在向下方面撐開，即未在下方再轉出一個大開大合而彰著出屬於末的「知性形態」與國家、政治、法律方面的「客觀實踐形態」（此亦屬於末，此層下節再說）。中國文化生命迤邐下來一切毛病與苦難，都從這裡得其了解。了解了就好辦。

　　我在本節說明了中國所以不出現邏輯、數學、科學之故。我們現在講科學必通著邏輯、數學講，而且必通著「知性」講。疏通西方文化生命如此，疏通中國文化生命亦如此。惟通著「知性」講，方可以知出現不出現完全是發展中的事，不是先天命定的事。如是，則其出現之理路，即可得而言。

四、階級對立與道德價值觀念所引生之平等及英雄盡氣所引生之打天下：中國過去所以不出現民主政治之故，所以未出現近代化的國家政治法律之故

　　西方歷史有階級對立，而階級對立，對民主政治的出現，是一個重要的現實上的歷史因緣。當然，徒有階級對立，而無個性的自覺，則民主政治乃至近代化的國家、政治、法律亦不能出現，此譬如印度。西方歷史的演進，在階級對立的情形下，通過個性的自覺，通過「在上帝面前人人平等」這一個最根源而普遍的意識，遂使它向民主政治乃至近代化的國家、政治、法律之形態走。在這裡，我們看出階級對立在其現實歷史發展中的作用與意義，對於民主政治的出現之作用與意義。這後面的基本精神，我前面曾說它是分解的盡理之精神。即：在階級對立的情形下，通過個性的自覺，而向民主政治的方向走，這其中便表現出分解的盡理之精神。反過來，通過個性的自覺，而要向民主政治走，則必須以分解的盡理之精神爲其必要的條件，爲其本質上的條件。階級對立是一個現實上的因緣，而分解的盡理之精神則是其本質上的條件。

　　但是中國則自古即無固定階級之留傳，它無階級的問題，所以它的文化生命裡首先湧現出的是「修己以安百姓」這一個道德政治的觀念。由這裡所引出的便是以道德價值觀念作領導，其表現在客觀文制方面便是由親親尊尊而來的五倫。梁漱溟先生說中國社會是「倫理本位，職業殊途」，這是不錯的。由道德價值觀念作領導，

則貴賤是價值觀念，不是階級觀念。《禮記‧郊特牲》篇云：「天下無生而貴者。」又云：「古者生無爵，死無諡。」「無生而貴者」這一句話即表盡了中國文化生命裡之無階級觀念。貴賤是爵諡的問題，因而亦就是一價值觀念。貴賤由分位觀念起。人無生而貴者，自其生物之生言，皆平等平等。此為生之原質。必套於文化系統中，而後見其貴賤。是以中國貴賤觀念，自始即為一價值觀念，而非階級之物質觀念也。由文制而定貴賤，即由生之原質而至人道也。人之所以為人，由文化系統而見，亦復由「內在道德性」（inward morality）之自覺而見。由乎前者，始於周文（「人統之正，託始文王。」）。孟子名之曰「人爵」。由乎後者，始於孔、孟。孟子名之曰「天爵」。孟子說：「有天爵者，有人爵者。仁義忠信，樂善不倦，此天爵也。公卿丈夫，此人爵也。」「人人有貴於己者」，即指天爵者。人無生而貴者，則指人爵言。無論天爵人爵，皆是道德價值觀念。自孟子點出天爵，人人皆可以為堯、舜，人人皆是一絕對自足之價值人格。人爵則是政治社會的，客觀文制的，而必以天爵為其本源。此一觀念在中國文化生命裡既起領導作用，則階級即消滅於無形。

既無階級對立，歷史發展的關節亦不在階級，那麼我們似乎可以說，中國民主政治之所以不出現就因為缺少「階級對立」這一現實因緣。可是，同時我們也可以說，既無階級對立，那豈不更為民主嗎？豈不更易走向民主政治嗎？可是，在中國以往歷史裏究竟未出現民主政治。這是何故？我們既知，即在西方，階級對立只是促成民主政治的現實因緣，不是它的本質條件，那麼在中國，即無階級對立，當亦不是其不出現民主政治的本質原因。我們還當從無階

級對立而以道德價值觀念作領導這一事實，再向裏推進一步，看其文化生命向何處表現發展才成爲不出現民主政治的本質原因，或者說，才使我們能夠很顯豁地看出民主政治所以不出現之故。

由道德價值觀念作領導，由貴於己的天爵之點出，則中國文化生命的滋長延續以及後來的發展，遂形成我前面所說的盡心、盡性、盡倫、盡制之「綜和的盡理之精神」。此種精神的結果就是成就聖賢人格。這是中國的文化生命之主流，學問都從這裏講，所以這也是中國的傳統學脈。這是代表中國文化生命裏的「理性世界」。剋就民主政治這一論題說，「盡制」一義最有直接關係。「王者盡制」就是聖賢人格之在政治方面的表現，也就是政治方面的聖君賢相。所以「盡制」一義也就是綜和的盡理之精神中「外王」一面的事。但是，順綜和的盡理之精神而發展，其用心唯是以成聖賢人格爲終極目的，因而在政治方面亦只成爲聖君賢相之形態，即此便使中國以往歷史發展不能出現民主政治。中國的文化生命惟向這個方向發展表現而成爲定型，才永不能轉出民主政治。

中國社會演變不以階級對立爲關節，即歷史上起最大變化的春秋戰國時期亦不是以階級對立間的鬥爭而轉出。即就此時期而論，西周之貴族政治與井田制崩壞，君從貴族的牽連束縛中解放出來，而成爲一國之元首，取得超然而客觀的地位；民從貴族與井田制的束縛中解放出來，而成爲自由民，成爲國家之一分子，亦取得一動轉自由之客觀地位；士則由於貴族墮落下去而超升上來，而取得掌握治權之地位。君、士、民都從貴族與井田制中解放出來，這實在顯示政治架子要向一更高級的形態走。但是他們之解放出來，徒成爲貴族在政治上之地位與作用之消滅。貴族亦不以階級姿態而成其

爲貴族,民之解放而成爲自由民亦不是以階級姿態而與貴族相鬥爭
而取得,士之超升上來而取得掌握治權之地位亦不是以階級姿態而
與貴族相鬥爭而取得。這只是在社會演變中自然形成的。這徵之歷
史事實,無人能否認。惟因貴族、士、民皆不以階級姿態而出現,
故君、士、民之解放出來,一方徒成爲貴族之政治上地位之消滅於
無形,一方士與民亦未自覺地訂定其權利與義務。同時,君之解放
出來亦未確定其權限,接受一法律上之限制。因此,民之成爲自由
民,成爲國家之一分子,亦只有形式上的意義,而無眞實的意義,
即,其自由只是形式的自由,不自覺的自由,放任狀態、潛伏狀態
的自由。此即表示:民只是被動的放任而與國家無內在關係的潛伏
體。因此,他們之爲國家一分子之客觀地位亦只是形式的、虛的,
而不是眞實的。民如此,君之解放出來而取得超然而客觀之地位,
此超然而客觀亦是一個無限制的,其客觀亦是形式的而不是眞實
的,即並無一政治、法律形態的限制以安排之。君與民既如此,則
掌握治權的士亦只是以個人姿態而表現而出處進退,其在政治架子
中的客觀地位與政治運用中的客觀意義亦終不能充分客觀化,亦終
不能得保證。君、士、民之解放出來而成爲如是之形態,吾名此種
解放曰無限制的敞開,即只是解放出來了,而並無一個政治、法律
上的道理以回應之,以安排之。就是這一無限制的敞開,才使政治
架子不能向民主一路走,而向君主專制一路走。君主專制在政治形
態上自比周之貴族政治爲高級。從貴族政治解放出來,不經過一回
應,順無限制的敞開而直接下來,便是君主專制形態。經過一回
應,而不是無限制的敞開,而具備這間接的一轉,便是向民主政治
形態一路走。如是,民主政治當比君主專制政治尤爲高級的政治形

態。

　　但是，中國政治史何以不向民主制一路走向君主制一路走？而且在以往二千年中，何以終未出現民主制？其故即在：從現實因緣方面說，是因爲無階級對立，從文化生命方面說，是因爲以道德價值觀念作領導而湧現出之盡心、盡性、盡倫、盡制之「綜和的盡理之精神」。

　　秦、漢大一統後的君主制，皇帝是一個無限制的超越體，民是純被動的潛伏體（不是通過自覺而成爲有個性的個體），亦可以說是羲皇上人。士大夫則屬於宰相系統，以個人姿態而出處進退，在政治方面，其最高之願望爲宰相之位而以天下爲己任。社會則以倫常之道來維繫，此道通於上下一切，總名曰五倫。依此，繼承孔、孟下來的儒者，向外無可用心，遂仍繼承夏、商、周相傳的最古的「修己以安百姓」這個觀念模型，而向盡心、盡性、盡倫、盡制一路講說道理，純從向裏用心，發展成聖賢學問，以期成爲聖賢人格。在這樣一個社會裏，他們一眼看定一切問題都繫於人民之能安不能安，君相之是否能「正德」。所以他們退而在社會上，即講聖賢學問，以期成爲聖賢人格，進而在政治上即講聖君賢相。這個文化生命，其講說道理抒發理想，全幅精神都在此。聖賢學問、聖賢人格，這在文化上、人間社會上說，是永遠不可廢的。這方面本文可不論。且看政治上聖君賢相一義之涵義。

　　以往儒者從未想到君民解放出來後如何回應安排一問題。他們所想的回應安排之道就是「修德」。民起不來，君成爲一個無限制的超越體，則限制君的唯一辦法就是德與「天命靡常」的警戒。如是，遂不能不以聖君賢相來期望君相。但是道德的教訓是完全靠自

律的。沒有道德感的君相，不能以德自律，便對他毫無辦法。「天命靡常」的警戒是渺茫難測的，其落實點還是在「德」。孟子所說的「天與之」，「唐、虞禪，夏后、殷、周繼，其義一也」；以及西漢儒者所講的禪讓論及五德終始論，都是說的「德」與「天命靡常」。依是，其回應安排君之道也只是此兩義。此種回應，吾名之曰道德宗教的型態，亦就是一種超越形態。但是客觀而有效的回應必須是政治法律的形態，亦就是內在形態。轉出政治法律的形態，就是向民主制一路走，但是以往儒者於此其用心總是轉不過這個彎來。

以修德來期望君相成為聖君賢相，這是可遇而不可求的。這如上所說。此外，在積極方面，如果真遇著一個聖君賢相，則君相必擔負過重。因為聖賢用心等同天地，是無限量的。君之現實的本質本是一個無限的超越體，他若轉而為聖君，其由德而成之用心與擔負亦必是無限量的。君如此，相之賢尤難。最典型的賢相比作皇帝還難。他照顧君民，協和百官，他必須有汪洋之度與量，這就是以前所說的「宰相之體」。這也是一個無限的用心與擔負。君相方面既等同天地，擔負過重，則人民方面就純為被動如赤子，擔負過輕，甚至一無擔負。所謂過輕或一無擔負，就是在國家、政治、法律方面毫無責任。以往儒者順道德價值觀念而向盡心、盡性、盡倫、盡制一路走，以期成為聖賢人格，在政治上成為聖君賢相，此種文化精神一成為定型，便永轉不出民主政治來。

對於君相這個超越無限體（君是位上無限體，相是德上無限體）期望以聖賢（君而聖，則德位俱是無限體），如是，中國文化精神在政治方面就只有治道，而無政道。此兩名詞係隨孫中山先生

所說的政權與治權兩名而來。君主制，政權在皇帝，治權在士，然
而對於君無政治、法律的內在形態之回應，則皇帝既代表政權，亦
是治權之核心。如是，中國以往知識分子（文化生命所由以寄託
者）只向治道用心，而始終不向政道處用心。儒家講「德化的治
道」，以聖君賢相為終極，如上所述。道家講「道化的治道」，以
「無為」的玄默深藏為終極，君亦是無限體。法家講「物化的治
道」（秦與法家及今日的共黨皆然），以黑暗的權術與齊一之法為
終極，君亦是個無限體。這三個系統輪翻而轉，交替為用，其中之
道理與境界，可謂至矣盡矣。在這方面，無有任何國家能講過中國
者。因為這裡的治道都是相應皇帝之為無限體而徹底透出的。皇帝
為無限體，在以前說等同天地，現在我們亦可以說等同於神。依
此，治道之極就是「神治」。這其中的道理與境界當然是幽深玄
遠，至精至微，而全為中國人所道出。可是人間究竟不是天國，治
人間究竟不能以神的方式治。若只有這個透徹而達於神境的治道，
而政道轉不出，則治道即停在主觀狀態中，即只停於君相的一心
中，而不能客觀化。治道不能通過政道而客觀化，則治道永遠繫於
君相一心中而為自上而下的廣被作用。總之是一句話：「君子之德
風，小人之德草。」如是，人民永遠是在被動的潛伏狀態中，而為
上面的風所披靡，所吹拂，永遠是在不自覺的睡眠狀態中。照儒家
言，是在德化的吹拂中；照道家言，是在道化的相忘中；照法家
言，是在物化的芻狗中。儒家雖講德化，教之養之，有興發作用，
不似道、法之愚民，然這個興發只是道德的、倫常的，不是政治
的。儒家本是想純以德化的德治而臻人間於天國，即以君相之無限
擔負的神治而臻人間於天國，即孟子所說的「君子所存者神，所過

者化，上下與天地同流，豈曰小補之哉？」此若只限於敎化上的聖
賢人格之作用（即道德感應），則自無可議；而若用之於政治上成
爲聖君賢相之政治，期由其無限擔負的神治而臻人間於天國，則便
有可議處，即：人間不能以上帝治理世界的方式來治理。這個境界
雖高，卻是缺少了一環，即：只有治道而無政道的直接神治是不能
用之於人間的，在人間是做不到的。若是這樣去做，不是把人間噓
拂成睡眠狀態，即是成爲任意踐踏的地步，因而釀成暴亂，遂成爲
一治一亂停滯不前的境地（關於本段所說，吾將有《論治道》一書
詳論其所函的一切）。

　　君主制，政權在皇帝，其一家世襲本含有萬世一系永恆不變之
義，此爲社會上之「定常者」（constant）。社會上一個「定常
者」本不可少。然定常者寄託在具體個體之世襲上，則是不能永遠
不變的。其取得政權本是由打天下而來，而在聖君賢相無限擔負神
治之噓拂與踐踏這兩種相反的面相之交替起伏中，又不能不有打天
下式的革命者出而再爭奪政權。這些從草莽中起而打天下的英雄人
物，其背後精神，吾曾名之曰「綜和的盡氣之精神」。盡才、盡
情、盡氣，這是一串。盡心、盡性、盡倫、盡制這一串代表中國文
化中的理性世界，而盡才、盡情、盡氣，則代表天才世界。詩人、
情人、江湖義俠，以至於打天下的草莽英雄，都是天才世界中的人
物。我這裡偏就打天下的英雄人物說，故概之以「綜和的盡氣之精
神」。這是一種藝術性的人格表現。與綜和的盡理之精神下的聖賢
人格相反。這兩種基本精神籠罩了中國的整個文化生命。但是我們
須知在這兩種精神作領導下，中國的科學與民主政治是出不來的。
我這裡可仍就民主政治說。因爲綜和的盡理是在成聖賢人格，這都

是個人的表現，旣不能相傳授，亦不能以集團來表現。在政治上之
聖君賢相亦然。而且所成之聖賢人格或聖君賢相都是一個無限體，
惟此是理性上的無限。而綜和的盡氣則在成藝術性的天才英雄人
格，這也是個人表現，旣不能相傳授，也不能以集團來表現。其人
格亦是一個無限體，惟其無限是氣質上的，其極即是作皇帝。由打
天下而來，故是一個無限制的超越體。綜和的盡理與綜和的盡氣都
是無限的，不打折扣的。故其所成之人格，無論是聖賢或皇帝，亦
都是「無限體」。在這兩種精神下，民主政治永遠出不來。中國的
文化生命，其發展表現的方向，惟向這兩種基本精神走而成爲定
型，才使我們顯豁地看出民主政治所以不出現之故。這兩種基本精
神都是以個人姿態而向上透的。當然以綜和的盡理之精神爲涵蓋
（爲主），而以綜和的盡氣之精神爲隸屬（爲從）。這種以個人姿
態而向上透的精神不是出現民主政治的精神，亦不是產生科學的精
神，總之不是分解的盡理之精神（關於本節之問題，請參看拙作
《平等與主體自由之三態》一小冊，民主評論社，《人文叢書》之
一）。

五、中國文化之未來及中西文化自然諧一之遠景

由以上說明中國以往所以不出現民主政治之故，即因而亦可了
解中國所以未出現近代化的國家、政治、法律之故。大家都知中國
以往不是一個國家單位，而是一個文化單位，只有天下觀念，而無
國家觀念。此所以我們現在還是以建國爲重要的工作。然其故，大
家未必能深知。然若明白以上所說，則這些都可一起了解。蓋社會

底層，在五倫的維繫之下，以綜和的盡氣精神來鼓蕩，而文化生命、理性世界，則以道德價值觀念所領導的「綜和的盡理之精神」為主脈，一是皆以個人姿態向上透而成為聖賢人格藝術性的人格，為基本情調，則人民即不能在政治上自覺地站起來而成為有個性的個體，即人民可以成為一個倫常上的「道德的存在」（moral being），而不能成為一個「政治的存在」（political being）。如是，不能起來對於皇帝有一政治、法律上的限制，而只有打天下式的革命，因而政道亦不能出現。政道之出現，惟在對於皇帝（元首）有一政治、法律形態之回應上而轉出（不只是道德、宗教形態的回應）。這一步回應是需要轉一個彎，須要從「順著君相一條鞭地想」再轉出來從人民方面再作對立地想。但是以往儒者的用心就是這一個彎轉不過，只順「自上而下」的治道方面想，是以論事每至此而窮。不能轉出來建立政道，則治道終不能客觀化，而民主政治亦不能出現。民主政治之出現惟在於從治道的一條鞭裏轉出來從政道方面想。在思想上是如此，在現實上則在使人民興起而成為一個政治的存在。政道成立，民主政治出現，則國家的政治意義才能出現（中國以前只有吏治，而無政治）。人民能成為一個「政治的存在」而起來以政治法律的形態限制皇帝，則他即是一個政治上覺醒的個體。因此，他對於國家的組成才盡了一份子的責任。國家必須通過各個體的自覺而重新組織起來成為一個有機的統一體，才可以說是近代化的國家。中國以前的統一只是打天下打來的，個體並未起作用，所以不成一個國家單位，而那統一亦是虛浮不實的。國家是一個文化上的觀念，是各個體通過自覺而成的一個理性上的產物，不是一個自然物，更不是武力所能硬打得來的。人民在國家政

治上有了作用，他對於國家內的法律的訂定也必有責任，有作用，
而不只是以往純出於聖君賢相之一心而自上而下偏面地定出來。中
國以往的法律只是君相自上而下偏面地定出來，並沒有通過人民的
回應。又，其內容亦只是維持五倫敎化的工具，賞罰的媒介。又，
對德治言，只是偶然的寄存物，其自身並無客觀獨立的價值。這，
一方面是不夠的，一方面也表示不是近代化的法律。維持倫常的法
律當然永遠需要有。這偏面的規定是可以的，因爲雖未通過人民的
回應，而人民亦無不許可之理由。但除此以外，一定還有些類乎權
利義務的法律、社會事業方面的各種客觀法律，則必須通過人民的
回應而制定，不是君相一心所能盡的。這種意義的法律在中國以往
是不存在的。所以無人民的回應，即不能有近代化的法律。因此，
黑格爾才說，中國以往的法律是停在主觀狀態中，沒有客觀化。依
此，我們可以說，近代化的國家、政治、法律之出現統繫於政道之
轉出，民主政治之出現。而此又必繫於人民之自覺而成爲一「政治
的存在」，即：不只是被動的潛伏體，不只是羲皇上人，也不只是
道德的存在、藝術性的存在（ artistic being ）。

　　由以上三、四兩節，我們可以看出中國文化生命的特質及其發
展的限度。它實在是缺少了一環。在全幅人性的表現上，從知識方
面說，它缺少了「知性」這一環，因而也不出現邏輯、數學與科
學。從客觀實踐方面說，它缺少了「政道」之建立這一環，因而也
不出現民主政治，不出現近代化的國家、政治與法律。它的基本精
神是以個人姿態而向上透，無論是理性一面的聖賢人格或是才氣一
面的英雄人格（藝術性的天才人格）。茲且就理性一面說，它之向
上透是眞能徹悟眞實而通透天人之源的。從「心覺」方面說，它之

向上透而徹悟本源是點出「仁」字，因而將心覺之「智」亦完全提上去而攝之於仁，而成爲「神智」。神智之了解萬物是不經過邏輯、數學的，因而邏輯、數學出不來；神智之子了解萬物是不與外物爲對爲二的，而是攝物歸心，因而科學知識出不來。這如西方哲學所說，神心之了解萬物是不經過邏輯、數學的，因而上帝亦無所謂科學。從實踐方面說，它之向上透而徹悟本源完全表示一個成就聖賢人格的道德實踐，用到政治方面，也只成了一個聖君賢相的神治形態。只有治道而無政道的聖賢一心之治是不會出現近代化的國家、政治、法律的。這亦好像西方所說，上帝之治理世界是不通過國家、政治、法律之形態的。上帝的法就是從神心流出的自然法，這不須要萬物起而與上帝作對，與之訂定制度，再立法律的。中國以往二千年的君主制，再益之以道家、法家、儒家所講之治道，是完全向這個神治境界而趨的。落到現實上，就只是一個五倫。五倫完全出於人性，而有類乎自然法。皇帝治天下所用之法（這點與上帝不同，上帝根本不用法），完全爲的保持五倫，以防悖倫。

從這裏我們可以看出，中國的文化生命之向上透，其境界雖高，而自人間之現實「道德理性」上說，卻是不足的。向上透所呈露之最高道德理性，即聖賢人格中之道德理性，若心覺方面之「知性」轉不出，則道德理性亦封閉於個人之道德實踐中而通不出來，亦有窒息之虞，即無通氣處。若客觀實踐方面之「政道」轉不出，近代化的國家、政治、法律轉不出，則道德理性亦不能廣被積極地實現出來，人間有睡眠停滯之虞，即不能繁興大用而實現多方的價值。這就表示中國以前儒者所講的「外王」是不夠的。以前儒者所講的外王是由內聖直接推出來：以爲正心誠意即可直接函外王，以

爲盡心、盡性、盡倫、盡制即可直接推出外王,以爲聖君賢相一心妙用之神治即可函外王之極致:此爲外王之「直接形態」。這個直接形態的外王是不夠的。現在我們知道,積極的外王,外王之充分地實現、客觀地實現,必須經過一個曲折,即前文所說的轉一個彎,而建立一個政道、一個制度,而爲間接的實現─此爲外王之間接形態。亦如向上透所呈露之仁智合一之心須要再向下曲折一下而轉出「知性」來,以備道德理性(即仁智合一心性)之更進一步地實現。經過這一曲折,亦是間接實現。聖賢人格則是直接實現。所以道德理性之積極的實現,在知識與實踐兩方面,都需要一層曲折。而中國文化生命在以往的發展卻未曾開出這層曲折。我在上文三節末曾說,它只在向上透一面大開大合,而未在向下方面撐開再轉出一個大開大合。「知性」與「政道」這兩面的曲折即是向下方面的大開大合。我們須知:知性方面的邏輯、數學、科學與客觀實踐方面的國家、政治、法律(近代化的)雖不是最高境界中的事,它是中間架構性的東西,然而在人間實踐過程中實現價值上、實現道德理性上,這中間架構性的東西卻是不可少的。而中國文化生命在以往的發展卻正少了這中間一層(最高一層爲神智與神治,最低一層爲感覺爲動物的無治)。

我們如果明白這一點,則中國文化的未來發展,亦即儒家學術第三期發揚的內容與形態(第一期爲由孔、孟、荀至董仲舒,第二期爲宋明理學,現在正需要第三期之時),即可得而明。而中西文化自然諧一之遠景亦可得其途徑矣。這兩方面當然需要進一步詳細論列,本文以疏導以往爲主,故不再追論。

附記:本文需參看以下兩篇拙文:

㈠《平等與主體自由之三態》（民主評論社《人文叢書》）。

㈡〈闢毛澤東的實踐論〉（《民主評論》3卷18期，亦有單行本，刊《人文叢書》中）。

原載張其昀等：《中國文化論集》第1冊

（台北：中華文化出版事業社）1954年12月

《比較中日陽明學》校後記

君勱先生近作《比較中日陽明學》一書，內分六篇。原稿佈散各地，囑人彙集成帙。以先生遠處美京，未能過目。囑余代爲校閱，並囑爲序。吾不敢爲前輩序，乃作〈校後記〉。

先生於篇六引日人高瀨武次郎之語曰：「大凡陽明學含有二元素，一曰事業的，一曰枯禪的。得枯禪元素者，可以亡國；得事業元素者，可以興國。中、日兩國，各得其一，可以爲實例之證明。」日人得其事業元素，遂成開國維新之大業。中國得其枯禪一面，致敗壞士風，招明季之喪亂。先生據此縷述日本王學，歸結五義於篇五，發前人所未發，抒義深遠，其足警惕吾人者甚大，蓋非有先生之志願與識度，莫能道。五義中尤以第三義與第五義爲警策。其言曰：「第三、日本人對於道德觀念，如忠君愛國，如弔民伐罪，視之爲一種理念或柏拉圖之意典，盡量從眞善美方面做去，絕不許加以汙點，故知行合一云云，竟與置生死於度外同一解釋，尤其善之理念化之至者。」此義甚美、甚高。本陽明所說之良知與知行合一奔赴一客觀之理想，此中含有超越之精神與積極身殉之精神以及至純至簡之藝術浪漫情調。故云：「吉田氏之開國勤王，西鄉氏之務勤遠略，以自己之主動，造成一種局面，而身殉之，其死

為積極的。」（見篇五，五義中之第四義）此蓋為中國人之所缺。
中國人之踐履行動有時亦極富藝術浪漫之情調（就王學言，泰州學
派中人物多具此情調），然大都缺乏超越之精神與積極身殉之精
神。此中關鍵唯視有無「客觀理想」以為斷。在中國以往之歷史與
政治社會中，此種客觀理想乃常不湧現不具備者。然在日本，吉田
松陰氏即具備此客觀理想。如篇五第二節先生述之曰：「吉田氏死
後之十年，德富蘇峰稱之曰：『先生實具日本男兒之真面目。第
一、明大義名分；第二、以身殉其理想，即言而必行，且行而不
息；第三、一切動機，皆為君國，而不為自己。先生之特色，多血
多情，而富於人間意味。若大見識家，或可求之他人；若大改革
家，或可求之他人；大經綸家與大手腕家，亦可求之他人。至若日
本男兒之標本，我本我潔白之良心獨以一票為先生投之。』德富氏
之推崇，可謂至矣，蔑以加矣。」由此吾人可以認識日本男兒之典
型：其獨具之超越精神與積極身殉之精神，與西方之超越精神不甚
相同，而因其有客觀理想，故其獨具之藝術浪漫情調亦與中國不相
同。

　　其第五義曰：「第五、日本本其所信，各主張其政策，因而有
彼此政見之爭。然開港鎖國之後，繼之以勤王，征韓反征韓之中，
歸宿於內固國本，乃至憲法既行，在朝之保守者與在野之激進黨，
終能協調於政黨政治之中。簡言之，雖爭而不至動武，不至動搖國
本，猶之朱、王門戶雖分，而不失其為『道為天下之公，學為天下
之公』之根本道理。」此日人在時代所凝結之客觀理想中所具之客
觀精神。有朱、王之學蓄養其志氣，敦篤其踐履，而復於時代中湧
現其客觀理想（勤王、征韓、行憲，皆客觀理想），且具有客觀精

神以赴之，故能開國維新，引生大業。此日人所獨受用於中學，在其生命中起作用，成理想，亦可謂本學術以開國也。一種學術，流於他國，常有新面目、新作用，亦可謂新表現。或「橘逾淮而為枳」，此其壞者也。或「天地變化草木蕃」，此其善者也。在日人，得善果而不得惡果，則益足增加吾人之反省矣。就上第三義而言，吾人最缺超越之精神與積極身殉之精神。就此第五義而言，吾人最缺客觀精神。以云踐履，若缺此三種精神，則客觀實踐無由成立。而王學亦自然向枯禪而趨矣。

君勱先生告余曰：「吾茲書所重在王學之倫理的一面，而不在其本體論一面。」又曰：「惟如此，可以復活王學。」由其所引述之日本王學，先生之用心與識度，大略可知矣。

就中國王學言，君勱先生首抒陽明本人之思想於篇一。至其所以流於狂禪者，則由於王艮（心齋）、王畿（龍谿）之不善繼，非陽明先生本人之過。進而明由狂禪所引起之反動，所謂經學考證學者，並不能取理學或哲學之地位而代之。於時風學風多所糾正。凡能正視此時代，知十九、二十世紀以來文化理想衰弊者，皆不能不首肯君勱先生之所言。

王龍谿為陽明門下之直接弟子，穎悟過人，辯才過人，儼若以王學正宗自居，然於陽明言良知之肯要處，彼實未能握得住。彼所得於良知者，只是其虛靈義、明覺義。然陽明總言「良知之天理」，或「吾心良知之天理」。虛靈明覺中有仁義禮智之天理存焉，有是非好惡之天理存焉。此「天理」二字決不可漏掉，而王龍谿則於此甚不能鄭重認識，常輕忽而不道。故其言「心」，遂混於佛、老而不自覺，故有為佛、老辯護之辭（見篇二）。蓋佛、老所

言之心正只是虛靈明覺之心,而並無仁義禮智之性或是非好惡之天理存其中。龍谿於此幾微毫忽之間不能辨,故以為世人斥二氏為異端為不通也。程明道云:「吾學雖有所受,『天理』二字卻是自家體貼出來。」其體貼「天理」二字亦不過由天倫、天叙、天秩等處而體貼出。此天理當然是道德意義之天理,故由此而言「天命之謂性」,即道德意義之「定然之性」,此儒家之通義。陽明即將此天理攝於「良知」之中,故言「心即理」,又言「良知之天理」,或「吾心良知之天理」。致知格物,知行合一,即在道德踐履中實現此天理於人倫日用,於各種事業。如此自不蹈空,自能成事業。惟此天理二字足以別佛、老,抵佛、老,確然保住儒家宗旨而不可搖動。今龍谿於此不能鄭重認識,則其混佛、老而走失亦宜矣。

自陽明提出良知以來,其後學以及聞風興起而講學者,對此「良知之天理」能透徹認識而不走作者,蓋甚少。大體皆混佛、老而迷離恍惚,不得要領。蓋一言心而握不住性理,則易與佛、老混,而佛老言心又達精微玄妙之境。言心本最易至此。言理則質實,言心則虛靈,虛靈則圓,質實則方。方則秩然不濫,圓則四不著邊。玲瓏透剔,如珠走盤,不離一處,不著一處。此義,龍谿雅言之,藉以馳騁其妙悟。故黃梨洲評之曰:「任一點虛靈知覺之氣,縱橫自在,頭頭明顯,不離著於一處,幾何而不蹈佛氏之坑塹也哉?」只就虛靈明覺一義而言心,此所應有,非謂其非是。要者在能握住天理以實之,如此,則與佛、老截然分矣。陽明以良知言心,不忘天理。龍谿則忘之矣。然彼能握住虛靈明覺一義,縱橫自在,故能俯視天下。其餘則兩無著處,而纏夾不清。若老老實實順程、朱一路講去,尚可有頭緒。今為陽明所吸引,而由良知以言心

言理,則轉糊塗矣。於良知之為心及良知之為理,皆為當時一般人所最難契悟者。其始覺其很簡易(其實亦是很簡易),繼之則轉說轉遠,乃轉糊塗矣。惟當時李見羅最為痛快,李初學於鄒東廓,致力於良知之學。不得其門而入,遂乾脆脫離此一套,而自講其「止修」之學(見《明儒學案‧止修學案》)。並明言:「從古立教,未有以知為體者。」此語實痛快之至,亦足明其對於良知之為心為理完全不解。不獨李見羅一人為然。惟李見羅有勇氣,其餘則終於纏夾不清耳。在此局面下,順龍谿、心齋一路滾下去,欲求其不流於狂禪,其可得乎?

泰州王艮,本自奇特。貧民出身,豪傑之士。陽明巡撫江西,講良知之學。艮以古服往見。兩番辯論,遂執弟子禮。然彼自有受用,自有所見,亦自有講授接人之方,故並不十分遵守陽明之義理規範(此在明儒大體皆然),而講學之情調與風格亦並不甚同於陽明。故《明儒學案》特列〈泰州學案〉以述之,而不屬於〈姚江學案〉中,此固由於其門下衍續眾多,亦由於其自有獨特之風格也。

其初見陽明,於辯論之餘,嘆曰:「簡易直截,艮不及也。」特重「簡易直截」四字。此為陸、王一系特點之一,固不獨心齋特有會於此也。然簡易直截,不能寡頭孤行。《易‧繫》曰:「乾以易知,坤以簡能。」然又曰:「夫乾,天下之至健也,德行恆易以知險。夫坤,天下之至順也,德行恆簡以知阻。」知險知阻,則簡易也,而必有義理之規範以實之。不然,則虛脫矣。簡易是宗,義理之規範是教。儒家教義,原初有《五經》,至宋儒而有《四書》。程、朱即依據《四書》、《五經》而開建義理規範。同時是義理規範,同時亦即是二帝、三王、周公、孔子所傳之文統。此中

即函有一客觀意識與文化意識。故據之以闢佛、老，以排流俗。陸、王於此有所承續而更鞭辟入裏。然於義理規範、文化意識、客觀意識，並皆彰顯，無所違背。陽明於〈拔本塞源論〉中，痛斥詞章、訓詁、名利之時代惡習，而思以精誠惻怛之仁心之覺醒以移之。此其講學之時代意義也。然流於泰州學派，則義理規範既不足，而文化意識與客觀意識亦不彰顯。其簡易直截不免流於寡頭孤行。

黃梨洲於〈泰州學案〉中述王心齋曰：「陽明而下，以辯才推龍谿。然有信有不信。唯先生於眉睫之間，省覺人最多。謂百姓日用即道。雖僮僕往來動作處，指其不假安排者以示之，聞者爽然。」此數語即可概括泰州一派講學接人之獨特風格。此則最近禪宗之方法也。寡頭通行之簡易直截套於此揚眉瞬目之方法中，則其氾濫而無紀檴，乃不可免。

夫人之一生，障蔽重重，最足窒息人之生命與靈感。而處於歷史悠久積習甚深之中國社會中，障蔽尤甚。文字是一重障，名利是一重障，揣摩逢迎人情世故又是一重障，種種障構成一習氣機括，沈淪陷溺，無生命、無靈感。有性情者所不能耐，而期於此機括中超拔，則甚難。故宋明儒講學於此三致意焉。泰州門下之簡易直截，揚眉瞬目，以醒活人，其積極意義亦在此。簡易直截所以直透不落於習氣之原始心靈。以此為本體，為自在之生命，則凡外在化者皆機括、皆形式、皆軀殼，以悟本體為宗極，自不屑於呻吟於文字，繁瑣於名相。而王學本富於行動性、踐履性（此本為儒學之通義），而行動與踐履本應直接落在人品上，不必假借任何外在之經典權威與知識。所以在衝破習氣機括一關上，人人皆當直接與自己

生命照面，直接與自己之爲一堂堂正正之人照面。故講此種學問，人人皆可以聽、皆可以學，人人皆可以爲聖人。吾雖不識一字，亦還我堂堂正正一個人。此所以在悟本體，向上一機，作第一等人時，任何外在的經典權威皆不足憑，只憑自家之一念。一念透徹，當下即是，圓滿具足。自然流行，無非是道。道是平常，並無奇特。故僮僕往來，動作不假安排，即是道。悟此自然活潑之眞機，不能有任何沾執。任何沾執皆是外取，皆是私意，皆是有所作，皆不是原來之眞機。此所以禪宗呵佛罵祖，非心非佛，當下回頭，歸證菩提，也無裏、也無外、也無心、也無佛，此即是心，此即是佛。而泰州門下亦多凡夫走卒、漁父樵夫，此學直接與人照面，與生命照面，本無階級，本非專業。此可以說是此學之平民化、大衆化，亦實是直接人品化。故其宗旨亦多主自然、主活潑、主快樂，灑脫自在。而灑脫自在亦函衝破一切矣。此在解粘去縛，打散習氣機括上說，本無不是。此是遮撥的工夫。然就儒家而言，由遮撥而簡易直截，直透本源，於此本源不能有正面積極之認識，開出義理規範、客觀意識、文化意識，便不能達到儒學之眞精神。龍谿、心齋之學之所以流於狂禪，總關鍵即在此。

灑脫自在，衝破一切，自非豪傑之士不能，亦含有大浪漫性於其中。故黃梨洲評泰州派曰：「泰州之後，其人多能以赤手搏龍蛇，傳至顏山農、何心隱一派，遂復非名教之所能羈絡矣。」王艮本人即張皇奇特，顏山農有俠氣，其徒何心隱死於獄中。趙大洲明言爲禪，其弟子鄧豁渠即落髮爲僧。大浪漫性即函有藝術情調。赤手搏龍蛇，則皆有血性、有性情。此本可以見諸行動，發爲事業。然而不能者，則客觀理想、客觀精神不具備故也。客觀理想、客觀

精神之所以不具備，則由於義理規範、文化意識、客觀意識不具備，因而超越精神、積極身殉之精神亦不足。王學之活潑潑地與事業元素，在中國，即表現而爲泰州派一型態，而不得積極之善果，只流爲氣機鼓蕩之狂禪。在日本，則表現而爲大鹽中齋、吉田松陰、西鄉隆盛之型態，而得積極之善果，故能開國維新。此中關鍵，惟在客觀理想、客觀精神之備不備。客觀理想、客觀精神之所以不具備，固由於其本身講學之義理規範、文化意識、客觀意識不具備，亦復有其歷史、政治、社會各方面之型態使然。中國自秦漢以後，政治型態、社會型態已成定局，歷史只成一治一亂之循環重複，相應時代而來之客觀理想、客觀精神本不易出現。儒者能本孟子「守先待後」之旨以存道統文教，即是其最佳之型態。至於事業或事功方面，則本不易出現。在王學方面，其本可以函有事業之精神，則表現而爲泰州派一型態。事業在儒家之不易出現，不獨王學爲然。顏習齋即痛責宋儒矣。然試思之，在中國文化中，自墨子開始，經過法家，南宋之浙東學派，明末之顧亭林、顏習齋，滿清之考據，以及今日之科學方法，皆是函有一要求事功致用之精神，而何以事功竟不能出？此其故蓋可深思，非可直接責備宋明儒所能解決。關此，茲不能詳。吾將專文以論之。

吾茲所欲說者，人自習氣機括超拔固不易，關此，泰州派皆有活人手段。然經過遮撥之超拔，而不能正面積極開出義理規範、文化意識與客觀意識，則儒、佛混雜，纏夾不清，並守先待後以存道統文教亦失之。如是，則其所活者又死矣。是故講學，超拔固難，既超拔矣，而又能握住界限以開義理規範、文化意識、客觀意識，以開物成務，見諸事業，則尤難。此步作不到，則其第一關之超

拔，直截簡易之透悟，盡成播弄精魂，陷於鬼窟，一旦撒手，便若癡呆。是故欲振興王學，借鑑日本，恢復其活潑潑地與事業之精神，君勱先生於篇六結之以四義：一曰質樸之心地，二曰明辨之知識，三曰誠實之意志，四曰貞固之行為。此踐履之底據也。而欲開國維新，扭轉時代，則由儒學以開義理規範、文化意識、客觀意識，以引發客觀理想與客觀精神，亦在所必須。而今日正其時也。此吾讀君勱先生書所感悟以自勵者，書之以就敎於先生。

原載張君勱《比較中日陽明學》

（臺北：中華文化出版事業委員會），1955年2月

《康德知識論要義》序

　　若論超悟神解，以中國學問的標準說，康德是不甚特顯的，亦不甚圓熟。但他有嚴格而精明的思辨，有宏大而深遠的識度，有嚴肅而崇高的道德感與神聖感。這三者形成康德哲學的規模，以及其規模之正大。因爲他有嚴格而精明的思辨（即邏輯的辨解），所以他言有法度，理路不亂；因爲他有宏大而深遠的識度，所以他能立知識的限界，「知止於其所不知」；因爲他有嚴肅而崇高的道德感與神聖感，所以他能於知性主體以外，透顯價值主體，遮撥外在的理論思辨的神學，而建立道德的神學。

　　具有如此規模的康德哲學，了解起來，的確不易。講康德的人，若是沒有思辨的法度，則是學力能力不及；若是沒有識度與道德感，則是高明不及。此三者若不能莫逆於心，平素常常若有事焉，心領神會，則決難語於了解；即廣有言說，亦只是學語，決難相應。

　　友人勞思光先生近撰《康德知識論要義》，清晰確定，恰當相應，爲歷來所未有。他在〈緒言〉中，很中肯地指出：形成康德哲學全部理論系統的「基源問題」便是對本體的知識是否可能。這是

融會了康德的全部哲學以後綜起來如此說的，亦是根據康德所說的
「一切對象劃分爲本體與現象」一義而說出的。這是康德哲學的一
個總綱領。以此爲基源問題當然是很中肯的。所謂「對本體的知識
是否可能」，不是直問直答，乃是對內在於知識與外在於知識兩方
面都有積極的正視的全部工作，都要從頭有系統地眞正建立起來。
內在於知識，就是要把知識的形成，以及其本性與範圍，都要系統
地確定地解剖出來。這部艱難冗長的工作就是《純理批判》中〈超
越分析〉一部所作的。外在於知識，就是要把本體界中的觀念明其
何以不是知識的對象，以及其如何才可能；這些都要系統地確定地
解答出來。這部艱難冗長的工作就是《純理批判》中〈超越的辯
證〉一部所作的，而且需要牽連到《實踐理性批判》。「對本體的
知識是否可能」一問題，只是這全部系統的一個總匯、總關節。如
果我們的心思不能再展開對內在於知識以及外在於知識都有積極的
正視與處理，而只把那問題看成是直問直答，則便不能相應康德的
精神。可是如果我們握住了那個總關節，則在了解康德哲學上便有
了眉目與頭腦。所以這個基源問題的提出便表示作者相契了康德的
識度。

　　康德達到這批判哲學的確定形態並不是一時的聰明與靈感所能
至的，乃是一個長期的蘊釀與磨練。於是本書作者對於康德批判前
期的思想又作了一個概述。這一章非常重要。平常講康德哲學的人
多忽略這一個發展，故對於康德的了解常嫌突兀，因而不能見其發
展的痕跡，而自己亦無漸漬洽浹之感。讀者由此一章可見出康德的
精明的思辨。義理系統雖未成熟，然其對於每一概念的思辨方式卻
極有法度。這裡所表現的是訓練西方哲學的一些起碼的矩矱。對於

一個概念的建立，不只要問其「形式的可能性」，而且要問其「眞實的可能性」。此種辨解的方式便使康德跳出了吳爾夫的理性主義而兼融了經驗主義。進一步再經一番陶鑄，便是批判哲學的出現。如是，作者於概述批判前期的思想後，便進而對於《純理批判》的全部系統作一解析的呈現。讀者通過此書，可窺康德哲學的全貌。

平常講康德的人多不能企及康德的識度，常只順《純理批判》中的〈引言〉所說及的「先驗綜和判斷如何可能」、「數學如何可能」、「自然科學如何可能」、「形而上學如何可能」諸問題去說，而常不得其解。主要的癥結大體是在：對於外在於知識的本體界，不能有積極的意識，或根本無所窺（此即所謂無識度）。對於這方面完全是空虛，其心思不能上逐，如是逐完全退縮於知識範圍內。內在於知識界，而又爲《純理批判》中〈超越分析〉這一艱難冗長的旅程所吸住，逐步看去，支節作解，逐覺觸途成滯，到處是疑，心思不能豁順，不承認自己的學力識度根本不及，反以爲康德根本謬誤，不可理解。其爲人們所信不及處，主要地是集中在他的「先驗主義」與「主觀主義」。尤其近時學人，心思一往下順外取，對於這兩點根本不能相契。但是我們必須承認，若沒有相當的識度與學力，對於義理不能有幾番出入，翻騰幾個過，對於這兩點是很難企及的。據我個人的經驗以及所接觸到的對於康德的非難，直接的或間接的，我感覺到主要的癥結只是在：近人對於知識與超知識的領域劃分不能有鄭重的認識，對於本體界、價值界不能有積極的意義或根本無所窺。這不是說，對於這方面有積極而鄭重的意識，便非接受康德的全部哲學不可。但我相信：假若對於這方面有積極而鄭重的意識，再返而對於知識的形成以及其本性與範圍有確

定而透徹的了解，則康德的途徑是必然而不可移的，先驗主義與主觀主義是必然要極成的。「主觀主義」一詞，令人一見便不愉快。實則這裡所謂「主觀」並不是心理意義的主觀，乃只是從「主體」方面透顯先在而普遍的法則，仍是客觀的，並不是普通所意想的主體。故此詞最好譯爲「主體主義」。

　　說到這裡，我不想對於康德哲學再有所講述，這有本書的作者解剖給讀者。我只想略說一點我個人的經驗，此或有助讀者對於康德的了解。我這點接近康德的經驗是很鬆散的、題外的，並不是扣緊康德哲學的主文而言。近人或初學哲學者大體對於康德的時空主觀說以及先驗範疇說很難領悟。我是困勉以學的人，當然不能例外。但我曾經有個機會讀到了佛學裡面所說的「不相應行法」，此亦曰「分位假法」。我忽然想到康德的時空說與範疇說，我明白了這些東西何以是主觀的。在此「主觀的」一義下，佛家說爲分位假法，而康德因正視知識，則說爲從主體方面而透顯的普遍法則、形式條件，或直覺的形式。雙方的意指當然很不同。但是由佛學裡面的說法，很可以使我們接近康德的主張。佛家爲什麼說時空、因果、一多、同異等，爲不相應行法，或分位假法？正因爲他有超知識（比量或俗諦）的勝義現量（眞諦或本體界）。本體界中的觀念很多，說法亦不一。在康德則集中在上帝、靈魂不滅與意志自由；在道家，則說爲不可道之「道」；在儒家則說爲仁體流行，說爲誠、神、幾；在佛家則說爲眞如、涅槃。不管如何說法，總屬本體界，亦總非知識所行境界，即非知識的對象，因此凡作爲成功知識的條件的在此俱不能用。反之，凡知識之成必有其形式條件，而形式條件亦只能用於現象，不能用於本體。此在中國無論儒、釋、

道，皆無異辭。不過在中國儒、釋、道方面，只注重本體的超悟，不能正視知識（因無科學故），故於知識之形成、本性及範圍，不能系統地確定地解剖出來，而只有一個一般的觀念。而康德則因文化遺產不同，卻能正視知識，積極地予以解剖。此不獨見康德的識度，亦見其下學上達之功力。孟子說：「其至，爾力也；其中，非爾力也。」這正是力量與識度的問題。在知識方面，中國的儒、釋、道三家所表現的力量都不夠，然而康德卻夠。至於超知識方面，康德雖不及中國儒、釋、道三家之圓熟，然而亦能中，此即所謂識度。故對於本體界如無積極而鄭重的意識，則對於康德哲學總不能有相應的了解。而且在這裡，我還可以告訴讀者：了解康德，固須深入其理論內部，然不要膠著，為其所悶住。及不解時，便須放下，跳出來，輕鬆一下，凌空一想，便可時有悟處。

我由佛學的「分位假法」一觀念接近而契悟了康德的主張，因此我便深喜我亦了解了〈超越感性論〉中康德對於時空所說的「超越觀念性」與「經驗實在性」，以及他所說的時空惟是人類這種有限存在的直覺形式，至於其他有限存在或無限存在，則不必須這種形式或有這種形式。這些話好像是閒話，大家不甚注意。其實這正是大關節所在、大眼目所在。這些表示界線的話，如能看清了，則對於康德哲學的全部系統，內在於知識所說的，外在於知識所說的，都可了悟無間。是以要讀康德的哲學，必須有識度與學力。不夠，便須培養，以求上達。徒然的分析、表面的精察，全不濟事。疑可，妄肆譏議則不可。小疑則小悟，大疑則大悟，不疑則不悟。故疑可。然若停滯自封，動輒以立場自居，門戶自限，則不可語於上達。深喜勞先生此作精審恰當，嘉惠學人。故不揣固陋，勉為之

序。

牟宗三序於台北

原載勞思光《康德知識論要義》

（香港：友聯出版社）1957年7月

近代學術的流變

十九世紀是哲學上偉大的建設時期。在這時期中康德（Kant）及黑格爾（Hegel）相繼出現，完成了哲學上的建設。康德的工作是「超越的分析」，而黑格爾的主要努力是「辯證的綜和」。把超越分析所達的境界通過具體事物，在具體綜和下表現之，這就叫做「辯證的綜和」。由超越的分析到辯證的綜和在哲學上是進一步的表現。

邏輯的分析爲經驗的分析，而康德的工作卻是超越的分析。其目的是欲使經驗知識所以成爲可能的先天原理建立起來，所以說是超越的分析。康德一生的努力就在把「人心」活動中全部領域的先天原理發現出來，使人類生活的各面皆爲理性所能貫注得到，使人的心智活動都有合理而可靠的先天依據。康德的努力還只是一個立骨幹的工作。進一步就是黑格爾的辯證的綜和。綜和的方式是通過具體的表現而綜和。換言之，就是在具體中綜和分解，使之成爲一具體的綜和。這就是黑格爾所作的辯證綜和的工作。康德系統發展到黑格爾，到達了極高峰。因此，我們稱十七、十八世紀是偉大系統的建設時期，它代表光明、健康。但是，從時代精神上看，最高峰所在，常常就是下降的關鍵，我們亦就是要通著時代精神，對黑格爾哲學作一大體的了解。

爲什麼我們說高峰就是下降的關鍵？首先我們得回頭去看看十九世紀到現在江河日下的下降趨勢。這是一極繁複的問題，亦可以有許多線索來表示。下面我們就從三方面來加以說明。

1.科學：a.達爾文進化論、b.物理學、c.數學

2.社會科學

3.哲學本身

這雖然是三個不同的線索，但他們有一共同的任務，這任務就是要拆穿由康德到黑格爾所建立起來的理性的理想主義的偉大系統。我們說康德、黑格爾以後的時代精神就是一下降的趨勢，亦就是剋就這意義說的。不過，這雖然是一步下降，而這下降趨勢中，每一面尚有其正面的意義。即是說，每一條下趨的線索，其本身都有積極的貢獻，它們都能接觸一眞正問題，復針對問題，提一解答方式。故雖下降，依然表現一些光明。爲什麼我們一面說它們是下降，一面又說有些光明？這裡我們就需要依照上列次序，作進一步的解釋。

茲先從達爾文的進化論說起。

達爾文的進化論出現以後，它使我們正視生物的演化，同時也把人拉到生物中去，平等看待，所以首先受到它影響的，是〈創世記〉中上帝創造世界的觀念，這觀念在中世紀是人人必須信守的，而現在起了徹底的動搖。其次，達爾文宣佈，人是從猴子變來的。這話以前沒有人說過，它不僅僅改變了人的世界觀，而且這樣一來，使人的尊嚴掃地了，因爲人並沒有什麼了不得，人的祖先不過是個猴子。在過去，各文化傳統，從未將人看成是由生物的演化而來。例如中國，把人與天、地合稱爲三才，認爲只有人才能參天地

贊化育。佛敎則說：「人身難得」。惟其難得，故最可貴。達爾文
出，是一轉換點。轉捩點的意義是說：以前各文化傳統，主要是從
價值觀念看人，因此必須重視理性。自達爾文起，則是從自然事實
方面看人。如果我們只從自然事實方面看人，那末人只是一大堆細
胞，無足可貴。古今對人看法之不同，實正昭然。在這裡，如果我
們眞能了解其不同，了解其爲兩重眞理，問題就不嚴重。但實際的
情形並不如此，達爾文進化論一出，使西方世界受了極大的震動，
把人震盪得頭昏眼撩，於是大家隨從了新的標準，拋棄了老傳統，
並進一步認爲老傳統都是胡說。經過這樣一個大的轉變，理性、價
值等觀念被抹殺了，理性主義建立起來的偉大傳統，也被拆穿了。

其次，我們從物理學方面看。十九世紀末，愛因斯坦的相對論
出現，這也是劃時代的。近代物理學當溯源到哥白尼、加里流，以
及蓋卜勒，牛頓是集大成者。從牛頓到愛因斯坦，是一步猛進，它
不僅對人心的影響極大，並且直接影響到康德、黑格爾的哲學系統
的內容。康德講「時空」的主要特色，是說明時空的先驗性，以及
時空是直覺的形式。他所以要說明這些，主要目的在證明歐氏幾何
的必然性。愛因斯坦出，他認爲時不離空，空不離時，而且他主要
是講曲度，因他想宇宙根本是圓球形，所以我們應用的幾何，應該
是非歐幾何，不是歐氏幾何，歐氏幾何亦無必然性。在歐氏幾何
中，兩平行直線是永遠不能相交的，但在非歐幾何中，是可以相交
的。自從非歐幾何得勢以後，他們就以爲康德從認識主體講時空、
講數學的理論可以打倒，因爲康德不合科學事實。當然，康德哲學
的內容，不能說全不受影響，全不可修改，但其基本精神，解答問
題的基本路向，則並不因物理學的變動而全塌落。物理學的發展需

要正視，康德的哲學，亦仍須予以不斷的正視而認清其眞義。不可一聽見科學有新發展，便以爲康德的哲學可全塌落。但是耳拾之輩和在進化論方面一樣，也因科學的新發展而被震動得眩暈了。

復次，另一面直接影響康德哲學的是數學的高度發展。西方人對數學的了解，主要繫於邏輯。近代的邏輯，大家都知道是有大成就的一門學問，因此對數學也發生了空前的影響。現代的數學，都成了「套套邏輯」（tautology）。例如：P⊃P 這式子表示結論對前提不能有絲毫的增加，另一意思就是：「今天或下雨或不下雨。」這種話總是對的，因它包涵了氣候變化的一切可能。所以現在的數學，純是一形式的推演系統，都有一分析的必然，它不牽涉到經驗的內容，如一牽涉到經驗內容，就是綜和的。這就是邏輯高度發展後對數學達到的精微認識，這是很相應數學本性的。這一套很明顯地要影響到康德，因爲在康德，所有的數學命題，都是先驗而是綜和的，依現代人的想法，一講綜和，就必是經驗的綜和，康德卻要講先驗的綜和，所以現在沒有人能了解康德。其實，康德的意思，如果是從數學形成以後看，當然都有分析的必然性，但從如何形成處想，就必是先驗的。故康德的說法，不是隨便可以打倒的。

現在，再從社會方面看。從十九世紀馬克思出來，他對世界人類的影響，已不像科學方面僅是理論的問題。他所接觸以及他所解決的，是一實際問題。我們爲了了解馬克思在歷史中所代表的意義，不妨先返回去看看他以前的歷史背景。

前面我們說過，康德與黑格爾是代表西方十七、十八世紀的光輝時代。如從時代精神看，他們所代表的特徵究竟在那裡？那就是

法國大革命的人權運動，這一劃時代的運動，是代表第三階級爭自由、爭平等的運動。西方在中世紀，人們只是兩眼看天，所聽到的，都只是些精神上安慰的話，但近代人卻要將之在現實生活上實現。以前只說在上帝面前人人平等，現在是要取得實際上的平等，所以這是一理性解放的運動，主要目的，在爭回人自身的尊嚴。康德、黑格爾大系統的建立，文化上的意義主要就是以這運動爲背景的。當康德看到盧梭的天賦人權、人生而平等諸說的時候，曾喩之爲如牛頓發現萬有引力律。他爲何作如此比喩？蓋萬有引力是經驗現象背後一個根本的物理實體，這是一種很抽象的悟入。但是牛頓的物理學、機械力學卻由此爲基點而建立起來。其實比萬有引力律還不如比惰性律更直接而恰當。惰性律謂：如無外力干擾，則動者恆動，靜者恆靜。這在事實中是不存在的。然而，在物理學中第一步仍不能不假定它，因它是講運動的標準。物理學中的惰性律是如此，盧梭講人生而平等亦然，因人生而平等，在現實歷史事實上也是沒有的。盧梭講人生而平等，是從人的特殊武力、特權、文化、風俗習慣，以及後天所加諸人的一切都剝掉以後的原始狀態處講。如從現實事實上去看人，則貧富、智愚、強弱有種種的不平等，但從人權處講，卻不能不平等。就靠這生而平等，與天賦人權的觀念，才能向統治階級爭取，故是一大發現。在這裡，我們需要特別加以注意的一點是，這些觀念都是從理性上講的，所以順著這些觀念向統治階級爭取自由平等，是從事一理想的奮鬥；也因此，我們說民主政治的實現，就是一種理想的實現。

　　但到馬克思出來，他所注意的不復是天賦人權和生而平等，他的著重點純是一經濟問題和被壓迫的第四階級，這問題本亦可依據

人權運動的方式去解決，而且只應該本於這種方式去解決，因為人權運動是根據理性價值發出來的。但馬克思在這裡繞了出去，他的目的，只是要把第四階級翻上來，所以主張革命。這種無產階級的革命，它的根據不是理性，而是唯物論、唯物史觀和經濟定命論。從這裡馬克思把前人的政治問題，轉為社會經濟革命。他根據經濟定命論，他相信歷史的輪子一定要轉到這裡，這是一種科學的社會主義。他並不像理想主義者是為了實現理想而如此做。他純粹是依歷史的經濟法則的必然發展來確定革命運動。這種社會主義的革命運動，是一十足反理性的運動，他們既以唯物論做基礎原則去觀察一切，康德與黑格爾的偉大傳統，在他們看起來，就都變成了廢話，都是屬於資產階級的唯心論。這種駭人的荒謬論調，竟一下子把知識分子都吸住了，如中國過去幾十年無人敢說社會主義不對、唯物論不對，一直到現在，依然不敢講唯心論，而要講心物合一。從這裡不難想像唯物論對時代人心的影響。

最後，我們從哲學本身來看。

在德國，康德、黑格爾以後，直接下來的就是叔本華和尼采，他們兩人在偉大系統建立以後，表現了異軍突起，別開生面，表示這時代注意的問題不同了。叔本華一開始就不重視理性，他所重視的是生命，在西方的歷史中，本來就有兩條流，而以理性之流為正流。這一條正流到康德、黑格爾，已發展到頂峰，所以叔本華轉出來重又重視生命，重視人的混濁面、非理性面。因此他肯定生命只是盲目的意志。基此肯定，復推進一步，於是他說，這世界的一切現象，都是盲目意志純動的外在化，毫無道理可言，故人生是痛苦的。他曾想解脫這種痛苦，但他未能提出解決之道。這種問題，孔

子與釋迦牟尼佛都有辦法，這表現東方的智慧，西方對此問題，沒有真正解決之道。因這類問題單靠哲學是無用的，這是生活上的問題。可是叔本華所代表的趨勢，很顯然是在拆穿前人所建立的偉大系統。順著這條線索繼起者就是尼采，他進一步講權力慾、新貴族和超人。他講這些，和叔本華一樣，不是從德性的觀念講的，也是從生命上講。在尼采這裡，道德、智慧、強力三者合一，因此他一方面反基督教，同時也反對民主主義。他所以要反對基督教，因在他看，基督教的道德是奴隸的道德。他所以要反對民主主義，是因在他看，民主主義所代表的，只是一群烏鴉式的庸眾。納粹希特勒就是表現了尼采的精神。不過，如果我們對尼采作一同情的了解，他這套後面也含藏著一價值意識，這價值的意識就是要人永遠向上超越，不陷溺在卑陋平凡的境域。所以他認為只有超人才配出來統治世界。這裡面亦有其理想主義的成分，但它不是理性的理想主義，而是浪漫的理想主義。

　　叔本華和尼采在這時代雖起了不小的影響，但就哲學本身看，他們不能代表當代哲學的重鎮。當代哲學的重鎮是英、美的思想。英國方面以摩爾（G. E. Moore）為首，美國方面以威廉·詹姆斯為首。前者代表新實在論，結果開出羅素的一個大系統。詹姆斯所代表的，是實用主義（或曰唯用論），這兩派思想都是反對康德與黑格爾的。現在在美國流行的邏輯實證論，就是這兩條流混合而成。

　　詹姆斯當時曾發一問題：我們的意識是否是一 entity？是否可以看成是一本體（mental substance, mind）？他發這問題的主要意思就是要打掉本體。他所注意的，只是一活動的意義，他認為真

理不過就是觀念（唯用論者所講的 idea 是經驗主義所講的意義）的效用化，他從心理學中講觀念，主要想發現觀念之指導行為的指導性，它是動態的，這些觀念的真理性，完全要看它是否能指導我們的活動而有效。這種過分重視工作性、實效性的精神，我們不能不說它是一向下拖的精神，因為它根本不能離開經驗世界。

在英國這方面，他們首先反對巴克萊的「存在即被知」，也反對黑格爾一切皆是觀念的變化的理論。他們承認經驗現象有客觀的真實性，這看法與常識相合，他們堅持這種常識的見地，目的在維護科學。這當然不是英國哲學的精采所在，他們的主要精采在邏輯。不過，如果說嚴格一點，新實在論對西方哲學的傳統是無甚貢獻的，因為把這些理論當哲學看，實是非常簡單的，而且只是一些方法上的問題。此外，對這時代也曾發生影響的，還有柏格森的創化論和佛洛依特的唯性史觀。目前西方世界最流行的思想，除了邏輯實證論以外，就是由丹麥哲人契爾克伽德所開創的存在主義。這許多線索，他們都表示對康德、黑格爾的大系統的拆散，剋就此拆散來說，是下降的。對此下降精神，我們綜和起來說，它是一無體、無理、無力的精神。可是我們這時代最大的敵人共產黨，卻是有體有理有力的，雖然他們所講的與正統所講的全不相合。他們是以唯物論為體，以歷史必然發展的法則為理，這雖是十足的魔道，但亦能充分發揮其魔力。因此，我們覺得世界未來的前途不可樂觀，還有大的苦難在後頭。

（本文係牟先生於3月21日在東海大學哲學研究會所講黑格爾哲學之導言，由韋政通筆紀。）

原載《東風》第4期（1958年6月）

邏輯實徵論述評

　　傳統哲學到黑格爾發展得最高了。可是，到了十九、二十世紀，卻是走向反傳統哲學的道路。無論社會科學、自然科學、哲學……各方面，都表示了新的流變。在社會科學方面，馬克思出現了；在自然科學方面，達爾文的進化論出現了，愛因斯坦的相對論出現了。這都影響宇宙觀很大，而且都是反抗黑格爾這一架子的。在哲學本身方面：在美國，有唯用論（pragmatism）；在英國，莫爾（Moore）提倡實在論（realism），而下開羅素的系統；在德國，尼采更從生命非理性這方面發揮，以拆穿理性的大架子，這是浪漫的反動。醫學方面，佛洛伊特（Freud）的心理分析，也是從反面來看人生，以性的觀點解釋一切，這是從非理性方面去拆黑格爾的大架子。

　　支配西方的，可以說大多是猶太人，馬克思、列寧、佛洛伊特、愛因斯坦……他們都是，十七世紀的斯賓諾塞（Spinoza）也是猶太人，他們都把一切放在同一層次。一般的去講，即只有普遍性，而無特殊性，但是，歐洲希臘的哲學精神，卻是非常重視價值、個性、自由和理性。愛因斯坦晚年雖講宗教，但他的物理學的世界觀影響很大。相對論的宣佈，如達爾文的進化論宣佈一樣。從

社會的影響看，愛因斯坦的精神與西方傳統的精神是不相容的，傳統的科學家以爲發現一條自然律，就是發現一條神性律。這是象徵著西方的傳統精神是有體的。牛頓講物理學爲自然哲學，這還是有體有本的；但近代人看這些都是形而上的假定了。相對論看自然，當然是比較乾淨簡潔，但是，把傳統科學家相信的基本觀念——形而上學的觀念，完全去掉，如「絕對時空」、「力」。相對論中沒有「力」的觀念。「相對論」在科學方面的益處雖大，但在人文方面，則使人安於現實之經驗世界，超經驗世界則視爲無道理，我認爲把科學世界弄乾淨可以，但從人生價值去看，結果把十九、二十世紀的世界弄成一個無理、無體、無力的世界了，這是我們今日所處的世界所以人人受苦受難的原因。這在西方尼采以前，詩人荷德林（Hölderlin）就發出這樣的浩嘆：「今日世界是上帝引退的世界。」在西方上帝即代表體，難怪尼采要說：「上帝已經死亡」，故他要講超人哲學而不談上帝了。

本體（substance）、理性（reason）、力（force）是相同的名詞，但今人卻不喜講它，把它外延的去講，如吾人今日談反共，不因共產黨爲一罪惡，而把它當作社會問題去處理，這就是沒有體的講法，這就是中了這種學術的毒。

休謨（Hume）講因果律，不講「力」的觀念，他認爲「力」不能證明，把「力」看成形而上學的觀念，愛因斯坦就順著這個方向把「力」去掉了。可是，這影響世界風氣極大，這就是否定體、否定理、否定力的變形。須知外延法在科學上當行，在人文學科方面，卻不是如此。所以，今日世界之所以成爲灰色世界、虛無主義，這就是對宇宙沒有肯定，從灰色自然流於黃色，也當然就流於

感性的層次上去了。

哲學方面，在此風氣下，哲學思想的本身開出二流：

㈠邏輯實徵論（logicial positivism）：這一流是順著這種風氣往下滾，他們不談人生問題，這是承繼西方文化十九世紀科學的成就，順著科學發展來講，除此以外，採消極的態度。

㈡存在主義（existentialism）：這是發自德、法等國的一派，他們與邏輯實徵論相反，乃針對此時代的毛病一切群眾化、混沌化、沒有個性，想要重新建立道德宗教的覺醒。在西方文化，這是承基督教而來，可說對時代有深切的感覺。

西方文化在科學方面是進步的時代，但在人生方面，確是顯出不夠。邏輯實徵論就是順著這無體、無力、無理的思路去講的，他們的用心，便是拿科學方法來衡量人生，這實在是很淺薄的。須知科學研究的對象，只是客觀的事實，故培根所以主去四蔽，限於經驗界，至於超感官經驗以外，則屬哲學範圍，這是最起碼的概念。

邏輯實徵論這一派的發起，原來叫維也納學派（Vienna Circle），因為當時有人在維也納集會而組成此學會，時間為1930年左右，領導人為德人希里克（Schlick），這一派重要的觀念，皆由他這裡發出。真的說起來，此派的大宗師應該是羅素，他們的態度和方法大致和羅素相同，而以奧國之維特根斯坦（Wittgenstein）為此派鉅子。維特根斯坦著有《邏輯哲學》（*Tractatus Logico Philosophicus*）一書，書名是拉丁文，中譯為「名理論」，上面說的希里克，他的主要觀念和思想便是來自這本書。

希里克是一個有哲學思想的人，他的基本觀念只有幾個，而這幾個觀念又來自維特根斯坦的《名理論》。此書乃符語體，但不是

符號。開頭就從命題討論起。命題函值與命題是不同的，所謂命題
函值，這是可以套出命題的架子，如：PVX，以個體代入，可以
PVA、PVC正如數學中之 f（x）；而命題一定是叙述具體一定之
對象，故凡陳述一定對象的曰命題，命題是有眞假可說的句子；命
題架子則是不能說眞假的，這是在首先分別了解的。維特根斯坦即
從命題開始，在邏輯上最基本之命題即爲個體命題，所謂個體命
題，即是命題前面沒有 all 或 some 這些字，維特根斯坦也叫這爲原
子式命題（atomic proposition），照他說，每一個原子命題均摹狀
一原子事實──具體的事實。何以用「原子」一詞呢？那就是說作
爲知識對象的事實，是可以分解的。如神秘主義的看法──「一粒
沙中見世界」，則每一事實不能孤立，這便是有機的
（organic），而不是原子的（atomic）。因爲人的知識有限，決不
可能了解全世界，所以神秘主義是不能講科學知識的。要講科學知
識，便非先要肯定「原子性原則」不可。由此肯定，命題才有效，
如老子的「道可道，非常道」，即不可作命題。所以原子性的肯
定，即在知識對象之可能分解；講玄學的人，總說部分不能離開全
體，但原子性的原則，卻認爲部分可以離開全體，是一個原子
（atom）。由此進一步說命題是描述世界的圖畫，但成功一個命
題，必須有形式字（formal word）在內──即常項在內。命題有
一定架子，照維特根斯坦的想法，這個命題的形式與被描述之事實
的形式該相對應，假若不了解對象之形式，則不可成爲命題。他說
科學知識世界即在了解命題對象的形式，這一個世界是用邏輯來說
明的世界，可以用概念去說明的，可以用命題去表述的。

　　由此進一步說邏輯命題所表示的是事實世界（factual

world），這是要鑑別意義世界與價值世界。維特根斯坦說：你問宇宙的意義、世界的意義嗎？他答世界沒有意義，世界的意義在世界之外。在此，他之所謂意義，不是原子事實間的關係事實世界。乃是其所是，沒有價值觀念在內。而世界的意義，在世界之外，這就是說這種意義（乃指價值），是不能用命題來表述的。很顯然，他在此把科學與超科學分開了，科學世界是命題世界，超科學世界是神秘世界是超命題世界。維特根斯坦的意思，是想把意義（價值）放在神秘世界，這不是命題所能表象的，命題只能表象事實。他也說人生沒有意義，人生的意義在人生以外，他這裡指的人生實指生理現象的人生，可以用生理學、心理學的命題去解釋，這樣表述人生，人生當然沒有意義；而人生意義在人生之外，這就進入超越世界中的意義了，這是不能用原子命題去表示的，此其所以爲神秘。他更說人生沒有死，死在人生以外，沒有人過過死，只有過生，像這些問題，都可說在世界之外。不過，維特根斯坦的態度還是客觀的，他在該書的結論中說：「凡是可以說的地方，必須要清楚的說，如其不可說，必須默然。」

　　把他的思想總結起來，就是汎事實論或泛客觀論（pan-objectivism）。拿心理情態說，把心理現象以命題來表示，使心理學成爲科學，這就是行爲心理學（behaviorism）。結果，心理現象劃歸到刺激反應系中去。這樣沒有主體的人生，怎麼會是眞正的人生？所以了在汎事實論情形下，只有事實對事實之對列關係，而無主體；如有了主體，則客觀事實要隸屬於主體。這在科學上是沒有的。只把自己放在凌空的世界來看自然看自己所以一切都外在化平舖而爲事實。但凌空的立足點在那裡呢？即是邏輯的立足點。可

是，再問邏輯的立足點在那裡呢？維特根斯坦卻不往下想，一般人也不往下想。如果說，凌空觀察的態度本身也是原子的，那便應該平鋪下來，所以維特根斯坦這種態度，即不是原子的。

希里克承接著這一思想的線索，而開出所謂邏輯實徵論。他根據維特根斯坦所分別的命題世界和非命題世界，進一步否定了非命題世界（指價值的有意義），而專注在命題世界中去，成為一種純粹知識的認知意義。這是一步極大的改變，當該特別注意。他認為一句原則上可以說真說假的話便算有意義。而可以用經驗證實的，就算真，為經驗所否證的就是假，而原則上不能用經驗證實其為真或假的，便是無意義。如「月裡有嫦娥」，這句話在原則上是不能證實其為真或假的，所以便認為無意義。結果把意義只定在一個標準——認知這一層上，而把維特根斯坦存而不論的一面否定了。他們把語意分為二種：一是指示的，一是情感的。這後者是假命題，不能以感覺資料（sense data）證實。如「意志自由」、「靈魂不滅」、「上帝存在」，這不過只具有命題的樣子，而實沒有命題的意義——沒有單單可以用經驗事實證明其為真或假的意義。這些只是囈語，或概念的詩歌而已。須知傳統的哲學所討論的最後，全集中在這一部分，也只有這一部分才是哲學的極點。但是邏輯實徵論的說法卻把這全部抹殺了。這看來很像哲學，因為維特根斯坦曾經說過：「科學是一組命題，哲學是一種釐清的活動。」

這樣解釋哲學，實在只是消極的意義，而邏輯實徵論硬性地否定非命題世界之有意義，實際上等於取消了哲學。我們必須進一步說：哲學不但是一種活動而且是一種系統。

為甚麼哲學不但是一種活動而且是一種系統呢？照邏輯實徵論

的說法，哲學只是一種活動，如其為系統，則為科學知識。但我們看來，如果活動的結果只說明成功科學知識，其他都無意義，則哲學即無獨立、自存性，哲學不能站住其自己。要知道哲學本身必須有其獨立的意義：「不但是一活動，而亦是一系統」。西方二千年來的哲學史，就是一個系統，只有這樣才停得下來，有獨立的存在。何以哲學是系統呢？邏輯實徵論的看法，科學才是命題系統，有意義；而形而上學則是非命題、假命題，無意義，是一首概念的詩歌。由這一觀點看，形而上學便不成其為學了。所以，我們說形而上學有意義，則必須看成為一系統。然而，要把哲學說明為系統，這系統是甚麼呢？如「意志自由」等等，我們說，這不代表科學知識，但決不是概念的詩歌或囈語，只為滿足情感。雖非知識命題，亦決非沒有意義，這就是形而上學所講的東西，也是哲學最終的目的。從此看，形而上學當然是一系統，然而這既不是知識命題之對象，這些話代表甚麼呢？因此我們可以說；這系統是原則的系統，先天（驗）原則的系統，哲學就在要發現這些先驗原則，如不能發現，則哲學沒有意義。

上面我說過，人類的心理狀態──喜、怒、哀、樂……的起伏，如果只是在刺激反應的因果串中，則「意志自由」不能講了。如果不能講「意志自由」，則有何法律、道德、責任之可言？可是，法律、道德、責任是有的，這根據在那裡？這根據就在先肯定「意志自由」，所以「意志自由」是說明法律、道德、責任的根據，這根據就是原則；有此原則，法律、道德、責任才為可能，這樣去觀察人生，才沒有落在生滅起伏狀態的因果串中。所謂先驗原則（不是生物學上之先天）是對經驗原則而說的，也是說，它的形

成，不靠經驗或歸納過程來證實。如2＋2＝4這就是先驗命題，因
為它依矛盾律即可決定真假，而不靠經驗來證實。數目「2」，世
界毀了依然存在，用不著靠經驗。說到此，英國經驗主義的洛克他
就反對，他說小孩和白癡即不知有「2」。這完全是從學習立場去
說的。如從學習立場說，則一切都靠經驗，故洛克說「心如白
紙」。但是我們要曉得，理性主義所說的「2」不是從學習立場
講，而是從數目命題形成的本性上講。要知道數學命題和經驗命題
是不同的。數學命題之值是必然的，因它的反面不可能。如「今天
下雨」，這便不是先天命題，而要靠經驗證實。故經驗原則是要通
過歸納過程的。「意志自由」何以是先天原則呢？這決不是從生滅
起伏的刺激反應中去看人的心理狀態（此與心理學把心理狀態劃歸
到刺激反應系中，有絕大的差別）。現在心理學當作科學，就是把
不可觀察的去掉，把心理狀態與刺激反應活動平行的去看。這樣在
因果串中，還有何「意志自由」可言？所以講道德行為，便非肯定
「意志自由」不可，這就是先天的原則。這種原則，不在因果串
中，不靠經驗來成立，不在生滅起伏的刺激反應中，而是在我們生
命中本有的、固有的，如孟子所謂：「惻隱之心，人皆有之；羞惡
之心，人皆有之；恭敬之心，人皆有之；是非之心，人皆有之。惻
隱之心，仁也；〔……〕非由外鑠我也，我固有之也。」

　　這就是先驗（天）原則，如此才可以講道德。孟子的性善論就
是根據這一先驗原則開出來的。然而這些原則怎樣肯定呢？這要反
身當下來肯定，再問這先天原則的本身是甚麼呢？哲學上叫作最後
的真實（reality），而把握最後的真實，這才是形而上學的任務。
而把握最後的真實是用體性學的方式，而不能用因果方式。

（郭榮趙記錄）

原載《東風》第5期（1958年11月）

魏晉名理與先秦名家

　　談到魏晉哲學思想，我們可以從魏初劉劭的《人物志》講起，因爲它代表一主要脈絡，表現了美學原理與藝術精神；其從才質方面來識鑑人品，這一方向，開出了魏晉南北朝的時代精神與學術思想的基本原理。

　　《人物志》所涉及的，完全是人物的品題與人格的欣賞，可是《隋書・經籍志》卻把它列爲名家；名家所談的乃名實間的問題，這和人物的識鑑毫無關係，今史書竟把《人物志》列爲名家著作，這是很令人費解的地方。《人物志》以外，還有六本論人品的書，即 1.《士操》一卷（曹丕）；2.《形聲論》一卷（撰者不明，已佚）；3.《士緯新書》十卷（姚信撰，已佚）；4.《姚氏新書》二卷（姚信作）；5.《九州人士論》一卷（魏司空盧毓撰）；6.《通古人論》一卷（撰者不明，已佚）。這些書，性質近於《人物志》，也都被列於名家，這是很不可思議的事。

　　先秦時代的名家，主要的是惠施、公孫龍、鄧析諸人及《墨辯》一書。他們所討論的就叫做刑名之學（形名之學，「刑」，不作「刑罰」解，當作「形」解），所講的槪爲「名」與「實」之間的關係的問題：在政治教化上，論名實是否相應，如有君之名者，

是否有君的樣子，是否能盡君之實；爲人臣者，是否盡了臣之實
等。在知識上，則更一般化、抽象化地論名實的關係。有一名，必
有其確定所指的對象；而有一實，也當有一指謂之的名。如《墨
辯》的「知，名實合爲」，便頗能表現出名家的重心。這是最原
始、最典型的名家的意義。他們在政治敎化上所著重的，是名實的
關係，而不是從內容上建立一套理論原則來；如果這樣做，那便是
儒、墨、道、法諸家的工作。在知識上，他們也同樣，只落在名實
間的關係問題上。這和魏晉的「名理」實有很大的差別。

　　一般所謂魏晉名理，泛泛地說，包括三方面：㈠才性的識鑑：
如《人物志》等有系統地品題人物，以及《四本論》的論才性之
同、異、離、合；㈡王、何、向、郭的名理：表理於古典的注釋，
這是玄學的；㈢名士的淸談：不成系統地從生活上表現其談言微
中。

　　可是按照史書的分類，王、何、向、郭等，爲玄學家而非名
家。何晏、王弼善談《老子》，向秀、郭象善談《莊子》，如按照
先秦名家標準來說，當然不是名家；可是對於人物才性的識鑑，嚴
格地說，也不當屬於名家。而今史書把後者劃歸名家而未把前者劃
歸名家，那麼這種名家到底有沒有本質的意義？和先秦名家能否本
質地相通？

　　初步看起來，魏晉名家似乎沒有本質的意義，而只不過在歷史
上，順著現實的緣起，才牽連到名實的問題，而遂被當作名家；因
此，這種名家只有歷史的意義，而無本質的意義。《人物志》原是
識鑑人品的書，它的現實的緣起是在於東漢末的政治社會。當時徵
辟、察舉發生流弊，許多人徒擁虛名而毫無其實，因此引起人注意

到名實的相應問題，在此運用了名家的心靈，這是《人物志》在現實緣起上可以和名家拉關係地方。可是《人物志》發展到後來，專由內容上品識人物，顯然不再為典型的只論名實對應而不論特殊內容的名家本義所籠罩。

不過，如果我們從先秦到魏晉間「名理」涵義的演變來看，是否能找出不同的結論？是否能找到兩時代名家的相通性，而肯定魏晉名理之有本質的意義？

按先秦名家，如前所述，其所談論的，主要的是名實間的關係的問題。在政治教化上講求「綜核名實」、「循名責實」、「名以定形，形以檢名」；在知識上講「名實合為〔合一〕」。無論就政教或知識方面，所講求的都是名實間的關係。這是先秦名家底原始的與典型的意義，也可說是「狹義的名理」。「狹義的名理」，其意義可界定如下，即「積極地討論名底本身與其所指之實的關係」。名的本身含有：

1.名的定義（概念的形成）

2.名的分類（有質名、量名、關係名、程態名）

3.名與名間的關係（推理）

三方面的意義。從這三方面來講，名的本身即是西方的邏輯；但由於名家不能完全專注於名的本身，所以中國的邏輯，未能發達出來；倒是儒家的《荀子》，其〈正名篇〉反倒較有邏輯的意味。先秦名家講名實的關係，一開始就含有實用的意味，不能僅僅講「名」，而必牽連到「實」。「實」，一方面指政治教化上的事，另一方面，則指較抽象的知識。在政治教化上講名實相應，本無什麼道理可講；在知識上則有許多道理可講，而由此成就知識論。所

以，如果把狹義的名理所涉及的落實，應當可以引申發展出邏輯及知識論，雖然中國過去卻未曾如此發展。

西方的知識論，主要討論主體與客體間的關係，即知者與被知者間的關係。於此所考察的主體爲認識心的活動，而認識心的活動所了解的對象，則限於現象界。非現象界或超現象界，都不是認識心所能把握的。所以知識論所反省的對象，必以科學知識爲代表。先秦名家所謂「實」，是名所可指的實，即名能指而有效且可盡的實，所以也是屬於現象界的。超現象界的實，如老子《道德經》的至高無上的道，則不是名所可窮盡其義並有效指謂的道。至於「名」，假定在現象界有用、有效、且可盡，則主體之造名，必定是認識心的活動。儒、釋、道所謂的道心，是超認識的心，並不能成就知識。

先秦的名家，並不在超認識、超現象界用心，所以和形而上學是沒有關係的。他們在知識上所表現的是泛理智主義的心靈。儒家講道德性，道家講玄妙的道，都有一定的內容；名家則不然，他們並不涉及特殊的內容，只是表現泛理智主義而已。他們的理智之活動，只是彌淪於名實的範圍，而無一定內容、方向，因此，在知識上說，他們頗有俊逸的意味。俊逸，只有表現理智心之活動的人才有，儒、道、墨都缺少俊逸，魏晉及近人羅素則很能表現俊逸。在俊逸清新這一點上，先秦名家與魏晉名家人物是相通的。因此我們可以說，魏晉的名理，有本質上的意義，而不只限於歷史上的現實因緣。

在政治教化上，名家所談的雖很簡單，但卻頗有鄭重嚴肅的意味。法家的綜核名實，盡量從這一點來把握，所以和名家在這一點

上是相通的。前人往往以「黃老形名」、「道法形名」連在一起講；名家可通法家，這是上面剛剛提過的，至於名理可通黃老之道，應如何說呢？上面說過，名家的實，是指現象界的實，名家的名，指指謂現象界而有效的名；然而道家所講的本體，卻不是現象界的，而是那不可道、不可名的形而上的道；同時，在政治上，名家講名實相應，而道家卻超出此範圍而講無為。這在性質上根本不同，如何談得上名、道相通呢？原來當我們在現象界釐劃名之有效範圍時，即同時可以想到名之無效的範圍；由可道之道，即同時牽連到不可道之道，而把可道與不可道，在名理之內劃開；把以認識心而把握的現象界的名實，劃在有效之名、可名之名的範圍內，而把以超越心所觸悟的本體界（超現象界），劃歸無效的名、不可名的名。談名理的人，不只想到有效的名及其所指的實，也必同時推到無效的名及其所牽連的本體。這是名家所以可通道家的所在。

先秦名家在政治上可通法家，在名之本身上可通邏輯，在名實關係上可通知識論，這三方面的通，都是內在地通。至於第四步的通黃老、通道，則是超越地通。至此，名理的範圍擴大了，以前的名理只限於現象界，而今卻另開闢了一個新領域，接觸到超驗界來。這便是魏晉人所進行的工作。魏晉的名理，並不是邏輯，也不是知識論，所玄談、清談的，也都不屬於現象界。《人物志》的品鑑人物，是藝術境界；王、何、向、郭的談玄，名士的清談，是形而上的境界。所以魏晉的名理，「是環繞名之本身，名之所涉，以及名與其所涉之關係，而論其意義」的，這可以說是廣義的名理。廣義名理即相當於現在通稱的哲學，它有兩特徵，即反省的與批判的，是對第一序的學問加以反省批判的第二序學問。從先秦的狹義

名理，進到魏晉的廣義名理，是超越地進展的，兩者在本質上實有相通之處。

（本文係牟先生於3月2、4兩日所講「魏晉哲學思想」中的一段，由蕭欣義摘記。）

原載《東風》第7期（1959年3月）

從范縝的〈神滅論〉略談形與神的離合問題

一

　　南北朝時，范縝作了〈神滅論〉，用來反對佛教。究竟他是否從理論上擊敗了佛教？這是堪值探討的問題。

　　在〈神滅論〉中，「神」字並不指天神、創造者、主宰者而言，而是指「靈魂」。在一開頭，「神」的最抽象最一般的意義是「心靈」或「心覺」。以後落實了，向上講，至極高峰處可通「天神」或「主宰者」；往下講，可通「靈魂」。〈神滅論〉中，神之滅不滅，主要是就靈魂之滅不滅來說的。

　　在西方宗教，一說到靈魂的滅不滅，必定是指個體靈魂而說的（雖然個體靈魂必牽連到普遍靈魂）。個體靈魂經過理性的思考，即不易站立得住；但在宗教上則非肯定之不可。這樣，人的身體雖毀壞了，但仍有不朽的靈魂；必如此，才可以談到「來世」。

　　但站在中國人的立場，靈魂的滅不滅是不太受重視的。固然，古代談鬼講神極為盛行，就是到墨子還在明鬼神；但在學術思想上

個體意義的鬼神，到春秋戰國時代以後，即被融化掉了。印度人在傳統上都喜歡講「我」（atman）。此「我」為在輪迴中感受業報，以及從輪迴果報中解脫的主體，即相當於個體靈魂。可是佛教一出，便講「無我」。「我」的觀念即在拆穿之列；同時，個體靈魂（即獨立存在的單一體），外在的 God，以及印度傳統的「梵天」（brahman）等客觀的實有，也都是佛教所要徹底拆散掉的東西。是則可知，以〈神滅論〉來反佛教，實非中肯之作。

或者范縝的作〈神滅論〉以反佛教，可能表示：

1. 當時人對佛教未完全了解，而他所反者為這種次義的佛教。
或；

2. 〈神滅論〉中的「神」指佛教的「神識」而言。

佛教把獨立存在的「我」，拆散而為一條相續不斷的流，而稱之曰「神識」或「相續識」。由此而講業、輪迴、因果、果報。佛教說，每一個體，都在因果輪迴中輪轉，每一念發動便是因，再加以種種業力，就有果報。這在人生中，剝開一些外表的話頭或神話後，實有無可否認的真實意義，所以也不是可得而一味反對的。

總觀〈神滅論〉，大體上說，范縝的主要目的是在反因果果報的觀念。因為當時佛教徒傳教，大多先從因果果報入手；而他們為求通俗化，常常在外表上附加一些奇奇怪怪的神話。

如果〈神滅論〉之反佛教是在反「我」、「靈魂」、「鬼神」，則無當，因為佛教根本就在反這些東西；如果〈神滅論〉在反輪迴、業、因果、果報，則根本反不了，因為它們實有深切的意義在。

二

　　神滅不滅的問題，並不是范縝（齊梁間）首先提出的。他以前，釋慧遠（東晉）的〈沙門不敬王者論〉就已經提到「形盡神不滅」，鄭道子（宋）的〈神不滅論〉，接著它加以發揮。范縝以後，蕭琛（梁）作〈難神滅論〉，曹思文（梁）也作〈難神滅論〉，以反對范的〈神滅論〉。他們曾往返論難。此外，沈約（梁）的〈形神論〉及〈神不滅論〉，也是談到這個問題的。朱世卿（陳）的〈性法自然論〉，直接反對果報；釋真觀（陳）的〈因緣無性論〉則又反對朱說。

　　這些論辯，可分成二類：一主張神滅，如范縝等人；一主張神不滅，佛門弟子大體屬之。

　　神滅不滅的論戰，其中心點在於「形神離合」問題。蕭琛針對范縝的神滅論，指出：㈠假如「形神一體，存滅罔異，則范子奮揚蹈厲，金湯邈然」；㈡假如「靈質分途，興毀區別，則予剋敵得儁，能事畢矣」。可謂極能把握此問題的本質意義。

三

　　主張神不滅的，大體都把握「形神殊途」的主張。鄭道子說：

　　形與氣息俱運，神與妙覺同流。雖動靜相資，而精粗異源。
　　豈非各有其本，相因為用者耶？

他的中心觀念在於：形神各有其本，相因爲用。形體的本質是形而下的物質；而神的本質則是形而上的妙覺，是不能從物質而必從精神去了解的。形與神各有其獨立的本質和獨立的根源：神不是從形體而產生，形不是神的原因，彼此之間是無因果性的。但形與神有其相互的關係：即神必憑藉形體來表現。雖如此，它們仍各有其本，形滅了，神未必隨著而滅。這是主張神不滅論的中心論點。蕭琛、曹思文也都把握到這個意思，雖然他們沒有說得像鄭道子那麼清楚。這種說法和唯物論之物質決定生命，生命決定心靈，物質一滅，生命、心靈即滅的看法是完全不同的。

四

主張神滅的，大都把握「形神一體」的主張。范縝說：

> 形者，神之質〔①〕；神者，形之用。是則形稱其質，神言其用。形之與神，不得相異〔②〕。〔①質，形質也，不作「本質」解。②異，離也〕。

范縝在〈神滅論〉一開頭就說神即是形，形神不得相離；這一段話便是解釋他的「神者形也，形者神也」，但還沒有說到神隨形滅。於是他進一步說：

> 神之於質，猶利之於刃。形之於用，猶刃之於利。利之名非刃也，刃之名非利也。然而捨利無刃，捨刃無利。未聞刃沒

而利存，豈容形亡而神在也？

形體之質，有其作用，此作用即是神。神與形質的關係，就如快利與刀刃的關係一樣。利與刃雖不同名，然名殊而體一；神與形，名雖殊，體也是為一。刃一消失，就無所謂利的存在；同樣，形一滅，神也就不存在了。

這個比喻表面上似極中肯，但利與刃是否名異實同？神與形是否也如此？

反對利與刃之為名異實同者，指出刃一鈍，利即失；刃猶存而利已失，可見利與刃不全同一。主張同一的則又反駁之謂：刃是磨得很薄的鐵片，不薄，則不算是刃，故刃之所在必是利之所在；又說利是形容詞，而不是與刃相對立的名詞。這樣說，當然可說利與刃合一。但無論如何，由利與刃合一的例，是不能有效地推出形神同一的。因為舉例只不過是「少分相似」而已；神之與形，及利之與刃，各為不同的關係。單由少分相似之例，不得推出形與神合一。

1.「形與神合」本身，也可有不同的解釋：

神表現其自己於物質，寄托其自己於物質。神與此物質成分相資為用，但各有其本，形滅神未必滅。

2.神沒有獨立的意義，不能獨立存在。神根本是物質的，只是物質的敏銳之作用而已。例如腦神經，從物質一面看，是形體；從作用一面看，是心靈。這個看法同於唯物論者之見，而范縝的意思，可能也如此。

五

神之滅或不滅，是個普泛存在於世界各文化系統的問題。以下，我們將先順著「形神殊離」的一面，來看承認個體靈魂不滅的幾個大文化系統：

1.基督教認爲人的肉體雖腐朽，但個體靈魂永遠存在。人在此世行善，未必即得上帝的報償；作惡，也未必即在此世受罰；但公正的上帝到最後一定會償善罰惡的：善人的靈魂將永遠在天國享受安福，而惡人的靈魂亦將永遠在地獄受苦。

在哲學上和基督教之肯定個體靈魂不滅相應的，最主要者如柏拉圖以及康德。柏拉圖於《菲獨篇》記蘇格拉底的從容就義，謂生是身體與靈魂的結合，死是兩者的分離，死才是靈魂的解脫。在此，個體靈魂有其獨立的本質，且永恆地常在。其本質、其存在，是從形式的推演，以爲形式地證明的。可是形式地證明的靈魂，只是抽象的理而已，並沒有眞實的意義；於是康德再進一步，批判地追問靈魂、意志自由以及上帝存在所以可能的根據。他以爲在知識（經驗知識）的立場上，靈魂、意志自由和上帝三概念，並沒有客觀的妥實性；唯有在實踐理性上，此三概念才有眞實意義的妥實性。柏拉圖和康德的看法是西方哲學的兩個骨幹，而康德之以靈魂爲實踐理性上設準，又比柏拉圖更進一大步。這兩個骨幹和基督教是相應合的。

2.從佛敎的觀點看：佛敎雖不肯定獨立存在的個體，但在輪迴、果報的範圍內，還是要肯定個體靈魂的不滅。可是這種肯定是

消極的，而非如西方宗教哲學之為積極地肯定。在輪迴果報中，佛教把個體靈魂拆散為一條連綿不斷的「相續識」，人甚至可輪迴變化為其他東西。靈魂陷在輪迴中，是一種苦；所以要把在相續流中的「假我」拆掉，自此解脫。自「假我」解脫，便稱曰「無我」，這便是成佛。成佛後，雖仍可肯定「我」，但此「我」非輪迴中的「我」，而為「淨我」。「淨我」並不是實有形態，和西方哲學上的 being 是不相同的。

3.在中國，無論是儒家或道家，都沒有上面所說的觀念，對於個體靈魂的問題，都不接觸。儒家講心靈，是超越的心靈，並不就個體靈魂而講。例如孟子所講的惻隱之心、羞惡之心，便是道德心靈、道德理性；孟子所說的性，便是內在的道德性，是在於說明道德行為的先天根據，而不在說明個體靈魂的是否存在。這種心靈，可以擴大為宇宙的心。在道家，則由修證而肯定道心，而道心則是一種自由自在、無繫無縛的心境。無論儒家、道家，對於個體靈魂的問題，都是跨忽過去的。

六

以上就形神殊離來說，以下則將順「形神合」來說。在形神即（合）的情形下，神不能有獨立的本質，形滅神即滅。形神合一的意義很簡單，第四節已經提過，茲不贅。至於其背景，消極方面是在於反因果報應，范縝的〈神滅論〉，用意即在此；積極方面，則是根據道家的「取法自然」而立說。

《梁書》卷四十八〈儒林傳・范縝傳〉，記范縝與竟陵王蕭子

良辯論有佛無佛的問題（按：此佛爲當天神看者，非佛教所謂佛的最高意義）。

> 子良：「君不信因果，世間何得有富貴？何得有貪賤？」
> 縝答曰：「人之生，譬如一樹花，同發一枝，俱開一蒂。隨風而墮，自有拂簾幌，墜於茵席之上；自有關籬牆，落於溷糞之側。墜茵席者，殿下是也；落糞溷者，下官是也。貴賤雖復殊途，因果竟在何處？」

如此，在范縝看來，宇宙人生是偶然而自然的；其偶然，由自然來規定。通常，偶然而自然的思想，其背後總含有命定主義的色彩；但范縝是否命定主義者？似又不然，因爲他又說：

> 若知陶甄稟於自然，森羅均於獨化，忽焉自有，怳爾而無，來也不禦，去也不追。乘夫天理，各安其性。

「自然」和「獨化」，原是道家的思想。道家所說的「自然」，並不是今日我們所說的「自然世界」；「自然世界」在道家看來，是在因果串中「他然」，而不是「自然」。莊子說「自然」，是從無條件的地方來說的，是從因果依待關係中超拔出來的道心寂靜的觀照境界。「自然現象界」的因果關係，道家可以保持得住；但以爲這是苦惱，故必自此超拔。人從修養工夫而得到圓滿自足的寂靜道心後，即可以從因果依待中超拔出來。這便是「自然」、「獨化」。有些佛教徒常譏評道家爲「自然外道」，可謂膚淺之極。

「自然外道」以爲一切工夫、修養都是徒然的白費，都不能解脫業力、因果；業力、因果只有自待其消失，人對之實無可奈何。這和道家之重由工夫修養得自然獨化，完全不同，豈可混爲一談？

范縝說自然獨化，則和道家不同，而頗有偶然而自然的意味；不過他接著說「乘夫天理，各安其性」，則又含有儒家的思想；所以他並沒有落入命定論。朱世卿在〈性法自然論〉中說，人的本性注定如何就是如何，善人命定就是善人，惡人命定就是惡人；這倒是十足的命定論。這種思想，在范縝是沒有的。

「業」、「輪迴」、「因果」、「果報」諸觀念，佛教在某一範圍內可以承認其有；但超出這個範圍，又可以把它們都拆散掉。佛教立言說教都分「眞諦」和「俗諦」兩方面，眞諦是最精深的道理，俗諦則是經通俗化者。從俗諦來說，業、輪迴、因果、果報諸觀念都被肯定、保住；但從眞諦來說，一切都無自性，一切都是眞空，所以這些觀念也就立刻可以打破。按照空宗的說法，一切「法」不「自生」，不「他生」，亦不「自他共」，故諸法無生亦無滅；生滅、常斷、一異、來去諸在生死流轉中的概念，都無一站得住。既然無一法（概念）站得住，那麼因果的觀念自也可以駁掉。這又是拆散因果觀念的另一條路。

若希臘人芝諾、英人布拉第賴，則用兩難的辯證法把因果觀念拆散；英人休姆則從經驗主義的知識論，斥因果。因果觀念可有種種方法來肯定，也可有種種方法來否定。主要要看是從什麼立場來說：從知識上的當另論；從生活上的，如從「自然」來反因果，便要先看此「自然」指的是什麼。如果此自然爲偶然命定，則不可；如果是老、莊立場之由修養工夫而得自然（此同於佛教立場之由輪

迴果報中解脫），則自有其意義。因此，對於范縝〈神滅論〉之反
因果果報，便要從這些地方去探討。

（蕭欣義摘記）

原載《東風》第8期（1959年6月）

朱子苦參中和之經過

一、舊說二書

　　朱子自三十七歲至四十歲這三、四年之間，苦參中和問題。此蓋其學之決定性的關鍵。伊川由中和問題之問答，開出工夫途徑：「涵養須用敬，進學則在致知。」朱子亦由此問題之苦參而承接伊川之途徑，且使之更圓整而確定。

　　朱子三十七歲〈與張欽夫〉書云：

> 人自有生，即有知識。事物交來，應接不暇。念念遷革，以至於死。其間初無頃刻停息，舉世皆然也。〔案：此即經驗識心之念起念滅。不能由此言未發之中、天地之中。〕
>
> 然聖賢之言，則有所謂未發之中、寂然不動者。夫豈以日用流行者爲已發，而指夫暫而休息、不與事接之際，爲未發時耶？
>
> 嘗試以此求之，則泯然無覺之中，邪暗鬱塞，似非虛明應物之體；而幾微之際，一有覺焉，則又便爲已發，而非寂然之

謂。〔案：「中」總是一「超越之體」。〕

蓋愈求而愈不可見。於是，退而驗之於日用之間，則凡感之而通、觸之而覺、蓋有渾然全體、應物而不窮者，是乃天命流行、生生不已之機。雖一日之間、萬起萬滅，而其寂然之本體，則未嘗不寂然也。所謂未發，如是而已。夫豈別有一物、限於一時、拘於一處、而可以謂之中哉？〔案：正因不拘不限，流行眞機始爲超越眞體。〕

然則天理本眞，隨處發見，不少停息者，其體用固如是。而豈物欲之私所能壅過而梏亡之哉？故雖汩於物欲流蕩之中，而其良心萌蘗，亦未嘗不因事而發見。學者於是致察而操存之，則庶乎可以貫乎大本達道之全體，而復其初矣。」〔朱子自註云：「此書非是。但存之以見議論之本末耳。」〕

案：此書只粗略指出「天命流行、生生不已之機」之爲超越眞體、「天理本眞」，並粗略提出「致察而操存之」之工夫。未能條理圓整，故云「非是」。其實以「天命流行」之「本眞」說「中」，大端亦並不差。然而未說及已發之和，亦未縮著心而言性情，亦未條理出涵養察識、敬貫動靜工夫之全體。故以爲「非是」。然已提到「良心萌蘗未嘗不因事而發見」。惜此書及以後總未能正視此心，而即由「心當身」以建立其道德實踐上之「主體」義，即終未能開出本體論的實體性之心。

又〈與張欽夫〉書云：

當時乍見此理，言之惟恐不親切分明，故有指東畫西、張皇

走作之態。自今觀之，只一念間，已具此體用。發者方往，而未發者方來，了無間斷隔截處。夫豈別有物可指而名之哉？〔案：此只是天命流行之另一種表示。〕

然天理無窮，而人之所見，有遠近深淺之不一。不審如此見得，又果無差否？

龜山所謂「學者於喜怒哀樂未發之際，以心驗之，則中之體自見。」亦未爲盡善。大抵此事渾然無分段時節先後之可言。今著一「時」字、「際」字，便是病痛。〔案：此只是咬文嚼字。龜山所見亦實不差。〕當時只云寂然不動之體，又不知如何？《語錄》亦嘗疑一處說「存養於未發之時」一句。及問者謂：「當中之時，耳目無所見聞」，而答語殊不痛快。不知左右所疑，是此處否？更望指誨也。

向見所著〈中論〉有云：「未發之前，心妙乎性。既發，則性行乎心之用。」於此，竊亦有疑。蓋性無時不行乎心之用，但不妨常有未行乎用之性耳。〔案：蓋性體流行無窮盡也。故「有未行乎用之性」。然張氏所說，自不差，且甚精微。朱子此時所斤斤者，只是「流行之體」之當身，故不喜「時」字、「際」字、「前」字等。蓋足以形成分段時節先後也。此誠如朱子後來自云：「某舊時用心甚苦。思量這道理，如過危木橋子。相去只在毫髮之間。才失腳便跌下去」。其實有許多是無謂的疑慮，徒成滯礙。〕今下一「前」字，亦微有前後隔截氣象。如何如何？

熟玩《中庸》，只消著一「未」字，便是活處。此豈有一息停住時耶？只是來得無窮，便常有個未發底耳。若無此物，

則天命有已時，生物有盡處。氣化斷絕，有古無今久矣。此
所謂天下之大本，若不真的見得，亦無揣摸處也。〔朱子自
註云：「此書所論尤乖戾。所疑《語錄》皆非是。」〕

案：此書朱子自己正面意思，只是前書之重複，只肯認一「天命流
行之體」耳。只就此「體」作「本體論的體悟」，故只重視其流行
不息。以此無窮盡之流行不息說未發已發。故云「發者方往，而未
發者方來，了無間斷隔截處。」又云：「只是來得無窮，便常有個
未發底耳。」此只是體會一縱線之流，並未關聯著工夫言也。亦未
關聯著性情，條理得圓整也。前書雖亦只肯認一「天命流行之
體」，然尚以「寂然之本體」說未發之中。此雖可會通於此書之
「方往方來」，由「來得無窮」看出個「未發」，然只從方往方來
之「縱線之流」說未發已發，亦不能無病，猶不及前書之妥貼。故
云「此書所論尤乖戾」。因疑及伊川之《語錄》，又覺非是。故深
悔而深自責。

二、悔悟二書

以上兩書，名為「中和舊說」。朱子對此加以反省，而指出其
弊云：

大抵目前所見，累書所陳者，只是儱侗地見得個大本達道底
影像，便執認以為是了。卻於「致中和」一句，全不曾入思
議。所以累蒙教，告以求仁為急，而自覺全無立腳下工夫

處。

蓋只見得個直截根源、傾湫倒海底氣象。日間但覺爲大化所
驅，如在洪濤巨浪之中，不容少頃停泊。〔案：所謂「方往
方來」不能無病者，恐即在此。〕蓋其所見一向如是。以故
應事接物處，但覺粗厲勇果，增倍於前，而寬裕雍容之氣，
略無毫髮。雖竊病之，而不知其所自來也。

而今而後，乃知浩浩大化之中，一家自有一個安宅，正是自
家安身立命、主宰知覺處，所以立大本行達道之樞要。所謂
體用一源，顯微無間者，乃在於此。而前此方往方來之說，
正是手忙足亂，無著身處。道邇求遠，乃至於是。亦可笑
矣。（〈與張欽夫〉）

案：此由悔而悟之書也。梨洲〈晦翁學案〉列此書爲〈中和說
二〉。實則此書只表示一種悔悟與過渡。所悔者「只見得個直截根
源、傾湫倒海底氣象」。而在日常生活上，只覺「粗厲勇果，增倍
於前」，而乏「寬裕雍容之氣」。所悟者，「乃知浩浩大化之中，
一家自有一個安宅」。此安宅是甚麼，此書尚未說出。故只是一過
渡。此需要一「超越的分解」。

又〈與張欽夫〉書云：

前書所稟，寂然未發之旨，良心發見之端，自以爲有小異於
疇昔偏滯之見。此遺書後，累日潛玩，其於實體似益精明。
因復取凡聖賢之書，及近世諸老先生之遺語，讀而驗之，則
又無一不合。蓋平日所疑而未白者，今皆不待安排，自見灑

落處。始竊自信，以爲天下之理，其果在是。而致知格物，居敬精義之功，自是其有所施之矣。

蓋通天下只是一個天機活物，流行發用、無間容息。據其已發者，而指其未發者，則已發者人心，而未發者皆其性也。亦無一物而不備矣。夫豈別有一物，拘於一時、限於一處，而名之哉？即夫日用之間，渾然全體，如川流之不息、天運之不窮耳。此所以體用精粗、動靜本末、無一毫之間，而鳶飛魚躍，觸處朗然也。存者存此而已，養者養此而已。必有事焉而勿正、心勿忘、勿助長也。

從前是做多少安排，沒頓著處。今覺得如水到船浮，解維正柂，而沿洄上下，惟意所適矣。豈不易哉？始信明道所謂「未嘗致纖毫之力」者，眞不浪語。而此一段事，程門先達，惟上蔡謝公所見，透徹無隔礙處。其餘雖不敢妄有指議，然味其言，亦可見矣。〔……〕

案：此書亦叙述新悟之境。惟未詳細分解耳。「已發者人心，而未發者皆其性也」。此已提出「性」字、「心」字，而「已發者人心」則仍有問題。此所以以後又有「命名未當」之悔。在辛苦參驗之中，是要一步一步逼至「緊扣心、性、情之實而論已發未發以及動靜工夫之全體之境」。此種論法，吾名之曰「超越的分解」。

在此時，又〈答何叔京〉云：

〔……〕李先生教人，大抵令於靜中體認大本未發時氣象分明，即處事應物、自然中節。此乃龜山門下，相傳指訣。

〔……〕

又有〈答羅參議〉書云：

〔……〕元來此事，與禪學十分相似。所爭毫末耳。然此毫
末，卻甚占地步。〔……〕

案：儒家內聖之學，雖是天道性命貫通爲一，張橫渠所謂「天所性
者，通極於道；天所命者，通極於性」，然此不能空講。必開出一
「心性之學」以爲內聖踐履之基礎，由道德實踐以實之。北宋諸
儒，下屆朱子，即由《中庸》之「致中和」落到「心性之學」之實
際建立，由此而亦最易見到天道性命之貫通。故「致中和」爲心性
之學建立之重要關鍵。由伊川開始正式接觸，由龜山傳至延平，而
朱子亦即由此入手，展開其集北宋諸儒以來之大成之系統。故鄭重
嚴肅，辛苦參驗，往復討論，字字較量，一悔再悔，必至心安理得
而後已。故劉蕺山云：「孔、孟而後，幾見小心窮理如朱子者！」
（見下）蓋此誠爲一大事，不容輕易放過也。佛教方面，自講涅槃
佛性，如來藏自性清淨心以來，下開天臺、華嚴、禪，亦以建立
「超越之心性」爲主，而實有越過印度固有之空、有兩宗者。故皆
以圓頓之教爲宗極，而以「超越之心性」統攝一切法作爲圓頓之教
之超越根據。其系統自足而窮盡。而儒者自致中和建立心性之學以
貫通性命與天道，其系統亦自足而窮盡（惟儒家眞正圓頓之教自
陸、王一系而開出。程、朱一系只展開圓頓教之客觀面，即天道性
命之宇宙論的相貫通函攝一切之客觀面。而圓頓教建立之本質的關

鍵則在超越的本體性的心之豁醒。此見下文）。兩大系統皆自足而
窮盡，而同以心性之學為中心，其發展完成之模式、分際，與境
界，皆極相同。此乃思理之固然，非意之也。故朱子論到中和，有
感於「此事與禪學十分相似」。內容自不同，豈但「所爭在毫
末」？

三、重新斟酌

朱子四十歲時，有〈已發未發說〉云：

《中庸》未發已發之義，前此認得此心流行之體，又因程子
「凡言心者皆指已發」之云，遂目心為已發，而以性為未發
之中。自以為安矣。

比觀程子文集、遺書，見其所論，多不符合。因再思之，乃
知前日之說，雖於心性之實，未始有差。而未發已發命名未
當。〔案：朱子最後指已發為情，不名為心。故云「命名未
當」。〕且於日用之際，欠缺本領一段工夫。〔案：此指欠
缺涵養一段工夫言。〕蓋所失者，不但文義之間而已。因條
其語，而附以己見，告於朋友，願相與講焉。〔案：此所以
於此「說」外，復有〈與湖南諸公論中和第一書〉也。該書
與此說大同小異，蓋即重述己之所得以告朋友者。〕

據諸說，〔案：即程子文集、遺書中之諸說。〕皆以思慮未
萌、事物未至之時，為喜怒哀樂之未發。當此之時，即是心
體流行、寂然不動之處，而天命之性體段具焉。以其無過不

及，不偏不倚，故謂之中。然已是就心體流行處見，故直謂
之性則不可。〔案：此諸語是程、朱學中一大癥結。就未發
時之心體流行處見，尚不得直謂之性，是則性必推至心體流
行以外。此吾下文所以說心之傍落也。〕

呂博士論此，大概得之。特以中即是性，赤子之心即是未
發，則大失之。故程子正之。蓋赤子之心，動靜無常，非寂
然不動之謂。故不可謂之中。然無營欲知巧之思，故爲未遠
乎中耳。〔案：說赤子之心不是中，可。說「中即是性」亦
大失之，則因此「中」是「就未發時之心體流行處見」故
也，實則亦未爲大失。〕

未發之中，本體自然。〔案：由此可知，「中即是性」，亦
未爲大失。〕不須窮索。但當此之時，敬以持之，使此氣象
常存而不失，則自此而發者，其必中節矣。此日用之際本領
工夫。〔案：此言「持之」，即指「存養」、「涵養」
言。〕

其曰：「卻於已發之處觀之」者，所以察其端倪之動，而致
擴充之功也。〔案：此言「察識」。〕

一不中，則非性之本然，而心之道或幾於息矣。故程子於
此，每以「敬而無失」爲言。又曰：「入道莫如敬。未有致
知而不在敬者。」又曰：「涵養須用敬，進學則在致知。」
以事言之，則有動有靜。以心言之，則周流貫徹，其工夫初
無間斷也。但以靜爲本爾。

自來講論思索，直以心爲已發。而所謂致知格物，亦以察識
端倪爲初下手處。以故缺卻平日涵養一段工夫。其日用意趣

常偏於動，無復沈潛純一之味。而其發之言語事爲之間，亦
常躁迫浮露、無古聖賢氣象。由所見之偏而然爾。

程子所謂「凡言心者皆指已發而言」，此卻指心體流行而
言。非謂事物思慮之交也。然與《中庸》本文不合。故以爲
未當，而復正之。固不可執其已改之言，而盡疑諸說之誤。
又不可遂以爲未當，而不究其指之殊也。

周子曰：「無極而太極。」程子又曰：「人生而靜以上不容
說。纔說時，便已不是性矣。」蓋聖賢論性，無不因心而
發。若欲專言之，則是所謂「無極」而不容言者，亦無體段
之可名矣。

案：此說是悔悟後之再斟酌。至此已漸至成熟之階段矣。此外復有
〈與湖南諸公論中和第一書〉，與此說大同小異。惟其中類乎此說
中「自來講論思索」一段之文，《宋元學案・晦翁學案》摘取之以
爲〈中和說四〉。此一書一說，因內容大體相同，故皆可視爲表示
悔悟後之重新斟酌。本文以〈已發未發說〉爲準，〈書〉則不錄。
讀者可參看王懋竑《朱子年譜》。

至〈說〉中所斟酌之點有二：一、「心體流行」不是《中庸》
所說之「已發」。「目心爲已發」誤。心以動用爲性。凡說心總是
發用流行。然有動時（事物思慮之交）之發用流行，此即《中庸》
已發之「情」。有靜時（思慮未萌、事物未至）之發用流行，此即
所謂「心體流行」。此靜時之「心體流行」即是未發之中。此
「中」直接是就心之未發顯。而寂然不動、「天命之性，體段具
焉」，故間接亦涉及「性」。此時之心體，既云「流行」，而又說

「寂然不動」（因思慮未萌故），然則所謂「流行」者只是超乎自覺，默默任運而行也。此默默任運而行即是靜時之心體流行。此時「天命之性體段具焉」。「具焉」者即具於「寂然不動之心體流行」處也。此「中」之境況既間接亦涉及性，然則此「中」即是性乎？此則亦可亦不可。明說「天命之性體段具焉」，故說它就是性亦可。然它「已是就心體流行處見，故直謂之性則不可」。此即表示，此時若說是性，亦是因心而見之性，而不是那超越的性之本身也。不即是性，即是心與性離，心與性二，並非一事也。但「聖賢論性，無不因心而發」，說它就是性亦未嘗不可。吾人似可如此說：此靜時之中之境況，就心言，是寂然不動、心體流行。就性言，是「天命之性、體段具焉」，以及下文所謂「一性渾然、道義全具」。「中」是虛位字、其所涉之實，一是寂然之心，一是渾然之性。兩者似乎是平流。然就性言，已是「人生而靜」以下之事，故雖渾然，而仍是因心而見。故此時之中若涉及性而言其是性，則亦是因心而見之性，非超越之性本身也。超越之性本身，是「無極而太極」，是「人生而靜以上不容說」，亦無所謂「體段」也。

其所斟酌之第二點是：因以前指心為已發、而不知心統已發未發，故於性情亦未確定。因此對於涵養工夫亦未正視，而於涵養性體，遂成虛脫、無著實處。著實之點則落在「察識已發之端倪」，故乏「沈潛純一之味」。

有此兩點斟酌，面面俱到，遂有最後之定本。此即下引答張欽夫之書也。

四、中和定說

〈答張欽夫〉書云：

諸說例蒙印可。而未發之旨又其樞要。既無異論，何慰如之。然比觀舊說，卻無甚綱領。因復體察，見得此理須以心為主而論之，則性情之德、中和之妙，皆有條而不紊矣。

蓋人之一身，知覺運用，莫非心之所為。則心者固所以主於身，而無動靜語默之間者也。

然方其靜也，事物未至、思慮未萌，而一性渾然、道義全具。其所謂中，是乃心之所以為體，而寂然不動者也。〔案：此即前函所說「寂然不動之心體流行」。此「中」直接指心言，間接顯示性體渾然。〕及其動也，事物交至，思慮萌焉，則七情迭用，各有攸生。其所謂和，是乃心之所以為用，感而遂通者也。〔案：於已發之情，見心之為用，所謂感而遂通。於寂然不動，見心之為體，所謂「心體流行」。此言「心之為體」即指心自己默默任運而行，故曰「心體流行」，不指性言，不是以性為心之體也。以性立心之體，是另一義。見下章。於「心自己默默任運而行」處，即「心之寂然不動」處，見「一性渾然、道義全具」。於其感而遂通處，見性主於其中，成其所謂和。「各有攸生」之主，即「性主之」之主。性在此處，若對「中」處之「渾然」言，便是「燦然」。此書言寂感是指心言。然則「性」

處是否亦可言寂感？抑還是其渾然、燦然下因心之寂感而見？如性只是抽象之理，則自不可說寂感。然朱子所言之性，其背景是「維天之命、於穆不已」。是作爲萬化根源的「無極而太極」。此性不只是抽象之理，亦是具體的生化之理，即生化之眞幾。如是，則亦可以說寂感。朱子如偏重其「理」義，而說「性即理」，此好像只是靜態之抽象之理，而其實則不止如此，它亦是生化之眞幾、動態的具體之理──「生」意。如此，性亦可以說寂感。其寂是渾然，其感是燦然。其渾然、燦然不只是全因心之寂感而見。如是，有心一行之寂感、有性一行之寂感。兩行平流。此已伏「心即理」、合而爲一流之機。然而朱子卻始終未能推進一步，使之合而爲一流。〕

然性之靜也，而不能不動。情之動也，而必有節焉。是則心之所以寂然感通、周流貫徹，而體用未始相離者也。〔案：此是性情對言，以見心之周流貫徹。性是情之主。今對情動而有節言，故溯言「性之靜」。性之靜即是性之渾然。因心之寂然而見者。然性之靜旣不能不動，則性本身自亦可說寂與感。此根據〈樂記〉「人生而靜，天之性也。感於物而動，性之欲也」而來。性動而爲情，則性中之理即往主於其中而使之有節。此時性不但渾然，而且燦然。然朱子此書說寂感皆指心言。因開始即說「須以心爲主而論之，則性情之德、中和之妙，皆有條而不紊矣」。自心言寂感，即從主觀面言寂感。性情是客觀面。因主觀面寂感中和之妙，而見客觀面性體之渾然與燦然也。〕

然人有是心，而或不仁，則無以著此心之妙。〔案：此時之心即完全是私心、成心、機括之心。仁是性，是渾然之性中之一理。可見必須性顯，始能「著此心之妙」。〕人雖欲仁、而或不敬，則無以致求仁之功。〔案：此言須用敬之工夫以致性之仁理顯。〕蓋心主乎一身，而無動靜語默之間，是以君子之於敬，亦無動靜語默而不用其力焉。

未發之前是敬也，固已立乎存養之實。已發之際是敬也，又常行於省察之間。方其存也，思慮未萌，而知覺不昧，是則靜中之動〔案：所謂心體流行〕，〈復〉之所以「見天地之心」也。及其察也，事物紛糾，而品節不差，是則動中之靜，〈艮〉之所以「不獲其身，不見其人」也。

有以主乎靜中之動，是以寂而未嘗不感。〔案：此言「主」是存養之主。不是以性體來主。〕有以察乎動中之靜，是以感而未嘗不寂。寂而常感，感而常寂，此心之所以周流貫徹，而無一息之不仁也。

然則君子之所以致中和，而天地位、萬物育者，在此而已。蓋主於身而無動靜語默之間者，心也。仁則心之道，而敬則心之貞也。此徹上徹下之道，聖學之本。統明乎此，則性情之德、中和之妙，可一言而盡矣。〔下評南軒之說，略〕

案：中和之祕，至此全部參透，而中和之說，亦至此全部圓整而確定。此為「中和新說」，亦可曰定說。而三十七歲時之兩書，則定名為「中和舊說」，亦即未安之說也。《宋元學案・晦翁學案》列此書為〈中和說三〉，而將前列有兩點斟酌之書與說，摘取其中論

涵養一段列爲〈中和說四〉。此種排列非是。其所以如此排列，蓋以劉蕺山之疏解而然也。劉蕺山解〈中和說〉之四書曰：

> 此朱子特參《中庸》奧指以明道也。
>
> 第一書先見得天地間一段發育流行之機，無一息之停待，乃天命之本然，而實有所謂未發者存乎其間。即已發處窺未發，絕無彼此先後之可言也。〔案：此即「中和舊說」中二書之第一書也。〈晦翁學案〉只列此舊說之第一書，並無第二書。蕺山此解，即以第二書當之，亦無不可。總指二書言，亦無不可。總之，此是說舊說二書也。舊說二書言未發已發只是就「天命流行生生不已之機」之本身言，只有一個「本體論的體悟」。吾名此說爲「本體論的體悟」中之「中和說」。若以康德名詞表之，則可曰「道體之形而上的解析」中之未發已發說。劉蕺山所謂「言道體也」（見下）。〕
>
> 第二書則以前日所見爲儱侗。浩浩大化之中，一家自有一個安宅，爲立大本行達道之樞要。是則所謂性也。〔案：此即後來表示悔悟之書。此是趨向於成熟，趨向於「超越分解」之過渡。〕
>
> 第三書又以前日所見爲未盡，而反求之於心，以性情爲一心之蘊。心有動靜，而中和之理見焉。故中和只是一理，一處便是仁。即向所謂立大本行達道之樞要。然求仁工夫，只是一敬。心有動靜，敬無動靜也。〔案：此即四十歲時最後成熟之書，亦即「超越分解」中之中和說也。〕

最後一書，又以工夫多用在已發爲未是，而專求之涵養一
路，歸之未發之中云。〔案：此即悔悟後再斟酌之書，而非
最後之境界。正是斟酌之，以正視涵養，遂有第三書中察識
涵養並舉之圓整而確定之表示。此斟酌之書是第三書之預
備，並非第三書後，始注意及涵養也。故列此書爲〈中和說
四〉表最後之境界，非是。〕

合而觀之，第一書言道體也。第二書言性體也。第三書合性
於心，言工夫也。第四書言工夫之究竟處也。見解一層進一
層，工夫一節換一節。孔、孟而後，幾見小心窮理如朱子
者！（見〈晦翁學案〉上）

案：此最後合觀一段，亦不恰當。第三書是最後圓成，謂爲「合性
於心，言工夫」，非是。第四書謂爲「工夫之究竟處」尤非是。察
識涵養並舉，方是工夫之究竟。豈開始注意涵養即爲究竟耶？

吾此文所列是以王懋竑《朱子年譜》爲據。「舊說」二書只是
一義。朱子皆以爲「非是」。悔悟之書與重新斟酌之一書一說，皆
是過渡。劉蕺山所謂之第三書則是究竟。若必如劉蕺山之排列，則
當如下：

一、「舊說」二書言「道體」、言「天命流行」之自身：「本
體論的體悟」中之中和說、未發已發說。

二、悔悟之書言「性體」，指出「一家自有一個安宅」。其實
悔悟有二書：一是指出「一家自有一個安宅」；一是漸向「超越分
解」走，已漸關聯著心性說中和：已發爲心，未發爲性。此剛發
蒙，規模未具。直謂爲言「性體」，亦不恰當。

三、重新斟酌之書與說，則表示「超越分解」漸具規模，亦注意及涵養。

四、最後之書表示圓成：心統性情，性情分屬。涵養察識，敬貫動靜。超越分解中之中和說，至此完全確立。而悔悟與斟酌只表示過渡也。

是以朱子中和說，總持言之，只有兩種：

一、「本體論的體悟」之中和說，「形而上的解析」之未發已發說。此嚴格言之，並不真正算是中和說。故朱子深悔之而以為「非是」云：「只是儱侗地見得個大本達道底影像，便執認以為是了。卻於致中和一句，全不曾入思議。」

二、「超越的解析」之中和說。此方真算是接觸了中和兩字的中和說、未發已發說，並非只說道體流行之「方往方來」即可算是解答中和問題也。蓋中和問題既從喜怒哀樂之未發已發說（不是自道體流行之「來得無窮」說發與未發），則正是人生之道德修養上事，故必須落在心、性、情之實上說。故必關聯著心、性、情之實，始有真正的中和說、超越分解的中和說。真正的中和說是建立「心性之學」之關鍵。由心之寂然不動感而遂通顯出超越性體之渾然與燦然，超越性體對於已發之情之經驗面顯其主節之用，此種心性情關聯著說，即曰「超越的分解」。就性體說，名之曰性體之「超越的解析」，不只是對於道體或性體本身之體悟，即不只是性體之「形而上的解析」。故本體論的體悟（形而上的解析）無中和說，或不能算是中和說。只有超越的解析，才能接觸到中和問題，而真算是中和說。

五、自道艱苦

朱子〈中和舊說序〉云：

余早年從延平李先生學，受《中庸》之書，求喜怒哀樂未發之旨，未達而先生沒。余竊自悼其不敏，若窮人之無歸。聞張欽夫得衡山胡氏學，則往從而問焉。欽夫告予以所聞，予亦未之省也。退而沈思，殆忘寢食。一日喟然嘆曰：人自嬰兒以至老死，雖其語默動靜之不同，然其大體莫非已發，特其未發者爲未嘗發爾。自此不復有疑。以爲《中庸》之旨，果不外乎此矣。後得胡氏書，有〈與曾吉父〉論未發之旨者，其論又適與余意合。用是益自信。雖程子之言，有不合者，亦直以爲少作失傳，而不之信也。然間以語人，則未見有能深領會者。乾道己丑之春，爲友人蔡季通言之。問辨之際，予忽自疑。

斯理也，雖吾之所默識，然亦未有不可以告人者。今析之如此其紛糾而難明也，聽之如此其冥迷而難喻也。意者乾坤易簡之理，人心所同然者，殆不如是。而程子之言，出其門人高弟之手，亦不應一切謬誤以至於此。然則予之所自信者，其無乃反自誤乎？則復取程氏書，虛心平氣而徐讀之，未及數行，凍解冰釋。然後知情性之本然，聖賢之微旨，其平正明白乃如此。而前日讀之不詳，妄生穿穴。凡所辛苦所僅得之者，適足以自誤而已。至於推類究極，反求諸身，則又見

其爲害之大。蓋不但名言之失而已也。於是又竊自懼。亟以
書報欽夫，及嘗同爲此論者。〔……〕

此朱子自道其經過之艱苦，於以見此問題之重大。蓋心性之學所由
立之重要關鍵也。此中和問題之參究是朱子所繼承於伊川者。然伊
川只具備了一些線索，並未能成立一圓整之「超越解析」之中和
說。朱子承其端緒，從頭參起，逐步步逼出此「超越的分解」。朱
學有兩來源：一是由「無極而太極」而來之天道性命之宇宙論的相
貫通。二是「涵養須用敬，進學則在致知」所開出之中和說。此兩
套相呼應。而程、朱學之特色完全決定於此「超越的分解」中「性
體之超越的解析」之中和說。在此超越的分解中，由心之寂感（動
靜）顯出性體之渾然與燦然，即顯出一性體之超越的解析。眞正之
主宰實在性體，不在心體。心之本體論的實體性並未分解出，因此
亦並未能建立起心體之超越的解析。雖說心性平流，而眞正之主宰
實在性而不在心。雖是心之寂感與性之寂感兩行平流，而眞正之骨
幹、大本大源，實在性體之寂感，而不在心體之寂感。實則只有性
可說爲體，而心實不可說爲體也。心之實體性既立不起，則其寂感
實並無體性學的意義，亦無宇宙論的意義，即其寂感並不能融於性
體之寂感而爲一，而且即由心體之寂感以提挈並證實（印證）性體
之寂感。此其超越分解之所以爲性學而非心學之故也。

六、總論函義

此超越分解之規模一經確定，則其利弊以及與陸、王一系之心

學之差異分際，昭然若揭。問題只在心之爲道德實踐上之主體性提不起（即上文所說心之本體論的實體性立不起）。彼雖知「心主於身」，亦知「人之一身知覺運用莫非心之所爲」，亦知此中和之理「須以心爲主而論之」，然心卻平散於性情上，而著重點與落實點，則在性情，而不在「心之當身」。是以在此規模下，心只充分透露其爲「知覺運用」義。以今語言之，即只透露其「認知」義。此即「窮理以致其知」一語之所由立。而「心主於身」之所以爲主之道德意義，反沈落而不見，心之爲超越的道德主體性反委散而立不起。是即心不能眞恢復其「爲身之主」義。彼所謂「心主於身」者，只是「人之一生知覺運用莫非心之所爲」之一語，而此語所表示之語意可以是無顏色者。活著的人，皆有心覺存在。語默動靜皆是心之所爲。用一個典雅而頗有美妙意味的語句表示，便是所謂「周流貫徹」。然此美妙之語句卻並不即能表示心之主宰義、心之爲道德主體義。這只能表示心之平鋪於實然境而無顏色，即並不能表示心之應然義、理想義。是以只由「知覺運用」以表示心之周流貫徹，並不眞能建立起心之爲主宰義，只能表示心隨身轉使吾身能有語默動靜之活動而已。心不能建立其爲主體義，則「天道性命相貫通」之立體骨幹以爲道德實踐成聖成賢之大本者，亦潛伏而不彰，亦不能挺得起。此由詳細檢查其超越分解而即可得知者。

　　心旣平鋪於實然境而只爲知覺運用，又平散於性情上而傍行，而不能建立其立體的本體論的實體性，則其所謂中只是靜時之寂然不動之心體流行而已（即心之默默任運而行），而並不是本體論的實體性之心之寂然不動。故此心之「中」義並不能使心成爲道德實踐上之超越的道德主體。因其本身並無先天的內容故，即並無先天

之理則性。只是靜時寂然不動之心體流行，並見不出其超越的意義。先天之理則性乃在性，超越的意義亦在性。而性與心乃平流，並非即是心。「一性渾然，道義全具」，乃由心之寂然而見，並非即是心當身固具之內容。心之本質是知覺運用，並不是性體之道義（朱子亦說心具衆理，如說仁是心之德、愛之理。但心具衆理與性具衆理，「具」之意義並不相同。詳解見下章）。心之爲「中」義既如此，則性之爲「中」義便是「一性渾然，道義全具」。此是由天地之中、天命流行、無極而太極下來而爲人之性者。此性亦可說寂感，故亦可說爲寂感眞幾。此一眞幾，在宇宙論上，可以爲生化之理。無思無爲之寂，故能感而遂通天下之故。此在言生化、言實現上，爲足夠者。然下貫而爲性以爲道德實踐之大主（道德實踐之超越根據），則光說個寂感眞幾（此時亦只能說個寂感），乃爲不足夠者。必須能見出其爲道德實踐上之大主之關節方足夠。然此必由建立「心之當身」之爲主體而見。今心既只爲知覺運用之心，而不是本體論的實體性之心，心之寂感並不能融於性之寂感而爲一，亦即不能將心上提於性體之寂然渾然之眞幾而爲一「超越的眞心」。如是，則性之爲主體亦成虛懸者，乃不能眞正貫下者。其因心之動而主節已發之情，乃只是形式地當然地如此說，而並無一超越的訣竅以使之貫下者。心本身無超越的意義，光心之動，性不必能由渾然而燦然。此即是說，「和」乃無先天保證者。「性體渾然，道義全具」，固是天下之大本，然不能眞正貫下，則即不能建立其爲道德實踐上之主體。其爲大本亦虛懸。大本之中到達道之和，並不是分析命題。而此兩者如何能先天地關聯起，在心性平流下，是發見不出的。朱子固已說敬以致求仁之功、仁以著此心之

妙。然敬是外在的後天工夫，此並不能保證大本之必下貫。此將在以後詳論。是以寂感眞幾、百理全具、感而遂通、百理流行云云，此只能算是本體論或宇宙論的語句。尚非道德實踐上實現之語句。寂感眞幾，旣是說寂感，則其爲理自不是靜態的抽象之理。吾已說它是動態的之理、生化之眞幾——生意。這是北宋諸儒，下屆朱子，所共同承認者。這寂感眞幾、生意，本易函有「心」的意思，亦最易說成「心」字，最適宜於從「心」去了解。但是這宇宙論的「寂感眞幾」、生化之理，如其字面觀之，卻並不顯「心」意。天道性命之宇宙論的相貫通（張橫渠云：「天所性者，通極於道。氣之昏明，不足以蔽之。天所命者，通極於性。遇之吉凶，不足以戕之」。此數語最能表示天道性命之宇宙論的相貫通，亦是儒家之共義），此中「天道、性命」字樣亦顯不出「心」的意思。故只能說是太極、說是性，或性體，故只能由此說性體骨幹，不能說心體骨幹。由「致中和」處之超越分解，始接觸到「心」字，始開出「心性之學」以爲內聖踐履之基礎。這裡方是接觸到道德實踐之當身的意義。但在朱子之分解裡，心之本體論的實體性的意義並未開出，心之爲道德實踐上的主體義亦未開出。是以不能將心之寂感上提而融於性體中，而證實性體之寂感即是「心」義。「仁」本是心，但經過朱子之「心之德，愛之理」之方式，將仁收於渾然性體中而爲其理，仁即向宇宙論方面申展而轉爲宇宙論之詞意，而成爲「生意」，即減殺其「心」的意義、道德主體的意義（詳論見下章）。此可見在朱學中，「致中和」一套與「天道性命」一套，並未呼應得好。「心性之學」只算成立了一半。心不能上遂，則性體之寂感即不能說「心」，而性體之爲大本亦不能貫下。然在儒家，光說寂

感，並不能顯儒家教義之殊勝，其殊勝乃在其且能為道德實踐上之道德主體，而由道德實踐以印證其中之百理為道德之理，且由道德實踐以實現之者。可是這個殊勝義，在程、朱言中和之規模裡，並未能彰顯出。因此，只成了一個寂然渾然之寂感真幾，擺在那裡，而不能直接見出其道德實踐上之作用與關鍵。因此，道德實踐上之著實工夫乃不能直接落於此而措思者。只用一個不著邊際的涵養而虛托之，而其為大主大本之義亦成虛而無實者。涵養與所涵養俱不能見其道德實踐上之「客觀妥實性」。涵養所至之沈潛純一之味、寬裕雍容之象，亦成為不是由內在的義理決定者，而是或由觀賞，或由氣質，或由外在理義拘謹之成習，由敬而支持者。而真正客觀妥實之工夫則卻在「窮理以致其知」一面。〈大學補傳〉所謂「人心莫不有知，天下之物莫不有理。因其已知而益窮之，及其一旦豁然貫通，即眾物之表裡精粗無不到，而吾心之全體大用無不明」云云，正是其工夫之著力處，而心亦只透露其為知覺義，而於成聖成德之道德實踐上之內在的工夫卻平散而虛脫。承天道性命之相貫通之大主大本以為道德實踐者反隱晦而不見。此其所以不能恢復道德主體之光與熱也。

　　「窮理以致其知」是由講《大學》講出。「主敬以立其本」是由講《中庸》講出。兩者俱未接觸到道德實踐上道德主體之切實義，亦即皆未建立其心之為道德主體義。此則有待於「以心為主」，恢復心之主體義，而步步彰顯者。性體由心體見，由心體立。則心不只是知覺運用，且真有其為道德實踐上之主體義。光是宇宙論地說「心是氣之靈處」，並不夠也。明道曰：「生之謂性。人生而靜以上，不容說。纔說性，便已不是性也。」凡此路言性，

俱只能接觸個寂感眞幾，而卻不能建立性爲道德主體之道德性。故
「生之謂性」，善惡俱從眞幾流，「善固性，惡亦不可不謂之
性」。而眞幾不可說不可說，朱子所謂「聖賢論性，無不因心而
發。若欲專言之，則是所謂無極而不容言者，亦無體段之可名
矣」。可說可名，「因心而發」，與氣爲流，已不是性了。雖說原
來只是善，惡只是流之過不及，然善惡俱只是流後之對待相，善只
是繼之者善，仍是流中事。而寂感本眞則無所謂善惡也。自此而
言，確有點近佛教天臺、華嚴之「一心開二門」者。而性之爲道德
主體之道德性立不起，則「道德性當身」之絕對的善亦建立不起。
此非孔、孟立敎之本義也，而此義卻爲陸、王所彰顯。

北宋諸儒下屆朱子，自宇宙論一路彰顯性命天道相貫通，並非
無價值。孔、孟原已投射有此意，然不肯多言，只默契之。其所重
者仍是「人能宏道」之踐仁而使人成「仁者」，以及盡心、知性、
知天之「大而化之」之聖境。故有道德實踐之光與熱。在道德實踐
中亦顯仁爲一道德之道德主體。至孟子直以此道德性之道德主體爲
性，並直以此「道德性主體當身」之善爲絕對的善。徹頭徹尾是一
道德性之光與熱在鼓舞、在涵蓋、在廣被，而即由此以遙契天道與
天命，也可以說是天道性命相貫通。在孔、孟，此貫通是道德理想
主義之上遂、悱啓與憤發。而北宋諸儒下屆朱子，則自《易傳》、
《中庸》入，把那理想主義之上遂、悱啓與憤發所遙契之天道，深
入其裡而握驪珠，成爲宇宙論之平鋪，平鋪而爲天命流行、天理流
行，還而與孔孟之仁與性打成一片，成爲天道性命之宇宙論的相貫
通。將孔、孟之仁與性吞沒於此「天命流行之體」中而模糊了其
「道德性主體當身」之光與熱。而視仁爲「生意」（此是一宇宙論

之詞），好似開擴了仁，而其實是減殺並沖淡了其道德理想之意、道德實踐中道德主體之意。同時視孟子之性為本源之性，吸收於其寂然渾然之「天地之中」而與寂感真幾融於一，此好像似深邃了孟子的性，然而其實是減殺並沖淡了其道德實踐中道德主體之義，減殺並沖淡了其為性乃是「道德性之性」之意義，減殺並沖淡了其性之善是此「道德性之性當身」之絕對的善。故北宋諸儒下屆朱子，其彰顯孔、孟所遙契之天道天命而至天道性命相貫通，是宇宙論平鋪的貫通。將孔、孟所提起的主體復沈隱於此平鋪中而不顯。因不能顯此主體，遂使天道性命相貫通之大主亦不能挺得起。故孔、孟之聖人境界是陽剛天行的，而宋儒之聖人境界是陰柔清涼的。此朱子苦參中和而畢竟不透之故也。

孔、孟之仁與性之為道德主體義，因陸、王之心學而彰顯。恢復心之為主義，則性命天道之為大主義始能彰顯而立得住。由象山、陽明而至蕺山，此一義全部明朗。於是，則心體性體在實踐中統於一而皆挺立得起矣。此非朱子之境界也。

以下仍順朱子中和說之規模而觀其系統中各種概念之意義。

〔象山是直就心之當身而恢復心之為主義，故云「心即理」，心外無理，心遍理遍。此心即是道德性之大主，先在這裡立起來，故云「先立其大」。此即是德性之主體，故云「尊德性」。此是恢復心為大主之第一階段。然猶嫌儱侗。至陽明直就此心之為大主而見其為「知善知惡」之良知，由此而顯其為道德實踐所以可能之先天根據，而直與經驗之意（有善有惡）發生一超越駕馭之關係而使「為善去惡」之道德實踐為可能。由此，心之為道德實踐上之「道德性主體」義完全朗現而站得住。然「良知」猶以「用」顯。至劉

戢山則就心之為大主而見其「好善惡惡」之意，以此意為「心之所存」之定主，而益見心之為道德實踐之主體義，而知藏於意，則良知之用有收煞，吾所謂「歸顯於密」也。至此，心之為道德性主體義完全稱體而確立，圓滿而無弊。而由心體證性體，則天道性命之大主義，亦由心體之為主而帶起。此是陸、王一系之心學之所作者。故陸、王一系之心學乃是將此宋諸儒下屆朱子所沈隱於宇宙論之天道性命中之道德主體重新拔出來而使之挺立起，以重新恢復道德主體之光與熱者。由此，自深度言，則內聖之學始有真正之成立。若自廣度言，則真正外王之功業亦可由此開。惟此較為複雜而已。此心學一系之大義顯為朱子「中和說」中所不備者。〕

原載《新亞書院學術年刊》第3期（1961年9月）

存在主義

這種思想不是一兩句話所能講完，大家對「存在主義」要是真有興趣可先找一兩本書看看。今天這個演講我也不打算採用普通的演講方式，而是想用交談方式，只是大體講講。

關於存在主義，我們前在大陸的時候早就聽說過這種思想，不過那時用的卻不是「存在主義」這個名詞，而是「體驗哲學」，只有李石岑比較喜歡提一下，一般人卻對這種哲學並不太注意。因為那時的主流和方向，都很少注意這一方面，也不太明瞭。民國三十八年我由大陸撤退出來，在臺灣也聽說過這種思想，他們翻「實存主義」，此譯名由日本而來。日本介紹存在主義較早，流行亦早。但在抗戰之前，即使是日本，講的恐怕也不多。因為此種思想有書籍介紹出來不過是二次大戰前前後後的事。存在主義的開山祖師 Kierkegaard（十九世紀丹麥人，黑格爾的學生）最初寫的書當時就沒有人翻譯，也沒有人知道。在英語世界裏面流行起來也不過是二、三十年間的事。二、三十年前讀哲學的很少有提到 Kierkegaard 這個名字的。尼采是大家所知道的，巴斯高這個名字也很響亮，可就是 Kierkegaard 被埋沒了，他被埋沒了將近一百年。直到二次大戰之後，他的名字才響亮起來。這樣說，存在主義

的歷史實在是很短的，這真可說是當代的哲學了。

存在主義的思想家，除了開山祖師 Kierkegaard 外，現在尚活着的，在德國有 Heidegger。這位先生和希特拉有點關係，等到德國打敗仗了，他就不大得志，不能再教書，直到現在還是隱居在山坡上一間小房子裏。此外德國還有一位 Jaspers，是近乎理想主義的一位存在主義者。

法國也有兩位。第一位 Sartre 最有名，因為他有文學天才，會用小說來表現存在主義的思想，而小說又較易流行，所以凡是對存在主義稍有興趣的人無不知有 Sartre。其名始風行於巴黎，後傳於英、美。嚴格說來，他的名氣雖然大，事實上卻不大行。法國還有一位存在主義者，他叫 Marcel，是一位天主教徒。

這思想家都有幽深微妙的思想，很新鮮，對於時代也真有感觸，但了解起來，卻並不很容易。我們不可把它當做一種時髦的思想來湊熱鬧，它是對於時代、對於人生、對於人類的命運，甚至對於西方文化，有其鄭重嚴肅的意義的。所以如果我們對於這個時代不能有真實的感觸，不能有「存在的」感受與了解，便無法契悟這種思想。這一點是首先當牢記於心的。

日本在介紹西方的思想方面比中國較為完備，亦較為詳細，而且也常較為趕先。但日本人的創闢心靈似較差，故常是趨時趨新。我不知道他們對於存在主義契悟的程度究如何，但只聽說很流行。我想她可能有可以契接存在主義的民族心靈上的根據。

何以日本人愛講存在主義呢？這可能與民族性有關。日本的民族性分析起來可說有三個來源：一、武士道。二、禪宗（此二者又合稱大和魂，即日本的靈魂）。三、櫻花節（這第三個來源是我自

己想出來的，是一種象徵）。武士道並不等於中國所說的英雄豪傑，也不等於中國所說的游俠或後來的江湖義氣。武士道常帶點感傷主義的情調，sentimental，故與櫻花節可合在一起講。武士道的精神是切腹，有很強的 tragic sense。（一種悲劇感。其背景卻不好談，也不易把握得住。）這種感傷，又最易在櫻花節中表現出來。因花開數天即落，然花開雖短暫，日人卻依然大狂歡，酒色俱備，且為武士道之重要成份，所謂英雄美人是也。日本人喜歡存在主義可能是由櫻花節所象徵的感傷情調而來。

某些受日本人影響的臺灣籍的青年似乎也感染了這種感傷情調，因而亦頗喜歡存在主義。他們自己感覺到是天生的悲劇。他們一方以為既與祖國有距離，掛搭不上，一方又感覺到自己不能獨立，因此逐覺他們的處境毫無前途，故靈魂空虛，苦悶不堪。但這種由感傷情調而接近存在主義並不真能把握存在主義。存在主義表面上似乎有感傷的一點姿態，但存在主義並非感傷主義。若只憑那種感傷的情調來接近存在主義的虛無，只盤旋於此而去渲染它，以為這便是存在主義，那將是極大的誤會。存在主義的「虛無」是悟道之機，這只是真實的人生逐步真實其自己的前進的一個轉關，不是挑逗我們的感傷情調，只讓我們盤旋於此也。

民國三十八年以前，我對存在主義也不太了解。嚴格說來，此派思想實非年輕人所能徹底明瞭。如美國的 beat generation 就未必有 existential feeling，更不會有 existential nothingness，或者 existential anguish 當然不是說全沒有，這要看一個個人。美國那羣 beatniks 與我國的名士頗類似，奇裝異服，頭髮不梳，行動古怪，他們甚至也東一句、西一句，名之曰談禪，其實是好新奇而

已。

　　所以存在主義雖然近來在美國也很流行，卻並非眞是美國年輕人所能把握得住。青年人可以表現 sentimentalism，但存在主義的 nothingness 可絕對不是那麼一回事。Kierkegaard 的體驗與問題，並不是每個人所能有、所能了解，這要看個人的氣質。即使遭遇不好，也未必就有 feeling。從美國的生活境況來看，則美國青年很難眞了解存在主義的眞諦（existential nothingness, existential anguish）。他們的生命情調根本未到此一地步。由其個人生活「主觀」地看，由其社會境況「客觀」地看，結論均是如此。

　　先由其個人生活「主觀」地看吧。他們忙，時間觀念極強，不像中國人之悠然自得；他們的生活舒服，國家富強，實不易把握存在主義的道理。再由「客觀」看其社會境況，時代風氣，二十世紀的問題何在，美國人了解也不深。對於十八、十九世紀如何演變到二十世紀，此五、六十年來如何又會演變到兩個大集團的對立，則不但是美國人，便是一般西方人士也未必就有深刻的了解。他們說二十世紀是美國的世紀，他們如此樂觀，如此躊躇滿志，實不知時代問題的嚴重性。

　　存在主義發生於歐洲大陸之德、法，乃由於歐洲人對西方文化之演變首當其衝，擔負在身上，乃有責任感。且二次大戰後，歐洲在勢力上退位了，更易有感觸，乃較易懂得由「文化本性」來了解這世界。他們能正視此一時代，不如英人頭腦之硬，慢吞吞的，又不像美國人之好新奇，忙來忙去，自然是存在主義的合理發祥地。

　　反觀英、美，卻只能流行邏輯實證論。這是順邏輯、數學、科學而發展出的一種思想，這是與歷史、文化、人生、時代危機無關

的思想，這是純技術的學問，也是太平時代的學問。

存在主義及邏輯實證論，就是英、美及歐陸兩種很當令的當代思想。平視而觀，這兩種思想在西方都有其文化與學術上的根據。

中國何以又會在民國三十八年以後才開始注意存在主義？於此言之亦饒有意義。就我個人言，我是在九一八次年大學畢業的，此乃歷史關鍵性的一年。由是年起，中國長期之安定社會乃開始起了變化，一直變到現在，仍未變完。而我也是由「七七事變」時（二十七歲）起開始流亡，一直流亡到現在，流亡到這裡。三十年來一直都是在流亡、在逃難，而且不單是轉換空間那麼簡單，而是在動亂中、在恐怖中，直到現在，我內心裡總是沒有安全感的。存在主義就有這麼一句話：「人是最不安全、最無保證的一個存在。」又說人是無家的，這就是存在主義所說的人的無家性 homelessness。正如耶穌所說的：「飛鳥有巢，狐狸有洞，人之子無家可歸。」可是存在主義這樣說的人的無家性並不是單當作一個概念去了解，而是要我們在「存在的遭遇」中去作「存在的感受」。我們現在卻真有了這存在的遭遇，而我國人也的確有這存在的感受。存在主義是教我們在這存在的感受中正視這人的無家性，不得逃避、不得掩耳盜鈴、不得自欺，過那虛偽（不真實）的人生。它是在這裡讓我們有一種存在的覺悟。耶穌正感覺到現實存在無家可歸，所以他的家必須定在上帝那裡。可是定在上帝那裡又談何容易！耶穌那句話，一方面實在蒼涼得很，一方面又實在勇敢得很！你說「人之子無家可歸」嗎？然而人之子卻正要把現實的東西統統放棄。人是不能像飛鳥或狐狸那樣過那躲藏於本能中的安定生活的。

前幾年我在台灣，有一個美國人到東方來也喜歡談存在主義。

但我卻覺得像他那樣的美國人，那裡會眞了解存在主義？他們來台灣只是享福，而我們在台灣卻是逃亡。此實不可同日而語。「無家性」這一點很重要，人就是這樣的。但存在主義卻告訴我們正視這無家性，要在無家中找尋你的家，不得安於這無家性中而成爲鬼混，成爲頹廢。如只是鬼混與頹廢，那正好是墮性，你正好有了個墮性的家了。這卻是虛僞的人生，而不是存在主義。

西方健康的傳統哲學，二千年來其本質都是邏輯的、理智的或觀解的（theoretical）。而這些，正是「非存在的」（non-existential）形而上學、道德、宗教，都變成理論的，只把握住了一些原則。這也就是西方傳統哲學的特色和本質。存在主義卻是反傳統，將傳統的哲學通通目爲 non-existential。因爲傳統哲學不能正視人的歷史性、偶然性、不安性、無家性，卻只憑空抽象地去講那人的本質。流亡絕不是邏輯的事，亦不是理論或觀解的事。流亡不是一些「理」，而是切切實實的生死交關。傳統哲學卻與人生毫無關係，只了解一些超然在人生之外的抽象的道理。由希臘至今，均是如此。甚至宗教亦不能例外，都變成是虛僞的、庸俗的。於是存在主義乃直指傳統哲學說：你們是 non-existential。此一大轉彎，乃二十世紀不安時代中一個大貢獻、一種反省、一個轉捩點。

我們一由於流亡，二由於國家現勢，不論由主觀客觀來說都確實有點感觸。更何況共產主義不單是中國的問題，而是全世界的問題。要了解存在主義，須先有 cosmic feeling，須對歷史注意，有了解，也有感觸，否則便不能眞正接觸存在主義。若單由個人的感傷來接近存在主義，那是不夠的。作爲一個中國人，如流亡而安於香港，亦不能了解存在主義。

　　歌德寫《浮士德》，即表現了存在主義，不過未用此名而已。但歌德借浮士德表現人生真理，其意與存在主義同。浮士德空有許多學位頭銜，年紀老邁，發覺人生原來是一場空，一無所有！就在這「一無所有」的當兒，魔鬼進來了。乃使浮士德的生命全部陷於感性中：追逐名利、追逐榮華、追逐權位；這些都是存在的生活，但卻是感性的存在。從前追求知識，得什麼什麼博士都是 non-existential 的。這些純理的知識，一到緊要關頭，通通沒用，就像秋風掃落葉一樣。生命問題並非邏輯所能解決，只要你人生的現實感觸一來，魔鬼就來了。這是一個重要的試探關頭。你是沈淪於感性呢？還是從這裡躍起呢？這是存在的問題，不是理論的問題。這需要你做一個「存在的決斷」。浮士德的返老還童，不再以老博士姿態出現，那是為魔鬼引入沈淪之途中。但他與魔鬼賭賽，他終於戰勝了魔鬼而超拔了出來。如是他的返老還童乃是下凡歷劫。只有這一經過，他始面對存在的真實的人生。

　　當我讀邏輯，為我的《認識心之批判》而奮鬥的時候，我的心思一直是投注於「非存在」的領域中。這一個長途旅程，我似乎走到了盡頭。經過存在主義的指點，我發覺這一到盡頭所凸現的全部領域乃全部是「非存在的」，全部是抽象的、普遍的本質之領域。不過這時我還不能真正接觸到存在主義之所說，我此時只能說由邏輯的領域進到歷史文化的領域。面對共產主義征服大陸，我是真實感到時代之困難，感到中國歷史文化的癥結，於是我以客觀的悲情來疏通中國的歷史文化，來揭發時代的墮落，於是遂有《歷史哲學》與《道德的理想主義》之寫成。但這還是講客觀的問題，我還有生命熱情之餘勇來發那客觀的悲情，講歷史文化的問題、政治的

問題，我不是學究研究的態度講，我確是以生命頂上去、身當其衝地講，這也可說是存在地講。但這還不是接觸到存在主義所說的盡頭的問題。我忽然感覺到我主觀的個人生命完全癱瘓了，一切都成了外在的、不相干的。不但是邏輯領域是非存在的，與我不相干，就是我以客觀的悲情所講的歷史文化問題、政治問題，也都成了不相干的。自己最中心的生命成了問題，不是研究的問題，乃是它自身癱瘓了的存在問題。這是個嚴重的病，契爾克伽德所謂「病至於死」的病，墮於虛無深淵中的病。上帝、良知、性命天道，都成了外在的、不相干的，我發覺我以前所講的都掛搭不上，沒有一個能返到我的生命內，來潤澤我的生命。我的生命不但是癱瘓，而且是龜裂，根本整合不起來。這一癱瘓、龜裂，全部的魔都進來了。我一直在靜靜地觀照中、痛苦中和這魔奮鬥了十年，這是存在的虛無、存在的痛苦、存在的觀照。這裡需要一個存在的決斷：「非此即彼」的決斷。但這決斷不是普通所說的由你的「意志」來決定。最後地說，或一般地說，當然是訴諸「意志」。但這意志決斷的來臨亦並非容易。意志也癱瘓了！我是一直在哀宛欲絕中、無聲無臭中和這癱瘓奮鬥的。這裡用不上「大聲以色」，絲毫不能有客氣、虛矜之氣。癱瘓到如病的嬰兒（不是道家所想的嬰兒），讓它靜靜地甦醒吧！這是存在主義所說的最盡頭的問題，要從這裡有一個決斷，有一個躍起，有一個覺悟。但這不是說教的事，乃是個人自己存在的事。一個人能不能躍起那是完全沒有定準的。這是人生之可哀，一個絕大的「存在之怖慄」。所以我深深感到浮士德下凡歷劫之可憐。他在最後一刹那終於戰勝了魔，我於無意中遭遇了這生命之癱瘓，我是否能像浮士德那樣終於戰勝了魔，我一直不敢保，這

是要在永恆的奮鬥中磨練的。說是無意，其實也是生命發展的內在律則，也有其必然性。人如果能過一個真實的人生，就要正視這生命的律則，不單是理解，而且要在存在中真是這樣的經歷，這方是一個存在主義者。這樣說來，存在主義不是一個客觀的思想可以宣傳、可以研究。這是一個真實的人生經歷的事。而人之能經歷不能經歷，這不是可以教的。一切道德宗教的真理都要在這存在的經歷中經驗與印證。中國人以前有所謂解悟、證悟、澈悟。解悟是非存在的，這全不濟事。證悟、澈悟是存在的。這就是我所謂「存在的經歷」了。

以上所講的比較具體，現在再進而帶點學究氣說說「存在主義」一詞之取名。

日本人對存在主義 existentialism 一詞之取名，似乎不甚了解。他們翻譯為「實存主義」，並不恰當。雖然「實存」和「存在」表面看來差不多，但翻成「實存」彷彿加油加醋，為原名加添了顏色，這容易使人望文生義，不知想到那裡去了。其實 Kierkegaard 本人亦未用過 existentialism 一字，此乃後來加上去的名詞，是此派思想成了 school 之後才有。Kierkegaard 書中只有 existential 或 existentially，即是說都是當狀詞或副詞來使用，未曾加-ism 成一個主義。這個字之狀詞或副詞的使用只表示一種態度或進路，即對於人生及人生真理（道德宗教的真理）你是存在地講還是非存在地講（這是副詞的使用）？你的進路是存在的還是非存在的（這是狀詞的使用）？就契爾克伽德的這種狀詞或副詞的使用，我們知道契氏並不是客觀地講萬物的存在（existence）與實有（being），他乃是直接單就人生主觀地講人與上帝的關係，講道德宗教的真

理。「存在的」或「存在地」只是借用來表示契悟這種眞理的進路
或態度。他之所以這樣借用是想保持這種眞理的主觀強度以及其眞
實性,不願讓它旁落而成爲外在化、抽象化、客觀化與形式化,所
以他極反他的老師黑格爾以辯證的理性來朗現一切的泛理主義。照
我現在看,黑格爾這樣作至多只是哲學,而不是個人地主觀地體有
這種宗教眞理,即不是個人的體而有之之事,不是個人的「存在地
體有」。

　　存在之這種狀詞或副詞的借用是源於西方傳統哲學中「本質」
與「存在」的區分或對立。這是對於宇宙萬物的一種解析與說明,
這種解析含有一種知識論,也形成一種本體論(或體性學),同時
也逼出一個宇宙論來。這骨幹大體是由柏拉圖與亞里士多德兩人所
構成,中世紀的神學繼之而發展。但契爾克迦德卻並無這方面的興
趣,他沒有這些哲學問題。他的問題只有一個:人如何面對上帝,
即宗教眞理。當柏拉圖說 idea、form,其實都是「實有」
(being),是「存在」(existence)的根據,卻不是「存在」,
雖然柏拉圖說它是眞實(reality)。柏拉圖自己也說 idea 屬天上,
不屬此現實世界(感覺世界),是一抽離而超越的原型,是一永恆
不變的實有、自存。例如 $\sqrt{2}$、0,以及點、線、面、體等,就是一
種 form,一種 being,而不是 existence。$\sqrt{2}$ 與0是數學的實有,
點、線、面、體等是幾何學的實有。此均爲純理的世界,亦即是
「非存在的」non-existential。到亞里士多德轉而講邏輯,being 乃
轉爲本質(essence),其實一也。「本質」一詞是一邏輯詞
(logical term),雖然古人講邏輯是有本體論的根據的。他如「共
相」之類的名詞也是邏輯詞。這些詞語,如單自其本身看,都是普

遍的,非存在的。但它們所表示的卻是「存在」的可能之根據。亞里士多德尤喜下定義,要問此物能否界定(define)?不能下定義的就是不可理解。而在定義中,就有「本質」及共相(共理)的字眼出現。這些也都是純理論的,非存在的。(中國卻沒有走這一條路。沒有邏輯,而是很具體的,一點也不理論化。沒有系統,也沒有推理的過程,一向只有實際的運用,而無抽象的架構)

「本質」是純理的,「存在」卻剛好與之相對。

本質是一個具體存在物的本質,而其本身卻並非「存在」,其三特性是:㈠普遍的(universal);㈡抽離的(abstract);㈢形式的(formal)。與此三特性相反的,就是「存在」。$\sqrt{2}$、0並不exist,在現實世界中找不到,但它們卻是「有」,所以只是being。「存在」一詞所表示的卻必須是具體地存在於世界中,有時空性,存在於某一時間中,某一空間中。「存在」的意思就是:不能離開時間與空間。現實之所以為現實,正由於其有時空,是現實的,所以也是具體的。

一支粉筆,在我手中,兩指夾住,這支粉筆就存在於此一境況中,限制於此「處」,限制於此「時」,故此粉筆存在。凡存在必具體、現實、特殊,無所謂普遍。

一個具體物如粉筆必須有本質及存在這兩面。本質是它的理,卻不等於具體之粉筆。要說一支粉筆存在,此是另一問題。定義只表示粉筆之本質,但只此本質卻並不能表示此具體物之存在。「具體存在」與「理」是兩樣東西、兩個概念。有了一物之理,不一定有此物存在。理是抽象的,到表現在實現世界之時,才有具體的個體,才有存在的個體。如果要詳細講「普遍的理」如何成為「具

體、特別的存在」，那就需要一個「實現原理」（principle of actualization），這就是「宇宙論」了。宇宙論講的就是「理」如何成為「存在」。

總結來說，是這樣：

essence 是 non-existential 的，是 being，無時空性。

existence 卻是具體的存在，有時空性。

existence 只問「在不在」。故譯「實存」便是加油加醋，替原意多加了顏色。

我們還可以用「命題的分類」來表示「存在的」與「非存在的」這一個區別。A、E、I、O 四種命題之中。先講 A、E 兩種：

A：All S is P.（全稱肯定）

E：No S is P.（全稱否定）

所謂「全稱」、「普遍」，是老的講法。現在則稱這兩種命題做「非存在的」（non-existential）。普遍命題是「非存在的」，因為它所表示的只是普遍原則，只是一個理，如「殺人者死」之類，是 A 命題，代表一條法律，卻不一定要有一個具體的「殺了人的人」。便是從今後再無人殺人了，此法律依然真。所以說這種命題與「具體存在」無關，也就是「非存在命題」，因其無時空性。

另外兩種 I、O 命題，是：

I：Some S is P.

O：Some S is not P.

這兩種命題都是特稱命題（particular proposition）。它所表示的不是普遍之理，而是指陳一些特殊的個別的事件，這是與存在有

關涉的，所以也就是「存在命題」了（existential propositon）（若再在這裡譯為實存與非實存，那將是完全外行了。因為這種使用也是由存在與本質的對立演變而來的）。

　　總之，當你抽象地去思考一些「普遍之理」時，就是「非存在的」。用此態度最宜於從事客觀研究，可根據一些實際材料（material data）來發現一些一般的規律（general rule）。

　　但當你並不思考那些普遍之理，而注意真實的人生問題，注意真實地契悟道德、宗教真理之時，那就不當用那「非存在的」態度，而當用「存在的」態度。非存在的態度是不關心的，是純理論的；而存在的態度卻是關切於人生的，這裡有一種關切的緊張強度。

　　科學是非存在的，下定義也是非存在的。即使是人生哲學，若只是純理論的，也是非存在的。其實西方根本無好的人生哲學。西方人對於人生的智慧只能在其文學、音樂、藝術、宗教中蒸溜而得。此所以西方有名的天才思想家，當一接觸到人生問題時，乃不得不離開他們西方傳統哲學之路，而轉向宗教、藝術、音樂、文學，由文學情調而表現其思想——如尼采是。

　　有些人提議把共產主義問題當作「社會福利問題」來處理，使之變成技術問題，這是不明「非存在」與「存在」的分別之故。共產主義的問題其實已是生命問題，那裡是什麼「社會福利問題」！史太林他們並非凡人，乃是怪人。怪人層出不窮，不過依時代不同，其表現亦不同而已。如希特拉等均是。這種非凡之人所引起的問題均與「存在的」有關，是切切實實的人生問題、生命問題，萬不可以「非存在」的態度來思考之、處理之。淺薄理智主義的態度

適爲其所笑而已。

　　唯有用存在的態度，然後可接觸到眞正的人生問題。一種存在的進路（ existential approach ）——而不是研究什麼叫存在（ existence ）。「存在主義」在原初創始人並不研究什麼叫存在、什麼叫實有。這個字要當「形容詞」來用：existential。主要點是：你講人生問題時，用的是否是存在的進路。若然，你便明白了「存在主義」之至理。要是你自以爲懂得「存在主義」，但談「存在主義」或者人生問題之時卻是用的「非存在」的進路，那只是對「存在主義」的一種誤解，不可得云便是懂得「存在主義」也。

　　舉一個最現成的例：怎樣叫做用存在的態度來講人生問題？曰孔子講仁便是。孔子從不曾爲「仁」字下過定義，也沒有用科學方法研究過「什麼叫做仁」。外國人總說《論語》難讀，東一堆西一堆，一點也不合邏輯。誰知「仁」就是下定義不得的。講「仁」就非得用存在的進路來講不可。要是將「仁」從現實抽出來它是一「普遍、抽象之理」來講，就是非存在的了。但「仁」豈是「抽象之理」？離開了現實世界、離開了人，「仁」又從何而表現？「仁」旣是表現在「人」間，當然就得用存在的態度來講。說《論語》難讀的人，原因正在不明白「非存在」與「存在」那微妙的分別。朱夫子曾勉強爲「仁」下定義，所以陸象山瞧不起他。「仁」決不能下定義。孔子由「存在」的路往裡進，才可以講。這種關乎人生的道理，的的確確不能用理論的（ theoretical ）方法來講。王陽明的「良知」，現代人口中常提及的「愛」，均是下定義不得的，不能離開生命、生活而講的，唯有「當下指點」，讓你當下有個存在的感受，而後知其爲何物。便是當下知其爲何物之時，亦無

法用言語字眼形容出來——就因為那不是抽象的「理」，不是無時
空性的「概念」，而是步步與現實生活、精神生命的上升與下降，
息息相關的一種「表現」。凡是離開了生活，就只是凌空的普遍的
概念，那就是抽象的「理」，而不是「存在」。「良知」、
「仁」、「愛」，正是要存在地表現在生活之中，在生命的上升與
精純中呈現，絕不是抽象的概念，故只是用存在的態度來正視之，
而不能用「下定義」、「科學化」的態度來分析、來研究。在存在
的態度上存正視人生，此路無捷徑，不會一帆風順。而「存在主
義」亦只有天生注定要受苦的人才可以懂。蘇東坡詩句云：「但願
生兒愚且魯，無災無難到公卿。」「愚且魯」的人是無法了解「存
在主義」的。（但愚且魯的人也就有福了。懂得「存在主義」，正
是痛苦的事，而絕不是愉快的事）所以不要以為「存在主義」是好
講的，一種新奇的好玩的把戲。那實在是很使人難受（難過）的一
種思想。不是直線的，而是曲曲折折的、反來覆去的。邵堯夫詩句
云：「出入幾重雲水身」，唯有這樣，才能真正了解人生問題。由
反面講正面，而後正面始顯。凡是講宗敎、道德這一類的內容真理
（ intensional truth ）均須如此。「反」不明，「正」亦不明。而且
這亦不只是明不明的問題，而是存在的經歷問題，在存在的經歷中
明。天天傳敎的牧師，並不真能有宗敎精神。以前鄭板橋說：「秀
才是聖人的罪人，和尚是釋迦的罪人」，現在也可以說牧師是基督
的罪人。因他們的態度多是非存在的。

　　存在的虛無（ existential nothingness ）、存在的痛苦
（ existential anguish ）之類，都是反面的，並非容易感覺得到。正
視人生之時，須感到那「虛無的深淵」、那「恐怖」、那「可

怕」，有此恐怖之感而後可由深淵跳出，而得救。跳不出即是墮落。

　　此種恐怖、虛無的感覺，並非人人都有。沒有的人就是正常，所以如果你沒有，正是福氣。有此種感受的人就慘了。可是沒有此種感受的人也不能了解「存在主義」。其實這也不是什麼主義的問題，無此感受，即無眞實的人生。眞實的人生就是要把自己掏空，而覺得一無憑藉時，才能出現。任何處掛搭不上，這正是很痛苦的。你要在這永恆痛苦中奮鬥，這正是天生注定要受苦的人。朱子一生在艱苦中奮鬥，臨死時，還是說「艱苦」二字。此其所以爲大儒也。他倒是眞正的以存在的態度講聖人之道的。

　　如果你能感覺到虛無之深淵，卻跳不出來，那麼「墮落的人生」也就是「感性的人生」。此時你將在刺激的路上滾，是乃沉淪之途。這沉淪要在你生命中繼續多久，何時才可由你控制而不再沉淪，沒有把握。何時你才可以跳出來自救，也沒有把握。這幾句話的道理，其間有一大無可奈何處，大家可於此參悟之。

　　人就是這樣，有時並非任何善言所能勸止勿再沉淪。所以天臺宗也明白有時修善不行，乃有修惡之說（此平常人不易了解，乃宗教眞理。此誠不能隨便說，說了亦是造孽）。佛經中有講及一個大惡人，殺人成癖，止之無法，乃順其性，任彼盡殺，使於殺人中頓悟前非，乃由沉淪中跳出自救。我們中國許就是正中此魔，乃有毛澤東之類出現，大肆殺人。此乃共劫，不能望毛有惡報，是乃我民族路程之一必然的劫運。人的罪惡無窮無盡，有時落在感性中，實在很難跳出來，他自己也明知不對，但就是沒有辦法，至此就只有用天臺宗的辦法，讓他自己在沉淪中覺醒，由反面悟出正面。苦單

是由正面入手，極力相勸，便是講盡了道理，也是沒有用的。

　　這就是人生。人生就是這樣的無可奈何。而「存在主義」，講的就是我們正視「人生問題」時，要用一種存在的進路，而不要用一種非存在的進路。

　　我以上所講的只是一個起點，大體是根據契爾克伽德而說的。這個起點是當代存在主義的思想家所共許的。至於由此出發而來的發展便有許多歧異，不皆是以契爾克伽德為矩矱的。尤其是剎特爾與海德格皆有幽深曲折微妙的不同的發展。在這裡我介紹一篇文章給大家參看，就是《現代學人》第四期載有張康譯的德國 Max Müller 所著的〈存在哲學在當代思想界之意義〉，這是一篇很有價值的長文。要想了解海德格已出版的《時間與實有》，大家可看《新思潮》十七、十八期唐君毅先生順原文解析的〈海德格存在哲學〉長文。

　　（民國52年3月30日講於香港「大學生活社」學生中心，陸慶珍記錄。）

原載《中國一周》第733期（1964年5月11日）

《墨學研究》序

常謂治先秦諸子，當先通曉其文化傳統之背景，藉以理解其立說之所以，以及其見地之偏正；次當確定理解其內部義理之原意，以及其開展之系統；最後當予以批評的省察，疏導其通義，以明其在人生真理上之地位，及其在時代上之意義。

蓋諸子之學，乃中國文化生命自本自根之發皇，純為本土之所生長，而非有外來文化之刺激與影響者。故欲了解其發皇之所以，不能不通曉其文化之背景。此即夏、商、周三代之損益累積是也。諸子者，蓋皆對周文罷敝而發者也。此其發皇背景之特殊。

又諸子之學不同其他，皆是發之於獨特生命之獨特思想。故既有其文化生命上之根源性，亦復有其個人生命上之根源性。故皆足成家，而非雜湊襲取以成者。成家者，有根源性與系統性之謂也。故恰當了解其義理開展之原意與系統，乃為必須做到者。無論其義理之偏正，亦無論贊成不贊成，而當詮表之時，則必須有生命上之感應。以生命接生命，則其是者不能非，非者雖起作者於九泉，平心以質之，亦不能謂是也。尚友古人，讀其書不知其人可乎？以生命相接，則千秋萬世之上，千秋萬世之下，猶在目前也。

復次，諸子之學皆有其生命上之根源性，即皆有其生命上之真

理性。有眞理性,即有普遍性與永久性。雖其發之之機緣有特殊,抒辭立義亦不能不受時代之限制,然其普遍性與原則性不能揜也。生命之問題與律則,古今人相差不遠,特隨時代之演進而有不同之表現形態而已耳。故會而通之,則見其人生眞理上之永恆意義,亦永不喪失其時代上之新鮮意義也。此則批評的省察尙焉。批之導之,正者使之滋長壯大,偏者邪者逐步對治而消化之,使之歸於正,則生命日益清明其自己,而人類歷史之進步亦有可期焉。

以上三義,乃吾人今日治諸子學所必須念念不忘者。自學喪其統,人之不能以生命接古人也久矣,民國以來尤亂雜而無統。故今日講此學,蓋有撥亂反正之意焉,亦所以建立中國之學統也。問梅從予遊,間常講習此義,聞而有會心,乃興起治墨學之心願,亦黽勉向此目標而趨也。墨子誠天下之好也,雖枯槁不舍也。然其思想不能無偏滯。問梅沉潛以赴,就其篇章,逐一疏解;就其所立之義,反覆詳察;就其非儒,詳細批導,必求其的義確義,以及其必然之歸結而後止。將以顯墨學偏滯癥結之所在,雖有救世之苦心,而理與願違。儒、墨對揚,而偏正利弊亦昭然若揭矣。文字清晰,思理縝密,雖若言之重,辭之複,然靜心以觀,則見其必有美者焉。雖青年初學,順序而讀之,亦可以入。此其導引之功爲不小也,亦所以斂淺躁者輕浮之氣而使之沉潛凝聚也。

民國五十三年初夏

原載《人生雜誌》第29卷第11／12合期(1965年4月20日)

《儒墨平議》序

先秦諸子中，儒、墨相繼而起，當時號為顯學。而墨家後世無傳，揆其所以，非無故也。

墨子心靈質樸，而慧解不足；情執累重，而義不通透；生命枯索，而乏舒暢潤澤之機；行文重衍，而多偏滯害道之辭。王充評之云：「夫論不留精澄意，苟以外效立事，是非信聞見於外，不詮訂於內，是用耳目論，不以心意議也。」（《論衡・薄葬篇》）此言是也。其學所以不傳，蓋以其缺乏根源性故也。

孔子刪《詩》、《書》，損益三代，其生命與三代聖王之德業相呼應，故能疏通致遠，開啟文化創造之門。墨子誦《詩》、《書》，又廣讀百國《春秋》，然雜識故事，義不條貫，荀子所謂「雜而無統」者也。以云法夏、黜周，亦只以其枯索偏滯之生命反禮樂之奢靡、崇夏禹之儉約而已。夫夏禹豈只勤勞、儉約而已哉？周公制禮、作樂，又豈純為奢靡之事乎？孔子曰：「禹、吾無間然矣。菲飲食而致孝乎鬼神，惡衣服而致美乎黻冕，卑宮室而盡力乎溝洫。禹、吾無間然矣。」夫孔子豈不亦稱賞其勤勞與儉約？然而禹又豈只此而已哉？若只如此，則孔子不能「無間然矣」。孔子曰：「郁郁乎文哉！吾從周。」周公制禮，粲然明備，人統之正，

於是乎在。夫禮樂又豈只奢靡之事耶？「人而不仁如禮何？人而不仁如樂何？」「禮云禮云，玉帛云乎哉？樂云樂云，鐘鼓云乎哉？」夫孔子亦豈不知虛文之弊病？然而未嘗原則上非毀之也。是則孔子能了解夏禹、周公德性生命之全部而遙與之相符契、相呼應，而墨子則只是雜識偏執，「苟以外效立事」也。

天之觀念乃《詩》、《書》中所雅言者。鬼神之事由來久矣。孔子對於天有其積極之意識。對於鬼神雖不甚積極，然亦未嘗否定其存在。而墨子則斥之以「儒以天為不明，以鬼為不神，天鬼不悅」。儒者自不取悅於天鬼，但孔子亦未曾「以天為不明，以鬼為不神」。不但無此語，且亦無此意。惟其明其神，不必如墨子之依利害觀點言之如此鑿鑿耳。「不明」、「不神」之責非其實也。墨子又責公孟子曰：「執無鬼而學祭禮，是猶無客而學客禮也。」「無鬼神」之語出自公孟子，非孔子之言也。「子不語怪、力、亂、神。」鬼神之事乃幽冥之事，何事多言？不言，非否定其存在也。「務民之義，敬鬼神而遠之。」此乃答樊遲「問智」之語。在此機緣，言「敬鬼神而遠之」，不謂其不存在也。「祭神如神在」，此就感格而言也。言祭祀之時，以誠敬之心感格神，神因而降臨，覺其活龍活現，如在眼前，此猶《中庸》所謂「洋洋乎如在其上，如在其左右。」不祭之時，則雖存在，亦不覺其如此之活現。此非言鬼神之存在純決定於主觀者也。孔子對鬼神所以持如是之態度，乃因孔子之超越意識則寄託於天，內在意識則寄託於仁。仁與天乃是其積極者。至於鬼神則是其中間物，其地位本不甚高。言孔子之超越意識固不能就鬼神而論也。今之傳教者，動輒以「子不語怪、力、亂、神」及「敬鬼神而遠之」之語，謂孔子無宗教精

神，然則基督教之上帝豈即鬼神之神乎？又豈即「怪、力、亂、神」之神乎？此適足以自貶、自薄而已矣。

墨子又非儒者之言「命」。謂「自古及今，生民以來者，亦嘗見命之物，聞命之聲者乎？則未嘗有也。若以百姓爲愚不肖，耳目之情不足以因而爲法，然則胡不嘗考之諸侯之傳言流語乎？自古及今，生民以來者，亦嘗有聞命之聲、見命之體者乎？則未嘗有也。」此誠王充所謂「是用耳目論，不以心意議也。」孔子曰：「不知命，無以爲君子也。」命是一限制原則。惟眞能正視道德實踐者始能有此意識，而墨子徒以耳目定其有無，豈不謬乎？下學上達，踐仁知天。富貴、貧賤、窮通、壽夭，則有命限，此豈可以妄求非分，苟得、苟去？即於此義而言有命。亦何至「爲上者行之必不聽治矣，爲下者行之必不從事矣」？「不聽治」、「不從事」之懶漢未可藉口於命也。墨子之非難，悖矣！

孔子言仁，墨子言兼愛。兼與別相對爲言。別者私也，兼者公也。儒者言公、私，墨者言兼、別。「兼愛」一詞，一般言之，亦美言也。墨子之言兼愛亦非有遮於孔子之言仁也。然墨子之說明自有語病，於義難安。故其後學執兼愛以病差等，兼愛成爲與差等對立之主張。此或不必爲墨子所意料，然其措辭不善亦足以啓之也。故至孟子即謂「墨子兼愛，是無父也」。而荀子亦謂其「尚功用，大儉約，而侵差等」。此種駁斥雖爲後來流衍之所啓，然儒者講仁，一方透至其普遍性，一方不泯其差別性，此實孔子立教之眞意，固比墨子之言兼愛爲周匝圓透也。

大抵墨子所積極肯定者，如天、鬼神、兼愛等，皆儒者所已有或所已函攝，而墨子之言之，則「苟以外效立事」也。其所否定者

如命、如樂，其所駁斥者如喪葬之厚等，此種駁斥與否定皆甚無謂
也。無論肯定或否定，大抵皆對儒者之敎而發。其評斥也，或作不
允無實之責，或只就其支末或誤用之流弊而加以摘列。是其立言本
缺乏根源性，後世無傳，誠以其本無可傳也。在切磋琢磨之過程
中，實皆可被消融而喪失其獨立自足之建立性。故儒者之敎屹立於
天壤間，而墨學則廢矣。莊子言：「道隱於小成，言隱於榮華，故
有儒、墨之是非。」莊子固不負儒、墨是非之責。然其對於道有其
獨特之體悟，故道家有其獨立自足之根源性與建立性，而墨學則無
也。二千年來成爲儒、道、佛之天下，而墨學不與焉。及至今日，
復有來自西方之基督敎。基督敎有其根源性，而墨學亦未能及也。

　　陳君問梅繼《墨學硏究》而有《儒墨平議》之作。故實旣詳，
而評議有據，蓋將以明儒、墨之是非而求學術之轉進者也。此於讀
者自不無少助焉。茲略陳數語以爲之序云。

　　　　　　　　　　　　民國五十六年冬　牟宗三序於香港九龍

原載《人生雜誌》第33卷第1期（1968年5月16日）

美的感受

虞主任、各位先生、各位同學：

　　我對藝術這方面的問題，可說是完全外行，所以，我也不打算在這方面表示任何意見。可是，上星期你們同學約我來說幾句話，我想藉此機會講一點我內心所想的。這恐怕不能給各位研究藝術的人有所鼓勵，很可能是洩氣的話。不過，對有專門學問修養的人，實在也不需要外行人去鼓勵的。所以我不妨姑妄言之，諸位也不妨姑妄聽之。假如我的說話在諸位的靈魂深處引起感發的話，那是一種意外的收穫。

　　關於藝術的理論、美學方面的，在外國有很多大著，康德有《美學論》、黑格爾有《藝術哲學》、克羅來也有講美學的。關於這些抽象的理論，我不大十分有興趣。要說，也可以說一些出來，可是純講這些抽象的理論，也沒有多大的意思。所以我對這方面的問題，從來不敢贊一詞，很少表示任何態度。我不但在狹義方面，即純藝術方面是這樣；甚至廣義上說，在文學方面就是詩、詞、歌、賦等，也是這樣的。我在台灣的一位朋友徐復觀先生，常作笑話，說我這個人沒有美感。不過，我不像墨子反對音樂的態度，因為我不反對音樂，也不能說我不能聽音樂，因為我還不至於是墨子

的耳朵。狹義一點來說，說我沒有美感也是對的；可是廣義一點來說，說我沒有美感也不一定對。就作爲專學的藝術說，是這樣；可是在生活表現方面就不見得是這樣。且從專學方面說，比如在詩、詞方面，我完全不行；偶然可以作一句出來，可是剛好出一句，但下一句便沒有了。因爲以前現成的詞句，詞藻多得很，那些美麗的詞語我都用不上。用不上則我的下一句便沒有了。那末這就表示說你自己的趣味，這種詞藻不夠，不能表達，可是我自己也造不出新字眼來表達我的趣味。從這一點來說，我這個美感很難表現。我以前也常常讀詩，有時也可講一講詩，有個時期我也做過關於評詩的文章，標題曰「說詩一家言」，但後來很少寫這一方面的文字。歷代大家，我眞正能欣賞的很少，如李白、杜甫、李義山、陶淵明、曹子建的詩，這些詩都是不錯的，但要使我能到讚歎不置的地步，則亦很難。經常我能唸的詩少而又少，又是不見經傳的，不是那些大家的詩。我不但在詩詞這方面如此，在書法與繪畫方面亦然，我的客廳裡從沒有想到掛點字畫。我討厭自己的字，但對當代大家的字如溥心畬、于右任等的字，我也不見得欣賞；對於古人的字畫，我也不見得一定喜歡。我對這些藝術品沒有興趣，這可以說我對現實的具體的藝術品缺乏美感。我覺得欣賞也要經過訓練的，比如欣賞西方音樂，是要經過訓練的，有訓練才能懂，缺乏訓練是不能懂的。對中國的生活習慣薰染久了的時候，欣賞西方音樂是很困難的。又如聽京戲亦要有訓練，才能懂的。所以對欣賞藝術沒有訓練，也是不能懂的。但是我個人的感想還不只是訓練的問題。有時候，我對於聽京戲，我也不妄自菲薄，我敢說有一點相當的訓練，我在聽方面是相當的內行，可以說懂；但是你不能對我對它，有甚

麼了不起的一種讚嘆。我有一個時期，對於崑曲，這是道地的中國
音樂也有衷心的喜歡。那確實能一聽這東西，馬上可以使你神往，
心中有難以說出的愉快，那是京戲達不到的。京劇不能使人有這種
境界。

　　在成都的時候，我一聽見吹笛子，配上唱這個崑曲，我就神
往。可是這幾年，就沒有了。所以就這個情形，我常想一想，我是
有一點感受的，但常常不能滿足。這裏面似乎有一個很深的問題。
徐復觀先生說我完全沒有美感，我想這不見得對。但我也不跟他辯
說。反正我也不想作，也不能作詩人或藝術家。不過就我的美感
說，這裡面確有一個問題，我想這不純是一個訓練的問題。

　　我不能講「藝術」，但常喜歡講「藝術性的」（artistic），我
常講有藝術性的生活情調。魏晉人的情調是 artistic，但又不單是
artistic，他們還有一種玄智來配合。他們一方面是 intellectual，一
方面是 artistic。這兩種成分合起來的情調，我常能欣賞。但是這
一種情調不是藝術，這不是 arts，這是 artistic。這只可以是一種生
活情調，生活情調是一種意境，也是一種姿態。一種意境、一種姿
態，不是一種藝術。在我的《歷史哲學》裏面我就常談到這方面，
說中國文化精神有兩條流支配：一條是從儒家下來，就是講理性
的，所以我叫這種精神爲盡理的精神；還有一條流是英雄或天才型
的人物，這種人物是盡氣的人物。這是中國文化的兩大流。盡理
的，就是講聖賢，這儒家所嚮往的人品。這是主流，道是主宰我們
的文化生命的。但是人的生命不能夠完全是理性的；所以還有一條
暗流，是個盡氣的。這個氣是廣義地說；若細分之，當該是才、
情、氣。盡氣的人物是英雄人物，盡才的人物就是各種天才家，像

李太白這一類。盡情的人物,現實上有沒有呢?假定就小說裏面想,比如說《紅樓夢》裏面所表現的那些人物,好像就是盡情的了,就說是賈寶玉吧!事實上有沒有賈寶玉這種人,則很難說;即有,能盡情到甚麼程度也很難說。不過,從道理上講,是有盡情、盡氣、盡才這三種形態的人物的。這種人物總括起來都是artistic、藝術性的。盡氣的人物,比如是劉邦,我對這個人物有相當的了解,楚霸王還不太夠,唐太宗也差一點。唐太宗平常大家都認為是英雄,但是唐太宗這個英雄格調,和劉邦不能相同。諸位假如有興趣的話,請去看看我那部《歷史哲學》。劉邦在兩千年以前,我們在兩千年以後,通過司馬遷的文字,作這樣的欣賞。假如現實的一個劉邦在眼前,是不是可以欣賞也有問題。在道理上,我們可以這樣想,我們人間是有這一種英雄性的盡氣的這種藝術性的人物,是有這種盡才的藝術人格,也是有盡情的這種藝術人格。這種人大體都是可以欣賞的,是 artistic。這裏面就有一種美,這是一件藝術品,這種藝術作品不是我們畫的,也不是我們寫的,也不是我們演奏或雕刻……這是上帝創造的,這是生命人格的結晶。假定從西方來講,在音樂上我不十分清楚,譬如說音樂家,像貝多芬這一種音樂家,這算不算是盡才型的藝術人格呢?我不懂得音樂藝術,但這一個音樂家的生命情調,算不算是盡才型的?他的藝術天才及人格形態,我想是可以欣賞的,這就表示一種藝術性的美。artistic 一字用在這個地方就叫做人格美。能欣賞人格美是一個大的本事。

從理論上講,蘇格拉底當年就告訴我們,你要知道你自己。不要說知道別人,就是知道自己,誰能真正知道自己呢?照他的道

理，教訓上說是一種勸人不要狂妄，我們在這裡不說這個意思，而是想說把人或自己當作一個欣賞的對象看。這種欣賞的瞭解，相當困難。藝術性的人格是他的特別生命的突出。欣賞這種生命是頗不容易的，而這種生命也確有其美處，只是這種美都很難說。我對這一面常常特別有所感，所以我這個美感、美的趣味，常常不能夠寄託在一個現實的藝術作品上，常常在這個地方有滄涼之感；這個地方就是可欣賞的，這就是生命的事情，這不是藝術，而這種藝術性的人格（ artistic personality ）或者說是藝術性的生命（ artistic life ），是上帝創造的，這是所謂「 天也 」！這個不是學得來的，不是經過學問道德的修養所能培養到的。所以不只像劉邦這種盡氣的人物是個天才，就是像李白、貝多芬這種盡才型的也是個天才，就算是能盡情的人，那麼這個盡情型的人物也是天才。我們都不行，我們不能盡情，這不是說某某人性情刻薄、寡情，還不單是這種情形，就假定你不寡情，你也未必真能盡情。不管是劉邦英雄型的盡氣，或者是天才家、藝術家的盡才，或者是愛情上盡情的人物，這都是生命上的事情。這個生命一定是很突出，他的藝術性的情調，美的姿態就是從他的突出的生命之中呈現出來的。但是須知生命是有一個強度的，你究竟能突出到甚麼程度？這個沒有人能把握的。你突出到某某程度，你才能美；你突出的程度不夠，你不算美。所以英雄很多，都有可欣賞處。但歷史上二千年來數來數去只有劉邦一人，其餘的一些，都是似是而非的。所以這個地方就有一個很深刻的問題在裡面，就是從生命上看，生命是有限度的，是個有強度的東西，不能作直線的無限拉長，這裡有個限制。我們這個美要靠著生命來表現，而生命同時又是限制了它，這是一個

paradox。那麼假若我們離開這個生命，去解掉這 paradox，那就沒有這樣美，沒有這種具體的美；這時只有柏拉圖所謂美之理型，即美之自己，但不是藝術品。這種離開生命的理境也是可欣賞的。黑格爾曾說藝術表現上帝的形式（form of God）。他說有三種絕對的精神：一種是宗教，一種是藝術，一種是哲學。因為黑格爾是哲學家，故把哲學看得高，認為是三種絕對精神中的最高格。這個我們不去管他。他說藝術表現上帝的形式，這句話我很能欣賞。上帝是宗教崇拜的對象、信仰的對象，有甚麼形式可言？從宗教的立場說，上帝是無所不在、無所不知，是個無限。這根本沒有任何形式，假如有形式，便把祂限制住了。限住了，上帝就不是這個樣了，就不是一個無限了。現在我們說藝術是表現上帝的形式，其意當該是藝術所透顯的美，就是上帝的形式（形象）。形象雖有限，而即融於無限中，此即所以說，藝術是一種絕對精神，是表現絕對精神的。藝術要想借用顏色、線條、畫紙，一些有限的東西，來表現內在無限的東西，它就是以這種無限的美的意境來表現上帝的形式。

　　黑格爾的這個道理說得很美，但實際上是不是有這種藝術呢？很成問題。我對這句話所表示的理境非常欣賞，但是看看現實的作品，是不是也能有使我像欣賞黑格爾那種理境的美呢？黑格爾瞭解藝術的本質，從原理上說藝術，當該如此，這是一個道理，但並不表示現實上的藝術都是如此。所以這個理境是可以欣賞的，「藝術表現上帝的形式」，這個表示是很美的。這句話使我想起中國《莊子》裡面有一些話相同，這個也是很可欣賞的。《莊子・天下》篇裡面有幾句話說：道術是一個全體。在戰國時百家爭鳴，各有所

見，就是一孔之見。一孔之見，就把道的全體分裂了。因為分裂了，所以他說：「寡能備於天地之美，稱神明之容。」黑格爾說藝術表現上帝的形象，這個上帝的形象就是神明之容。「容」字實比「形象」更為美。神明有甚麼容呢？「神明之容」這句話，就是一句美的話，這是一個美學上的欣趣。「天地之美」從「神明之容」的地方表示。假如通過自然科學來了解，是沒有美的。天地之美就是給科學破裂了，支解了，這是莊子所說的「判天地之美，析萬物之理，察古人之全」。所以「寡能備於天地之美，稱神明之容」。「稱」是「相應」的意思。支解破裂便不能夠與「神明之容」，絲絲入扣相契應。「稱神明之容」一語是莊子的美的靈感，雖然是講的道，可是這個地方是把道在美的趣味中表示出來。這也是一個理境。現實上的作品，能不能夠備天地之美，稱神明之容呢？能不能夠使我們有「天地之美，神明之容」這樣讚嘆呢？照我自己主觀的感受上講，這是很不容易得見的。我不是抹殺客觀的藝術存在（創造）。你們也許可說我不對，但是至少從我主觀的感受上講，我覺得難。

　　我常常是想這天地之美、神明之容的，也常常嚮往這種盡才、盡情、盡氣的藝術性的人格。這些常在我自己心中浮現一種若有若無的美境，而不能夠表現出來。我自己也沒有那種藝術的天才，作一個藝術作品，來把我心中所想的那種藝術性的生命或者把那種上帝的形象、神明之容，表示出來。我記得幼年在我們家鄉，當春末夏初的時候，我常常仰臥在河邊的沙灘上，仰望遼闊的天空，旁邊是小溪流，有桑樹兩行，有楊柳幾株，上面有布穀鳥鳴之聲。在這一種清明遼闊的境況裡，我一藐然之身，橫臥在沙灘上，一種落寞

而不落寞之感便在心中浮現。我當時並不能明其所以，但只覺得很神往。事後我想這落寞而不落寞之感便就是那天地之美、神明之容了。又有一次，我夜宿在一家旅客裡，半夜三更正在睡覺迷離之際，忽有樂聲起於鄰舍。那聲音的低徊悠揚大類梵音。在它的抑揚迴旋之中，直可把那天地的哀怨給全部搖拽出來。我們常說天地也含悲。我想這天地的哀容就是天地之美、神明之容了。我常有這蒼涼之悲感的。這才是令人迴腸盪氣而又是寂天寞地之美的。這種美是很難用藝術作品表達的。藝術或文學作品當該是表現神明之容的。但是一般的作品很難達到這種程度。這個不是理論的問題，也不講的問題，乃是作的問題。這個就是生命，是要靠藝術家創造出來。他有這生命，他就創造出來。所謂 artistic life，artistic personality 便是這樣的生命。沒有這個生命就作不出來。我自己也不能夠創造，我空講是沒有用的。生命的事情常常有意外的出現，是不在這所講的理論的圈套之內的。這是大體這樣說，我自己的主觀感受是如此。

我說這個意思是表示：藝術，它是不能離開生命來表現的，要離開就沒有藝術作品，一通過生命來表現，那麼你這個藝術作品，常常為這個生命所限，這個就是我剛才所說的一個兩難的地方。那麼你怎麼把這個兩難經過一種訓練，所謂後天的功夫，來把生命調適一下，使它往上發展，發展到可以達到這個天地之美、神明之容的境地，來解決這兩難呢？這樣，那當可以無憾了。但是這是個理想的目標，現實上是不是能夠作到，很有問題。我想我們在這裡所學到的訓練，後天的訓練很有限度，所以在這個地方，我不採取訓練主義。這裡是天才的。這個是屬於生命的東西。生命的事情是不

能夠訓練的，它是先天性的。這個先天性，不是理性的先天性，這是父母所給我的。訓練是在這個範圍之內訓練，這只是技巧上的事。生命的格範一旦定了，你無論如何訓練都不能夠超出那範圍的圈套，你要想越過這個範圍而開拓一下，那是千難萬難的。這個是生命的事，不是理性的事。就使是理性的事情可以訓練，也有限度。比如儒家講，人人可以爲聖人，這是從理性上講，給你一個希望，這是理想主義。但是他一方面反過來還要說變化氣質，要變化氣質才能夠使你的理性表現出來。而變化氣質是有限的。氣質是生命的事情。生命一定的時候，你這個變化是有限的。所以理想上來講，人人皆可以爲聖人，但事實上並沒有人人皆成聖人。這個問題關鍵在那裡呢？就是生命的限制。照創造道德人格上說尙且是如此，而何況是藝術？藝術性的創造，是完全靠生命的。這個生命是一個先天的，不能訓練。訓練只是在你的範圍之內訓練一點技巧。假定你沒有這種生命的突出，或者突出到某種程度就停止，這個美便不能表現。困難就在這個地方。

你要想成一個眞正的藝術家，一個創造性的藝術家，這是要靠有獨特性的生命的。但是那一種獨特的生命情調才是創造藝術的生命呢？這是沒有答覆的，此即所謂先天。比如說孔夫子他的生命突出，但爲甚麼又不能成爲藝術家呢？他怎麼卻成了聖人呢？那些宋明的理學家他們的生命也很突出，爲甚麼卻只能成爲一個儒者人格，而不能成藝術家呢？我只能描述地說：能表現天地之美、神明之容的生命才是藝術家。人常想到藝術家都是古里古怪的。這個古里古怪有其必然性。這不是假裝的。這也是生命上的一個不容已。做作的不可靠。有一個時期，譬如說中國的留學生到法國去，都學

著留長頭髮,這個不能表現眞實的藝術生命,因爲藝術的生命是不能摹仿的,不能摹仿任何時尙的,所以要特立獨行,要發於性情之眞。特立獨行的人永遠是令人討厭的,在社會上是很難生存的,他們要奮鬥,要顚連困苦。假如我們要顚倒在社會上適者生存,那麼你就要捨己從人,久之你便是一個庸俗的人,不能成爲一個藝術家。有些人他按照美學去裝飾自己,這反而不美。比如說我們的老師就是熊先生,他這個人照現實生活上說,他是絲毫沒有藝術性的,也可以說毫無生活。我們可以吃茶、吸煙、飲酒;但我們的老師旣不飲茶、也不吸煙、也不飲酒,他只喝白開水,他的生活除了談道以外,一無所有。就是這麼一種生活。你說這個有生活沒有生活?在我們來說,實在沒有生活的。但他這個生命的整個情調,是藝術性的。他不作詩,也不塡詞,更無意於爲文。寫字是亂七八糟地寫,不像我們平常的寫法。但他寫出來有天然的秀氣。掛出來,個個字可以站得住。他沒有訓練,就這樣寫,這就是他的藝術性的生命情調。他不是理學家,是魏晉時代的人物,這就是特立獨行的藝術性的生命突出。但是他的藝術性的生命突出沒有應用在作文學、作藝術創造,卻用在哲學上。那麼假定說我們有這一種藝術性的生命突出,而能夠恰恰應用到藝術創造上,那你就成藝術家。所以這裡面有些很微妙的問題,常常這個人是 artistic,但他不能夠作藝術創造。這就是生命的獨特。這種地方也請諸位常常反省一下,檢查一下你自己的生命是不是一個能做藝術創造的生命,這樣也許能把你的靈魂深處那種眞性情揭發出來。揭發出來就是用其所長,使你在這個方向再往前走,那麼你可以有藝術的創造。

談到這裡,牽連到我對眼前有很多的觀念也覺得是不很恰當

的。說到藝術和文章，它的主體一定是生命主體。生命有獨立的意義，上而它不是理性，下而它又不是物質。就單單拿這種有獨立意義的生命，才是真正的藝術主體。好多談藝術的從道家方面談，從莊子來講，說莊子是「藝術主體」，這個名詞用得不恰當。在你們這期的《藝術專刊》上鄭捷順同學也提到這個觀念。說莊子談道的境界是含有藝術性的境界則可，但你不可以說莊子是藝術主體。「藝術性的」（artistic）是個形容詞。藝術性的境界不單道家有，儒家也有。宋明儒者為甚麼喜歡講「孔、顏樂處」，為甚麼喜歡講「自然」？王陽明門下泰州派都喜歡講自然，陳白沙也喜歡講自然。孔子也說：「興於詩，立於禮，成於樂。」「成於樂」就是藝術境界。但你不能說孔子、理學家、陳白沙、王陽明那些人是「藝術主體」。這是道德理性所達的一種境界，這是所謂「大而化之之謂聖」，達到一種「化」的境界。那麼照儒家的講法，最高的境界也是藝術性的境界，因為它代表諧和、圓滿、無限。「成於樂」即是諧和。體現道，而能到達「樂」的境界，便是大成，便是自然、灑脫，如行雲流水那麼樣。這就是藝術境界了。這裡是真，是善，也是美。美是最後的圓成，道家的莊子也最能表現這種境界，但他這種表現是從修道立場達到的，而修道卻是理性的問題。所以你可以說道家講逍遙，講自然，是含有一種藝術的境界，但講自然不是現成的自然，是通過修養的工夫而達到的自然，達到那一種自然的境界。所以你可以說中國的藝術作品中的境界大體是開自道家，但不能說莊子本身所講的那套道理是「藝術主體」的。藝術主體是單就生命講，道家不能說是藝術主體。他講道，講道是理性的事情，他要你通過工夫才能達到的。我提到這點，不是在批評旁人，實在

是希望諸位在研究藝術的時候要常常反省，正視你自己這個主體、這個生命主體。這個生命發的時候是不自覺的（unconscious），所以這裏說天才，一發洩完就沒有了，就是所謂「江郎才盡」。按照理性講，當該沒有盡，但是從生命上講，他是「有盡」的時候。當他發的時候，不是理性所能控制的，所以李白斗酒詩百篇。他一喝酒，詩都出來了。藝術就是這樣創造出來的。所以藝術的主體是生命，不是理性。儒家也講創造，那是根據道德理性的創造，創造善，引發道德行為之「純亦不已」。上帝也創造，上帝創造萬物也不是藝術的創造。所以單單生命才是創造藝術的藝術主體。我們應把這些名詞確定一下，不要把其他的也拉在一起講，講道家還是道家，講莊子的還是照莊子講。我提這個意思就是叫我們從理論上來確定藝術的主體如何來瞭解。這也許可以幫助我們反省一下我是不是有這一種藝術創造的生命主體。大體上，我的一點意見和感受只是如此。除此以外，至於照藝術本身講，我是完全不敢贊一詞的。

（1968年3月27日香港中文大學藝術系學術演講，由區慕弘記錄。）

原載《新亞生活雙週刊》第11卷第2期（1968年6月7日）

儒家的道德的形上學

最近從香港中文大學退休，有機會返台與各位朋友見面。本來
不願多演講，因年來每每感覺說話費力，上氣不接下氣，是以聽說
講演，每引為苦。但各位同學情味親切，向學之心極誠，故不得不
答應下來。最近十五年，我一直都在香港教課，深感在港教課，與
在台教法大不相同。在台講學，理想性較強，對青年同學，有鼓舞
的作用，但在香港，則不行了。因此，感到講學，說道德理想，不
能離開自己的土地。故在香港的日子，只得把精神收斂回來，作學
究式的工作。這看似消極，但純學術的探究，亦可在學術上立根
基。在香港十五年，先後完成《才性與玄理》（講魏晉玄學部
份）、《心體與性體》（講宋明儒學），而講隋唐佛學的《佛性與
般若》則尚未完成。若將這三個階段都經過，便可以把中國哲學說
得確定一點。

現在是綜括起來，對中國文化核心的三大敎（儒、道、佛）作
一綜括性的敘述，這亦代表我平生奮鬥消化所得，因現在年紀已經
不小了。我們都感到，現在中國還尚未有一部較相應的中國哲學
史。現時各學校皆有「中國哲學史」課程，但大多講到先秦為止，
一方面因為時間不夠，一方面實在是不能講。而如果現在要我講，

則可以勉強直講下去，說到清末民初。但到我可以講的時候，卻已是退休之年了，這不能不令人傷感。我現在想對三大教作綜括的敘述，這或者層面會較高一點，因是經過層層的消化而綜觀其系統之性格的，諸位可能會感到陌生，但這沒關係。

現在先說儒家的道德的形上學，下次說道家的「無」底智慧與境界形態的形上學，再下次是佛家的存有論。這些標題，諸位亦會感到生疏，是用現代的話來消化地說的。這種消化的說法，是要總括地決定這三大教所呈現的形態是什麼形態，而不是詳述其中曲曲折折之內容的。

就儒家而言，這是要決定這種形上學是什麼形態的形上學。如用「道德的形上學」來說明，是表示在這個時代說這種學問，我們要總括這一大教底教義系統是什麼形態，並要點明它有些什麼問題或關鍵性的論點。

現在先請各位默誦二首詩，一是《詩經・大雅・烝民》：「天生蒸民，有物有則，民之秉彝，好是懿德」。孟子便引此詩來證明性善，又引孔子的話：「為此詩者，其知道乎！」以證作這首詩的人有很高的洞見（insight）。另一首是《詩・周頌・維天之命》：「維天之命，於穆不已，於乎不顯，文王之德之純。」這詩人的靈感更高。我們便以此二詩作綱領。這二首詩是中華民族的智慧之最深根源，原泉混混，源遠流長，其來久矣。二詩亦易解，不須訓詁。

孟子引〈烝民〉篇說性善，《中庸》引〈維天之命〉來說天道曰「此天之所以為天也」。儒家自大宗師孔子出現以後，後來的儒者都沿著孔子的教訓而發展。我們可以從此二詩中，看到儒學的根

源。孔子出來，提出二概念：一是仁，二是天；我可以一句話來總括孔子的生命智慧，即「踐仁以知天」。他主觀地說仁，客觀地說天。孔子提出「仁」這觀念，關係重大，把人的主體性提出，由踐仁而上達天德。若「仁」不提出，《詩》、《書》中的天，很可能轉成基督教形態，故中國文化不轉成基督教形態，亦因孔子之故。到孟子出來，更開拓一點，把「仁」字再加明確決定，而說性善，從四端之心說性善，故孟子的生命智慧，又可用一句話來表示，即「盡心知性知天」。能盡心便可知性，能盡心知性便可知天。至《中庸》，便以至誠盡性把主觀的心與客觀的性，或主觀的性與客觀的天統而為一，以至誠盡性，將主客統而為一。故《中庸》可用「至誠盡性」來表示。到《易傳》，亦可用一句話表示，曰「窮神知化」。所以儒家由孔子至《易傳》這一發展是由一根而發，逐步進展的。至《易傳》說窮神知化，已達究極完成。這一義理成為一傳統，曰孔子傳統。《大學》只列舉一實踐的綱領，是橫插進來的。當然我們不能說它不是儒家精神之所函攝，可是在儒家的生命智慧之基本方向上它不能決定什麼，故我們不以它為主導，而以那一根而發的傳統——調適而上遂的傳統為主導。《大學》至多不過是其中的一個附屬品。

　　通過這傳統，我們便可看看宋明儒。宋明以前，是一長期的歧出，至宋明，方轉回來。宋明六百年的長期間中，所憑藉的原典甚少，只是《大學》、《中庸》、《論語》、《孟子》、《易傳》這五部著作為主。這五部書的要點都被他們抓住了。我們現在要超過他們所把握的，已不太容易了。說這幾部書說了六百年，當然開出很多深邃的義理；大家因不懂，便在外面瞎說。社會上常說宋明儒

是陽儒陰釋，這真是淺薄，其實都是從自家的生命智慧，自本自根生長出來的，那有所謂陽儒陰釋呢？宋明儒可分作三系，我們若方便地找一個人來代表，而與今日的標題有關，那便是王陽明，以陽明的致良知為中心來討論。我們說形上學，人容易想到朱子的太極，以為這更形而上；平常人看良知是心學，不見得這比太極更為形而上；但朱子儘管說太極，卻並不能完整通透地代表儒家的形上學的全體。因這不是寡頭憑空地說的形上學。若憑空地說，則說朱子的一套亦可。但這是「道德的形上學」，道德作為形上學的形容詞，這形容詞很重要，表示不是隨便的形上學。「道德『的』形上學」，非「道德『底』形上學」，後者的道德是主詞，不是形容詞，故 moral metaphysics，非 metaphysics of moral。

　　現以王陽明致良知來代表說明，由良知教來了解儒家的「道德的形上學」。先簡單說良知的意義。由對良知的消化了解，良知當該有三義：㈠主觀義，㈡客觀義，㈢絕對義。主觀義可以陽明的〈詠良知詩〉之首句「無聲無臭獨知時」來了解；這獨知的知便是良知之主觀義。這知是由《大學》、《中庸》說慎獨一觀念而來的。《中庸》說慎獨是「戒慎乎其所不睹，恐懼乎其所不聞」一段。《大學》說慎獨，是從誠意說。這是儒家做道德實踐的最內在的工夫，這種最內在的工夫，其他各大教很少能接觸到。這獨知之知是知什麼呢？它是知是知非，是知它自己所決定的是非。故良知是內部的法庭，這是良知的主觀義。若無此主觀義，則良知如何呈現我們便不可知，良知知是知非便可驚醒其自己。若不通過這驚醒，良知是空的。良知便在當下知是知非中呈現。康德說良心是內部的法庭，與陽明所說一樣，但康德只說到這裡，等於良知的主觀

義。我們亦提議，可用 conscience 來翻譯良知，但這只合於良知的主觀義而已，還不是良知的全部。良知還有客觀義與絕對義，非康德的 conscience 所具備。主觀義是獨知知是知非這一活動，客觀義便不只是知是知非的活動。從活動說是主觀義，客觀義要通過「心即理」來了解。良知之活動同時是心，同時亦是道德的理。若非如此，道德的理便成外在。陽明說良知本身即天理，同時是活動，同時即是理。良知所知之理，即是它自己所決定的，不是外在的。一說到理，良知便是客觀的、普遍的及必然的，這才可成為客觀義。但這點康德不贊成，故康德所說之良心只是知，不是理，只是我們感受道德法則這感受性之主觀基礎。那給予我們道德法則的是自由意志，不是良心。這使心與理為二，與朱子同，良心只是感受法則。故我常說康德是朱子、王陽明之間的形態；比朱子進一步，但未達孟子、陸、王的程度。

　　理不是良知所知的外在對象，理是良知本身所決定的。良知本身即活動即存有，於知是知非說活動，於理上說客觀意義，而說良知是一 being（存有）。這二種意義照陽明說是說明道德的可能，以此二者開出道德世界。陽明的四句教，都是說道德及解答道德底可能及如何去實踐。儒家所直接面對的問題是道德如何可能（道德底先天基礎）及如何實踐之問題。實踐底目的是與天地合德而成聖人，這便是儒家的核心問題。但良知並非只此二義而已。此二者只開道德界，而良知還有一個絕對義（存有論的意義、形而上的意義）。前二義開道德界，這一義開「存有界」。這絕對義可由陽明的「此是乾坤萬有基」（〈詠良知詩〉第二句）來說明；這良知不單是在我們的生命內呈現，它雖在我們知是知非中呈現，但不為我

們的個體所限，它同時是乾坤萬有（宇宙萬物）底基礎。這是良知
的絕對意義。這不只說明道德之可能，同時說明一切存在都以良知
爲基礎。道德是說應當，故一決定，便有行爲出現，良知一決定，
便要實踐，由不存在而至存在；由此擴大，宇宙萬物亦如此。故良
知不只是道德底基礎，亦爲現實存在之基礎。但應有未必實有，而
存在是現實存在；在道德形上學看，良知不只是應該之決定，亦是
存在之決定。主觀、客觀二義，只限於人類的道德範圍，但良知在
陽明說來，便要說到山河大地，而說良知是存在之基礎；他說心外
無物，這並非是他個人的見解，是爲宋明儒所共許的。一切都在良
知之心中呈現，離開良知，一切都不存在（由存在到不存在），有
良知存在的地方，一切方存在（由不存在到存在）。由此便說良知
之存有論的意義。存有論一詞是說明存在，較爲籠統，我們加以決
定化，曰良知底存有論意義。到這裏，從孔子直到陽明，都顯然含
有一形上學的意義（程、朱說理亦然）。這須由「天」字來體驗；
這「天」，是儒家超越的意識。任何一大教，不管是什麼形態，都
不能無超越意識；如喪失此意義，便無法開展；近人說中國學問，
往往藉口平實，以爲聖人之言，只如家常便飯，那有如此玄妙呢？
但聖人之平實，談何容易，並非你我之平實也。道不離家常便飯，
但亦不只是家常便飯；但中國士人，好現實，以平實來否定對超越
的嚮往，這是不對的。他們聽到超越的天便討厭害怕了。顧亭林便
說：性與天道，連子貢都不可得而聞，平常人那可隨便說呢？於是
便以此批評宋明儒。近人則以科學來作護身符，而不敢說天，故近
人常要把天拉掉。這「天」怎可以拉掉呢？「上達天德」、「知我
者其天乎」等語比比皆是，豈皆可廢除乎？這眞是「無法無天」

了，聰明人每被世俗所惑，其實科學並不與天相違也。拉掉天便如同去掉頭，如俗語所說縮頭；故外人說儒家只可通用於人倫日用，故是有限，而超越義不夠；外人如此說也就算了，但我們自己便不該如此說，這對中國文化是不利的。這必須通透，聖人非只是吃茶者也。

　　陽明明顯說：「此是乾坤萬有基」，有人問他這話何解，怎麼說到天地萬物上去呢？近人頑固偏執至無以復加，說這是因襲傳統的老話，非陽明本身的思想。但《傳習錄》中，這樣的話多得很，怎可說是因襲的呢？良知有絕對義，這固含有一形上學；但亦因它有主客二義，故其形上意義是在道德實踐上含有的，這種道德的形上學，我們叫它做「實踐的圓教下的形上學」。一定要通過道德實踐來了解，道德實踐的目標在成聖、成大人。《易傳》說：「大人者，與天地合其德，與日月合其明，與四時合其序，與鬼神合其吉凶。」明道說：「仁者渾然與物同體。」孟子說：「大而化之之謂聖，聖而不可知之之謂神。」不管那種說法，必實踐到這裏，即必然與天地萬物為一體。用儒家語說：即是圓教。從實踐過程而達到最高境界，便含有一道德的形上學，由實踐而使仁與良知達到心外無物之境地，到這時由實踐所呈現之本體（仁、良知）便成為一絕對普遍之原則。這不是憑空說的，是以圓教下的實踐呈現而說的，不是離開實踐而憑空想像出來的。若非如此，則形上學便無真實性，而可隨便說，可說水、火、風是宇宙的本體，而不能說是仁與良知。一切都是猜測，如何能有必然性呢？這種猜測的形上學，在西方哲學言，是康德以前的形上學，都是猜測、獨斷，而無必然性；這些形上學，我們稱之為觀解的形上學（ theoretical metaphysics），普通說是理論的形上學，但 theoretical 一詞，拉丁原義是站在一旁來客觀了解對象之義。康德便問這種觀解的根據是什麼，這便全部垮台了，故西洋哲學史自出現康德後，說形上學，便要說實踐，由實踐立場說形上學，實踐與知解相對，這便與儒家相同。故有人說康德是德國的東方聖人，故站在基督教的立場，是不喜歡康德的。人類的智慧，於此可見有共通處。康德有其基督教傳統，故名為「道德的神學」，而我們卻說「道德的形上學」。圓教實踐下的道德形上學。這是有其必然的，非猜測獨斷的，亦無懼於科學，與科學並不相干。天地間之事情有本有末，知解與實踐可以分開而兩立，而實踐是本，有其優越性。

　　由這意義落到致良知教上看，這圓教下之道德的形上學，開出：㈠現象界的存有論，㈡本體界的存有論。這兩層存有論，如何可從陽明致良知教看出呢？以前並未有明白說出，但並非沒有。儒家說德性之知與聞見之知，道家說道心與成心，佛家說般若智與識心，這些都是線索所在。前人並非輕視聞見，但重點都放在德性之知上（以張橫渠、大程子、陸、王說得最清楚）。以前的儒者全力放在德性上，但都不否認聞見之知，然並未就此說出一套學問來，又生不出科學，因對聞見之知之正視不夠，不能開出科學，亦不能講出一套如西方哲學的學問；西方哲學重點落在知識論，因他們有知識底標準——科學。在這方面，康德可對我們有大裨益。科學要真正研究才能產生，而不可光宣傳與崇拜。民國以來都是宣傳科學而不研究科學。我們在這方面實如同真空地帶。說本體界的存有論，各位都會有一些隱約的影子，因為我們在這方面的材料很多，孔、孟、《易》、《庸》都有。但除本體界的存有論外，還有現象

界的存有論，這便不易說。康德寫那麼一大部書《純粹理性批判》，便是建立這一套。這方面對諸位來說，是很陌生的，但對我們的影響是很大的，諸位要好好的唸，瞎宣傳是沒有好處的。我們在這方面的材料很缺乏，就是重視見聞之知的朱子，亦未能提供一套現象界的存有論。因朱子主要是把握太極，太極不能使我們有一現象界之存有論，仍是在道德界，而不在見聞。道家亦復如此，在這裡很清楚，就「成心」言，便是現象界（「成心」一詞見〈齊物論〉）。「成心」是人之習心，並不是好的（「未成乎心而有是非，是今日適越而昔至也。」），成心乃是非之標準，故你有你的是非，我有我的是非，而爭吵不休。〈齊物論〉要止息此一切之是非，故要去「成心」。因此，據成心便可開現象界的存有論。〈齊物論〉中所謂八德，是人說話的標準（非道德之德），這些標準是根據成心而來。道心才是道家所嚮往的，據此，可建立本體界的存有論。道心之境界，各位要仔細想想。佛教於此最爲清楚和現成，他們對識心的分析最爲詳盡，識心是虛妄分別、染汙煩惱之源，所以要轉識成智（般若智）。智與識之對反，佛家最爲清楚，但只是材料較多一些，而他們的重點並不在這裡。他們說識心，是爲著要說明煩惱、解脫煩惱，不是要建立現象界的存有論，如能開出來，便會有大貢獻。在這個時代，任何教派都不能封閉，各大教皆代表著一最高的智慧方向，這各大教不能復興，便不能克服二十世紀的魔難，這是我歷來講學的重心所在。各大教都退隱而不生光彩，才會讓馬克思出鋒頭。憑你們平常的頭腦，那能抵擋得住呢？恐怕一下子便投過去了。故唸唸康德很有好處。以前《成唯識論》翻譯出來，因爲它的繁瑣，人都不喜歡唸，但這方面非開出不可。今日已

不是和尚的時代,而是居士的時代,門戶非開放不可。故儒、道、佛三教各有現成的材料在,可開出兩層存有論,但不能只用想,要好好地學。

　　良知說中,說「物」有兩種方式。一是意之所在為物,此為大家所熟知,是就致良知而說的,四句教中「為善去惡是格物」之物即意之所在為物之物。意念之所在便是物,意在事親、讀書,則讀書、事親是物。這物,我名之曰「行為物」,是事,是行為;因此,不以親、書為物;故格物,並不是格物之本身,而是要正行為,如事親是行為,而此行為之正就是孝,此所以與朱子不同。這樣說物,是從致良知、道德實踐上說。另一種說物的方式,是「良知明覺之感應為物」。在道德實踐至最高峰時,與天地萬物合一,而良知成為一絕對普遍之原則;在達到最高境界時,良知仍時時起作用,此時之作用、此時之意,便非感性之意,到此境界,意融化於良知明覺中,成為無意之意。在此,詭辭便出來了;人一看,便會說是來自佛、老,其實陽明自己也想得出來。王學說到這境界,便出現詭辭,因佛、老之詭譎語最多,故王學被人誤會。無意之意,象山的大弟子楊慈湖(簡)便說過,他說「不起意」,要將一切妄念都按下。本心之為本心在於其不起意,把意收到本心上來,順本心而發。此時之意,便無意相;無意相之意是不起意之意,非無意。有意相之意是有生有滅的,而無意之意,則不可以生滅論,因是從本心而來,不在因果生滅之關係中;本心是真常心,是不生不滅的,是意無意相的;由此可見慈湖體會之深。佛、老可說,我們亦可說,不可自限於淺薄而不敢說。意相是發心動念,有生有滅,而為感性,通過致良知之實踐工夫,融意於良知之中,而為良

知之明覺運用，使意成為良知之運用，便無意相，故王龍溪說無意之意。它的感應是圓的，圓乃不滯不礙，而又有圓融、圓滿之義。這是詭辭，故龍溪一說四無之說，天下便哄然以為禪，目為聖人的叛徒；其實聖人說話簡易，不能因聖人不曾說說便說這是來自佛老。良知之作用是感應，而感應是儒家的老話，《易經》全都說感應。「良知明覺得之感應為物」之物乃事物兼賅之物，事在此，物也在此；在良知之絕對意義呈現時，亦要過生活，亦有行為，從行為說事，行為即「成己」；同時亦開存在界，則物涵一切客觀存在物，此即「成物」。

　　「成己，仁也；成物，知也，性之德也，合外內之道也。」良知明覺感應中，物便存在，而不是如平常的作一客觀外在地了解。良知明覺感應與物一體呈現，物便呈現於良知中，故良知是一創造原則。成心只可了解對象，不能創造對象，故說主客認知為橫的，良知的明覺感應則不可如此了解。良知的活動是縱的，縱才可以說是創造義。「天地之道，可一言而盡也，其為物不貳，則其生物不測。」「維天之命，於穆不已。」故在良知明覺之感應中，良知與物一體呈現，無能所關係，亦無對象義，感應之即創生之。我們的認知心只可了解對象，不可創造對象，object 是一與我面對面的事物。除 object 外，還有 eject 一詞，即良知感應之物，eject 可翻為「自在物」（佛家說如來佛乘如而來，乘如而去，來去自在）。陽明良知明覺感應為物之物是自在物，而非 object。由這分開，我們首先要考慮這物是 phenomena 抑 noumena，是現象抑物自身（物之在其自己）呢？此必是物之在其自己之物，不能是作現象看的物。中國思想喜說體用，此體用有時亦可說本體現象，但未必皆

然。如此感應之物，應圓之意，亦是作用，但這種作用並非現象，故用之意甚廣，本體、現象之二分非到處可用。認識心插進來，才有現象。良知非識心也，於此便可說即體即用、體用不二。當然現象亦有用義，此可說爲權用。假使我們知此良知感應之物爲物自身之物，這便是本體界之存在論。識心一加進來，才有現象界的存有論。故康德說現象是對人而說的。「上帝只創造物自身，不創造現象」，這說法很精彩。他在《實踐理性批判》才說這話，我一看，便豁然開朗。故物自身之意甚高，這是從良知明覺上說。康德於此說物自身是對上帝而言。但在中國則不然。成心、道心，德性知、聞見知，都可在自己心上開出來。良知明覺之主體在心上，康德於此便不透。

這方面我們材料極多，如家常便飯，西方人說要在上帝面前才是物之在其自己，只上帝有智的直覺，人則無有。中國人則無論儒、道、佛都肯定人有此「智的直覺」。如把這個拉掉，中國哲學便全部垮台，都成爲夢想狂想。我們對現象與物自身都有清楚觀念，在康德，物自身屬彼岸。佛家說一色一香，無非中道，一花一世界，一葉一如來，即空即假即中（這些話在中國甚平常，一般人都會說，以致漸漸忘其義了），這顯然是物自身之物；這在中國極清楚，故必須肯定智的直覺，成聖成佛人方有可能，故這點非爭不可，不可閑看。這便是兩層存有論，儒家可以陽明爲代表，不能以朱子爲代表；道、佛說法便不一樣了。總括一句，我感覺到我們現在這個時候，要了解中國學問，了解中國之智慧方向，須與西方對比一下，這樣雙方的長處短處都顯出來了，故中西文化當然有其不相協調的地方，而要在相磨相盪以期於協調。

　　現說最後一點，我們可分哲學爲哲學智慧、哲學思考二者，於哲學智慧說「中」，於哲學思考說「至」。中國人之哲學智慧高，而哲學思考較差，西方人則反是（柏拉圖、康德之哲學智慧則甚高）。我使用孟子的話來說明。孟子曰：「其至爾力也，其中非爾力也。」至是力，但至不一定能中。中要有巧、要有智。中國人之哲學智慧高，靠聖賢智慧發出，便中，能中當然能到。一般人無聖賢之智慧，則不能中，這便要思考。但中國人於此便差，故在現實上，得不到中的好處，反見到不至的弊病（至的不足）。西方人勁道十足，在他們所達到的範圍以內，可說是清清楚楚，但從最高處看，是不到家的。中必含至，但至未必含中。因西方能至不能中，故有虛幻。康德的批判，便是批判這些虛幻。中國根據聖人智慧下來，故是中，而無虛幻。以聖人之中來說道，故無虛幻，一切皆眞實；故一切皆實，方是聖人所造之實，非一般平實之實也。於佛、道亦然。這便是最高的批判，在這個時代，亦須有判教。

　　嚴格說來，西方有 idealism，而無眞正之唯心論，idea 非心也（無論是柏拉圖或柏克萊 idea）。中國人一聽到唯心就怕了；其實中國方有眞正的唯心論。但此心非西方 idea，佛家曰眞常心，道家說道心，儒家說良知，是於此心而說唯心，這唯心論（一切皆心，心外無物）涵蘊絕對的實在論。明覺感應之物是物之在其自己，此是眞實物，物自身方是眞正之眞實物、眞正之實在，而現象則可有可無。從良知明覺說心，於物自身說眞實物，說實在，這種智慧即一切皆實皆平而無虛幻。

（楊祖漢記錄）

原載《鵝湖月刊》第1卷第3期（1975年9月）

道家的「無」底智慧與境界形態的形上學

今天說道家，標題是「道家的『無』底智慧與境界形態的形上學」。所謂「無」底智慧，是由於在中國思想中，道家首先提出「無」字來表示道。故吾人看到「無」，便將之看成名詞，如《老子》：「無，名天地之始；有，名萬物之母」，「天下萬物生於有，有生於無」，都是將「無」作名詞用。這種用法較為特別，不易了解。平常我們說「道」或「天道」，總對之有一個想法，但很難想到要以「無」表示之。現在我們便看看道家如何以「無」言道。

首先，我們不把「無」字作名詞看，而將它作動詞看。先看看道家所要無的是什麼：無是否定義。則看看道家所要否定的是什麼：這作動詞的無所要無掉的東西，在道家思路裡面，可分幾層，一層層往上想。首先所無掉的，是我們自然生命的奔馳（或紛馳），故道家說養生（養性），含精抱樸，把生命養在這裡面，而不讓其向外奔馳。所以「無」並不是乾枯的否定，它的意思很活。向上一層，是要無掉「生理欲望」。再往上想，是心理的情緒（七情），我們說某某人在鬧情緒，這鬧情緒便是道家所要鄭重正視的問題。再往上看，是意念的造作，這對我們生命的影響，是最兇猛

的。道家說自然，便是要對治這不自然的造作。再往上一層是一切
觀念系統，所有一套一套的觀念系統，在道家看來，都不是好東
西，這即所謂（ideology）。在自由主義之前提下，是不喜這個東
西的。但我們中國自民國以來，最喜歡這玩意兒。我以前有一篇文
章談過「觀念底災害」。我們現在所處的苦難的時代。便是
ideology 所造成的災害的時代。ideology 這字一般翻作意識形態，
這種翻法並不好。我譯作「意底牢結」，這便音意兼顧。我這譯詞
一出來，便馬上有人採用。這意底牢結即造成觀念系統底災害，人
們想以一套虛偽造作的觀念系統來支配人的具體生活。最顯著的便
是馬克思。這是以前王船山所說的「立理以限事」。船山說，我們
只可「即事以窮理」，不可「立理以限事」。現在意底牢結成為大
災害，都是由於以觀念來限制這、限制那，遂成大害。這點道家最
先看到。故從自然生命底奔馳以至觀念系統，都是道家所要無掉
的，都要化綽的。這不是抽象的否定。無掉之無是活的，要眞實地
化掉。這種種層面，概括起來說，便是「有」。「有」底直接意
思，要從「有為」來了解，不可如西方哲人之作為思想範疇來看。
故老子之有，不可看成西方傳統的形上學中的一個純粹思想概念之
「有」（being）一樣涵義。有與非有（non-being）相對。這是西
方傳統哲學所喜言的，他們將其看成是最高的純粹概念，為存有論
的範疇。西方從希臘至黑格爾，便專門說這個，這是傳統的西方思
考。但當我們看到道家的有無，便不可以拿這一套來想。道家之
「有」是從「有為」處來看的，是從「造作」處來看的，這有為造
作，都使我們的生命不得寧靜。故道家首先主張養生。養生即是養
性，工夫是從心上做，而在性上獲得結果。一切種種都是心理活

動，故心最出問題。那我們可想到這一切種種災害，對一切人的生命所引起的災害，是道家所深切感到的，故要用工夫從心上把這些有爲造作化掉。從化掉有爲之有，顯示出一個境界，道家名此境界曰無。在這時候，當作動詞看的無，便轉成名詞意義。故「無」不是存有論的範疇，而是通過化掉一切有所顯示之境界，不是一對象，不是由分析宇宙之成素而得的。故一般用 non-being 來翻「無」，粗看不錯，其實是不對的。「無」翻作 nothingness 便可以了。nothing 拆開來是 no thing，它的反面是 something，前者是全稱否定，後者是特稱肯定。這意思說明白了，便可以往下講。

從動詞無轉變成名詞無，顯示將一切造作化掉的空靈境界。客觀言之曰無，主觀言之則曰虛（從心上說）。故老子曰：「致虛極，守靜篤。」以作虛靜之工夫。虛這觀念，西方沒有，中國人很懂虛，如虛心、虛靈明覺、虛靜。虛是空無又非空無，說實亦非實，虛虛實實是不定的。運用之妙，存乎一心，這是中國人的智慧。這不可以基督教的謙卑來說明，謙卑是跪在耶穌腳下，中國人只說謙虛，不說謙卑。

這種由虛無而呈現道，而若由此說形上學，便可名曰境界形態的形上學。境界二字亦不好講。境與境界，非先秦典籍所有，乃佛家語。境界指外在對象，界是類，這義很平實，很確定，沒有什麼特殊意義。但佛家對客觀對象的類需有所說明，故唯識宗說境爲識所變，這麼一來，便使平實而無顏色的境界變成有顏色，成爲主觀。一變成主觀，則說修持工夫時，境便隨識而變，一切境底意義，都隨著我們的心靈而變。如通過修持而轉識成智，在這過程中，不獨識超轉，而境亦超轉。這便成爲我們平常所說境界之義，

意即我們所由修為而見之道完全決定於主觀修為的高下。如水漲船高，主觀修養高，則所見之道亦高。化掉了有為造作便是道，便是自然。這道字之意義與普通所了解者不同。基督教說太初有道，儒家說天道，印度說梵天，都是正面肯定有東西，但道家便沒有正面說，不說道是什麼。這情形，我們便稱之為境界形態的形上學與實有形態的形上學相對。西方是實有形態，從純思想範疇開始。在中國思想中，儒家的道德形上學，亦是由主觀方面的道德實踐透出的，但亦有實有義（如天道、天人合一）。而道家如有形上學，便只會是境界形態的形上學。這不是說道家有這一方面的意思但卻不只此，這乃是將道家的智慧形態作一整個的估量，而決定如此者。

　　道家說道，亦有很多其他的意思，是否都可以說成境界形態呢？人便可馬上提出這疑問。我們看老子，他說的道，有三義：一、客觀性；二、實體性；三、實現性。這是道的三性。我們一說到道，必會首先想到它的客觀性。其次道是一切的根源，便會想到道有實體性（substantiality），是一個終極的實體。最後道能實現萬物而使之成為存在，道負有萬物存在之責任，這便是它的實現性，即它是一「實現原理」。創生一詞，用於儒家甚當。《中庸》云：「天地之道，可一言而盡也，其為物不貳，則其生物不測。」天地之道，仁，是創生義（仁是生道）。但用之於道家，便不甚恰當，故不能用有特定意義之「創生」一詞說之，而用一較籠統的「實現原理」一詞說之（創造之形態亦有不同，但不管是上帝之創造或道德的創造，皆可統曰實現原理）。何以說創生一詞於道家為不恰？老子不也明說「道生一，一生二，二生三」、「道生之，德畜之」、「天下萬物生於有，有生於無」麼？這都表示道之實現

性。「天得一以清,地得一以寧」,天地得一才能成其為清或寧,故一即是道。下面數句亦如此。這都表示道底現實性,是道的宇宙論意義。道既有此三性,則道家的形上學似乎也可說是實有形態的形上學,為何定說是境界形態的呢?這需要切實了解,不可浮泛。我們先從道之實現性說起。

道家所說的生,是不生之生,王弼的注便甚恰。王注曰:「不禁其性,不塞其源」,這便是生,這即化掉意念造作所顯之無,而不可客觀化而視為客觀實體,故亦不可以道為客觀實體。「不禁其性,不塞其源」,便是生,不是有一實體在後面創生之,而是一切活動都是物自己在生、在成、在化。物自己生,與道有什麼關係呢?這便是道家的智慧。我們都喜歡動手動腳去為,而不了解這智慧。「不禁其性」,即不禁止壓抑其本性;「不塞其源」,即不需把它自生自在自成自化之源堵住,它自己便會生長。為什麼說這是道呢?這便是所謂讓開一步,這便是道家智慧所在。你不要把持天下,操縱天下。這用來對付共產黨是最好的,我們真深切感到這裡面的災害,當年老子早就看清楚了。人總是想往前一步,而不肯讓開一步。這讓,要極大之工夫。因這要大工夫,所以這裡有道,這便是道生了。你讓開而由它自生,亦即等於你生了它。這是所謂「不生之生」,是為消極之生(儒家則為積極義)。這是一特別的形態,不易體會,故道之實現性要如此了解,這地方便要好好體會。

至於道之實體性,如何可看成境界而非一實有呢?照老子看,一定要讓開一步(今日曰 open society),能讓便能生,將此拓大而為一普遍原則,而認為宇宙一切之有都要讓開一步,而不能把持

操縱，無任何的決定與控制，這便是虛，這便是無。我們人間須要如此，拓大之；天地萬物，一切亦須如此。一切有之後，都有虛靈而讓開一步之境界之道在涵容著。這本是主觀修養之境界的拓大化，故不可以看成如西方的實有形態。故我說道有客觀義、實體義及實現義，這只是道之「姿態」。照此了解，是一種姿態，並不能當真的。這必須由前面所說的進路來了解，由此而拓大化，來看天地萬物。這是觀照、玄覽。說無是天地之本，是由觀照玄覽而說出來的話，但這觀照玄覽有實踐上的必然。我是由這個進路往前進來顯出「無」必然至此，故由觀照玄覽所成之形上學，必爲境界形態的形上學。故道雖可有這些姿態，而這些姿態，都可以化掉，而不可當真。這在莊子便可以看得出來。老子書因爲是分解的經體，故有這種種姿態。莊子則用其荒唐之言，無端崖之詞，把看成客觀義、實體義之道，都收斂到我們主觀之境界上，完全內在化於逍遙無待中。假使我們把道看成客觀實體而生萬物，即客觀地看，莊子便把它收在主觀內。我們容易想到的，是道在萬物之後而爲本，莊子便要把它拉到前面來，使之浮現在吾人眼前。把道看成客觀實體而在萬物之後而爲本，是爲莊子所不取的。這從逍遙齊物之義便可看到。〈齊物論〉上說，一般人常想有個開始，「有始也者」，但還「有未始有始也者，有未始有夫未始有始也者」。常人都由眼前的有開始，但有之前還有無，無還不定是最後的，還不定是根本的，還有「未始有無也者，有未始有夫未始有無也者」。重重向後推，這種想法是最拙的，一直向後推溯，永遠停不下。莊子便不肯如此。他說：「俄而有無矣，而未知有無之果孰有孰無也。」這便是莊子的筆法。「俄而有無矣」，一轉眼，有無同顯，但誰是有、

誰是無，我卻不明白。這便是莊子的聰明，他使用這種搖蕩的筆調來表示，一切有無的分別，都不可決定。無，不在有無相對處現，而在相對之有無被化掉後顯現，此即絕對之無，即將相對之有無化掉後之空蕩蕩之境界。道在逍遙無待之心境中呈現。道呈現，則一切在自爾獨化。化而無化相，故曰獨化，曰妙，一切玄談更由此而出。道不是作爲客觀實體擺在那裡的。這便把老子那些姿態化掉了。故老、莊是同一系統，只是表達方式有不同，《老子》較爲樸素一點，境界義要至《莊子》方可徹底了解。故講《老子》，碰到那些詞句，要特別小心。

由此再往下而說道家之兩層存有論，即將境界形態之形上學分成兩層來了解。對「成心」之說，便叫做現象界之存有論（執的存有論）。有成心即有是非，有是非即有爭辯，故成心是吾講是非、起爭辯之根據。對道心而言，便成功本體界的存有論（無執的存有論）。「執」非只佛家說，老子亦有說，如曰「無執無爲」，便有「執」字。有執便有爲、有執著。在道心無執之存有論下，萬物是怎樣的狀態呢？即如前面所說逍遙無待、化無化相。如有相，便是現象界的存有論。這是因爲有時間觀念的插入。一有時間，便有空間，這便不逍遙無待，而化有化相；故當道心玄覽時，萬物皆在逍遙無待，自爾獨化中，此即物之在其自己（thing in itself）。此語以前翻作物如，亦不錯。康德說物之在其自己不能在時空之下把握，這觀念是康德哲學中最麻煩的地方，西方人不懂得此意，而中國人一看便懂，如家常便飯。如「萬物靜觀皆自得」，「自得」之物即物之在其自己，此即物如。這便不在時空以及範疇下，時空以及範疇不能用到這裡來。不在時空與範疇內之物，便是物如。但這

非佛家之眞如，因眞如是就空說的。

　　物以在其自己的狀態現於吾人眼前，便完全靠主體以道心觀照，以道心玄覽。假若對道心能了解，則對物之在其自己便能了解；於康德，物之在其自己是彼岸，屬於上帝，人不可知。人不能有無限心，故物之在其自己對人爲不可知，完全是一大黑暗。康德不將道心放在人身上，這使兩主體錯開：一主體是有限的，是了解現象；另一主體是了解物之在其自己，則放在上帝處。然其實我們人身上便有兩主體，無限心亦在我們之內，而物之在其自己便在我們的無限心之主體上呈現，如是，我們可淸楚了解之。於此，諸位可問，人何以會有無限心呢？這是東西思想最大的分野，西方上帝歸上帝，無限歸無限，人是有限的。中國則以人爲「雖有限而可無限」。佛家亦如此。佛教所以能進入中國，亦因在這點上與中國相契。人如不能有無限心呈現，則成聖成佛決不可能。成佛無論如何困難，要經恆沙劫數，但總是可能；在西方哲學了解下卻不可能，故這是最大的分野。人有無限心呈現，由此而有無執的存有論；自爾獨化，化無化相，表示我們無任何概念之執著。若以成心用事，則時空、因果一切概念都進入，這使自爾獨化之物拉扯而成爲現象。莊子所說之八德（有左有右，有倫有義，有分有辯，有競有爭），亦是說現象，八德相當於康德的範疇，是爭論的標準，莊子是隨便舉的，而西方則是決定地說。中國人對這方面是不行的，我們不可只憑一己之聰明，要借助康德的一大套。而這一大套，在我們看起來，卻都是執，這一點，是中西文化融合的契機，亦是我們這一代的重大責任。自然科學亦是執，不執便無科學。在自爾獨化中，科學永遠開不出來。假如科學有價值，則我們對於執，便不可

如前人之觀念，全視之為虛妄，執著亦有其意義。康德以執為積極，以無執為消極，中國則反是。這是中西文化天然的湊合而可消融的地方。

現說無底智慧，這是曲線的智慧。凡一切分解地說的，那是直線，方方正正的，而道家這無之智慧，卻是曲的，而其所以吸引人，亦在這地方。這曲線要如何了解呢？此即「詭辭為用」，老子以「正言若反」說之。以現在的話來說，是辯證的詭辭。平常說辯證法，是用「緩辭」，但當說辯證的詭辭，便需用「急辭」，方可保持詭辭的勁道，而特顯曲線的意義與作用，這詭辭即無之智慧。老子說：「忘其身而身存，後其身而身先」，這是曲線的智慧。不能用緩辭拉開，拉開便會出毛病，黑格爾便拉開而到處擺，唯物辯證便因黑格爾的拉開而起，這便出毛病。你要想保存你自己，你便要忘掉你自己；你要想站在前面，你便要讓開，先處於後面。若用心不良的人將這個看成權術，便亦是權術，若看成智慧，便是極高的智慧，故道家在政治上，常變成權術。這原則用到仁義聖知上，便是「絕聖棄知，絕仁棄義」。道家並不一定原則上否定仁義聖知，故王弼用「絕聖而後聖功存，棄仁而後仁德厚」以解釋之。這兩句解釋雖出自王弼，但不違道家原義。你要罵道家，亦可以絕聖棄仁來罵它，但這並非平情之論。而其實義確是「絕聖而後聖功存，棄仁而後仁德厚」，不是原則上的否定。從絕棄上來看，是否定，但卻成就了聖知仁義。你若問道家是否原則上肯定呢？也沒有。凡是有原則上肯定或否定者，是 what 的問題，屬於問「是什麼」的問題，儒家便是如此。他可告訴你何謂聖知仁義。道家不是如此，是成就了作用的保存，對聖知仁義有作用上的保存。這是只

有 how 的問題。道家只有「如何」的問題。它只順著你說，你提出聖知仁義，好，但如何才能完全地呈現呢？這是不可空講的。你說聖知，便問你如何能實現出來呢？你說仁義，也便問你如何實現出來呢？故道家不是從 what 的立場來肯定的，而是從如何的立場來作用地保存的。這便是道家的智慧，單單著重這一點。他以此爲勝場，便以此而成家。道只通過「無」來了解，我們不能肯定地說它是上帝，或是梵天，或是仁等等。故無是境界。

無的智慧，雖道家以之爲勝場，而成家，但這義，老實說是共法，是共通的。儘管耶教說上帝，上帝亦不能不表現無的智慧，不能執有。儒家說天道，佛說如來藏淸淨心，亦必須是在「無」的狀態上說。故說此義是共通的，任何大教都不得違反，而道家卻專就此處說。但專說此而無其他，並不能自足，但把這共同處捉住了。上帝亦不能執，故是無限的妙用；天道亦得如此。故曰：「天何言哉」，天道亦不能在「有」的限定中表現。故此吾名之曰共法。我點明此意，是想要解決中國思想史中最令人討厭的忌諱問題。以前人動不動便說這是來自佛、老，自造一圈套而把自己困住。所謂來自佛、老，是什麼東西呢？是否只許佛、老說，不許儒家說。共黨也吃飯，是否我們便不能吃飯？天地間總會有共通的東西，故要提出說明這是共法。

無的智慧，道家曰玄智，而佛家則是般若智。在般若智的運用上說，空是佛家的特殊義，道家不說因緣空。但在作用表現之形態上，二者相通。那麼我們是否可說佛說是來自老、莊呢？這當然不能說。同樣，亦不可說儒家的「天何言哉」定來自老、莊。不能說誰自誰來，這便顯共法的意味，故道家的無便可作爲吸收佛學的橋

樑。以前亦有人說蠻夷的印度不可能有如此高深的理論，而都是出自老、莊。這是絕對的民族主義，我們不能瞎說。中國吸收佛學，首先從般若入，對般若，中國人便感覺熟而親切。儒家之聖人亦不能違此義。如「無有作好，無有作惡」，便是這無。「有厥喜，喪厥善」，這也是曲線的智慧。孔子亦說毋意必固我，《禮記》上亦有「無言之教，無服之喪，無聲之樂，無體之禮」，這無乃代表最高境界。這意思從《尚書》至孔子都有。程明道之「天地之常以其心普萬物而無心，聖人之常以其情應萬事而無情」二語，便更明顯，這都是詭辭。「以其心」是有，「普萬物而無心」是無。「以其情」是有，「應萬事而無情」是無。這有與無二者是否衝突呢？若以無否定有，便糟糕了，故這看似矛盾，其實不矛盾。這正如禪家所說「即心是佛，無心為道」，即心是佛，是有，這有是何意義呢？無心為道，是無，這無是何意義呢？「即心是佛」是有，是存有論的肯定，你如問什麼是佛？禪家答心便是佛，肯定如來藏清淨心，這是 what 的問題，道家無此。「無心為道」，便是般若，這道是修行的方法。你若要體現即心是佛，必須般若智呈現。般若便是無心，把一切執著都化掉。「無心為道」是作用上之無，是無實踐上的執著，非無存有論之肯定，而是無對存有論之肯定之執著。故佛家說空空，空掉對空的執著。這意思，禪家可說，道家可說，何以明道便不可說呢？「天地無心而成化」，天地生物，怎可說有意的生這生那呢？

再看陽明之「無心俱是實，有心俱是幻；有心俱是實，無心俱是幻」，錢德洪好久不了解，王龍溪言下便懂。「無心俱是實」，是說我們只有在無心之狀態下，化掉一切造作，一切方是實。「有

心俱是幻」是說一有造作，一切皆成虛幻。「有心爲善，雖善不賞」。一有心，便一切非實。這是作用上的智慧。「有心俱是實，無心俱是幻」，這似與上面衝突，但其實不衝突。這有是存有論上之肯定，我們總得肯定良知天理，一切東西在良知天理下，統統是實，不只是我們，就是一草一木、山河大地在良知天理之貫徹中都是實。這是存有論上之有，非作用上之有。假定連存有論上之良知天理亦否定，便一切都是虛幻 illusion 了。這樣一說明，糾結便打開了。

由此下來，陽明說「無善無惡心之體」，以及王龍溪之四無（無心之心其藏密，無知之知其體寂，無意之意其應圓，無物之物其用神），這都是道家所說作用上之無，爲什麼一看到此等語句，便視之爲佛、老，而群起哄然呢？至明末許敬菴與周海門九辯，仍辯個不休。我們不可以「誰來自誰」來衡量是非，這要解除忌諱，但並非混同。道家即以此共法而成家，而不決定其內容是天理抑上帝。故道家之道，是不可界定的。在此我便可作結論：道家哲學意味重，敎的意味輕，故道家的老、莊是哲學家，非聖人，而立敎非聖人不可。儒、佛與基督敎，敎的意味便重。故說中國的哲學傳統（狹義的），便要說道家與名家。由道家而上溯至羲和之官，便是中國哲學的傳統。今天便講到這裡。

（楊祖漢記錄）

原載《鵝湖月刊》第1卷第4期（1975年10月）

佛家的存有論

　　今天講的題目是「佛家的存有論」。為什麼要說這方面呢？因我們感覺到，講中國哲學史，南北朝、隋、唐這一階段的佛教最不好把握；假定我們不了解這六百年的佛教思想的發展，無形中便使中國哲學史缺了一大段，等於架空漏過，而不能完整。故要講中國哲學史，便要把握從先秦到宋明幾個重要的階段。故站在這立場，我們近幾年便不得不注意這方面。但各位要知道，我們這種講法，並不是以佛學專家或佛弟子的身份來講佛教或宣揚佛法，而是站在中國哲學史的立場上，把它看為一個必須要通過的重要階段。所以我這種講法，對佛弟子而言，總不免有隔，而吾亦非專家，故非專家說法，各位聽到如有與平日所聞有不同及有扞格處者，請原諒。下面便講佛家的存有論。

　　我並不想總述五、六百年間吸收佛教的全部過程，而是將五、六百年吸收佛教的經過總括起來，就這幾次講演所重的注意點，看看這一大教的教義，是怎樣的一種形態。如前面說儒家、道家，亦是總括地作一個估量與消化，看看這形態在這個時代要注意的是什麼問題。為什麼用存有論這名詞來說佛家呢？因就佛家言，形上學一詞，似用不上；說儒家的道德的形上學，說道家的無底智慧與境

界形態的形上學，並無不順。但於佛教而以形上學名之，便不甚通。一般人了解佛教，並不以形上學來了解之。但雖不好用形上學一詞，是否可用存有論一詞而說「佛教式的存有論」呢？加上一「式」字，是要顯得這存有論有點特別，這表示說在一般人眼中，佛教看世界如幻如化；因佛教說空，是對一切法，一切現象視為如幻如化，正與一般所說存有論的「存有」之義相違反。存有論（ontology）一詞，主要是講 being，可是佛教講如幻如化，正好沒有 being，如何說存有論呢？如可以講，便要說是佛教式的存有論。而這是什麼意義的存有論呢？這便是今天所要講的。中華民族花費了五、六百年的長時間來吸收佛教，其中經過了一幕一幕，而達到圓滿的發展。我們即就此估量之，看佛教是什麼形態，在今日可與甚麼問題相接頭。

西方的存有論，主要是講 being。不只是哲學，我們可拓大而一般地說，西方的文化精神、智慧方向，主要是訓練我們可以把握「是」。「是」這字是由（verb to be）而來。從希臘以來，不單單哲學上說 being 由 verb to be 說進去，就是整個西方文化精神，亦在「是」方向上輾轉、引申、發展、開拓。我們要了解西方哲學文化，主要便是訓練把握這「是」。中國思想對於這個並不清楚，在中國文字上，「是」字並不顯明，如仁者人也，禮者履也，在中文文法上，verb to be 並不清楚。所以並不從「是」入手。佛教更剛好與西方相反，定要把「是」給挖掉，故研究佛教，便是訓練我們如何空掉這「是」。這亦是一大智慧。訓練把握「是」固不容易，而要空掉它，同樣不容易。但中國人的領悟力，對後者較易把握，而訓練把握「是」便感不容易。其實訓練空掉「是」亦是不

易。這是兩個相對的大系統。這兩大系統在今日對我們都有好處，對開拓我們的智慧，都有大幫助。西方文化說「是」，關於這訓練「是」的思考，而能運用自如，這要有高度的訓練，我們並不容易學得來。一個要訓練「是」，一個要訓練「沒有是」。而儒家，這個從我們自己的生命之根發出來的思想的重點在訓練吾人之「應當」（ought），由應當來決定「是」。要了解這「應當」，亦同樣不易；近代人便不懂這「應當」。「應當」亦實不易了解，因儒家整個是道德意識，道德意識人人都有一點，但由道德意識返回去了解道德本身，便不容易。所以我們長期的訓練讀儒家經典，便是要訓練「應當」這一套義理。在儒家「是」是由「應當是」來決定「是」是什麼。道家則有點麻煩，不能用一個字標出來。《莊子》書中記載別人問莊子處在什麼立場呢？莊子回答道：「處乎材與不材之間」；此固滑頭而實亦巧妙。於是我們可以說道家是「是與不是之間，當與無當之間」，這是方便說。道家的智慧方向，既非西方的「是」，又非佛家之「無是」，故是在「是」與「不是」之間。儒家說「應當」，而道家，則非當非無當，它只有 how 的問題，無 what 的問題，故不正面說一應當，但亦不是否定應當。故道家對道德的態度，是作用上的保存，非原則上否定，故曰當與無當之間。

這幾個大形態，在今日都要切實用功以把握之。以上是將基本觀念略爲表示一下，再進一步解釋佛教之存有論。

關於這問題，簡單地說，首先旣一切法如幻如化，是空，則這如幻如化的一切法、一切現象，如何能穩定得住？假如有一最後的圓成來穩定得住，便有一佛教式的存有論；若無，則佛教式的存有

論便不容易講。今舉一明顯之例，當年釋迦說十二因緣，從無明、行、識乃至生、老、病、死，以一切生命現象，皆由無明而來。若以人之生老病死皆因無明而來，那成佛便要去掉無明。既然要去掉無明，我們可馬上問，現實人生之種種，在去了無明後，還有沒有呢？這佛並無交代。當然我們並非在這地方批評佛。我們可說這只是釋迦順著我們的現實人生而說下來。我們不能馬上肯斷說，把無明去掉，人生便沒有了，一切差別法都沒有了，我們不可如此說。《維摩詰經》有說：「除病不除法」，便說不去法。這便有交代。佛教儘管說空，但一切差別法並不去掉，只是去病。《法華經》也有一句話表示此意，即「是法住法位，世間相常住」。佛教說無常，說空，但這裡說常住，是如何說的呢？這便是除病不除法。一切如幻如化無自性空的差別法常住，即，總是如此，無一可少。由這觀念，至天臺宗出來，便公開說：「除無明有差別」，意即所去掉的是主觀的執著（病），而客觀的法，沒有一個可以去掉。那麼去了無明後的如幻如化的差別法如何能夠得到一個究極的穩定（證成）？假定能夠，便有佛教式的存有論；若無，便不可講。

首先，中國吸收佛教，由鳩摩羅什始正式介紹般若學。根據《般若經》來說空，此即一般人所說的大乘「空宗」（宗龍樹菩薩）。我近年考慮，一般以空宗稱龍樹般若學，這對此學而言，是不利的。假定某人以空宗自居，而反對有宗，這人便等於自我否定，這是不利的。以有反空，亦是對空宗根本不了解。故空宗一詞，並不是好名詞。所以我說，龍樹的般若學，嚴格說來，不可視之為一宗派（school）。如視之為一宗派，便把它限制了。嚴格說來，它不是一宗，因它不是一系統，此非說龍樹說話無條理，乃因

爲所謂系統，是須對一切法有一個根源的說明，才算是一系統。可是正好般若學空宗並無此工作。《般若經》也好，《大智度論》也好，《中觀論》也好，都是把一切法看爲是現成的，而就此一切法表現般若之空慧，說般若智之妙用。有一法便不免有一法的執著，般若智便跟上去把它化掉，這是般若學的精神。這是所謂「融通淘汰，蕩執遣著」。將一切法歸結於大乘，這是融通。將一切執著洗滌淨盡，這是淘汰。有一法便易順此法引生一執，如說空，而對空起一執著，便不空，故說「空空」，便是將空之執著空掉，而眞正之空方顯。故是順著你說，此與道家有相通處。因只順著說，而不說法之根源問題，是以空宗便不是一系統。一說根源，便成系統，成家法；一成系統，便成宗派；一成宗派，便成諍法。只要一成系統，無論如何圓滿，總會有可諍辯處。因一成系統便有限定，有限定便可諍。故有儒、墨之是非，儒、墨各有一套，故起爭辯。般若是不諍法，這不是誇奢，在佛教立場說，實是如此。說空宗不是一系統，不是貶視，而是高看。因般若智本身是妙用，而我們對這妙用所說的那些話，統統是分析的，都是套套邏輯（tautology）。復次，般若空慧是共法，一切大小乘皆不能違背。空宗與有宗之分乃至與其他宗派之分，不能以此來決定。這便顯示視空宗爲一宗派是不恰當的。

從唯識宗開始，便對一切法有根源的說明，這說明分兩階段：

一、**阿賴耶緣起**：將一切法統到阿賴耶上說明。阿賴耶的本性是無覆無記，這是說它的本性是中性的，非決定的染汙，亦非決定的清淨，如人之昏昏沈沈，不可說善，亦非曠野地是惡。這種中性狀態，便名曰「無覆無記」。它由末那識影響而有染汙。但其本身

既是無記,其本性實即是迷染,因畢竟非清淨故。所以阿賴耶緣起,便是生死流轉染汙法,由此而說成一系統,便是虛妄唯識。這是正宗的唯識宗,由玄奘所傳,是無著、世親、護法一系的唯識思想。這系統所說明之一切法,皆是染汙虛妄法。但一切法這「一切」之詞,只可限於染汙法上,而對清淨無漏法,便未有好的說明,此玄奘之唯識學之所以未滿人意也。

二、**如來藏緣起**:無著之《攝大乘論》,開首即有一偈,曰:「無始時來界,一切法等依,由此有諸趣,及涅槃證得。」此偈便表示對一切法作一根源說明。但此偈可引起諍辯。問題起在「界」字。界者,因義,類義。此句意是從無始時來,便有此「界」了。此界照無著本意,即是阿賴耶。然南北朝時《攝論》的真諦,認為這「界」既是阿賴耶,則這阿賴耶必須是「以解為性」,而不是以無記迷染為性。他又把這界直說成「如來藏自性清淨心」,或第九識(菴摩羅識)。說阿賴耶以解為性,這表示阿賴耶本身即它的現實性雖是染汙,但本質上有一解性,是清淨通達的,這便不是無明,這乃是賴耶之超越的本性,這地方便潛伏有一如來佛,一切眾生皆有此潛在的佛性,是本來清淨的真性。這不只是理,而亦是心,故曰「真常心」。此真常心,若用哲學詞來講,即「超越的心」。而阿賴耶是經驗的、後天的,亦是心理學意義的,由它只能說明染汙法,既是染汙,故說一切法便有限制,即限於染汙法。所以真諦說如來藏自性清淨心,使清淨法有根源。這是他看《攝論》此偈而如此說。而此偈是無著引用的,非自造的,他引自《阿毘達摩大乘經》。我們看此偈,「一切法等依」此語中的「一切」,非只限於染汙。下文之「由此有諸趣」,諸趣即六道眾生,由此而有

六道眾生之生死流轉。然下文說由此有「涅槃證得」，則可知此偈所說之「界」字亦為「涅槃證得」之因，則真諦解此偈之界字為如來藏自性清淨心並不誤。但此非《攝論》本義，故攝論宗與《攝論》不同。故只拿阿賴耶說明一切法並未圓滿，必須進而說一超越之清淨心。這說法結集於《大乘起信論》，而以自性清淨心作一切法之根源，而一心開二門。一般都同意說這部論是中國人自造的，但不知作者是誰。據我看，根本便是真諦造的（大概找了許多中國和尚幫忙）。支那內學院拚命反對《起信論》，因與玄奘一系不同之故。說此書擾亂佛法，斷人慧根。此論雖非印度本有，但對以後的中國佛教的影響極大。梁任公在此便比較聰明通達，說這論為中國人所造，正顯出中國人之智慧。我們現在看來，不管是誰造的，它的思想並不假，並有經作根據（《勝鬘夫人經》等）。《起信論》一心開二門，一方面開生滅門，說生死流轉，一方面開真如門，說涅槃境界。一切染汙法在生滅門，一切清淨法在真如門，這便說得完整。故這系統較之阿賴耶緣起為完整。中國的佛教，不停在龍樹，亦不停在無著，是順著他們往前進的，是以原有之佛學傳統再往前進的，非如日本專家所說，謂中國佛學與印度佛學不一樣，是特別的佛法。其實只是本來之佛法，而再往前進。但為什麼要往前進呢？因本來之說法並未到家，還未說完，將還未說完者說完成，怎可說不是原來的一個系統呢？

　　《起信論》影響非常之大。後來據《起信論》推進一步而開宗者為華嚴宗。此宗憑《華嚴經》及《起信論》成宗，通過無著、世親而至《起信論》，再推進一步開宗。華嚴宗之第三祖法藏賢首當初亦參加玄奘之譯場，賢首對玄奘為晚輩，但他本身有一套思想，

是從攝論宗、地論宗，至《大乘起信論》來的，故不滿玄奘所說，以爲未充其極而不契，便退出譯場，而開華嚴宗，弘揚《起信論》，以融攝唯識宗。這比《起信論》之說自性清淨心更進一步，而成華嚴宗之圓教。

但是，在當時之中國，又有另一系統，並不從唯識發展下來，而亦成爲圓教，此即天臺宗。華嚴宗雖亦說圓教，但還不是天臺所說的圓教。然則何謂圓教，此便要明白天臺之判教理論。

傳入中國之佛法有許多，並非是全部一樣的，但佛說不能有錯，故對其中之不同之處，便需有一恰當之安排，這便是判教。而首先作完整的判教的是天臺宗。天臺宗較華嚴宗爲早，起於陳、隋之間（隋煬帝便是智者大師的弟子），並不屬於唯識一路，而是順龍樹般若學一路而前進的。從鳩摩羅什起，至陳、隋之間，時間已不短。由此而融攝一切教而成其判教理論。後來之華嚴宗大抵據之重新調整而成他們的判教論。天臺判教分藏、通、別、圓四教，至圓教之階段，方可見佛教的存有論，而使一切法有究極圓足之穩定。

一、**藏教（小乘教）**：這是佛滅後首先出現者。將佛說予以結果，而凡結集皆有三藏，三藏者，經、論、戒（律）。此大小乘均有，然以此名小乘者，乃順歷史上首先出現之方便。小乘之爲小乘，在什麼地方呢？1.約觀法（觀萬法之方法）：析法入空；2.約解脫：個人解脫；3.約佛格（佛性）：灰斷佛。

約觀法說，小乘只知人無我，未能徹底知法無我（法空）。於法上，只能知相對的法空，未能徹知至絕對的法空。所謂相對的「法空」者，即是所謂「析法空」。善巧之人，能即色言空，當體

即空。然小乘人,則要用分析法,將自性分析掉,此即析法入空。照小乘看,森羅萬象,皆可分析掉,皆無實在性。但構成萬象的每一成素還是實在。析法入空所空的是森羅萬象,但承認五陰、六入、十八界仍是實在。故此析法入空,尚屬方便權說,用拙度之法以便於初學,但這方便亦很重要。天臺宗名之曰拙度。凡佛說不可有錯,故說此法是拙法,因方便而施者。此拙度之析法空,即使能進至一切法空,亦是由法之敗壞無常而說其爲空。有法可生,有法可滅。故此一切法若以四諦概括之,便是生滅四諦。此亦是拙也。其次小乘之所以爲小,因是自我解脫,作自了漢,而不理衆生,小乘(小車)只載自己一人,而大乘則一切衆生都載在裡面。灰斷佛,即灰身滅智,身化成灰,而智亦滅,此固非最高境界。意即小乘之佛性是修得的無常佛性,非理性本具的眞常佛性。修得佛果,化緣已盡,灰身入滅,此便是灰斷佛性。依以上三點觀之,故知小乘是初步之方便教。

二、**通教(共小之大)**:通於小乘,而引之迴向大乘。此教特點: 1.約觀法:體法入空, 2.約解脫:兼濟衆生, 3.約佛格:亦是灰斷佛。

體法入空:即巧度,指《般若經》及龍樹所說之空慧,即是體法入空,即色而空,當體見其無自性,不須分析。空乃色性自空,非色敗空,故曰體法空。此體字甚美。此若以四諦表示,便是「無生四諦」。

因是大乘菩薩道,要兼濟衆生,不只自家解脫,故是大乘精神。但是說到佛格,仍是灰身滅智。因未見到法身常住故也。故雖兼濟衆生,然「功齊界內」,即仍限於有限之中,未達無限。「界

內」者即三界（欲界、色界、無色界）內也。三界可括一切法，然屬有限，還有界外之界。此則通教菩薩所未能至者，這是什麼意思呢？照儒家說，或聖人、大人、仁者，必須與天地萬物爲一體，方成其爲聖人、大人。至此便是無限，此無限，於佛教言，便是界外。照佛教之最高義，成佛須即九法界而成佛（即與天地萬物爲一體）。九法界即九法類（六道眾生、聲聞、緣覺、菩薩），加上佛便成十法界。成佛非割斷眾生，必須即九法界而成佛，一切法皆具於佛法中。如此方可說有一眾生不成佛，我誓不成佛。即九法界而成佛，即達界外三界至於無限。據此，藏、通二教並不能達至此無限而法身常住之境，仍不徹底而爲灰斷佛，只留舍利子爲人間福田，故此藏、通二教仍是方便，尙須再進。析法空是一種方便，因一時不易解，故權引之。若眞能了解緣起性空，則由析法而熟，必能進至體法空。故由藏至通，在觀法處，這一種進展可說只是分析的。但通教是大乘，故就解脫說，則需「悲願」一觀念之加入，此則便不是由「解脫」一觀念所可分析而至者。至於就灰斷佛而進至常住佛，則又須無限佛性一觀念之加入，此則必須能徹法之淵底始可至，非只由「兼濟」所可分析而至者。

三、別教：別是專就菩薩說，不共小乘。別教說無量四諦，此四諦，已達無限量。從通至別，便不可只就觀法說。從觀法言，無論何教，總是體法空，故說般若是共法。至別教，便須有新觀念。故 1.約觀法，仍是體法空。 2.約解脫言，固爲大乘，但屬「緣理斷九」。 3.自佛格言，爲法身常住，以能見「如來藏恆沙佛法佛性」故，但恆沙佛法屬隨緣起現，爲性起系統。故總之是取徑迂迴，仍非圓教，以偏指眞心「但中」之理，屬分解說故也。別教菩薩之爲

大乘是就通至無限而言。別教菩薩能見如來藏恆沙佛法佛性，就此佛性言解脫，自然通向無限（無量四諦）。如來藏佛性非寡頭的，它本身便具恆沙佛法，即恆河沙數、無量無邊之意。這佛性本身便有無量法，故可通向無限。然此教於成佛時，爲「緣理斷九」。此系統由《起信論》來，體現自性清淨心便是佛，此即緣理。斷九即斷絕九法界，斷之方能成佛。斷絕九法界，便不顯即九法界而成佛之義。而佛法身上之一切法，隨緣起現。清淨心本不即其一切法，而由清淨心隨緣起現之，而清淨心本身不變。清淨心隨染淨緣起現染淨法，一切法皆由隨緣而起。但經修爲還滅，便須超越之而成佛，而成緣理斷九。故天臺宗說性起系統並非圓教，而取徑迂迴。照現代的說法，是分解地說。華嚴宗肯定一超越的眞心，便是分解地說。凡屬分解說者，皆非圓教。

四、**圓教**：1.約觀法：體法空（一心三觀）。2.約解脫：即九法界而爲解脫，不是緣理斷九。我一解脫，九法界一切衆生同時解脫。3.約佛格：三德秘密藏（解脫、般若、法身），不縱不橫而爲圓伊，此不可思議，故曰三德秘密藏。解脫指斷德言，乃屬於「定」者。般若是智德，乃屬於「慧」者。法身則是定慧滿所顯之「中道第一義空」。當然亦爲無量四諦，然須加說爲無量無作四諦。別教無量四諦，只因隨緣而起，便非無作。又若隨緣不至者，便順神通表現，神通便有作意。故在別教，一切法仍未有究極之穩定，爲有作（有造作）之無量四諦，非自然本具。無作，乃說如來藏佛性本身固具十法界（不但中）。佛具其他九界，而地獄雖爲地獄，然其他九界亦固具其中。每一法界皆具其他九法界。此曰性具系統。如隨緣起現，則如無緣，便可以不現，故未得穩定。至圓

教，必須說一切法爲如來藏本身固具，非造作隨緣而有。此在天臺宗，名曰「一念三千」。「一念」又曰「一念無明法性心」。此一念心，乃刹那心、煩惱心、陰識心，即無明。然同時法性亦在，故云「一念無明法性心」，又名「從無住本立一切法」。法性無住，「法性即無明」，則無明用事，乃識念三千，念念執著。無明無住，「無明即法性」，則法性作主，乃智具三千，法法常樂，即空假中。三千法無一可損，此名「法門不改」。每一法皆爲一門，佛要通過此一切門以解救衆生，皆爲佛渡衆生之門，那可少乎？故曰去病不去法，除無明有差別，一切非偶然。於此便有究極之穩定，佛教式的存有論便完全顯出。然其所穩定之一切法，仍是如幻如化者。雖如幻如化，又無一可少。此非分解地說，乃是詭譎地說。凡分解說者皆不圓。如肯定一上帝一太極，並非即是圓教。朱子之言太極，亦是分解地說者。圓教之圓，非內容上有差別，完全是表示的方式有異。對前面藏、通、別三教所說的全都承認，但表達方式，是由分解地說轉爲詭譎地說，只是表達方式上之問題，如廚子調和五味，材料一樣，然有巧有不巧，風味自是不同。詭譎是以辯證的詭辭來表示。生死即涅槃，煩惱即菩提（分解地說，生死是生死，涅槃是涅槃，不能即也）。天臺之要點在此。圓教之圓，是般若作用的圓與一念三千之存有論之圓合而爲一。「一念無明法性心」即具三千，此便對一切法作一根源之說明，而得究極之穩定，圓教於是完成。平常讀《般若》之人，見華嚴、天臺之說圓，而以《般若》爲不夠圓，總不服氣，即不明此故也。但說到存有論的圓，若只是分解即說，則必有可諍，凡有諍便非圓也。圓只有一，無二無三。般若作用之圓加上存有論性具之圓，方是眞圓（此中奧

妙，古人總不能表達清楚）。這樣一來，華嚴宗雖就《起信論》推進一層，說得那麼圓，但在天臺宗看來，仍屬別教，而據我看來，亦實是別教。乃別教一乘圓教，賢首自亦說其圓教是別教，然此非天臺之別，此別乃就佛法身說（非就菩薩說）。專就佛法身說，固然很圓，然全是套套邏輯。佛法身上的圓融無礙，普入普即，相成相奪，十十無盡，此華嚴宗所說的十玄緣起、六相圓融，其實皆是緣起性空一義之應用於法身上之輾轉引申，亦即是佛法身法界之分析的表示。此種分析的引申所表示的圓非圓教之為圓之所在也。

故華嚴宗可說自家最高，然天臺可謂彼雖高而不圓，只是站在金字塔頂上說話，所謂唯談我佛，不開權、不發迹，未暢佛之本懷，是也。而圓只有一，不可各圓其圓。

如圓教確定，則佛教的存有論亦確定。一念三千，念念執著，則三千法屬識，即是現象，此便是現象界的存有論，亦即執的存有論。若通達無礙，法性朗現，則三千法屬智，即是法之實相，法之在其自己，此便是本體界的存有論，亦即無執的存有論。

（63年12月8日講於台灣師範大學，楊祖漢記錄。）

原載《鵝湖月刊》第1卷第6期（1975年12月）

宋明儒學的三系

　　今天與各位討論宋明儒學。平常講這一時期的學問，大體都知道有程朱、陸王兩系。程、朱一系，一般稱之為理學；陸、王一系，一般稱之為心學。這一種分法，十分簡略。這六百年長時間弘揚儒學，內容一定很豐富。平常只知程、朱、陸、王，這是很表面的了解；而程、朱之所以為程、朱，陸、王之所以為陸、王，二者何以不同，大家便不甚懂。朱、陸異同的問題，歷來都不能解決。有謂此是天地間不可無之問題，亦同時是天地間不可解決之問題（章學誠說）。此語表面看起來很漂亮，但細按之，便知為無真知之浮語。章實齋自居於陸、王一系，其實並不相干，他又把戴東原視為程、朱一系，同樣是不相干。故二系之真實內容如何，自明代以後，鮮為人所知。這亦因為宋明六百年之內容曲曲折折，很少人能進入去理解。故講哲學史的，先秦部分說得較詳細，兩漢以下至隋唐間，這千餘年，大家根本不能接觸，因太難了解。宋明部份則中國本來之學問，較為人所熟悉，但也只用幾句話帶過。如說朱子，便只說格物窮理便算了。說象山，則曰心即理，心即理亦即難了解，非用幾個字提一提便可解決。近年來我便深感這樣幾句話說過，實難使人心安，故下決心疏導這一期的學術。於是先擺出材

料，如《宋元》、《明儒》兩學案，我先就此二書中的文獻，找出各家的線索，鈎出眉目，此極費工夫。我整理這期學問，歸納得九人，即周（濂溪）、張（橫渠）、二程（明道、伊川）北宋四人，胡（五峰）、朱（元晦）、陸（象山）等南宋三人，還有明朝的王（陽明）、劉（蕺山）。這九人如一大建築物的九根柱子，共構成一大系統，在這大系統內轉來轉去，便成就此六百年之學術。這九人是綱領，其他都屬過渡，不離此九人範圍之內（如朱、陸的後學、陽明的後學）。而這九人是一個接上一個，互相勾連呼應的。北宋亦有一重要人物，此即邵堯夫，在當時與二程爲好友，但學術內容並不相同。若講哲學史自然要說及此人，但說理學正宗，便不須說他，因他並不在同一的課題上。

今看此九人，是在問題之相銜接而相應上看的，而所以有分三系之結論，因只分朱、陸二系，並不能見此六百年之詳細講學內容，這並不是先抱一成見而如此說的，而是通過其內容而自然得出的。開始時吾亦不知要如此分也。故一切東西，若不眞正進入其內容，便不能有任何較決定的了解。若說他們同，則可說同是儒家；說不同，則亦有許多不同，可隨便說，但只隔靴搔癢。故論異同，不能先存成見，亦不能只從表面來看；這都是不負責任。若眞正進入去，便知分作三系，實有義理之必然性。此必然性在外面是看不到的。此三系之分與以前所說大乘佛教的三系相類（龍樹之性空唯名，無着、世親之虛妄唯識，印度原始只有空、有二宗，然後起之弘揚如來藏的眞常唯心系，以空、有二宗未窮盡佛學之蘊，此種義理之發展是很自然的），如此方能盡其內容之曲折。

今略說整理各家之經過。民國以來，大家都談王陽明，陽明境

界高，良知亦不易懂，但因文字集中簡單，故一般人都喜歡憑空說
王陽明，談致良知、知行合一，其實知行合一並非陽明的理論重
點，且陽明亦不可孤立地說。至於朱夫子更麻煩，他的系統太龐
雜，非即物窮理一語便可盡。朱子是承繼北宋的，而北宋諸家，是
宋明六百年學問的根源，但十分難懂，是以人都不願看，直從陽明
入手，這是不行的。北宋諸儒一方面甚複雜，一方面氣味特殊，使
人感到有隔，不如陽明的光明平易，但亦必須經過一番才行。現在
看看《宋元學案》，周濂溪學案沒有問題，因只有這些文字資料，
問題在人能不能懂。〈橫渠學案〉亦然，《正蒙》的全部都收在裡
面，沒有什麼問題。可是到明道、伊川和朱子這三個大人物，理學
重鎮，號稱程、朱者，其學案卻編得最不好。故欲從《宋元學案》
得到這三家的真相，是極難的，必然會成為大雜亂。當初黃梨洲亦
知道二程之間有不同，故分為二學案。但材料只有《二程遺書》，
而《遺書》內許多只標明二先生語，而分不開何者屬明道，何者屬
伊川，這樣怎能分為兩學案呢？怎能確定劃分二人的思想呢？故黃
梨洲只得零零碎碎，雜七雜八的分抄一些，無原則與條貫，故看
〈明道學案〉，會覺得明道不成道理，他的學問只是一些零碎風
光，漂亮話頭；但明道是個大家，有其顯赫的地位，大家之所以為
大家，顯赫之所以為顯赫，光是這些零碎風光，怎能代表他呢？故
只據〈明道學案〉，不可能見出明道學問底真相。明道不清楚，伊
川便不可能清楚，如馮友蘭便把明道的話歸於伊川。又有對二程常
不加分別，把二程作一程看，如朱子便是如此；朱子不能劃分明道
與伊川之不同，故亦不能將明道充實起來，於是便將二程作一程
看，對於籠統不能分的便統之曰程夫子，能明顯地說出者便統在伊

川處，故對二先生語便說程夫子，實只以伊川為準，於是便全部歸
於伊川，因朱子之較明確挺立之觀念，都由伊川來。而明道，便由
零碎風光而轉成一個隱形人物，由伊川或程夫子代表之；但不止如
此，有時明明是明道的說話，朱子便表示不贊同，但對於伊川，卻
無有不悅者。明道的零碎話頭，為朱子所不喜者，他便說明道說話
太高，渾淪難看。這所謂太高，便是表示心中的不滿，因明道有顯
赫的地位，不好意思批駁，故說其太高。渾淪難看，表面上也許意
謂深奧，然其實是糊塗、不分明。朱子是分解的頭腦，對此不能欣
賞。明道之〈識仁〉篇，為極重要之文字，明屬明道而不可疑，但
朱子編《近思錄》卻不載，這實出人意料。他解釋說〈識仁〉篇境
界太高，非《近思錄》所宜收，但其實《近思錄》中其他篇章亦甚
多高遠超過其所謂「近思」之標準者，為什麼單單不取〈識仁〉篇
呢？故知朱子心中實不贊成〈識仁〉篇對仁的講法。明道〈識仁〉
篇所體會之仁與朱子之心、性、情三分之講法不同。〈識仁〉篇說
仁者渾然與物同體，其他語錄中又以醫書之以麻木為不仁，來指點
仁為不麻木，由此而有謝上蔡之以覺訓仁。以一體說仁與以覺說
仁，這本是相函，但皆為朱子所不喜。朱子將二程了解為一程，碰
到明顯是明道語者，則曰太高，故吾人可知朱子對明道之態度是
「為賢者諱」，遇到不合的，便不提了。吾於此感到未安，故下工
夫重理〈明道學案〉，明道一決定，伊川便清楚了；我整理明道，
共得七篇，於伊川亦然；這種整理，是有原則的，不是雜抄，這要
靠嗅覺，不是容易分辨的，這也是考據，是義理的考據，非文獻之
考據而已。

　　把明道弄清楚，並不影響伊川的地位，而實更顯出朱子所了解

之伊川之精神。伊川的顯明的文獻甚多,如就《大學》說格物窮理,說致知,說進學,都是伊川。明道並不說《大學》,說《大學》是由伊川始。周、張說工夫時,亦不說《大學》,不說格物窮理,但並不是說他們不說工夫。把工夫放在《大學》,而以格物窮理為工夫,乃伊川之重點,故伊川之學問本甚明白,故可將之挺立出來,以顯出明道。《宋元學案》之朱子學案亦弄不好,原因非如二程之因文字分不開,而是朱子的文獻太多,對人實是一種威脅,不易看清楚。朱子思想之成熟和其真正用功之問題是中和問題,但從來說朱子皆未能明白此點,只從《語類》中雜抄一些。中和問題極複雜,朱子在三十七歲時開始真正用功,便是苦參中和問題。弄通此問題後,便寫〈仁說〉。〈中和說〉與〈仁說〉,此二問題,共花費他十年工夫;經過這十年的苦參,然後他的學說才決定。諸位要注意這三十七歲。在鵝湖之會時,象山亦是三十七歲,朱子比他大九歲,已經過十年苦功,思想架格已定,往後至七十歲,思想都不變,只是「舊學商量加邃密」而已;故要了解朱子必須從此二問題入手。象山三十七歲時,思想已定,故二人談不來。當時象山提出一首詩,朱子未能即和,三年後方和;故朱子書甚少提到鵝湖之會,但在象山,則視為得意之舉,在其語錄中詳為記載,故可知當時朱子是吃鱉受悶氣的,但又不能壓服象山。後來二人再在白鹿洞相會,這本是一個絕好機會,因象山之兄梭山卒,象山親訪朱子,請他為其兄寫墓誌銘,這是為自己父兄之事親請朱子,對朱子是極尊重的,故此時朱子待之亦極客氣,在這情況之下,二人很可交談。朱子請象山在白鹿洞書院登壇講學,象山講《論語》「君子喻於義,小人喻於利」一章,講得特別生動,有生命及存在之實

感。這一章本是《論語》上普通的話，但出自象山之口，便全是生命，全是智慧。當時天氣並不太熱，但朱子卻不斷地揮扇，而其他聽講的人亦有感動得泣下者。可見是極有刺激性的；故朱子於此講辭後作注語說，這一段是說得好，於此可見古人之風度。但二人仍不能談得來。如不止於禮貌風度而平心靜氣，拿出肝膽來談，深入問題的內部，則二人或可相解。於此實不得不令人感慨，此如孟子曰「智之於賢者也命也」，雖又曰「君子不謂命」，但此仍是命也。賢者之不能互相了解，乃是一大悲劇。

朱子未見象山時，已風聞象山是禪，一直至象山死，都以為他是禪，是從外方來者，非儒者所本有。這當然是不了解象山，這豈非悲劇乎？上面是說三十七歲之重要，後來陽明在龍場悟道，亦是三十七歲，近代人雖較早熟，但真實用功，仍要到三十幾歲。吾由於知中和問題之重要，便以之為重心來抄錄有關之文字，然後朱子學問方得明顯。但抄錄亦甚不易，我曾抄錄數遍，方得自然之秩序。本來中和問題本於《中庸》，並不難懂，但是被伊川說麻煩了。他跟呂與叔論此，而糾纏不清，最後只得教與叔回去做敬的工夫，這話等於沒交代。但他開出很多論點，朱子便承繼其中的問題前進，因此便費工夫；故吾以五、六百頁來重編朱子學案，以展示朱子的學問。二程、朱子這三人能定住，學問的頭緒便見。朱子把二程化為一程，以伊川為代表，再以伊川概括周、張，而自以為正宗。然吾細接之，見朱子實只可承繼伊川，以伊川概括二程，已為不類，再以之統周、張，更不相應。朱子甚推尊濂溪，尊之為第二個孔子，但濂溪之基本地方，卻不能相應。如此尊崇，而竟不相應，似難使人置信，但實情確是如此。這是因為朱子是用伊川的思

路，以「性即理也」一語來講濂溪之太極。伊川將周、張、明道所體會之道體以及性體（統天地萬物曰道體，落於個體上說是性體，二者內容相同）之豐富意義簡單化為一個理。說是理本亦不錯，但伊川卻說成「只是」理，將豐富之意義簡單化而或為「只是理」（如佛家所說「但理」）。朱子據伊川簡單化之但理來體會太極，這是不相應的，此可斷言。且朱子特別看重〈太極圖說〉。其實如要了解〈太極圖說〉，一定要從《通書》入。〈圖說〉只有幾句話，雖是周子手筆，但我認為這是遊戲之作。當時象山與朱子對〈太極圖說〉的爭辯，象山是失敗的，象山對這方面無興趣，這對他無影響；但不能只看〈太極圖說〉，只能通過《通書》的誠體來了解〈太極圖說〉之太極。但朱子視〈圖說〉為經，這看得太重了。其實吾看此〈圖說〉是遊戲之作，此圖本是從道家來的東西，而吾主觀上雅不喜此圖，此圖實不能使人生美感。濂溪看見此圖而發生興趣，隨便加上幾句話，故應是遊戲之作。〈圖說〉可離開〈太極圖〉而獨立地看，而與《通書》是相通的，故須以《通書》為綱領。《通書》說得更清楚，〈圖說〉太簡單。以清楚者來界定不清楚者，本是常理。

　　說道體，乃即說明宇宙萬物之所以然之理，理是一，此並不錯，但朱子承伊川而把它簡單化，成為「但理」，以此但理來解釋〈太極圖說〉之太極；故朱子體會道體便成為只是理。但我們看《通書》，便知周子是通過誠體、神體、寂感來體會道體的，此由《易傳》、《中庸》而來；誠、神、寂感，非只是理也。朱子說誠是真實無妄，為實理，也只從實理來體會誠，未盡《易》、《庸》之意。誠是與神、寂感連在一起的，故誠除是理外，亦是神，亦是

寂感的（如「非天下之至神」，「寂然不動，感而遂通」）。但伊川、朱子便以神、寂感並不是理，而屬於心，而心屬於氣，這看起來雖清楚，但神、心、寂感便從道體上脫落下來，減殺道體的意義了。理不能寂、不能感、不能動；動靜皆屬於氣，此在伊川、朱子確實如此，並不能爲他們辯護。若爲他們辯護彌縫，他們亦未必受也。於是寂感、神、心各義，便從道體上脫落下來。本來神也有屬於氣的，此須注意，如神氣、神采、鬼神之神，皆是氣（鬼神是形而下的陰陽之氣）。但從誠說神，這神便不可以氣論，誠是德性上的話，故神有屬於形而上者，亦有屬形而下者。如《易傳》曰「窮神知化」，「非天下之至神，其孰能與於此」，「不疾而速，不行而至」，可知此神不是氣也。朱子一看到有活動，便認爲屬於氣，神因屬活動，故以之爲氣。但他不知有時活動不是氣者。今舉一明顯之例，上帝不只是純形式，且亦是純精神、純靈，即由此而見其有活動義。但此活動義不可以氣論。氣有動靜，但上帝之活動不可以動靜論；氣有生滅，但上帝之活動不可以生滅論。由此可知，由誠神寂感而見的活動是「動而無動，靜而無靜」者（周子語）。周子曰：「動而無動，靜而無靜，神也；動而無靜，靜而無動，物也。」物便屬於氣，氣之動只是動而無靜，靜則只是靜而無動，故「物則不通」。在神的活動，則是動而無動，靜而無靜者，故「神妙萬物」。朱子在這地方是直線思考，不是不邏輯，而是太邏輯了。於此實須考慮一下，不能只作直線思考。神之動，動而無動相，因無動相，故你又可由靜來看它，但亦無靜相。故此動不與靜對，靜亦不與動對。這必須由曲線地來了解，必須仔細根據文獻來看。於此可見周、張、明道對於道體之體會實不同於伊川與朱子。

而這說法是與先秦儒家的說法相合的。先秦儒家分明說道體是一創
造性之實體，由此而創生萬物，故必有心、神、寂感方能創造，這
是顯明的。故仔細了解先秦儒典，便可見周、張、明道是對的，而
伊川、朱子把寂感、心、神以道體上脫落下來，顯然不合。朱子只
在此處出錯誤，在其他方面，都是不錯的。朱子既精誠又用功，不
會處處出錯。故先秦儒家與北宋前三家所體會的道體是即活動即存
有的，道體之本義是如此。從理這方面說存有義，從心、神這方面
說活動義。道體必須具體此兩方面。但朱子卻體會成只存有而不活
動。在道體方面體會成理氣二分，道體只是理；寂感、心、神都屬
於氣。在心性方面，則心與性為二，亦即心與理為二，不能說心即
性即理，以心屬氣故。而孟子是從本心說性，心即性也。朱子解孟
子，是心、性、情三分，亦即理、氣二分。在形上學說理、氣二
分，落在道德上則說心、性、情三分，心、情屬於氣，性屬於理。
故心不即是性，不即是理。此說顯然不合孟子原義。孟子是說吾人
之本心即吾人之真性。此本心即是理，即能自定一方向：當惻隱即
惻隱，當羞惡即羞惡。由心不即是性，引出心不即是理，這顯然與
孟子不相應。如此並歪曲朱子原義。

這點一解決，便可知宋明儒何以分三系。三系是這樣分的：

　　周、張、明道——胡五峰……劉蕺山

　　程伊川——朱子

　　象山……陽明

　　周、張、明道北宋三子為一組，所討論思想的問題與態度是相
同的，乃是心即性即理，即存有即活動（說即存有即活動必函心即
理）。如此體會道體已，言工夫，則皆重視逆覺體證，絕非由即物

窮理來了解道體。由於心、性、理是一，故要反身自覺其自己之性體，馬上存在地肯認體證之。這亦可舉例說明：如宗教家言信上帝，上帝是靠你信不信，而不是以即物窮理而得的。道體便猶如上帝，亦不能由即物窮理而得，必須反身而誠，歸而求之，擴而充之，而且必須重視愼獨（《學》、《庸》皆說愼獨，是工夫所在，但愼獨非即物窮理）。故必須是逆覺體證。至伊川、朱子，道體在性體成只是理，只存有而不活動。他們說工夫，則大抵以《大學》為主，以《大學》決定《論》、《孟》、《易》、《庸》，故朱子所註各書，只《大學》為相應；嚴格說，朱子的頭腦並不宜於講《論》、《孟》、《易》、《庸》。如仁，朱子說是「心之德，愛之理」，則孟子之惻隱之心便是氣，仁只是理。伊川有一驚人的說法，說「性中只有仁義，幾曾有孝弟來」。因孝弟是情。這很有抽象頭腦，孝弟是具體的表現，而性是普遍的理。你可以稱贊伊川會作抽象的思考，但孝弟不從性中來，又從那裡來呢？如此說孝弟便成為外在的。則人家要你鬥爭你父母，亦有道理了。故這不可隨便說，雖有精彩，但很有問題。孔子說的仁亦是道，亦是理，亦是心（不安之感），孟子亦言：「仁也者人也，合而言之，道也。」孔子便在安不安之感處來指點仁，如宰我問三年之喪。不安之感不是心。是什麼呢？孟子便說悱惻之感，這便是心，但這心不是氣，不是形而下。故朱子解《孟子》，在此等重要關頭便錯了。如「盡心知性知天」章，便顛倒來解，而用《大學》之格物窮理來說；其實這裡不能有別種說法。盡是充分實現「擴充」之意。朱子解為通過格物窮理來知道理，才是盡心，故盡心是由於知性知理。這實是顛倒了。而此盡，並非孟子擴充之盡，而是認知地盡。此章是《孟

子》書中之重要文獻，意思很明顯，決不會是如朱子之所解。朱子對孟子從仁義內在來把握性善之義，並不能了解。但孟子學之全體大用皆在此章中全部撐開，故象山說：「孔子以仁發明斯道，其言渾無罅縫，孟子十字打開，更無隱遁。」由此章之三層論述（盡心……存心……俟命）便充分撐開了，這便是「十字打開」。象山說得甚好，亦只有象山能說，因生命相應故。而朱子講《論》、《孟》都不行，於《易》、《庸》亦然。先秦儒由《論》、《孟》開端發展，至《易》、《庸》，是一根而發，是調適而上遂的。《大學》則是從外邊插進來，只擺出實踐之綱領，而其後面之敎義並不明確。如明德、至善，是窮理之理抑良知乎，並不明確。格物致知是知什麼呢？皆沒有一定。明德照程、朱、陸、王之解釋，是由心性本身說「光明的德性」，但《詩》、《書》上之明德，是說光明的德行，或是有德之人，非從內部因地心性說，乃是從果上說，非從根源上說，故《大學》不可作準，雖然不能說《大學》是荀學，但程、朱的形態卻近荀子，是不合先秦儒家之正宗的。他們所講的即物窮理的工夫，我名之曰「順取」。朱子本身甚爲一貫，表面之有參差，是因所依附之經典有不同之故，故落在經典上說，會不清楚，但他本身則甚清楚。

此路決定，陸、王便可決定。

象山、陽明不是承繼周、張、程、朱而來的，故象山曰：「我讀《孟子》而自得之」，此所謂心學。簡單說，是以《論》、《孟》、《易》、《庸》規範《大學》，工夫是逆覺體證。所謂心學，是以《論》、《孟》之心，說心即天，不但是心即性即理。心當下直下就是天，而顯絕對義，這是一心之申展，以當下之心拓充

至達於天道，代替天道，而不先客觀地說一道體、性體。以
《論》、《孟》為首出，此處表現之心，同時是道德的基礎，同時
亦是天地萬物之基礎，而不客觀地說一天、說一道體。以良知生天
生地，為天地萬物之道體，故說良知便夠。象山、陽明都是如此。
如象山曰：「萬物森然於方寸之間。滿心而發，充塞宇宙，無非此
理」；陽明曰：「心外無物」。明道亦有一段話說得透闢痛快，
曰：「只〔此〕心便是天，盡之便知性，知性便知天。當處便認
取，不可外求。」這便是以心代替天道。心要達到絕對義，方可代
替天，而道德之秩序即宇宙之秩序，宇宙之秩序即道德之秩序，二
者同一。良知之表現為孝、弟、慈，當機表現，是隨機而發的，而
所表現之心是絕對的，此非頓悟不可（故人說王學是禪），不然良
知便受所表現之具體之機所限，故要顯此普遍性與絕對性，非說頓
悟不可，此處不可有禁忌。此是以《論》、《孟》決定《大學》，
而不使之流入荀學。從《論》、《孟》入手是從主觀性入手；從心
從仁，充體至盡，便是其客觀性，而《易》、《庸》是從客觀性說
的。

　　胡五峰、劉蕺山一系，以《易傳》、《中庸》為主，而回歸於
《論》、《孟》之心性「形著」客觀義之道體與性體，而此系思想
之間架，便是形著（《中庸》「誠則形，形則著」）二字。程、
朱、陸、王俱不如此說，而無此義理間架。宋明六百年便只說
《論》、《孟》、《易》、《庸》與《大學》五部書。周、張、明
道是最先對《易》、《庸》發生興趣，然先秦時候，是由《論》、
《孟》發展至《易》、《庸》的，是由一根而發的，雖近代考據家
視《易》、《庸》為晚出，然是循晚周傳統而來，故不可將之歸入

漢代之宇宙論中心之說。如顧亭林、黃梨洲、王船山等，我們都認
為他們是晚明人，雖清人亦可將他們劃入清代，但可否將他們歸入
乾嘉學派呢？二者之學術路子並不同也。故於《易》、《庸》，亦
須如此看，不能以其晚出而歸於西漢之「宇宙論中心」一路。
《易》、《庸》是《論》、《孟》之向上發展而成的圓教，人必須
發展至與天地合德，此是必然而不可爭議的。故必至蓋天蓋地，心
外無物。如此說心、性、仁，便不只是道德根據，而亦是宇宙萬物
之根據，由此必成「道德的形上學」，這是圓教意義所必涵的，因
大人之心必與天地合德，而蓋天蓋地的。有人據我此說而謂儒家發
展至《易》、《庸》方圓滿，人便問難道《論》、《孟》說仁說心
說的那麼多還不圓滿，要《易》、《庸》方圓滿麼？此是誤解，圓
不是以言語之多寡定的，此處須清楚了解。北宋三子是在儒家所發
展至極的最高峰上來說話，故對《易》、《庸》發生興趣，在這方
面說，便不得不先客觀地說道體與性體，但雖如此，卻並不是宇宙
論中心（以形上學來說明道德），亦非以宇宙論來建立道德學，這
必定要預設《論》、《孟》所說之主體性，非憑空地說的，是根據
《論》、《孟》一根發展而至圓極而說的，所謂宇宙論中心，是康
德以前的獨斷的形上學，不可拿西方觀念來機械地附會。

　　先客觀地說道體、性體，便要步步向《論》、《孟》回歸，回
歸的過程如下：在周濂溪，是客觀方面極挺立，主觀面則虛歉而
弱，但工夫仍是逆覺，而說誠、神、幾，仍是非常深刻。我們可用
主客來表示周濂溪，虛線表示虛歉。到張橫渠，則主客兩面皆挺
立，然主觀面為其客觀面之太虛、太和、氣等語言所淹沒，仍有虛
歉，故可用主客來表示。到程明道，便成主客為一，主客不分了，

故明道是圓敎的模型，而無分解地說，渾論難看，此旣非如伊川、朱子之理氣二分、心性情三分，亦非如陸、王之以主觀面吞掉客觀面。南宋第一個消化北宋學問的人是胡五峰（宏）。五峰對朱子來說是前輩，他是通過謝上蔡而來，而上蔡是從明道而來的。朱子則反對上蔡以覺言仁之說。其實以覺訓仁，乃本明道不麻木之意而來，朱子在此實在使人感到遺憾。朱子對明道客氣，是爲賢者諱；對上蔡便不客氣地批評了。胡五峰由上蔡來，故朱子對其《知言》以八端致疑，這還是商榷之客氣話。對五峰之門下，便毫不客氣地敎訓。其實只是同樣一個問題，態度卻不一樣，其實只是批評明道也。朱子對知言之八端致疑，實無一相應。五峰之大弟子張南軒無力，隨朱子的腳根轉。但五峰之其他門下，卻死守五峰之說，但學力不夠，加上短命，都被朱子壓下去。朱子則勁道大，故弘揚學術，短命是不行的。朱子對胡五峰之義理間架並不懂也。胡氏先客觀地說道體、性體，可以「於穆不已」來體會。道體流行於個體，便是性體，二者內容一樣，而說話的分際不同。先客觀地說道體、性體，我們只了解其形式意義，體會道體、性體爲鬼神之奧（故曰奧體），爲天地之所以立（這顯然針對佛教之如幻如化而說）。奧之所以爲奧，從那裡見到具體實義呢？寂感之所以爲寂感，神之所以爲神，其具體眞實之義從那裡見呢？凡客觀地說，必先只是說其形式義。奧、神、寂感等之實，統統要回歸到《論語》之仁，孟子之心性來了解，要回到主觀性來了解，主觀地通過逆覺做道德實踐而具體表現之。孔子對我們之「敎訓」（如言孔子之「思想」，則對聖人不敬），是要踐仁以知天。肫肫其仁，淵淵其淵，浩浩其天，才能具體了解客觀地說的道體與性體。只有通過《論語》之

仁、孟子之心性，才可真切知道客觀之道體、性體之實；否則只成大話，而無意義。此雖非宇宙論中心，亦非以形上學建立道德，但只有形式意義，其實義必須回到主體之心上，以仁心「著」之。以心著性，以心成性，著即形著彰顯義。朱子則無此說，朱子以心與理為二，心是認知心，通過格物窮理來把握理，非心理合一也。而心與理為一，才可以主觀說的道德的心性來真實地具體地形著客觀地說的道體與性體。

胡五峰便是「以心著性」之思路，這是根據明道說「於穆不已」之奧體而來的。他曾問堯、舜、禹、湯、文王、孔子只言傳心而不曰傳性為何故，自答曰：「心也者，知天地，宰萬物，以成性者也。」性者，天地萬物之所以立。客觀說的性必須以主觀說的心以彰顯之。「知天地」之知是乾知大始之知，為「主」義，知縣、知府之知，非普通之認知。因盡心而成性，故天地萬物得而立。「成性」之成是形著之成，非本無今有之成。能盡心，便將性之內容與意義彰顯出來而著成之，因道體、性體是本有的。「成性」此觀念，橫渠首先說之，亦是彰顯之意。而劉蕺山亦說形著。蕺山與五峰在北宋後一開頭，一結尾。（五峰學被朱子壓伏而不彰。《宋元學案》亦以其為心學前驅而不知其重要）但最後出來之劉蕺山替宋明儒作最後之見證（此時明亡了，蕺山本人絕食二十餘日而死），他的思路亦是五峰之思路，因為要挽救晚明王學之流弊。王學之流弊可以二語表示之，曰「虛玄而蕩，情識而肆」。前一句是說順王龍溪下來之弊，後一句是從泰州一派發展下來之弊。良知如一露水珠，圓轉無滯，甚難把握，一提不住，便馬上下墮。泰州一派說到處是良知，為知不是放肆耶？在佛教，亦不是輕言菩薩道。

陽明本身無弊，但非有深切踐履，必不能解良知爲何物，故易提不住。蕺山爲救此弊，而以爲陽明從虛靈明覺說良知，固玄矣、神矣，但無把柄，故以爲光說虛靈明覺之知爲不夠，而要「知藏於意」（非意念之意，此意相當於自由意志）。意是定盤針，便淵然有定向。意是深藏的，從意根處說愼獨，此意深遠。然意仍屬於心（《大學》從誠意處說愼獨，是從心體說愼獨，還在心覺範圍內），故要把意知再向內收歛於性體（奧體），此如《中庸》之說愼獨，《中庸》之愼獨是從性體說。性體即「於穆不已」之奧體。此一層層往內收。故這系統雖亦說心說良知，但定要肯定性天之尊（天代表道體），保持客觀性之尊嚴義。主觀義之心良知必須有超越義之性天來定住它，使它站起來，不然，必氾濫而無收殺，故這工夫是很深的，而性體之意義，亦由主觀之意與知來彰顯之。一方面性體內注而使主觀之心知客觀化，反過來，另一方面主觀義之心知亦可彰顯性天，使客觀者主觀化；此則既客觀又主觀，既主觀亦客觀。在形著過程中，性天是尊嚴的，此過程無窮盡，故能保持性天之尊嚴。但道體即活動即存有，而主觀地說的心知亦是即活動即存有，故此心知必有頓顯性天絕對普遍之可能，此即頓悟，由頓悟而說主觀的心知與客觀的性天可頓時合一。在形著之過程中，可說不合一。合一，便要心、意、知與性天全部即活動即存有，故此成爲一獨立之義理間架，與伊川、朱子固不同，亦與陸、王有不同也。

　　但陸、王與胡、劉二系，本是同一圓圈之兩來往，兩系最後可合成一大系，然亦須各自獨立來了解。而此一大系與伊川、朱子一系如何相通，是另一問題，這並不簡單，非道問學尊德性一語便可

解決也。伊川、朱子在根本上有偏失，此不可混同。朱子在當時若有師友點化之，自然可悟；道問學固亦有其價值，但這是對道體體會有沒有偏差的問題，不是道問學有無價值的問題。內聖之學要以逆覺體證爲本質的工夫，道問學只是助緣。

（63年12月15日講於臺灣師範大學，楊祖漢記錄。 ）

原載《鵝湖月刊》第1卷第7期（1976年1月 ）

講南北朝隋唐佛學之緣起

第一節 中國文化發展中的幾個階段

我講這門課既不是以佛學專家亦不是以佛門弟子的立場來講，而是站在中國哲學史的立場來講。在中國哲學史上有南北朝隋唐這一個階段，而此一階段就哲學方面而言，其思想中心均集中於佛教方面，所以這一段歷史是不能被忽略的。若忽略了這一階段，那麼哲學史便無法貫下來，無法交代了。然而，通常這一階段的哲學史是很難通得過的，因為要講這一段歷史必須重新吸收一個文化系統（此乃就廣義言之），狹義地說就是要重新吸收一個大教，而這個大教的經典浩繁，專門辭語又多，種種專門辭語上的隔閡即造成了吸收上的困難。

那麼我們當該如何通過這一階段的哲學史呢？首先讓我們來反省一下中國文化發展過程中的幾個階段：

1.先秦階段──中國文化原始的型範

順著中國文化自其本根而發而言，先秦階段是中國文化原始的型範，不必多說。

2.兩漢階段——兩漢經學

兩漢的經學是繼承先秦儒家的經典並配合了陰陽家來構造漢朝的大帝國，所以漢學是通經致用之學。關此，亦不必多說。

3.魏晉階段——魏晉玄學

兩漢經學構造了漢朝大帝國，發展至東漢末年便不能再往前進了，於是便需要「峰迴路轉」，而這個峰迴路轉在彼時首先出現的即為「魏晉玄學」。這一階段，從歷史發展上說，其所代表的精神為「潦水盡而寒潭清」。

兩漢經學根據先秦儒家經典並配合陰陽家來構造漢朝大帝國，已盡了其時代的使命。但其中烟火氣是很重的，很駁雜，所以發展至東漢末年便不能再往前發展了，因此需要峰迴路轉；也就是說，要洩一下，魏晉玄學就是一副洩藥。

(1)清議→清談→魏晉玄學

這副洩藥——玄學，在學術上的出現乃先經由東漢末年的清議（如：「黨錮之禍」時所表現者），由清議再演成清談——清議是政治上的，清談乃指玄學而言，然清談卻是由清議轉出來的——從清談再演出魏晉玄學（道家式的玄學）。

(2)「歧出」、「開」

魏晉玄學的出現在中國文化的發展過程中，可以說是一個峰迴路轉，也可以說是一種「歧出」——轉彎。這個歧出在中國文化發展上來講是一個「開」。「開」是什麼意思呢？中國歷史文化的發展乃是大開大合的發展。為什麼說「大開」呢？此乃由於「開」的時間有時非常長，當然僅是時間長尚不足以稱為「大」，此外還要能夠「歧出」、「轉大彎」（轉得很遠），始可謂之為「大開」。

「大開」的內容必須通過歷史始可予以規定。

(3)歧出的「開」──初步的「開」

魏晉的清談、玄學乃一初步的「開」，「開」的內容（清談的內容）是道家的玄理。道家是中國文化中本來有的，但就文化主流而言，道家不是主流，所以這算是一個歧出。這歧出的「開」是初步的「開」。

4.南北朝隋唐階段──佛教

(1)大開──吸收、消化佛教

由初步的「開」，根據中國本有的道家往外轉，這一轉就轉遠了；初步的「開」轉得還不算遠，因為道家是中國本有的，直到轉出去吸收佛教──接受來自印度的一個大教，這就轉遠了。所以這一階段所謂的「大開」就是指佛教而言，也就是說中國要長期地吸收、消化佛教。

(2)「吸收」、「消化」乃是就歷史反省而言者

「吸收」、「消化」乃是就中國歷史文化的發展對此階段予以事後反省而說的。若站在當時人的立場，就當時中國的政治、社會來講，我們是不願意如此歧出的；從這裡我們也可以說這六、七百年的時間是為佛教所征服的時期。沒有一個民族是願意被別人征服的，所以站在當時中華民族自己的立場上講，我們是不願意的。可是即使不願意也沒有辦法，歷史的演進逼使如此，又有什麼辦法呢？所以我們說「吸收」、「消化」乃是就後人做歷史反省時而說的。那麼我們究竟吸收了沒有？消化掉了沒有？我們是吸收進來了，消化掉了。這麼一個外來的東西，我們能夠吞下去，能夠吸收進來、消化掉也不是容易的。

5.宋明階段──宋明儒學

(1)初步的「合」

這一階段,從中國歷史文化的發展上說是叫做「合」。前面的
歧出是「開」,到宋儒講學的時候又回到中國的主流(儒家)上來
講,這就是「合」。然這「合」仍只是初步的「合」。何以謂其爲
「初步的合」?「初步的合」就是說「合」得不十分完整,或者更
不客氣的說「合得不十分健康」。「初步的合」自宋明儒學講學的
重心看來,是特別重視內聖方面的工夫,收斂的意味太強。宋明儒
學這六百年的時間完全講的是儒家內聖之學,所以說它是初步的
「合」。

(2)此中又有附屬的「開」

由於宋明儒學只是初步的「合」,偏重於內聖方面,不是十分
完整、健康的「合」,所以就在這個「合」之中又引申出一個
「開」來。這個「開」是次級的,因爲它是「合」中之「開」──
這個階段主要精神當該是「合」,所謂「大開大合」。然而在「大
合」之中由於只偏重在內聖方面,合得不十分完整、圓滿,所以其
中又引申出一個「開」來,這個「開」就是隸屬的、附屬的
「開」。這附屬的「開」也可以分爲幾個階段來表示。

6.明末顧亭林、黃梨洲、王船山三人所代表者

(1)開外王

顧、黃、王三者所代表的「開」乃是繼承正面的內聖之學而開
外王,這是明末清初,十六、七世紀時的精神。若當時明朝不亡國
而讓這個精神正面健康地向前發展,便能發展出西方近代(十七、
十八、十九世紀)式的文明來。

(2)「民族生命受挫折，文化生命受歪曲」

顧、黃、王開外王的精神乃是根據儒家內聖之學而開展出來的，然而由於滿清的入主中國，使得他們的精神、願望、意向伸展不出來，又被堵回去了。所以黃梨洲有一本書名爲《明夷待訪錄》，其心境是悽苦很悲涼的。中國文化依健康的道路發展應是由內聖而外王地向前發展。不幸此時明朝亡了。明亡之後，入主中國的是滿洲人。在當時滿人是夷狄，他們的入主中國是中國人極不願意的。所以反清復明的精神一再地表現出來，台灣在當時就是反清復明的根據地。雖然如此，但仍是沒有辦法。滿清入主中國這三百年來對中國的影響是極大的。其影響可以下面兩句話來說明：「民族生命受挫折，文化生命受歪曲」──民族生命受挫折便影響文化生命，導致文化生命的不正常。「生命」原是血統的觀念、生物學的觀念，但一說到「國家」就是一個文化的觀念。講民族不能講空頭、寡頭的民族。沒有了國家、文化，便不能講民族。所以洪秀全當年失敗，是因其所標榜的民族主義是寡頭的民族；既是標榜反清、講民族，便不該反孔。洪秀全燒孔廟，焚《四書》、《五經》，這樣毀了自己的文化，自己的文化都沒有了，空講民族又有什麼用呢？所以便失敗了。所以民族生命和文化生命要合在一起方是健康的，不合在一起便不健康。滿清的入主中國爲中華民族造成了很大的挫折，因此文化生命、精神生活和學術方向便不能依常軌向前進，於是顧、黃、王思欲據儒家之理想而開外王便無法實踐出來，被堵回去了，造成了很大的影響。由此更進一步由於正面地開外王開不出來，便轉而爲第二步──乾嘉年間的考據。

7.乾嘉年間的考據

(1)是「清學」不是「漢學」

雖然是轉而為第二步──乾嘉年間的考據,但在基本精神上溯源地說來仍是開外王的精神,可是經過了民族生命的受挫折,這精神便轉性了,這一轉性就不對了。結果不是那精神底持續,而是那精神底變形。乾嘉年間的考據是「清學」──清朝的學問、清朝的學風。清朝的學問、學風就是在這一個大前提即歪曲狀態之下出現的。清人自名此(考據學)為「漢學」,這是不對的。「漢學」不等於「清學」,這二者是不同的。「漢學」是兩漢階段的經學,是學以致用能夠構造漢朝的大帝國的學問。漢朝的精神大體上是學術支配政治,政治支配經濟。「清學」和「漢學」不同,乾嘉年間的考據不是「漢學」,他們自名為「漢學」是用以抬高自己的身分,這叫做標榜。

(2)清學既不樸亦不實

宋明儒學只重視「內聖」,在「外王」方面不行。而談到「外王」便牽涉到「事功」的問題,所以顧、黃、王之思欲開「外王」就是想要開「事功」。這是順著正常、健康的道路而講的。可是在轉而為乾嘉年間的考據之時,便把開外王、開事功也轉性了。轉為什麼東西呢?他們說內聖之學是沒有用的,是空談心性、不老老實實的讀書;清學是「樸學」、是「實用之學」,因此便把開「外王」、開「事功」轉性而為「清學」了。「樸學」、「實用之學」都是好名詞,但是經過了轉性,將外王、事功轉而為考據,在考據中的「樸」與「實」結果是既不「樸」亦不「實」。樸、實乃是指實用而言。若說宋明儒的內聖之學是空談心性、沒有用,那麼乾嘉年間的考據又有什麼用呢?事功依然開不出來,不但事功開不出

來，就連事功所基依的那政治上外王之大願、儒家昂首天外的理想、生命智慧之大方向，也都忘掉了，沉沒下去了。《說文》、《爾雅》是《說文》、《爾雅》，事功不能從《說文》、《爾雅》中開出來。《說文》、《爾雅》能算是事功嗎？這叫做讀死書。讀死書、死讀書，在此處他們是不如宋明儒的。宋明儒者都有幹才；王陽明、陸象山……都有幹才，能做事情，只是沒有機會讓他們做罷了。所以「清學」號稱是「樸學」、「實用之學」，結果是既不樸亦不實也無用。那麼這門學問的恰當的本性當該是什麼呢？它既不能名之為「漢學」，也不能謂之為「樸」或「實」，它恰當的性格當該是「清客之學」。

(3)清客之學

什麼叫「清客」呢？「清客」是奉陪王公大人，其必備的條件是一方面要會作駢體文，另一方面知道的典故要多。所以稱他們為「清客」乃是表示他們「幫閑」、是「幫閑分子」、「幫閑」的學問。這「幫閑」是很不雅的，就是自取其辱的意思。中國的知識分子其「幫閑」的性格是很強的，即便到現在仍是幫閑的性格，不管是留洋得到多大的博士，仍是幫閑的性格，像那些因尼克森訪問北平而紛紛起而投機的投共分子就是幫閑分子。幫閑分子是令人不齒的，而清朝的知識分子就是處在這種幫閑學風之下——當時北京城裡的王爺家中都養了許多清客，這些人家裡沒有錢、沒有飯吃、沒有事情做，便都到王爺家中來，王爺家裡經常擺了好幾十桌的飯菜供人來吃，在那兒圖書豐富可以供人讀書，要走的時候還有路費，這不是清客嗎？

說到這裏，我們應當注意：身而為中國的知識分子是很難的，

要想保住知識分子的身分而不受辱、不受摧殘、不被殺戮，必須自己慎重的考慮考慮，當走那一條路始能夠保住自己？這「幫閑」的問題在西方近代化以後的自由民主國家中是不會發生的，而在中國就會發生這種問題。所以我前年在香港的時候，那時適值尼克森到大陸上去訪問，尼克森一訪問大陸，平常的一些大博士、大教授也都投機，見風轉舵紛紛地投過去了，於是新亞（案：此指香港新亞書院）就找我講一次演，我說在這個時候講話是得罪人的，在那個時候誰敢講話呢？好吧！既然叫我講，我就講。那時候我就講這個問題，題曰「中國知識分子的命運」。從秦始皇開始說起，中國的知識分子不是受辱就是被殺。你以為去投機、做幫閑就安全；一樣是保不住的，一樣受恥辱，就像馮友蘭不就是受辱的典型嗎？這是大家都很容易看出來的。在中國知識分子中，真正能夠站得住而成其為知識分子的，至少不肯去做清客的，只有宋明的儒者；宋明的儒者不是一般的知識分子。一般人總認為凡是知識分子便都是聖人之徒，這就是說凡是知識分子都是儒家，事實上儒家和一般的知識分子是不同的。只有儒家才能夠站得住這個身分（知識分子的身分），他們不甘心做清客。隨便舉個例來說：程伊川的架子大得很，他不是進士，只是一介處士——處士就是沒有功名，只是一個讀書人，而身為帝王師，然而他一日為帝王師，他便以師道來限制帝王，這就不是做清客了。人或批評宋明儒者為無用，謂其為「無事袖手談心性，臨難一死報君王」。然而他們尚能「一死報君王」，今日的投共分子能嗎？今天投這個、明天投那個，能夠「一死報君王」嗎？所以儒家是儒家，一般的知識分子是一般的知識分子，二者是不同的。因此從開外王轉而為乾嘉年間的考據之學的時

候，這門學問顯然是清客之學。太平年間附庸風雅，一方面唸甲骨文，極端地 intellectual，乾燥無味；但在另一方面卻又極端地 emotional，作騈體文和甲骨文二者又恰恰是相反的兩種學問。當時就是這樣，若能同時滿足這兩個條件便可以做清客。我養一個清客是讓你來陪我弈棋的，不是讓你來講大道理的，你向我講大道理幹什麼呢？大道理都在我這裏。我已經知道了，我當權嘛！你來陪我下下棋就夠了，不必講什麼大道理。這就是清客。

8.清末民初階段

(1)沒有觀念就沒有生命

清朝的學風之所以如此，並不是中國人願意如此，而是由於滿清入主中國使民族生命受挫折，文化生命受歪曲，而致落到這種地步。所以自滿清入主中國以來，乾嘉年間的考據之學以後，中國的知識分子便不會思考，沒有觀念。我常說一句話：「沒有觀念就沒有生命。」清末民初期間的知識分子鬼聰明倒相當多；花樣多、聰明、伶俐、詭詐多端，但卻沒有 idea，所以一遇到國家大事、有問題來的時候，便無法反應；順著清朝的學風下來，到了清末民初時的知識分子，由於沒有觀念，所以就沒有生命。沒有觀念就表示不會思想，遇到了刺激便採直接反應，來一個刺激就來一個反應，這樣演變下去才演變出一個共產黨來，才會讓共產黨征服大陸。共產黨、馬克思主義何以能夠征服大陸呢？這是由於中國人自己的邪僻，是中國知識分子自己邪僻——走火入魔，流於邪僻。一旦邪僻了，生命便無法提得住。這個時候沒有思想，沒有智慧，這樣共產黨才會進來。

(2)大歧出、大墮落

以上就是從我們的內聖之學——這初步的合，由於合得不十分健康、完整，所以才引出附屬的開，由開外王而轉性爲乾嘉的考據之學，而後更演變成馬克思主義、共產黨征服大陸，這不就成了一個「大歧出」嗎？這誠然爲一「大歧出」，但這也是由中華民族的生命發展出來的。大家都是中國人、黃帝子孫，這又不是另一個民族，無論如何都是自家人，我們或可稱他爲敗家子，但敗家子也是黃帝的子孫啊！所以說這是一個大歧出、大墮落。這個大墮落自中國文化整體上看起來，若依「開」、「合」而爲言，它也是一個「大開」，這個「大開」是墮落的「開」。當我們能夠把這個大歧出、大墮落、大無明克服下去，再返回來表現的「合」，才算是較高級的「合」——此處我們不說是最高的「合」，若依一個階段來看，要說還是最高的「合」也可以，但如果知道世界上永遠沒有最高的「合」，則只說「較高」也可以。此處我們就我們已達到的階段來說，初步的「合」不夠圓滿，到了較高級的「合」，它已屈圓滿的時候，在歷史、時間的大流之中，這個階段就是最高的合了，所以兩種說法都可以，籠統的說就是較高級的「合」。

9. 當前的使命

這個較高級的「合」就是我們所謂的儒家發展的第三期，大體說來它是一個「大合」；從乾嘉開始的轉性以至於到共產魔道的出現，這是「大開」，把它（按：此指共產魔道而言）克服下去了就是「大合」。這就是儒家學術發展過程中的當前使命，也就是我們這個時代所承擔的使命——這是第三期的使命。以前從先秦儒家到兩漢是第一期，宋明儒學是第二期。這第三期落在那裡呢？就落在你身上，落在我身上，這就是我們這個時代的使命。在此，諸位青

年務必要發心立志，必須要瞭解這一點。瞭解了這一點之後，才會
有信念，才能夠立大志；也只有瞭解了這一點，才能夠使我們的信
念更堅定，不要「搖搖擺擺」的。說到這裡，我常常也有感慨，這
也是台灣這二十餘年來的教育失敗的地方，像畢業的同學希望到美
國去，到美國去讀學位也不回來，不回來也就罷了，一看到尼克森
去訪北平，便都搖動、投共，在美國的都左傾，你以為他左傾他就
是共產黨，但他也不是共產黨，他就是在做啦啦隊。為什麼會這樣
呢？人都有現實性，生活的本能使得他趨利避害、投機。敵人還沒
有來便腳先軟了。此乃由於沒有信念。若能瞭解這一點，便很清楚
地可以看出來這個魔道是一定會被克服下去的，而且距克服魔道之
日已為期不遠了。這就是儒家學術第三期的發展。

　　以上所說的這些道理在二十年以前（民國三十八年到四十八年
這十年之間）我們講得最多，就是在《民主評論》的時代。然最近
這二十年來我在這方面講得不多。雖是講得不多，亦是以這個綱領
為背景而重新地收斂回來，對各個階段的學術做一內在的瞭解。當
我們對各個階段的學術做內在的瞭解的時候，其精神是要收斂回來
的，這是要下功夫的。當我們說以上所說的那些道理的時候，由於
那是屬於歷史文化的問題，所以精神是發揚的，但總不能永遠發
揚，因此必須要把精神收斂回來。於是近二十年來我便致力於「內
在瞭解」方面的工作，首先我把魏晉階段弄明白，其次再把宋明階
段弄明白，而最近這幾年來我就講南北朝、隋唐這個階段，把這個
階段做一交代之後哲學史才可以講下去。在這一部分我也花費了不
少功夫，去年才剛寫成，共有兩冊，在學生書局大致明年（民國六
十六年）可以出版。

第二節　自哲學史底立場講南北朝隋唐佛家哲學一階段

　　所以我現在講南北朝隋唐這一個階段不是以佛學專家的立場來講。什麼叫佛學專家呢？譬如說像日本研究佛學的方式便是佛學專家的研究方式，他們研究佛教重視版本，重視歷史性的考據、文獻，講印度的原始佛教、部派佛教。既然是歷史文獻性的、版本性的研究，便須懂文字，懂得好多文字；首先必須懂梵文，還要懂巴利文、藏文，中國文字當然也要懂。不過他們現在對中國文字並不是那麼重視，他們主要的是要懂梵文、巴利文、藏文。因為他們懷疑中國當年吸收佛教時的翻譯有問題，所以他們現在學梵文為的就是要對一對當年的翻譯有何偏差、不妥或錯誤之處。除了這些文字必讀之外，其他如德文、英文都要讀。一個人的精力有限，日本人讀書大概特具語文的天才。不管你的天才多麼大，依我看來，要讀通一種文字是難而又難的。我讀英文讀到現在也沒有通。你說我的中文通一點吧！我是中國人，我天天看，從小就開始讀，說我通到什麼程度也很難講。所以某某人說我通多少文字，那都是騙人的，都是自我做宣傳的。做學問不是這樣做法。文字多懂些固然好。但也不是像日本人的辦法。等到你把文字都懂好了，你快要死了。那麼你什麼時候才能接近佛教呢？所以這些專家我是不大相信的。我也並不是不承認他們的價值，他們當然有他們的價值。若能把文字搞好，能夠把當年鳩摩羅什、玄奘的翻譯中不妥或錯誤的地方指出，或者是經過他們的翻譯使佛教另有一新的面目出現，也很好啊！不管這新的佛教是否有價值，也許一點價值都沒有，這些我們

暫且不管。總之，要有新的發現，我想這是很難的。翻譯不能說絕對的沒有錯誤，也不能說和原文完全一樣。就拿玄奘的梵文程度來說，就算讓你們去日本讀幾年梵文，你們便能超過玄奘嗎？玄奘在印度十七年，那種梵文程度讓你去日本讀個兩、三年便能抵得過他？抵得過鳩摩羅什？恐怕不大容易！再看一點，我也不是以佛弟子、出家人的立場來講佛教。所以我說我是站在中國哲學史的立場來瞭解這個階段，我們有責任、有義務來通過這一段，並做一交代。

若說：你既不是專家，又不是佛弟子，你如何能講佛教呢？即使假定你能講，你講的又是否能有存在的眞實性呢？你既不是和尚，你如何能夠眞正瞭解佛所說的道理呢？我的答覆很簡單。我瞭解一個東西我不一定就要相信這個東西，而相信這個東西也不一定眞正地就瞭解它。那麼如何能有存在的眞實性呢？站在中華民族這一個大生命的動脈上來看，我乃是「存在」地講；南北朝吸收佛教乃是以中華民族的人來吸收，中華民族的人在彼時亦是以其生命來吸收。而今我是站在這中華民族生命的大動脈上，這個大動脈就和我的生命相通，我自己的生命就能和這大動脈相呼應，這種呼應就是「存在的呼應」。在這個存在的呼應之中，我能夠感到我們這個生命爲什麼要這樣——要有這個「開」。我就在這存在的呼應之中有一種存在的感受，這其中就具有眞實性。我感受到我們民族的生命需要「開」，我也感受到它如何能「合」，這「開」與「合」都是在講哲學史的立場上，站在個人生命與民族生命的存在之呼應中來感受，這樣的感受必定有存在的眞實性。至少我可以感受到我爲什麼要歧出，譬如說：我今天想要看電影是我有看電影的慾望，或

者更墮落些,你說你感受到這個慾望,需要有這個東西,你明明知道這樣做是不對的,但是「我需要」,這種「需要」是眞切的「需要」,就像抽大烟一樣。你能這樣感受不就是眞實性嗎?我能感受這是一個「開」,這個「開」即表示我的生命的全部不只是停留在這一面,不只是停留在我現在想要看電影、想要抽大烟這一面,我也知道這是不對的,我還想更高一層地看到另一面。以上只是我舉個例來說明,當然吸收佛敎不是抽大烟。我的生命可以感受到很多方面。當我很迫切需要的時候,我可以覺得基督敎也不錯,但是在整個中國的生命配合到大動脈之中時,雖然我眼前需要基督敎,覺得還不錯,但這仍是一個「開」。我旣然知道這是一個「開」,我講這個「開」便具有眞實性。我不只是停留在這個「開」上,我還能夠將之拉回來想要「合」,那麼我這個生命便能夠更高一級。無論「開」或「合」都具有眞實性,這就是我講哲學史的立場。這不是「外部」的講,「外部」的講不行,專家也不行;專家雖讀了許多經典,仍不能講這一段哲學史;他可能對某一部經論讀得很熟,或者對某一部經論考據、研究得很仔細,但他不必能貫通瞭解從鳩摩羅什一直貫串到天臺、華嚴、禪宗之出現這一個發展,這一個發展必須貫通、要瞭解。那麼,我雖非專家亦非佛弟子,然而我猶可站在中國哲學史的立場上與民族生命的大動脈相呼應。因而有存在的感受,並在這個感受中即具有存在之眞實性。我有了這種眞實性便能仍然不必做佛弟子,並不是說只有佛弟子才能眞正地瞭解佛敎,並不是這樣的。

第三節　南北朝隋唐佛教這一階段有各層次的講法

我們平常講哲學史講到這個階段，也有各種不同層次的講法。其初大致上也可以講一個初步，譬如說：講到這個階段，先講講六家七宗。六家七宗比較簡單一點，但是若要把六家七宗詳細地闡述也需要費很大的勁，那是在講考據性的。關於這一方面我介紹一部書給諸位看──湯用彤先生的《漢魏兩晉南北朝佛教史》，這部書是一定要看的，這是瞭解中國吸收佛教的初期必看的書，考證得很詳細，到了正式講佛教的教義的時候它就不能講了。這部書考證六家七宗考證得最好，講竺道生講得最好，而在我們這個課程中竺道生是不在內的，非但如此，即僧肇乃是鳩摩羅什門下之大弟子，「解空第一」；竺道生也是鳩摩羅什之門下，但他到長安（鳩摩羅什所在之地）不久，旋即返回南方。竺道生和鳩摩羅什的精神不太相合；鳩摩羅什所介紹的是空宗，是屬於般若學，竺道生感到只講「空」似仍不太夠，所以他是對於涅槃佛性很有實感，對涅槃學很能契悟，有先見之明。他首先提出「一切眾生皆有佛性，一切眾生皆可成佛，闡提亦具佛性」，這種說法在當時無經可據，是時傳入中國之六卷《泥桓經》（《涅槃經》）中並無此說，而竺道生卻持此說法，於是激起當時佛教界之輿論大譁。後來《大涅槃經》四十卷翻譯出來之後，傳到南方，其中確有此言──「一切眾生皆有佛性，一切眾生皆可成佛，闡提亦有佛性」。故時人謂竺道生為「孤明先發」。竺道生講佛法強調佛性之觀念，而鳩摩羅什所傳之空宗般若學卻無此觀念。當時鳩摩羅什尚未看到《大涅槃經》，然鳩摩

羅什為人通達，認為竺道生之言於理上通，只是未見之於經典罷了。講佛教史的頭一個階段，這些都是重要人物，講完了六家七宗之後就講竺道生，而湯用彤先生考證竺道生那一章考證得最好，甚為詳細。講到僧肇就比較簡單，因為僧肇有文獻流傳下來，如《肇論》，用駢體文來談佛家之玄理，文辭甚美，大家可以看一看。僧肇號稱「解空第一」，當亦屬於空宗，所以在我們的課程裡也不講，這都是佛教史中頭一個階段的常識，由同學們自己去看湯先生的書就可以了。一般的哲學史講這一階段，把上面這些都講了，也就夠了，若要再進一步可以講講佛教一般的教義：

    1.四諦——苦、集、滅、道。

    2.十二緣——無明、行、識、名色、六入、觸、受、愛、取、
          有、生、老死。

    3.三法印——諸行無常、諸法無我、涅槃寂靜。

    以上都是一些最基本的教義，若覺這些還不夠，要再進一步地說的時候，可以再講講空宗——緣起性空（此由十二緣生而來，是佛家的基本觀念），龍樹菩薩把緣生觀念普遍化、徹底化，說一切法均由因緣生起，因為是由因緣生起，所以無自性，因為無自性所以說是「性空」。而談到空宗，大家必會想到有宗，有宗即法相唯識，講法相；空宗講法性，法的性即是空，光講空只是言及法性，未言及法相，所以有宗出面把一切法相統攝於唯識之中，進一步講唯識，此即唯識宗。要講唯識也可以講一點，唯識中有八識，是那八識呢？前五識、意識（第六識）、末那識（第七識）、阿賴耶識（第八識）。前五識就是當前發之於感性的耳、目、鼻、舌、身。所謂「前」乃是「當前」的意思，由當前往後追溯，追溯到第六識

即意識（consciousness），第七識就是順著意識再往後追，是下意識、潛意識即所謂的末那識，由第七識再往後追，就追到阿賴耶識（第八識）。所以講一般的哲學史，若從六家七宗開始，講到一點竺道生、僧肇，再講些一些基本的教義——四諦、十二緣、三法印，再進一步做一般性地介紹介紹空宗的大義——緣起性空，把有宗的大義也介紹介紹，講講八識，也就夠了，也可以交代了。至於其後經過的發展，從空宗、有宗再往前進，有所謂天臺宗、華嚴宗、禪宗，只需提一提就可以了，詳細內容沒有人能懂，一般人都只知道一些名目，多未做深入的研究。空宗和有宗是印度原來有的。中國吸收佛教不只是吸收印度原來有的，在吸收的同時亦繼續地向前發展，往前發展所以才有天臺宗、華嚴宗與禪宗的出現。佛教的吸收不能只停留在空宗、有宗之上，所以天臺宗出來就不把空宗、有宗視爲最後的、究竟的說法。這只是開始的一個階段。只有經由這樣的瞭解，才能夠瞭解後來的天臺宗、華嚴宗、禪宗乃是中國在吸收佛教的過程中所完成的一個發展。發展就是哲學史。若無法弄清楚一個發展的全部過程，就等於哲學史沒有講明白。光講一些通義是不夠的，通義不能算是哲學史。所以這個發展，我們必須把其中的關節——其中相互關連，卻又不相同的關節講明白，這就形成了這一個發展的說明。講哲學史要講到這個程度相當困難，所以我這七、八年來用心都用在這個地方。

　　雖說是花了七、八年的時間完成了這一段哲學史，但說到我對於佛教的熏習，那是早在大陸上我和熊先生在一起的時候，那時候也只是「道聽塗說」，不能完全瞭解，後來也沒有寫這方面的文章，也沒有看這方面的書，在講哲學史課程的時候，也只能講到概

述六家七宗、佛教的一般教義，空宗的緣起性空，再講講唯識這個
程度。若要再往下講，我便不能講了。若說：我不能講，可以看些
社會上現成的書，不也可以懂了嗎？還是不能懂。社會上講華嚴、
天臺的大抵不可靠，他們不能使我瞭解，對於那些關節、眉目在什
麼地方，沒有人能告訴我，所以我不能懂。日本在這方面下的功夫
也很深，但他們也只能初步的講，日本人參透義理的能力不夠，但
他們在文獻、目錄學方面的知識多，所以不會張冠李戴、指鹿為
馬。即以天臺宗為例，中國人甚至不清楚那一部文獻可以代表天臺
宗，所以中國人在這一方面很差，還比不過日本人。馮友蘭在講天
臺宗時完全講錯，他的文獻就用錯了，馮友蘭用《大乘止觀法門》
來講天臺。《大乘止觀法門》乃假託慧思所作，並不是慧思作的，
其中的義理是《大乘起信論》的立場，天臺宗不屬於《起信論》。
華嚴宗根據《起信論》，是屬於唯識學的系統，天臺宗不屬於唯識
學。天臺宗之開山祖師智者大師有《摩訶止觀》一書，「摩訶」即
「大」義，所以又可譯為「大止觀」，釋義為圓頓止觀，此對其小
止觀而言。《大止觀》與《大乘止觀法門》近似，一般人不瞭解其
內部系統之差異，只看見慧思是智者大師之師，又見《大乘止觀法
門》乃慧思所作，於是便據此書來講天臺宗，這就完全錯了，致使
天臺的精神完全不能表現出來。慧思是南岳慧思，儘管他是智者大
師之師，就算這部書是慧思所作，亦當稱之為南岳教而非天臺教。
智者大師時在天臺，所以稱為天臺教。此二者的教義是很不相同
的，前者乃據《起信論》而立言，天臺宗之智者大師不是屬於唯識
學之系統，亦從未提及《起信論》。這麼一來，馮友蘭《哲學史》
中講天臺的這一章便作廢了。天臺宗的文獻多得很，都在《大藏

經》裡面，大家不看，也不能看。即使在日本方面也不會用《大乘
止觀法門》來講天臺宗。我們就不行，一直到最近坊間流行的關於
天臺宗的書仍舊是《大乘止觀法門》這部書，這就不對了，可見中
國知識分子太差勁了。所以我說社會上沒有書給我看，這並不是瞎
說、狂妄。他們根本在文獻上還沒有弄清楚，又怎麼能讓我懂、幫
助我瞭解呢？在這一段中，天臺宗是最難的了。大家喜歡講華嚴與
禪，但亦同樣很少有人能明白其所以。我們現在主要的是把他們互
相關連卻又不相同——為什麼稱為華嚴宗？為什麼稱為天臺宗？天
臺宗為什麼和華嚴宗不同？為什麼和空宗、有宗不同？其不同處又
在那裡？這些問題弄明白，予以清楚而明確的解釋。現在在美國流
行講禪宗，禪宗是不能夠獨立地講的，獨立的來談禪是妄談禪、文
人禪、名士禪。禪宗雖號稱教外別傳，但它是「教內的教外別
傳」。何以說是「教內的教外別傳」呢？在禪宗之前那個階段的吸
收教義，吸收至天臺、華嚴已達最高峰，不能再向前發展了，順著
自然發展的結果，必然出現禪宗使之簡單化、付諸實行，這是自然
的趨勢。但是前面的那些「教」，在禪宗來說，都是預設了的
（presupposed）已經知道這些「教」了，所以說它是「教內的教
外別傳」。「教外別傳」不能是籠統的「教外別傳」，若是籠統的
說，那豈不變成了妄談禪、名士禪、氾濫的亂談禪了？所以禪宗是
不能獨立地講的。

　　以上說的這些乃是中國繼承印度空、有二宗，在吸收的過程中
向前發展所開出來的，而在這「開」的過程中有六、七百年間的經
過。在這「經過」之中，什麼是小乘？什麼是大乘？先分別大乘所
以為大，小乘所以為小的關鍵何在呢？有這許多系統——大乘、小

乘、大乘之中又有各系統，然而大乘、小乘都是佛所說法，佛說法何以有時為大？有時又為小？表面上看來似有衝突，但這都是佛所說的，佛所說的怎麼能錯呢？佛說的必有根據，不可能有錯。中國吸收佛教，不僅止於吸收空、有二宗，而是做全面的吸收，吸收進來之後便當有一個安排，把各種系統做一安排，這就是「判教」。「判教」是一門大學問，若不能完整地把握住各系統之性格（各系統之 essence），便不能談「判教」。「判教」必須要把各個系統做一通盤性的瞭解才能夠分判這個經何以和那個經不同？這個系統何以和那個系統不同？所以「判教」乃是消化層上的學問。中國在吸收佛教之後繼續向前發展而在消化層上開出了天臺、華嚴、禪宗。

我們現在就是根據印度原有的宗教，是為基層，傳到中國來以後由這基層再進一步進入消化層，形成了這一個發展，在這個發展中再把其中各系統其相互關連而又不相同的關節解釋出來；也就是說把「判教」說明白，這才算是這個階段的哲學史。「判教」之「判」乃分判之意，不是「批判」之判，因為是佛所說的，我們怎能批判呢？所以「判」乃「分判」之意，使之有一個恰到好處的安排，因此判教必須有廣博的學識而且還要客觀。使無廣博的學識如何能對整個的系統做全盤的瞭解呢？若不客觀，大家各判各的又怎麼可以呢？所以，其中是需要極高的智慧，也是不容易的。我們這個課程的幾次講演就把這個發展過程中的幾個關鍵概述一下。

（本文為牟先生65學年在台大哲學系講授「南北朝隋唐佛學」的第一堂課記錄，由徐平記錄，並經牟先生校訂。）

原載《哲學與文化》第4卷第10期（1977年10月10日）

天臺宗在中國佛教中的地位

　　今天我要講的這個題目：「天臺宗在中國佛教中的地位」，是藍吉富居士替我訂的。首先要大家明白，在這樣短的時間中，不容易表達天臺宗的整個教義，我只可就這個題目的意思，以總括性的方式來講。但必須假定各位對隋唐佛教的發展及天臺宗本身的教義，已有了整個的了解，如此，這個題目才能講。

　　中國佛教從南北朝到隋唐五、六百年的長期發展，要完全詳細去了解是很困難的。若眞正深入去研究，那是無窮無盡的。當然，說無窮無盡固可，但要做概括性的敘述，勉強也是可以的。這個概括性的了解，只能是方便說，不能盡說，也不能全說。

　　諸位假若對南北朝到隋唐這一時期的佛教發展已有概括的了解，進一步要了解天臺的全部系統也還是很困難的，因爲文獻多，義理深，所以比了解其他宗派都困難。我只能就我個人的一點了解，做概括籠統的敘述。

　　首先，吾人對佛所說的教法做整個的鳥瞰。佛成道以後說法四十九年，據天臺宗智者大師的判教，就是五時說法：

　　一、華嚴時，說《華嚴經》，所謂的圓滿修多羅。

　　二、阿含時（又稱鹿苑時），說小乘，所謂原始佛教。

　　三、方等時，說諸方等大乘經。

四、般若時，說諸《般若經》。

五、法華、涅槃時，說《妙法蓮華經》和《大涅槃經》。

此五時說法，概括了佛的全部教義。這五時說法的內容，經過中國長期的吸收、消化，就有一種發展。我們要了解天臺圓教，應先從兩方面來了解，此就是佛說法的兩個方式：一個是分別說，一個是非分別說。這個觀念應該先把握住，才能了解天臺宗。所以我們今天要概括地了解天臺宗在中國佛教中的地位，不是要大家了解五時說法的內容，那些內容是無窮無盡的，我們現在無法講。那些內容，大家或許都籠統地知道一點。**我們現在的目的不在告訴大家那些內容，而是要大家了解，佛說法有時是分別說，有時是非分別說。**

何謂**分別說**？用現代的名詞講，就是用分解的方式說。何謂**非分別說**？就是用非分解的方式說。譬如，從五時說法來看，有屬大乘，有屬小乘。做這樣的分別，就是分別說。佛開始說法，都要用分解的方式講。不用分解的方式講，不能立教，不能告訴我們一個方向。佛初轉法輪、說四諦，後來又說十二因緣、三法印，都是分別說法。另一方面，大、小乘亦有所不同。小乘中又有聲聞、緣覺的不同，大乘中又有阿賴耶緣起的系統、如來藏緣起的系統、中觀學的系統，這些都是分別說，即分解地說。

大乘這一方面，阿賴耶緣起這個系統，是走的心理分析的路線，也叫做後天的分解，所謂經驗的分解（empirical analysis）。如來藏緣起這個系統，走的是超越的分解（transcendental analysis）的路線。這兩個系統，是恰當地符合「分解」之意義的。至於中觀學這個系統，就不那麼簡單了。天臺宗認為這個系統

是「通教」，是大乘的通教（有限定意義的通教）。天臺宗說它是通教，可說是通教之「當教」，它是有限定意義的，也就是有特殊的教理限定。

但是從另一方面，中觀學也可以是一種沒有限定意義的觀法，即所謂「中觀」，是觀照「緣起性空」的通式。所謂「因緣所生法，我說即是空，亦爲是假名，亦是中道義」，這是《中論》的基本精神。《中論》二十七品，每一品都在破這個執，破那個執，其實意思很簡單，可是很重要。它只有一個意思，也就是一個沒有限定性的觀法。這個沒有限定性的觀法，是個共法，甚至是大、小乘的共法。大乘不管那一系統，都要用這個觀法。即使小乘是析法空，但通教中的小乘仍可是體法空而不礙其爲小乘。作爲共法的「觀法」，就是沒有限定意義的觀法。但《中論》除這沒有限定意義的觀法外，還有特殊的教義。就此而言，就是天臺宗所謂的「通教」，前通藏教，後通別、圓。前通藏教是積極的意義，後通別、圓，則是消極的意義。所以「通教」是有限定意義的。但就觀法上說，它是個共法，沒有限定的意義。

中觀這個觀法是從《大般若經》來的。《大般若經》卷數非常多，意思卻非常簡單（諸位對《般若經》的性格必須要予以正視，因爲《般若經》在全部佛陀的教義裏，有著特殊的地位。吾人若對《般若經》特殊的性格和特殊的地位不能了解，便不能了解整個佛教在中國的發展，也就是不能了解天臺、華嚴的判教）。如《中論》有二十七品，從觀法上講也很簡單，就是「因緣所生法，我說即是空，亦爲是假名，亦是中道義」，「不生亦不滅，不常亦不斷，不一亦不異，不來亦不去。」這只是一個體法空的觀法。而

《大般若經》也是一樣，《大般若經》卷帙浩瀚，可以一句話概括，即「不壞假名，而說諸法實相」。全經不外反覆地表示這個意思。這就是所謂「實相般若」。「實相一相，所謂無相，即是如相。」「一相」不是一、二、三的「一」，而是無相——「沒有相」的意思。從這點可以看出《般若經》特殊的性格與精神，即它是非分別地說的。其他大、小乘經則是分別地說的。大乘有兩個大系統，即阿賴耶系統與如來藏系統，這都是分別地說的。通教——龍樹學中有限定意義的通教，也還是分別說，至於《中論》的「觀法」——共法，則是沒有限定意義的非分別說。《般若》的「不壞假名，而說諸法實相」、「實相一相，所謂無相」，也是非分別說。所以龍樹菩薩在《大智度論》中，解釋佛說《般若經》曾云：「佛以異法門說般若波羅蜜」。佛說般若時，用的是「異法門」，就是用不同的法門、特殊的法門說，也就是非分別說；而般若以外的其他經典，佛用「一法門、二法門、三法門……，乃至無量法門」說，都是分別地說。龍樹菩薩在這一點上，有一句深具理趣的話，即凡是用「一、二、三……乃至無量法門」說的法，都是「諍法」，用現代的話講，凡是用分解的方式說的，都是可諍法。凡是可諍法，都是方便說，都是權法。

用分解的方式、用分別說的方式建立起來的系統，無論怎麼圓滿，說得怎麼周到，甚至像康德、黑格爾那樣龐大的哲學系統，同樣是「諍法」，原則上都是可諍的，雖然表面上或現實上找不出它的毛病在那裡。原則上，它依的是分別說，分別說建立的都是諍法，諍法表示它是方便，是權。

用分解的方式、分別的方式說法，沒有邏輯的必然性（logical

necessity）。如般若是以「異法門」說的,這個「異」是特別,殊異於其他法門的意思,也就是無諍法門,有別於「餘經」,用「一、二、三……乃至無量法門說」。「餘經」都是可諍法(如唯識宗立八個識,每一個一定要配多少個心所,以內學院歐陽竟無先生看來,是一個都不能更改;然現在看起來,實際不必如此)。

般若是不諍法,不諍法不是獨斷,它是非分別說;以非分別說所說的法,說無所說,所以般若無一法可說,所以「般若非般若,是之謂般若」。

凡是用分解的方式說的,就有所建立,有系統相,它清楚地告訴吾人一些概念、法數;而凡以非分解的方式說的,就無所建立,因而也不是一個系統,無系統相,因此,般若無一法可立;佛說般若,是要用般若的精神來融通淘汰「餘經」所分別說的那些法門,使之皆歸於實相,所以般若是屬於消化層次上的經,消化不是飲食。「餘經」有法可說,《般若經》從更高一個層次上用非分別的方式說,說無所說,一法不立,故是消化層次上的一部經。因此它是「不諍」,這個「不諍」有它的必然性。假定我說:「太陽從東方出」,如此你可以和我諍辯。但假若我說:「太陽不是從東方出,不是從西方出,乃至不從南方,北方出,而是從出處出。」,那麼就無可爭辯了,因為這句話沒有特定內容,等於無所說,所以是無諍的,也是套套邏輯地必然的。

前面已了解大、小乘的分別說和般若的非分別說,這還不能了解天臺宗。現在進一步看以阿賴耶系統到如來藏系統,再到華嚴法界緣起這個系統。華嚴圓教其義理的支持點是《大乘起信論》,是屬於如來藏自性清淨心系統的,亦即是由超越的分解路子而建立的

系統。天臺宗判如來藏系統爲「別敎」,而華嚴宗判其爲「終敎」。終敎不是圓敎。華嚴宗根據《起信論》之如來藏緣起,進一步通過頓敎而講圓敎。這個圓敎的圓,是就佛法身圓滿無盡、圓融無礙上建立的。華嚴法界緣起的「法界」是毘盧遮那佛法身具無量莊嚴所顯示的法界,是圓滿無盡、圓融無礙。這個圓滿圓融的法身,其圓是「當然的圓」,不能決定什麼。華嚴宗義理的理論根據是《起信論》,《起信論》是經敎,因此天臺宗說它是「曲徑迂迴」,「所因處拙」。華嚴的「圓」是從佛法身上說的。若從「所因處拙」這方面看,它不是圓敎。因此它是別敎的圓,是經由超越的分解路子所建立的系統。

　　了解天臺的圓敎,不能與其他的系統放在同一個層次上,用同一個觀點去看。天臺宗的系統從龍樹的般若學來,但天臺宗有更進一步的特殊處。那麼,天臺宗和般若學的空宗不同點在那裡?般若雖是不諍法,然而嚴格講,空宗不能算是一個宗派,般若只是共法、觀法,不能看成是一個系統;凡想成立一個系統,要有分別說才能建立。那麼,天臺宗是否是一個系統呢?曰:是。然則它所建立的系統是不是分別說?若是分別說,就是可諍法,不能算圓敎;若不是分別說,則又不能成立一個系統。這裡我們看出空宗與天臺宗差別的關鍵就在天臺宗是用非分別說來建立它的系統,因此它是無系統相的系統;這是個詭辭。無系統相的系統即是不可諍法,而阿賴耶系統、如來藏系統則是有系統相的系統。

　　《般若》是非分解地說,是不諍法,是無所說,故不是一個系統;《中觀》只是一個觀法,故亦不是一個系統。天臺宗亦是非分解地說的,但卻是一個系統。這個關鍵在於二者對於法之存在問題

的態度不同。《般若經》對於一切法無根源的說明，空宗亦無此問題，而天臺宗對一切法卻有一個根源的說明，此就是「一念三千」──「一念即具三千世間法」，此「具」是「圓具」，是非分解說的，故亦是不諍的，而且是存有論地不諍的。天臺「一心三觀」，是觀法上的不諍；一念三千是存有論的不諍。天臺以般若觀法上的不諍為「緯」，一念三千存有的不諍為「經」。一心三觀，加上一念三千，一經一緯，一縱一橫，交絡相成，才算是圓教。

阿賴耶系統和如來藏系統，雖也是對「法之存在」作根源的說明，但它是分解地說的，是有系統相的系統。而天臺圓教對一切法所做之根源的說明，乃是非分解地說的，是無系統相的系統。因此它對一切法之根源的說明，是無說明的說明；這是西方哲學和宗教所沒有的境界。西方哲學忙著建立系統，而天臺圓教的系統是個更高層次的系統，它沒有系統相，這一點可以給西方哲學和宗教一個刺激。

從這裡，我又想到一個問題。我們講中國哲學，或講佛家哲學，這所講的哲學可以用另一個名詞來表達，就是我在《才性與玄理》裡面提到的，魏晉人所談的「名理」。名理有兩種，有「教下的名理」，還有「哲學的名理」。譬如佛教的教義、宗教，都是根據釋迦牟尼佛所講的法而開出的；還有，出家人相信佛的教義，根據佛的教義來修行，這都是立於教下名理的立境的。我呢？我就不一定是站在教下名理的立場來講佛教。凡是名理，就有它的客觀性和普遍性。不管你相信不相信它，都可以講它，用教下名理的立場去討論固可以，用哲學名理的立場去討論也可以。

我現在用哲學名理的立場講佛教，也可以相信佛教，也不一定

相信佛教。我用哲學名理的立場來講，無論講那一個教都可以，講儒教、佛教、耶教都可以。從教下名理的立場來講是「守」，守住自己；從哲學名理的立場來講是「開」，開放自己；和其他的宗教學說要相通，才能互相觀摩，互相改進，這就要用哲學的名理。哲學名理可以開，但光是哲學名理還不成，哲學名理重在思考，思考還要落實，要落實就必須修行，要修行就必須根據一定的教路，那就要再從哲學的名理回轉到教下名理來。但在教下名理住久了，就會封閉，封閉久了就會頑固、排他，這時候，就需要哲學的名理來「開」。所以在這個地方，哲學有它的獨立性，它不同於科學，也不同於宗教，它既是超越科學，復亦超越宗教。

我現在只是提供一個意思，就是從哲學名理的立場，來規定天臺圓教在中國佛教中的地位。我現在說這些話，都不屬於佛教內容的話，沒有告訴各位教義內容。教義內容諸位知道很多。我這是另一層次的話。

天臺所依的經典是《法華經》。《法華經》的性格不同其他經典，《法華經》不在告訴你內容，它是開權顯實的問題，因此它不是分解的說。

我們看《般若經》，看《法華經》，它們都是不諍法，但不相同。《法華經》要是從內容上看，貧乏得很，天臺智者大師開宗為什麼宗《法華》呢？此乃是因為智者大師了解《般若經》的特殊性格——《法華經》直暢佛陀本懷。假使諸位能了解《般若經》的性格，又能了解《法華經》的性格，也就能進一步了解天臺宗了。

（67年5月講於佛光山台北別院，由蔡月秀記錄。）

原載《佛光學報》第3期（1978年8月）

李著《荀子集釋》序

先秦諸子，儒家者以《荀子》爲難讀。《論語》、《孟子》皆簡易順適，需訓詁者不多。而《荀子》則每篇皆須訓詁校刊以順通其章句。王先謙作《荀子集解》，集清儒解《荀子》者之大成。諸重要而顯明難解者大體皆得其解，而尤以王念孫貢獻最大。其餘諸家雖或有可取，而不必盡能如王氏之明通。民國以來解《荀子》者繁多，人各一義，自標新解。然因時風磽薄，學失其統，所謂新解者實大抵皆憑胸臆，逞浮辭，於義理、訓詁兩無取焉。是故《荀子集解》而後，仍須吾人繼續努力，彌縫其細節，以使《荀子》一書爲較接近於更完整之可解可讀之境。

吾友李滌生先生雅好《荀子》，二十餘年來「鍥而不舍」。誠如荀子所說「眞積力久則入」，「君子知夫不全不粹之不足以爲美也。故誦數以貫之，思索以通之，爲其人以處之。」每篇每段每句反覆誦讀如此其久，焉得不貫？其所訓詁注解，反覆思索屢易其稿，焉得不通？二十餘年來以此課諸生未嘗廢輟，學如其人，人如其學，非「爲其人以處之」乎？嘗告予曰：一字未安，輒不能寐；一字得解，怡然心喜；如此學思趣味盎然。朱子謂如嚼橄欖，如飲醇酒。非積久者不能知其美也。故吾嘗謂「爲學法荀卿，悟道尊孟

軻」。此亦尊乾而法坤之古義也。焉有荒腔走調，不有眞積力久之學，而可以至全粹之美者乎？

讀古典必先通章句，不可望文生義，隨意馳騁遐想。先通句意，然後再由句意浮現出恰當之觀念，以明義理之旨歸。通句意有法度，明義理亦有法度，皆不可亂。伊川云：「大賢以上不論才。」人品如此，爲學亦然。眞至有法度之學亦不論才。非不論才，乃才融於學，學以實其才。才發洞見，學以實之。非學，則恍惚之見耳。如蟲食木，偶爾成字，非眞能字也，積學既久，則不但實其見，且亦擴其見而引發其新見。滌生先生此書於義理則多引而不發，蓋亦重在通句意，立基礎，不欲人隨意遐想也。

吾稍學義理，訓詁非其所長。然講原典，則必先通句意。遇有字句不明者，則必參閱訓詁之的當者以助之，非敢離句意而妄發義理也。吾講《荀子》，必先閱王先謙《荀子集解》。今而後，則必先閱滌生先生書。吾以此意供給於來者，亦以此書推薦給來者，期夫凡爲學者必納於正軌，始足以立。孔子不云乎：「興於詩，立於禮，成於樂。」爲學納於正軌亦「立於禮」之意也。學絕道衰，非私智穿鑿，即恍惚遊蕩，皆衰亂之象也。世之隆替亦繫乎學之正邪。剝復之機端在學人之自勵。是爲序。

民國六十六年春序於九龍

原載《鵝湖月刊》第4卷第9期（1979年3月）

康德與西方當代哲學之趨勢

　　講哲學，尤其是西方的哲學，康德是必須重視的。不論你喜歡不喜歡康德、贊成不贊成康德的一些基本主張，康德總是西方哲學的一大核心、一個重要的里程碑。從外延方面講，康德哲學為西方哲學之寶藏，為前此哲學的會粹，也即是說，西方以前的哲學都反映到康德的哲學中，或為其批判，或為其融攝，而以後的哲學或由此進一步展開，或重拾康德所面對之問題反省之。可以說，康德是總結十六至十八世紀的近代哲學，下開十九、二十世紀的當代哲學。再從內容方面講，康德的哲學為真正的哲學，亦即所謂純粹哲學（pure philosophy）。純粹，即意為：以概念思考為特性的哲學，必求每一概念有清楚的交代，一點也不能含糊，或輕易地滑過去，如此而來的主張理論才能挺立起來，才能得其客觀的意義與地位。否則，若只是一時的靈感，雖亦可有一己之洞見，卻只是一飄忽不定的想像，別人也可各隨己意生出不同的聯想，此實非學問之道也。我們一般人所謂之思想常常不過是些想像或聯想而已，能有一些洞見已經算是很不錯的了，並不真能形成一概念，當然談不上什麼學問了。學問所以成立之道在其法度，此可相當於孔子說的「立於禮」。而一時的想像只如「興於詩」，雖有所興發，但若只

限於第一步的興於詩，不能進至第二步的立於禮，則終只如醉酒者
之東歪西倒，不成客觀挺立的學問，尤其與繼承清明的阿波羅精神
之西方哲學不合。

　　雖說西方哲學爲繼承清明的阿波羅精神，每一哲學家在一定程
度上都要求其思想之清晰，甚或由清晰一貫至系統的完成。但要到
康德之批判哲學，才有純粹哲學之出現，才有一完整的系統。此完
整是就人性能力所能達到的各方面都有一交代。舉凡知識、道德、
宗教和美學，都有所網羅涉及。前於康德的哲學家，英國方面如休
謨，在討論因果律之問題時，頗有其洞見及其純粹之處。但休謨之
哲學不成一完整的構造系統，其討論只集中一處，並非對每一個問
題都有所交代。又如巴克萊在人類知識方面亦有很多出色的討論，
但也不能成一完整系統。前於康德的歐陸理性主義者，則以笛卡
爾、斯賓諾沙與萊布尼茲三人最爲重要。笛卡爾的著作不多，然其
中心問題卻是每一個哲學家都要面對的問題，此乃如何證明我的存
在之問題，進一步證明外物的存在，證明上帝的存在。「我思故我
在」是笛卡爾哲學的立足點，只是一句話，看起來很簡單，但後來
康德檢查起來就很複雜。雖說笛卡爾從此推出很多別的結論來，但
笛卡爾的哲學亦不能成一完整系統。斯賓諾沙之哲學甚嚴謹，在其
大作《倫理學》中，如用幾何的演繹方式建構其哲學體系。定義與
公理具足，則定理可經推論一一演繹出來，由此可見其思想之嚴格
與細密。但其哲學亦非批判的，亦非每一面都照顧到。而且斯賓諾
沙之泛神論，不合乎西方的哲學傳統，在康德之書中他很少被提
及。萊布尼茲的分析力很強，就此而言爲哲學中罕見的天才，故爲
當代的分析哲學家所喜。萊布尼茲提出的單子論，乃針對希臘的原

子論之不可解而發。因爲原子是物質的，旣有量而不可分，此中有矛盾，故最小單位能成其爲一單位，一定是不屬於物質的，一定是屬於心靈的，只有心靈才不可分。萊布尼茲的理論極具邏輯分析性，但並非是嚴格而完整之系統。萊布尼茲對歐陸哲學影響甚大，亦如休謨對英國哲學影響甚大。康德哲學之一重要部分即乃對近代理性主義的萊布尼茲、近代經驗主義的休謨，另加古代理想主義的柏拉圖之批判。康德本人雖亦屬理性主義，但以笛卡爾、萊布尼茲等之理性主義爲獨斷的理性主義，其批判哲學乃由獨斷之夢中驚醒而反省所至者。

當代哲學中亦有很多受嚴格思考訓練的哲學家，羅素即其中之皎皎者。但羅素亦只專精於數學與邏輯之一面，在其他方面則嫌不夠嚴格，雖亦多寫各方面的哲學性文章，然其表現仍有不足。羅素的《數學原理》一書嚴謹而純粹，這是他的最高成就；作爲一數理邏輯學家而言，羅素是偉大的。當然，由羅素而下，維根斯坦發展出來的分析哲學，在今日英、美大行其道，與在歐陸盛行的現象學和存在主義共爲當代顯學。然而，顯學固有今日之顯，但若套在西方哲學之中，其缺點與限制乃顯現出來。

今日在英、美流行之分析哲學，嚴格來說，並非哲學，不過是一個哲學上的方法而已。分析哲學以分析爲其所長，在分析的過程中確可訓練我們的思考。英、美的分析哲學家在這方面都表現出一種高度的精巧，甚而轉爲纖巧而生流弊。本來，精巧不算過失，事實上，西方哲學從希臘開始走的就是精巧的一路。精巧，即求思考之準確嚴格，要有一定的程序、一定的法度，思考才成爲哲學的思考，哲學概念才能形成。因此，要接受哲學的訓練，這是必經的一

關，尤其對欲讀哲學的青年來說更爲重要。青年在接觸哲學性思考之前，其覺識與聰明尚只在感覺狀態中，他可以有很豐富的想像力，也可以有世俗的聰明，但這些都是具體的、感覺的、野馬式的，尚未進到思想的境界，未培養成概念的心靈，故一開始給予邏輯與分析哲學的訓練尤有必要，而青年也確易爲這些學問所吸引。只是，若被這學問全盤吸引住了，陷在裡面拔不出來，亦可流爲纖巧，而此纖巧卻是一大弊病。當代英、美哲學即爲一套纖巧的哲學。方東美先生說西方文明是一種巧慧的文明，說得很恰當，西方文明之巧可從其科學與哲學中看出來。說得更具體一點，其哲學發展正是從這一巧的背景而出。然順著精巧的哲學，這纖巧，實無多大的價值。蓋纖者，細義，太纖細的結果乃至一無所有。因此，第二次世界大戰之後，分析哲學發展到無理、無體、無力的階段。這一系哲學本可上溯至大宗師羅素，羅素之生命所顯實爲大家，而這一無所有的纖細只顯出一小家氣，無怪於羅素亦不喜歡這種纖細。由此，我們可聯想人的生命格範，可以此做一喩；若一個人太纖細，則沒有福氣，說得具體一點，則不能厚德載物。要持載萬物，則必須厚德，纖細則清明而薄，清明而薄則輕。現代之英、美哲學，雖有慧德，亦只是纖巧之慧，故無福德。

　　當代之英、美哲學旣不能令人滿意，轉觀歐陸之哲學，亦不能令人樂觀。作爲歐陸哲學主流的存在哲學，本是講實存的感受，本可對治英、美哲學之可流爲非存在地講之分析。但某些存在哲學思想家在講此實存感受之問題時，將其抽離出來大講特講，而形成一主義，亦轉成纖巧的哲學，如是，乃由存在的轉爲非存在的，這是很可悲的，是生命中很敎人惋惜的事。生命中本有很多不幸之事，

存在哲學作為了道德宗教的進路，來面對人生不如意之事，這本是一條很好的進路。但若專門以暴露人生的黑暗面，來挑動人們的虛無感，不為人類指出一條光明正道，則其暴露乃落於以暴露為目的，亦轉成一非存在的哲學。這一種非存在的哲學，遠不如他們自以為要反對的黑格爾之非存在的哲學，因為他們經由一套理論，把非理性的人性盡量暴露出來擺在那裡，好像只是如此如此之事實，這無異把它的合理化，如是人以暴露為不足恥，則人不能有真切痛切之感，人乃成為一空虛而麻木的存在物，而永遠停在黑暗面難以自拔。

當今歐陸另一顯學為現象學，其所以有今日之流行，泰半歸功於一些要使社會學科建立為一種科學的學者們。他們取胡塞爾的現象學為其研究方法，實際說來，胡塞爾的現象學並無真正的洞見，而其流行，實亦為西方當代哲學的一種纖巧表現。

由當代西方哲學發展之趨勢來看，作為兩條主流的分析哲學與存在主義均流為纖細，均為西方哲學之陷溺。其所以如此，固為受整個文化纖巧之背景所牽引。但哲學本為文化心智之表現，本應為文化之反省與總結，應對文化有指導的作用。應指引之而反為之牽動，則今日西方文化實有潛伏之大危機。而於此更應重視純粹而識大體的哲學。故康德哲學之意義必得大顯。

文化總是在發展中，此總必在辯證的發展中始得其健康之道。今日西方之哲學，甚至西方的文化都在一不健康之低潮，在一危機四伏的逆流中，理應為一求變之時候。而一度為強權壓得透不過氣的東方文化，譬如說我們的中國文化，似乎可以在此求變之勢中提供一些出路。中國哲學實乃一具有福德之哲學，正可為否定西方當

代哲學之纖巧之後，所賴以走上一更高層次的綜和之底據。而康德的哲學能與中國的哲學問題相銜接，同以重主體性爲其最大特徵，則康德可以作爲中西哲學交通之橋樑。因此，今日我們之把康德系統吸收入中國文化中，實具有重大的意義，比當年吸收佛家唯識學意義更大。康德可助我們撐開中國的哲學，中國哲學亦可使康德百尺竿頭，更進一步。西方哲學及至西方文化可在此了解與會通之下，得以善化，相觀而善，此之謂也。

（本文乃蔡敷治根據牟先生課堂的筆記整理。）

原載《鵝湖月刊》第5卷第8期（1980年2月）

《易傳道德形上學》序

悟解《易經》者最忌迂、巫、妖、妄。迂者愚痴無解固無論矣。《易》本有象數義,而漢人象數則多巫氣。《易》本卜筮之書,而後之醫、卜、星相依附《易經》而行則術也,此是別支,非可以之為主。近人則附會者更多,如以相對論、〈創世記〉等等附會之,則皆妖也。《禮記·經解》云:「絜靜精微,《易》教也。」又云:「《易》之失,賊。」此相應《易》之本性而言者。《易傳》解經皆「絜靜精微」之言,此是孔門之義理。吾人悟解《易經》應以此為準。《易傳》云:「顯諸仁,藏諸用,鼓萬物而不與聖人同憂,盛德大業至矣哉。」言《易》而不本諸孔子之仁教,則漫蕩而無歸。見有宇宙論之辭語,則誣之以為宇宙論中心者則妄也。見有存有論之辭語,則誣之以為對於道德價值作存有論之解釋者則又妄中之妄也。此並非對於道德價值作存有論之解釋,乃正相反,此乃對於存在作價值學之解釋。此乃正是道德的形上學,而非形上學的道德學也。

良光此作順孔門之義理而前進,除巫、除妖、除妄而不落於蕩,其中精義絡繹,多所發明,讀者當自能比觀而得之。茲贅數語以為推介。此為序。

牟宗三序於九龍 中華民國七十一年三月

原載范良光，《易傳道德形上學》（台北：台灣商務印書館，1982年5月）

康德道德哲學述評

自由概念是說明意志自律底秘鑰

意志是「屬於有生命的存有之當其是理性的存有時」的一種因果性，而自由則必可即是這種因果性底這種特性，即「此因果性能夠獨立不依於『決定之』之外來的原因而即爲有效的」這種特性；這恰如物理的必然性是一切非理性的存有底因果性所有的那種「因著外來原因底影響而被決定至活動」之特性。

以上自由底界說是消極的，因此它在自由底本質之發見上亦是無結果的；但是它可引至一積極的概念，這卻是十分豐富而有成果的。因爲因果性底概念含有法則底概念，依照這法則，因著某種我們叫做原因的東西、某種別的東西，即，結果，必須被產生（被置定、被確立、或依法被決定）；因此，雖然自由不是那依於物理法則的意志之特性，但亦並不因此而即爲無法則；反之，它必須是一種「依照不移的但卻又是特種的法則而活動」的因果性；非然者，自由意志必是一個荒謬背理的概念。物理的必然性是有效因之他律，因爲每一結果是只有依照以下之法則而始爲可能，即：某種別的東西決定這有效因去發出它的因果性。依是，所謂意志自由，除

自律外,即除「意志對其自己即是一法則」這特性外,它還能是什麼別的東西呢?但是,「在每一行動中意志對其自己是一法則」這命題只表示這原則,即:只應依照這樣的格準,即「它同時亦能以『作爲一普遍法則的它自己』作爲一對象」這樣的格準而行動,除依照這樣的格準而行動外,不能再有別樣的格準可依。現在,這個原則確然即是定然律令之公式,並且亦即是道德底原則,因此,一個自由的意志和一個服從道德法則的意志正是同一個東西。

　　案:此處對於自由所說的消極與積極兩義不同於依有無智的直覺而說的消極與積極。此處,自由之消極的意義即是:「它能獨立不依於決定之外來的原因而即爲有效的」,這只是消極地說它獨立不依於外因,而它的積極意義則是它不但獨立不依於外因,而且積極地還是自我立法而且即服從其所自立之法。因此,它是有法則的,不是無法則的隨意揮灑。但是康德對於消極與積極還有另一種說法,即:如果只說自由不是感觸直覺底對象,這只是它的消極意義;如果說它是智的直覺之對象,則此是它的積極意義。但吾人無智的直覺,故只能取其消極的意義。此猶如《純理批判》中說物自身只取其消極的意義,視之爲只是一限制概念。前一種消極是分析的,是對於自由概念之形式的形構,而後一種則是批判的。

　　依是,依據意志自由之假設,道德連同著道德底原則,單只因著概念之分析,即可從那假設處推演出來。但是,道德底原則是一綜和命題,即:一個絕對地善的意志是一個「其格準總能包含此格準自己被認爲是一普遍法則」的意志;這原則之所以是綜和的是因

爲意志底格準底這種特性決不能因著分析「一個絕對善的意志之概念」而被發見。現在，這樣的綜和命題只有依以下之路數始可能，即：兩個認識（絕對善意與格準之可爲普遍法則）因其與一第三項認識相聯合而被連結於一起，在這第三項中，它們兩者皆能被發見。自由底積極概念即供給這第三項認識，這第三項認識不能像物理原因那樣具有感觸界之性質（在感觸界之概念中，我們見到在關係中作爲原因的某物之概念被聯接到作爲結果的某種別的東西上）。我們對於「自由指引我們所至的而且我們對之也有一先驗理念」的那第三項，我們並不能立即表明它究竟是什麼，我們也不能使以下一點爲可理解，即：「自由之概念如何可從『純粹實踐理性以及隨同此理性一定然律令之可能』來表示之爲合法」；某種進一步的準備是需要的①。

一個定然律令如何可能？

每一個理性的存有當作一睿智體皆視其自己爲屬於知性界者，而且那亦正是只由於其作爲一有效因而屬於此知性界，他始名其因

---

①牟先生於近日出版之《康德的道德哲學》頁95之此段譯文之後有以下之案語：「此段，康德表示的不甚妥當。㈠既說『絕對善的意志』，又說不能單因分析此絕對善意之概念而發見其格準之可爲普遍法則，此殊可疑。㈡因自由之積極概念供給一第三項而綜和那兩項，因而說明那綜和命題之可能，此說明與下第四段說明『一定然律令如何可能』處之說明不一致，此亦可疑。由於有此兩疑，須另有分疏，以使之較爲妥當。」〔《鵝湖》編者註〕

果性曰意志。另一方面，他又意識到他自己爲感取界之一部分，他的諸活動，即「只是那因果性底純然現象」的諸活動即在此感取界中被展現；但是，我們不能察知「這些活動如何依我們所不知的這種因果性而爲可能」；反之，毋寧是這樣的，即，這些活動由於屬於感觸界，它們必須被看成是爲其他現象即欲望與性好這些現象所決定者。因此，如果我眞只是知性界底一分子，則一切我的活動必完全符合於純粹意志底自律原則；如果我眞只是感取界底一部分，則一切我的活動自必被認定爲完全符合於欲望與性好底自然法則，換言之，符合於自然之他律（前者的諸活動必基於道德之爲最高原則，而後者的諸活動必基於幸福之最高原則）。但是，因爲知性界（智思界）含有感取界之基礎，因而結果也就是說含有感取界底諸法則，隨而且直接地把法則給與於我的意志（此意志乃完全屬於知性界），且必須被思議爲給法則與我的意志，所以隨之而來者便是：雖然一方面我必須視我自己爲一屬於感取界的存有，然而另一方面我卻又必須認我自己當作一睿智體爲服從知性界之法則者，即是說，爲服從理性者（此理性在自由之理念中含有此知性界之法則），因而也就是說爲服從意志之自律者：結果，我必須視這知性界之法則爲律令，爲對於我而有的律令，而視「符合於這律令」的行動爲義務。

這樣，那「使定然律令可能」者即是此義，即：自由之理念使我成爲智思界之一分子，由於是如此，是故如果我只是此而無其他（意即只是此智思界之一分子而無他），則一切我的活動「必自」總是符合於意志底自律；但是因爲我同時又直覺到我自己爲感取界之一分子，故一切我的活動又「應當」符合於意志底自律，而這個

定然的「應當」即涵蘊一先驗綜和命題，因爲在我的爲感性欲望所影響的意志以外，進一步還增加有這同一意志底理念（案：即自由意志之理念），但由於此一意志是屬於智界的，其自身即是純粹而實踐的，是故此一意志依照理性它含有一種意志底最高條件；此恰似有知性底概念（範疇）加之於感取底直覺（這些知性底概念其自身所指示的不過就是一般說的規則性的形式），而即依此路數，諸先驗綜和命題始成爲可能的，一切物理自然知識皆基於此等先驗綜和命題上②。

〔……〕

但是，當他把他自己轉移到智思界一分子底觀點上時，他始想像他自己可成爲這較好的人格，他是非自願地爲自由之理念，即爲「獨立不依於感取界底決定因」這獨立性之理念所驅迫而轉至此觀點；從此觀點，他意識到一個善的意志，而因著他自己的誓願，這善的意志爲這壞的意志，即他所有之以爲感取界一分子的那壞的意

---

②牟先生於《康德的道德哲學》書頁105此段譯文之後有以下之案語：「此段說定然律令（先驗綜和命題）如何可能是就兩界掛搭著說，是就『應當』說。如果我只是智思界一分子，『我應當』即是『我必自』（我自會），此就意志說，即是一個絕對善的意志，或完全善的意志。如果我只是感取界一分子，在此亦無道德的『應當』可言。正因爲我同時屬於兩界，所以才有『應當』可言。『應當』是就爲感性所影響的意志而言，定然律令之所以爲綜和命題亦是就此意志而言。因此，在完全善的意志上，因爲『應當』即是『必自』，故道德原則當是分析命題。因此，本節前第一段就絕對善的意志說道德原則是一綜和命題乃是不恰當的，自由對於此道德原則之關係必不在其足以說明之爲綜和命題。〔……〕」〔《鵝湖》編者註〕

志構成一法則——這法則，當冒犯它時，他便認識了它的威權。依是，當他是智思界一分子時，他所道德地「應當」者即是他所必然地「自願」（自會）者，而只要當他同時亦認他自己為感取界一分子時，他所道德地「應當」者即被他思議為只是一「應當」（依是，對那為智思界一分子的人而言，道德的「我應當」即是一個「我意願」；而當他同時亦認取自己為感觸界一分子時，那道德的「我應當」即被他思議為只是一個「我應當」。——依巴通譯。）（《鵝湖》編按：以上為《道德底形上學之基本原則》第3章第1節及第4節原文之翻譯）

一、自律與自由內容意義相同，而言之之分際不同

　　案：自律是由分析道德一概念而分析出的理性事實。道德法則必須是自律的，也就是說，必須是由意志底自律性（「意志對於其自己就是一法則」這種特性）而發出。否則便不是道德：一切他律的道德原則，不管是基於幸福（屬感性），抑或是基於存有論的圓滿或基於一最高的圓滿即上帝（此即屬理性），皆是虛假的歧出的道德原則。肯定自律，否決他律，此皆是由分析道德一概念即可知者，因此，皆是分析地必然的。

　　因此，就道德而言，說到自律，這只是理之當然，是理上必須如此的。這亦可如康德在《實踐理性批判》中所說「道德底基本法則是理性之事實」。

　　既只是理之當然，便可問其實際上之所以然。這實際之所以然，康德說是意志之自由：「自由之概念是說明意志自律之秘

鑰」。我們可以說，當我們分析道德一概念分析到必須是「意志之自律」時，即已邏輯地蘊含著「意志之自由」。但是意志之自律既是理之當然，而意志之自由卻不必是理之當然。因為自由是意志之實處問題：意志實際處究竟是否是自由的，這是我們所不能知的。若從現實上看，我們的意志之活動卻總是有條件的，這即是說，是不自由的。因此，現實的意志之實處是不自由的，而自己是一個超絕的概念。但為的說明「自律」這個理之當然，我們卻必須假定「自由」這個超絕的概念。自由既是意志之實際的事，那麼，自由是個超絕的概念，也就等於說，是個超絕的實際，我們只能假定之，假定吾人的意志有這麼一個純淨的狀態（康德名曰純粹意志），吾人對之不能有絲毫直覺（不管是什麼直覺），因此，吾人完全不能知之。此亦即等於說它不能是一呈現。

意志底這種純淨狀況即自由只是個理念，它自是可能的，它可與自然之機械性兩存而不悖。

二、道德原則是一綜和命題：綜和之實對何而說？由何而見？

自由理念之假定一方面使意志為絕對善的意志，一方面使自律為可能，即使意志底格準可為普遍法則。因此，康德說：「依意志自由之假設，道德連同著道德底原則，單因著概念之分析，即可從那假設處推演出來。」此即是說，從自由處即可分析地推演出道德以及道德之原則。但道德原則，即意志之格準總能含此格準自己為一普遍法則，是一綜和命題。自由使這綜和命題為可能。道德原則

所以是綜和的，是因爲從意志之爲意志處（意志即如其爲意志而觀之），決分析不出其格準之可爲普遍法則這種特性。這種特性是增加在意志身上的，因此是綜和的。但康德說：從絕對善的意志分析不出格準底這種特性，這恐有問題。如果「絕對善意」是個無規定的概念，是憑空一說的寡頭概念，則自然不能從它那裡分析出格準之可爲普遍法則。康德或許就是這樣想，因爲絕對善意之所以然是因爲由於自由自律而然，而自由自律是在絕對善意以外的，故云分析不出其格準之可爲普遍法則。因此，道德原則是綜和的，是因著自由自律而把絕對善意與格準之爲普遍法則連結於一起。但這層意思我以爲是多餘的。因爲在這系統內，絕對善意是已規定好了的，是意許其爲自律的，且甚至可說是意許其爲自由的，是分析地意許其爲自由的，此由《實踐理性批判》中第一部第一章中§5問題一及§6問題二即可知之。因此，「其格準之可爲普遍法則」是可以由此絕對善意分析而得。否則，何以說它是善意，又是絕對地善意？當一說絕對善意時，吾人即已知其爲自律。因此，絕對善意就等於康德所說的純粹意志、意志之純淨狀態、自由意志。依此，如果自由已被假定，則意志自然是自律的，是絕對善的，其格準自然須被認爲是一普遍法則：凡此都是分析的。逆其序亦然，即由絕對善意至自律（其格準爲普遍法則），由自律至自由之假定，亦都是分析的。如果自由是一個超絕的概念，則絕對善意亦當是一個超絕的概念，道德連同著其原則（即自律的原則）亦當是屬於睿智界的（感覺界只有他律，無眞正的道德），因而亦是超絕的概念。

　　若自此一條鞭而想，則道德原則當然是分析命題，雖然這所謂分析的只是理上的，而絕對善意與自律是理性之事實，而自由因爲

是假定，故又是批判的。但康德何以說它是一個綜和命題？綜和之
爲綜和是對何而說？綜和之實是由何而見？自由使此綜和命題可
能，綜和之實由何而見？對何而爲綜和？嚴格落實言之，並不是由
「自由連結絕對善意與格準之作爲普遍法則這兩者」而爲綜和，乃
實是由「自由連結現實的意志（感覺界中之意志，意志之只如其爲
意志）與格準之爲普遍法則這兩者」而爲綜和。這由「一個定然律
令如何可能？」一段即可知之。在該段中，康德即從現實的意志處
說道德原則爲先驗綜和的。因爲由現實的意志（意志之只如其爲意
志）分析不出其格準之必爲普遍法則。然而現實的意志卻應當符合
於意志底自律所表示的格準之爲普遍法則。即在此定然的應當處顯
示道德原則爲一先驗綜和命題。先驗是說它不能由經驗而建立，因
爲經驗只能建立他律的道德原則。綜和是說此現實的意志應當符合
此自律原則而常不必能符合之，此自律原則命令它強制它去符合
之，這即無異於說此自律原則所表示的道德原則把現實的意志與其
格準之必應爲普遍法則（即符合於道德法則）這兩者自外面綜和於
一起。因此，說道德原則是一先驗的綜和命題。

　　依以上的分析，康德說道德原則是綜和命題，是對現實的意
志，即屬於感覺界的意志，爲感性欲望所影響的意志（康德亦名曰
壞的意志）而說；是由命令這現實的意志應當符合於「意志底自
律」而見。因此，由自由自律而立的道德法則是睿智（知性）界之
法則。此法則對感覺界的我，即現實的意志而言，爲律令，而視符
合於這律令的行動爲義務。

　　「因此，如果我只是睿智（知性）界底一分子，則一切我的活
動必完全符合於純粹意志底自律之原則；如果我只是感覺界底一部

分,則一切我的活動自必被認爲完全符合於欲望及性好底自然法則,換言之,即符合於自然之他律。」

依前者(我爲睿智界之一分子),道德原則是分析命題:從我的純粹意志即可分析出自律原則,純粹意志底任何格言皆不可能與道德法則相衝突;一切我的活動必自總是符合於意志底自律,我所應當是的即是我所必然地自必(自會)是的;此時這純粹的意志即是神聖的意志:凡此即是儒者所謂「堯、舜性之」,所謂「自誠明謂之性」,揚眉瞬目,睟面盎背,皆是知體著見,而一切活動亦不可作現象看。

依後者(我只是感覺界一部分),道德原則皆是有條件的他律原則,此亦是分析命題,即從我的被決定的現實意志即可分析出這他律原則;一切我的活動自必被認爲完全符合於欲望及性好之自然法則,即符合於自己之他律;一切我的活動皆落於時間中而爲現象,亦皆爲其他現象即欲望與性好所決定;而由現實意志分析出的他律原則對於這些作爲現象的諸活動即有一種綜和作用,此是經驗的綜和,因爲感覺界的他律原則只是經驗的故。自有條件的他律原則對於被決定的現實意志之決定或選取其格準而言,此他律原則是分析的;自其對諸活動而言,則它是綜和的——經驗地綜和的:現實意志決定作某事爲因,有什麼某種別的事出現爲果,此因與果間的關係是一個特殊的因果關係,是由那他律原則而經驗地綜和成。

三、由道德原則之爲先驗綜和命題而來的後果
——道德是無力的

　　可是依康德，人是兩屬的，有雙重身分。他現實上是感覺界一分子，可是依自由之理念，他又可轉移其自己而爲睿智界之一分子。人的意志，雖可通過道德法則而意識到其純淨的狀態，然而康德卻總說它不是神聖的——它的格準不能與普遍的道德法則不違背。然而這說法是籠統的。人可問：人的意志是人的什麼身分的意志？依兩屬而言，當該說人的爲感覺界一分子的身分之現實的爲感性與欲望所影響的意志（壞的意思）不是神聖的，而爲睿智界之一分子的那純淨意志、自由自律的意志當該就是神聖的，是未體現出的潛伏的神聖的。此後一義，康德從不說及。他或者是這樣想，即：那睿智界只是個理念，那純淨的意志亦只是個理念，根本未實現過，亦非吾人之知識所能及，所以那只是個假定。因此，就現實的人以及此現實的人之現實的意志而言，此人與意志總不會是神聖的，因此，遂籠統地說「人的意志」。而其實，雖如此籠統地說，然而卻實是意指感覺界之一分子的人與意志而言。那個假定的純淨意志卻不理了。那個假定的純粹意志只爲的說明「道德法則之理之當然」一事實。如果籠統地說的人的意志不是神聖的，則不但那純淨的意志從未實現過，甚至自律的道德法則亦從未實現過。如果，世間亦根本沒有眞正的道德行爲這回事。就不是神聖的人與意志而言，我們總是向那道德法則而迫近，而卻永不能達至之。如是，「義務」亦從未眞正地被作成，而只是無限定地求有以盡之、勉爲

之，而卻永不能完整地潔白地充盡之。這是「人的意志不是神聖的」，「道德法則是綜和命題」，是強加在人身上的，因此，是強制的、命令的，人應當遵從而不必能遵從，這兩層意思之所必函。

康德說：「去證明道德不是腦筋底製造物——如果定然律令以及與此定然律令相連的意志之自律是眞的，而且作爲一先驗原則又是絕對必然的，則道德便不能是腦筋底製造物——這步證明之工作即假定了純粹實踐理性底綜和使用之可能。」（《道德底形上學之基本原則》第二節末後語）。康德於該書第三節中答覆說：此綜和使用之可能是因著自由之假定而可能。即使道德不是腦筋底製造物，即使純粹實踐理性底綜和使用已可能，然而因爲眞正的道德行爲卻從未有過，眞正自律的道德法則亦從未眞正實現過，義務亦從未完整地潔白地充盡過，如是，人們可一轉手便說道德仍是一個幻想物——馬克思說是小資產階級的幻想。在康德，當然不說是幻想，但理想而永不能至，則與幻想亦幾乎無以異矣，至少是百步與五十步之差。

我推演至此，足表示在康德的系統中，道德是無力的。道德固不是腦筋之製造物，但亦不如此之無力。依孟子型的儒家，則不如康德之所說。以下試對比地申明之。

四、儒者視自由、自律、道德法則屬於性體、心體、知體，而康德不如此視

依儒家，自由、自律、道德法則（反其序亦可）是屬於睿智界的，這自可說。但儒家說這些是屬於性體、心體或知體的。康德說

意志，意志就是性體、心體、知體之本質的作用。性體、心體或知體當然是自由的；它就是理，它當然是自律的；理就是道德法則，道德法則就是它所自發。如自意志而言，這意志就是純粹意志、絕對善意，即劉蕺山所謂「意根最微」之意，「一機二用」之意，「淵然有定向」之意，爲心之所存，而非心之所發（即非意念之念）之意。此意淵然有定向，它就是理。本來這樣說就夠了，如說心即是理，良知即是理。不必說它對於其自己就是一法則；亦不必說它自我立法，它又服從其所立之法。這樣說是康德的說法。康德這樣說，是爲的顯意志之純淨狀態，由籠統的意（不決定的意之爲意之意）顯其純淨狀態。及至如此顯已，將其收於性體、心體、知體而爲此體之本質的作用或甚至即代表此體時，即不必這樣說了。因爲它已成性體故（心體即性體，知體即性體，意體即性體）。這只是此性體之自主性、自發性與自動性，這是存有論的性體（實體）之自主、自發與自動。若再說它對於其自己就是一法則，復又說它自我立法，它又服從其自己所立之法，這便成多餘的，又是格外生枝。

四之一　儒者視此性體爲可體現，康德從不說自由爲可體現

儒者說人人皆有此性體，惟賢者能勿喪耳。一般人所以喪失，是爲私欲（欲望與性好）所蔽。雖爲所蔽，但不能說他無此性體。既肯定其有此性體，又知其所以喪之，便肯定其有體現之之可能——不只是一邏輯的可能，而且是實踐地實可能。因此遂主人人皆可以爲聖人。康德不說自由自律的意志是吾人之性體，只說其是屬於睿智界，爲一理念；他亦從不說吾人可體現此理念，他只說這理

念只是一假定，吾人決不能知之，決不能知解地證明之，客觀地肯定之，肯斷其客觀的知解的必然性與確定性，只能實踐地肯斷其主觀的必然性。

四之二　性體可體現與不說自由爲可體現之關鍵：智的直覺之有無

康德所以從不說吾人可體現此理念，而只說此理念是一假定，乃是因爲他以知識爲準，吾人對之無任何直覺故。感觸直覺根本不能及之，這自不用說。但他又設想一種非感觸直覺，即智的直覺，可以及之。可是吾人又根本不能有智的直覺，因只上帝始有之故。因此，自由自律的純淨意志只好擺在那裡作一假定，而其所自立的道德法則遂只成一綜和命題，即對吾人非神聖的意志，決定有限的人類意志，籠統說的人的意志，不決定的人之爲人這人之意志，實即是總是在感覺界的意志，而爲一綜和命題——因爲是綜和命題，所以它對於此種「壞的意念」爲一律令，它命令而強制這意志，而這意志亦反而只應當符合而未必能符合之，只成爲無限地勉爲其難而黽勉以求合而永不能盡合之，此即爲德性之訓練。如此，則道德法則自不能眞正實現，眞正的道德行爲自不能有，而所謂義務亦不能完全無疵地被充盡。此如上所已說。但是儒者則不如此想。他們把自由意志看成是性體、心體或知體之本質的作用，或甚至即代表此性體、心體或知體，而吾人亦可體現之，它不只是一個理念、一個假定。這可體現之之關鍵，吾人可以康德所說的「智的直覺」來明之。康德雖以知識爲準，但當他設想智的直覺可以知之時，這智知縱使是知識，亦不同於感觸直覺之識知。識知（由識而知）只是

知識，亦是吾人所說的科學性的知識，知識這字之被一般人所認為之恰當意義，亦即真正的意義。而智知（依智而知）則無識知之知識的意義，因此，它是無知之知，而且是一種創造性的知，它無認識論的主客之對立，它是存有論的創生、實現、或呈現之直貫。因此，康德雖依知識而說自由之可知與不可知、可證明與不可證明，但當說及智的直覺時，此即是吾人可以體現之之關鍵。康德不承認吾人可有智的直覺，故自由不但不可知，而且根本亦不能對之言體現。儒者不視自由為理念、為假定，而視之為性體，而且認其可以被體現，這即無異於儒者必承認吾人可有智的直覺，雖然他們以前並無此詞。

五、性體被體現之第一步

儒者承認人可有智的直覺，這即展開了儒者之所以異於康德處，而此後之無盡妙理與深義亦由此開，皆非康德所能至。以下試申明之。

儒者視此性體可被體現，其可被體現不是完全靠外力，外力只是助緣，乃是根本上靠此性體本身之震動而驚醒了吾人。所謂性體本身之震動，即是性體本身之「惻然有所覺」之覺之隨時呈露。「惻然有所覺」之覺對吾人而言，即是一種震動，「惻然」即函蘊一種震動。此種惻然之覺隨時呈露即可以驚醒吾人反而正視之。由此反而正視之，吾人即說對之有一種純智的直覺。因為此直覺不是由感性之被影響而引起，乃是由惻然之覺之震動性而引起，所以是純智的。說實了，它根本是惻然之覺於其隨時呈露時，通過其震動

性，而反照其自己。此種迴光返照，吾人名之曰逆覺體證。就人言，說逆覺體證，說吾人智的直覺地體證之，說吾人有此智的直覺。就法言，實即是惻然之覺之自照。惻然之覺本身就是智的直覺，它反身自照即是純智地直覺其自己。是則性體本身就函蘊一種智的直覺，因此，它根本就是一種呈現，不是一假定、一理念，此由其隨時呈露即可知。對吾人而言，說震動，說逆覺體證，說吾人有智的直覺，說吾人能純智地直覺之。如此云云，即是覿面正視之，故云「體證」。逆覺而體證之，即是不讓它流逝，不讓它忽隱忽現、出沒無常，此即把它定住，而讓它淵然澄湛而自在而呈現，此是第一步體現。

五之一　性體被體現之第二步

它如是自在而呈現，吾人的生命即上遂而從它，從感性中解脫出來，它作主，不是感性作主。它作主，它當然是自由的；它作主而自由，它即不容已地起作用，此即是它的自律性，它的格準不能不是一普遍法則；而由它所引起的一切活動（方便說吾人的一切活動）不能不符合於它的自律性，此即是順體而動、天理流行：所應當是即是所必然地自必（自會）是的。此時道德法則自是分析的，由性體之惻然有所覺，不容已地起作用，即可分析出。吾人的生命全上遂而從它，而體現之，此即在實踐中吾人的一切活動必自完全符合於它的自律，必自是順體而動、天理流行。此是體現之第二步。

五之二　此第二步體現上與康德作比較

在此第二步體現上，吾人可引康德的話作比較。康德說：

> 我們可把這基本法則底意識叫做是一理性底事實，因爲我們
> 不能從先行的理性故實（與料），例如，自由之意識，把它
> 推演出來（因爲自由之意識並不是先行地給予者），但它把
> 它自己當作一先驗綜和命題而強加於我們，此先驗綜和命題
> 並不基於任何直覺上，不管是純粹的直覺，抑或是經驗的直
> 覺。如果意志之自由眞已被預設，它自必是一分析命題，但
> 是要去預設自由爲一積極的概念〔案：就如說物自身爲一積
> 極的概念〕，則必須要一智的直覺，而此智的直覺在這裡是
> 不能被認定的；但是，當我們視這法則爲所與，要想不陷於
> 任何誤解，則必須知這法則不是一經驗的事實，但只是純粹
> 理性底獨有事實，這純粹理性因著這法則宣稱它自己爲「根
> 源上是立法的」（《實踐理性批判》〈分析部〉第一章§Ⅶ註解
> 中語）。

儒者認性體人皆有之，等於預設自由爲一積極的概念，因而也就等
於說智的直覺已能被認定，即認定其爲吾人所能有。但是康德不承
認吾人可有智的直覺，因此，自由不能被預設爲是一積極的概念，
只能消極地預設之爲一假定、爲一理念，猶如《純理批判》中說物
自身只是一限制概念，只取其消極的意義，不取其積極的意義，因
爲吾人無智的直覺故。物自身爲智的直覺之對象，在智的直覺面前

呈現，此即是其積極的意義。但既無智的直覺，則物自身便不能為吾人之對象，吾人不能知之，是即等於說物自身根本不能是一呈現。自由亦復如是，既無智的直覺，自由亦根本不能是一呈現。故不能積極地預設之，只能消極地預設之為一假定，為一理念。然則吾人之為睿智界之一分子、之為睿智體之身分，也只是一假定、一可能之理念。康德說：「如果我只是睿智界之一分子，則一切我的活動必完全符合於純粹意志之自律原則。」若只如此，則自由已是積極的了。可惜不是只如此。因此，我之屬睿智界而為其一分子只是一可能的理念，它根本不能呈現。因此，不說道德法則為分析的（說此為無意義，為純然的空概念），而只就現實的意義（可呈現的意志）而說其為綜和的，此是其實義，它只有此一實義，由此實義顯其為一強制，為一律令之真實作用，成德之作用，亦使義務為可能（義務不是甘心情願的，只是理性之強制）。但是此作為綜和命題的道德法則卻是來自睿智界，是理性之事實。自由、自律、道德法則、睿智界，這一套由道德一概念而分析出的諸概念只是分析出擺在那裡而待現實的意志應當去符合（就道德法則言）而永不能完全符合之（因為道德法則總是綜和的，永不能變成分析的故，現實的意志總為感性所影響故），應當去轉至（就睿智界言）而永不能轉至之，因為自由永不能呈現故。因此，這一套概念是完全無力的，它們唯一的力量是見之於道德法則之為綜和的；它們是根本不能被體現的。

五之三　性體被體現之第三步

儒者既承認吾人可有智的直覺，如是，則自由可呈現，性體可

呈現，先正視「道德法則是分析的」（心即理）這一義；而同時亦
並非不知吾人亦總是感覺界之一分子，吾人的現實意志亦總爲感性
（欲望與性好）所影響，然而就實踐而言，這現實的意志是可轉可
化的，不是定然的，而且亦不名之曰意志，而名之曰「意念」，不
是如康德所說的，同一意志在感覺界爲壞的意志，在睿智界爲善的
意志，爲自由而純淨的意志，此是這同一意志底理念。依是，一方
面意念可轉可化，而另一方面，性體可被體現而使之全幅朗現。感
覺界（現象界）就知識（思辨理性）而言是定然的事實，就實踐而
言，則不是定然的，是可轉可化的，旣可使之有亦可使之無的。感
覺界且如此，而何況意念？當吾人的實踐起步時，吾人的意念可好
可壞（有善有惡意之動，念兩在而異情），此時道德法則（良知之
天理）對它而言是綜和的、是強制、是命令。但不是綜和地命令之
使之應當符合之，就算完事；而是性體呈現，化念還心，使意念成
爲順體而動，純善而無惡，亦即成爲「無意之意」，而無意之意亦
即是性體之意，自由而純淨的意。此即是陽明所說的致知以誠意。
意旣誠，則全部感覺界（現象界）的現象（事事物物）即不在機械
的因果中，而在良知之天理中，此即所謂「致吾心良知之天理於事
事物物，則事事物物皆得其理（正其不正以歸於正）」。所謂皆得
其理，即是皆在良知之天理中而爲「無物之物」，亦即皆是物之如
相，即康德所謂「物之在其自己」，此即全部感覺界（現象界）已
被轉成睿智界矣。感覺界可轉，即睿智界可呈現。而此皆是由性體
本身之不容已地要湧現其自己而然。性體本身不容已地要湧現其自
己即是其可被體現之內在的力量。故只云「致知」，而不云格物窮
理等，如朱子之所說。

性體被體現而至全部朗現，則吾人的一切活動自必完全符合於性體之自律，此即所謂天理流行，堯、舜性之，自誠明謂之性。此時即是神聖的性體之由隱而為顯，而人亦為神聖的人即聖人，即有限而為無限矣。由此而有王龍溪之四無：無心之心則藏密，無意之意則應圓，無知之知則體寂，無物之物則用神。此為體現之第三步，亦即最圓實之境界。人不是決定的有限，此是東方智慧之本質地異於西方者。全部感覺界可轉，全部睿智界可呈現，性體可朗現，聖人可至：凡此皆由「心即理」而然。「心即理」即函「道德法則是分析的」，亦函「智的直覺能被認定」。

六、消融康德的系統而使之落實：尊敬、道德、情感、與良心之入位

康德除於分析實踐理性時所正面分析地建立起的諸概念藉以建構其系統者之外，還有些實際生活上的虛係絡，這些虛係絡足以指點到或暗示到自由、自律、道德法則、睿智界等之可被體現，而歸實於儒者「性體可被體現、智的直覺可被認定」之一路。然而他對於這些虛係絡不能予以積極地正視，使之挺立起，並使之參與於系統中而在系統之實中佔地位，藉以重新調整並消化其憑空架起之系統（純由分析而架起者）而使之落實。這些虛係絡如下：

1.「一個定然律令如何可能？」一段中云：
普通的人類理性之實踐的使用堅定了這推證（之正確）。
〔案：即堅定了上文所說的關於定然律令之為先驗綜和命題

所做的推演。〕世上沒有一人，甚至是極惡之人，設他依別路習於理性之使用，當我們在他面前舉出心志正直底範例，緊守善良格準之範例、同情以及一般仁愛（甚至連帶著利益與舒適方面之重大犧牲）底範例時，他竟不願他也有這些品質。只因他的性好與衝動之故，他始不能在他自己身上達到這種品質（不能有之於其自身），但同時他亦願望從那些對於其自己爲重累的性好與衝動中解脫出來。因著這樣一種願望他證明：以其從感性底衝動中解脫出來的意志，他在思想中把他自己轉移至一個「與他的感性領域內的欲望底秩序完全不同」的事物秩序中；因爲他不能因著那種願望期望去得到他的欲望之任何滿足，亦不能期望去得到那必會滿足其任何現實的或設想的性好」的任何地位（處境）（因爲這樣的期望必毀壞了這理念，即「在他身上艱苦建立起那個願望」的理念之卓絕性〔因爲如果他有任何這樣的期望，則那「從他身上引發這願望」的那理念本身必至其卓絕性──依拜克譯〕），所以他只能期望他自己的人格底一個較大的內在價值。但是，當他把他自己轉移到智思界一分子底觀點上時，他始想像他自己可成爲這較好的人格，他是非自願地爲自由之理念，即爲「獨立不依於感覺界底決定因」這獨立性之理念所驅迫而轉至此觀點，從此觀點，他意識到一個善的意志，而因著他自己的誓願，這善的意志爲這壞的意志，即他所有之以爲感覺界一分子的那壞的意志構成一法則──這法則，當冒犯它時，他便認識了它的威權。依是，當他爲審智界一分子時，他所道德地「應當」者即是他所必然地「自

　　願」（自會）者，而只要他同時亦認他自己爲感覺界底一分
　　子時，他所道德地「應當」者即被他思議爲只是一「應
　　當」。

案：如此段所說，即使極惡之人亦願他自己有心志正直、緊守良善
格準、同情以及仁愛等品質。其所以不能有之，只因其性好與衝動
之故。但他亦願從這些性好與衝動之累中解脫出來。若依孟子之指
點，他願有這些品質，他願從性好與衝動中解脫出來，這種願望即
是他的「本心」之呈露。由這種願望而逆覺體證其本心，即得其
「大體」。此作爲大體之本心即是他的性體；他的從性好與衝動
（小體）中解脫出來的意思，純淨而自由的意志，即是此本心性體
之本質的作用，因此，它自能自律，其格準不可能與普遍法則相衝
突，它就是神聖的意志：此即是象山所說的心即理。這一套即是他
的睿智體之身分，即是他的睿智界中的事物秩序，不同於感性領域
內的慾望之秩序者。儒者視這一套爲人人皆有之性體中事，而由本
心以說者。此即是積極正視那種願望，是那種願望之正位。但是康
德卻未予以正視而使之正位。他只表示：從這種願望可使人們轉移
至睿智界之觀點。這睿智界是他所積極地分析出者，是虛懸在那裡
而不可被體現者。這即是他所說的人人皆有的那種願望成爲虛係
絡，是閒文、旁文，未得入位，只被用來可以堅定他所做的推演。
但是，若經過孟子之指點，一機之轉，便可使康德所說全部系統皆
歸於實。

　　2.又如《實踐理性批判》中他所說的尊敬以及道德情感皆是由
於道德法則在主觀上所引起的結果，而非是道德法則之建立處。可

是若依孟子之指點，尊敬即是本心之呈露，不只是主觀的，亦是客觀的，它是工夫，亦是本體，它亦就是本心即性，本心即理，它亦就是道德法則之建立處。道德情感亦復如此。它不只是主觀上的結果，它亦是客觀的因。這個就是「覺情」，它亦是形而上的、超越的。這是尊敬與道德情感之入位。

3.又如他在〈道德學底形上成素引論〉中所說的「良心」只是道德底主觀根據，是感受義務這感受性之主觀條件，而不是道德底客觀條件。若依孟子之所說，良心是道德底主觀條件，亦是其客觀條件。良心就是本心即性，它就是理。至陽明而言良知，遂將此本心充其極而具備三性：㈠主觀性：知是知非之獨知，此相當於康德所說的良心；㈡客觀性：良知之天理，良知就是理，就是道德之客觀根據；㈢絕對性：良知是乾坤萬有之基。如此而言，便是良心之入位。

只有將康德所說的尊敬、道德情感、良心，乃至普通人所有的願望（願有心志正直之品質，願從性好中解脫）使之入位，使之為本心之呈露，智的直覺始可能，而自由、道德法則、睿智界始可被體現；而其被體現實是由於其本身即有湧現之能力，而不是完全靠後天之熏習、外在的力量。這一思路，在儒家如此，在佛教亦然。康德之說統亦應重新調整納入此思路中，使之調適而上遂。

在如此上遂中，自由不是一設準，而是一呈現；上帝存在與靈魂不滅亦只轉成一無限心，而不復是兩個獨立的設準。如此前進，妙理無窮，如宋明儒之所說（以正宗者為準，不以別子為宗者為準），如佛家天臺圓教之所說。康德未至此境，他是朱子與陽明之間的一個形態。

〔本文爲牟先生在新亞研究所講授「康德哲學」課（1976-77）時之講稿〕

原載《鵝湖月刊》第8卷第5期（1982年11月）

研究中國哲學之文獻途徑

今天講的題目是「研究中國哲學之文獻途徑」。大體說來，西方的哲學家、或者是研究西方哲學的人，是重問題性的研究。問題性的研究，就是重思考、重邏輯，所以大體的說來，唸西方哲學的人，走的是邏輯的入路（logical approach）。因此西方歷史上一代一代出現的哲學家，都是就著一個問題而提出新的解答，形成一個新的系統。所以西方的哲學很有系統性，西方哲學家很能夠造系統。但這樣說並不表示西方唸哲學的人，就不讀書。他們亦讀，但是他們所讀的哲學作品，原來就有系統性，而他們讀的時候，是要看這一系統是要解答一個甚麼問題，這解答是否能令人滿意，有沒有可批評的地方。所以他們可層出不窮地提出新觀念、新問題。西方人專門研究某一家的古典著作，這也是有的，這是屬於古典學。古典學所研究的，既然是原本就很有系統的哲學著作，那也需要有了解，但他們的研究，比較重視原文的語句之注疏、語句的了解，這是很專門、很仔細的。譬如說，關於希臘哲學，有些人專從希臘文入手，來研究柏拉圖、亞里士多德。這種是所謂專家研究性的，這是一般說屬於古典學，是帶點文獻性之研究，很重視某一個字之使用，這是很細微的專家之學。而讀哲學系的先生學生們，常常不

一定需要如此。我們可大體的了解一個柏拉圖的主要觀念，就柏氏之系統，看他提出一個什麼主要的觀念，提出這觀念是要預備講一個什麼主要的問題，這大體一般人可以了解，而且不會有大錯，不會有南轅北轍般之相反的了解出現，這種出現截然不同的理解之情形，在西方哲學的發展史上，大體上是不常有的。故哲學系大體走的是邏輯的進路，注重個人的思考。因此西方哲學家很會造系統，每一個人都造一個系統出來。

但是反過來看中國哲學，常常並不如此。中國的哲學，不像西方那樣的很有系統，它原初所走的就不是邏輯的進路。譬如說中國思想最蓬勃時期的先秦諸子，如孔、孟、老、莊，大體都不是很嚴格的邏輯系統。譬如說讀《論語》，《論語》並不是一個系統，而是嘉言懿行錄。你可說它是這裡一句，那裡一句的，零零碎碎。就是其他的，譬如說《孟子》，《孟子》七篇亦只是弟子的記錄。最有系統性的，只有〈告子篇上〉。從告子曰「性猶杞柳也」一直至上篇完，一氣呵成，很有系統性。按常情論，這比較有系統性的部分，應比較容易了解。但事實上卻不然。這〈告子上〉篇，兩千多年來，中國人不能夠充分的了解之。由孟子至現在，二千多年，幾乎每一個讀書人都讀過的。唐宋以來，《四書》尤受重視，從小孩起便讀，一直讀到成年、成進士，但讀的結果是不懂。其他的沒有系統性的文獻，那便更難，這裡一句，那裡一句，如何來了解呢？故以西方人的眼光來看中國的思想，是很麻煩的，很難了解。所以有一個洋人就不了解，他說為什麼你們中國人這樣尊崇《論語》？這《論語》毫無道理，東一句、西一句，又沒有定義、沒有系統，這樣而如此的受尊崇，好像是不可思議的。這樣的說法，發自西方

人，不算稀奇。西方人的習慣，要講話便先要下定義，有概念、有系統性才過癮，而我們的《論語》沒有，故西方人發這種懷疑的態度，是很可理解的。但漸漸不一定是西方人如此，我們中國人亦漸漸有此懷疑的態度出現。不只是現代的年輕人，在五四運動時的人，已是如此。五四那時代的人，到現在已是八、九十歲，現在看起來，不都是老師宿儒麼？但他們都不能讀文獻、不能理解。這是一個十分嚴重的問題，這情形是大家眼前所看得到的。假若不是有這樣嚴重的問題，共產黨也不可能起得來，這是很明顯的事實。所以研究中國哲學這一方面，讀文獻成了一個很重要的事情。不能像西方哲學那樣，走邏輯的進路，而要走文獻的路，由讀文獻而往裡面入。但讀文獻是很困難的，所以我今天這個題目，就是單就中國的特殊情況說的。

　　我首先聲明一下，我現在所重視的文獻途徑，重視文獻方面的研究或了解，和一般人所想的意思，或許不大相同。因為一說文獻途徑，範圍很廣泛，一般人平常所說文獻的途徑，便等於歷史的途徑（ historical approach ），或者是考據性的。歷史的或考據的路所重視的著眼點和我們不同。這著眼點的不同在那裏呢？諸位就社會上表現出來的可見一斑。大概走這條路的，會很重視版本，版本也是文獻呀。如果發現一個新的版本，那便了不起，好像發現一個寶貝似的。譬如說，大陸在湖南長沙發現一個《老子》的新版本（即帛書《老子》），大家便覺得了不得，研究《老子》的人，非得要找這版本來看看不可，若沒有找來看看，便好像對《老子》不敢講話似的。在以前，亦曾發生過許多版本問題，如在敦煌發現過一些新的版本，大家亦覺得好了不起，於是有敦煌學的專家。胡適之當

年的考據禪宗的神會和尚，主要的便是根據敦煌本的《六祖壇經》來考證。敦煌本《壇經》和通行本《壇經》本有幾個字的不同，於是胡適便下斷語說《壇經》是神會和尚偽造的。這其實是毫無道理的。我也不需經過考據，便可知此說不通。由另一版本，或許可以發現有幾個句子、幾個字和一般所讀的本子不同，但若據此一二處的不同，便斷定現行的《壇經》全是神會的偽造，這是不合邏輯的。但是重視版本學的人，卻很重視這一套，這個也是文獻的路。我今天講的文獻的途徑，並不是這個意思。在我看起來，從古代一直保存下來的文獻，儘可有版本的不同。如《論語》便有《魯論》、《齊論》及《古論語》之不同，而《老子》王弼注本與河上公注本亦有不同。但這些不同，對於文獻的重點、主要句子的了解，又會有多大的影響呢？我看沒有多大的影響。如《老子》的新版本，對於《老子》的主要句子、重要文字，並無多大的改變。我對於版本的不同，並不大重視，雖然在有新的版本被發現出來時，我們亦會找來看看，但不會像一般人那樣的大驚小怪。我們所重視的文獻途徑，是照上面所說的，中國古代的文獻文字簡略，大體為後人的記錄，寫的時候亦不是很有系統，很有邏輯的，不是先經過下定義，然後推理，一步一步給你擺出來，清清楚楚的。故了解起來十分困難。我們現在奉勸諸位，不要把精神浪費在上天下地找材料找版本的活動上。做別的研究，或許需要上天下地的找材料，但唸哲學並不需要如此。我所說的文獻的途徑的意思，最主要是重「理解」。

民國以來，中國人的對學問的理解能力，喪失得不成樣子。你不能說中國人沒有聰明，但在這方面，很差、很愚蠢。就算是很普

通、很好理解的東西，卻可被理解得亂七八糟，人們總要想從那裏
出些怪花樣。如是對古典都不能了解。年輕的人對古典不能了解，
還可以說得過去，但老年人、老先生亦是不能了解，全都喪失了理
解的能力。照這樣說起來，中國幾千年的文化，究竟是在那裏呢？
文化的發展，發展出個什麼來呢？好像中國人一直都在那裏睡覺似
的。事實上並不如此，中國人以前是很有理解力的。儘管古代的注
疏家也有說法不同的地方，也有錯誤的地方，但大體上是能了解
的。就只是到了民國以來，了解古典變得很困難。譬如說漢人注
經，很簡單，只是將字解釋一下，並沒有說句子的意思，亦不大說
文義，然亦無許多謬說。究竟他們了解到什麼程度，則很難說，他
們沒有詳細講出來，但我們也不能說他們沒有了解。至少我們不能
說他們有什麼偏見。如趙岐注《孟子》，很簡單，這是所謂古注。
清朝的焦里堂（循）便根據趙氏注作《孟子正義》。趙注只是文字
上的訓解，不一定有什麼偏見，代表什麼立場，可是到了焦循的
《孟子正義》，便根據趙注來反對朱子，大量引用戴東原的說法來
反對朱子，就是朱子講對了的，也硬說不對。他表示自己是漢學，
而朱子是宋學，這偏見便來了。趙注本身並無這立場，只是解釋字
義，根據古訓的理解而注出來。所以中國人對學問的理解力的喪
失。大概是從清朝開始的。清朝三百年，對於中國文化的斲喪，十
分厲害，因為我們民族是受異族的統治，民族生命受挫折，文化生
命就受歪曲，那是很自然的現象。雖然滿清有三百年這麼長，但仍
是一個大歪曲。這三百年很長，大家住久了，漸不自覺，而忘掉那
是一大歪曲。故清末民初那些高級知識分子，對中國的古典大都不
能講，不能了解。譬如說梁任公先生，你不能說他程度不高，中文

不通,但他以為王船山的書不可理解,他不能了解,就是這樣的一種情形。

為什麼說以前的人比較能理解呢?譬如說儒家之學,它有其本身的傳統,代代相傳,有其一定的講法。如漢朝的經學,你要是講《公羊春秋》,是要守家法的,他們讀書很熟,有規矩。雖然漢儒的注解只是文句上的解釋,但大體上義理是不錯的,只是沒有說到十分精微的地方。到宋儒出來,把全幅精神集中在對《四書》之研究上,《四書》是最可以把孔、孟的精神顯出來的文獻。由於宋儒全幅精神集中於《四書》,所以能夠比較深入,比較有深度的理解,漢儒比較不重視《四書》,對《四書》只是作一般性的文獻來理解。宋明六百多年的儒學,是有一個中心問題在那裡領導著的,因而形成一個發展的系統,大體上是不亂的,他們對《四書》的了解,也許會有些距離,不一定能完全符合《四書》的原義,但大體上是不差的。他們能把儒學的核心觀念抓住,輾轉討論引申,討論了六百多年,長時間的磨來磨去,總會磨出一些東西,所以雖然他們的用心討論的範圍也許很狹,但就對《四書》的理解,對儒家的核心問題的研究來說,是很有貢獻的,你不滿意可以,但你菲薄他們,便不可以。他們確能把握儒家的核心,把最主要的骨幹抓住,這便成為一個傳統。

又譬如你要講道家,亦有一定的講法,不可亂講。如《老子》、《莊子》,文獻俱在。《莊子》文章漂亮,大家都喜歡讀,但說到了解,便很難。《老子》五千言看似簡單,其實亦是很不容易了解。而以前對道家的講法,大體上是不錯的,因那是中華民族自己發出來的東西。儒家和道家都是中華民族由虞、夏、商、周相

沿的傳統一根而發出來的，自有一種氣氛，以前的人能嗅到那氣氛，故都能了解。現在的人，漸漸不能嗅到那氣氛，便漸漸不能了解。故講道家，是有道家的講法。後來便是吸收佛教。講佛教亦有佛教的一定講法。佛教較嚴格，較有系統性、概念性。問題是名詞概念太多，很麻煩，那是另一套語言，故很難。但亦有章法，不可亂講。你要了解佛教，不知要費多少年的工夫才能入，把它把握住，不可以望文生義地亂講，以為隨便看看便可以了解佛教。中國吸收佛教，從魏晉起，經過南北朝、隋唐，至唐，玄奘回國，便把佛教學全部吸收到中國來，這其中經過了四、五百年的長期吸收消化。佛教代表一系統、一方向，這方向可以說是智慧的方向，了解一個智慧的方向，是不容易的。

所以你若要了解中國哲學這兩千多年的發展，便要了解三個義理系統。儒家是主流，是中國思想的正統；道家是旁枝，這可以看成是對於儒家的一個補充，或提醒。後來吸收了佛教，佛教是由另一個文化系統而孕育出來的義理系統，對中國文化刺激很大。所以你要研究中國哲學，便要從文獻入手，對這三方面的文獻傳統，便不能不注意。亦因此我們讀文獻是有一定的範域，一定的限制的，並不是氾濫無歸徒爭博雅之名。讀哲學最重思考，不能再是雜而無統、雜七雜八的知道許多東西。所以就義理系統講，讀文獻並沒有很多，但這並沒有很多的文獻，民國以來的學者都不能讀，就是連對《孟子》也不能理解。所以我常感慨，這一代的中國讀書人，實在對不起古人，對不起先賢。這一代的人思想力太差，連《孟子》亦不能講，不要說義理不能理解，連文句亦不能通。《孟子》的文句很簡單，用不著許多校刊、訓詁，但就是這樣一個普通的文獻，

亦不能了解。《論語》亦是很簡單，用不著許多校刊，《大學》、
《中庸》亦然。《大學》也許稍爲麻煩點，有版本的問題，有朱子
與陽明的爭論，但文句是很簡單的。《中庸》則沒有版本問題，亦
用不著許多訓詁，但現代的人，又有幾個能眞正了解《中庸》呢？
所以我們重視讀文獻，第一步先通文句，但這通文句不只是像清朝
乾嘉年間的訓詁考據，先根據《說文》、《爾雅》，找出這個字那
個字的造字的本義，這樣做是沒有多大用處的。這樣只能了解在
《說文》、《爾雅》中的那個字，不能了解《論語》、《孟子》中
用這個字的文句，了解字與了解文句是兩回事。你說識字後便可了
解文句的意義，訓詁明則義理明，這話是不通的。訓詁是訓字，字
義雖訓了出來，但用這字的句子之意義，你不一定能了解。而且用
這個字的思想家，他使用這個字的意義，不一定是《說文》、《爾
雅》書中的這個字的意義，而或者是用引申義，或者許多其他的意
義，故並不是光了解在《說文》、《爾雅》中的這個字的本義，便
可以了解的。

我們所謂的理解，便是了解句子，了解句子是不容易的，但這
不容易尚只是不容易中之初步，還是比較容易。而句子與句子關聯
起來成爲一段文章，便更不容易了解。至於前段和後段關聯起來，
成爲一整篇文字，要貫通起來了解，便尤爲困難。所以你不要以爲
一段文章沒有難字，很簡單，便很好了解。譬如《孟子·告子》篇
有一章說「乃若其情，則可以爲善矣，乃所謂善也，若夫爲不善，
非才之罪也。」一段，這便是句與句連成一段文章，便很不好了
解。這段是公都子問孟子關於人性的問題，說有人說性是中性的，
又有人說性有善有惡，爲什麼你單單說性善，難道那些說法統統都

不對嗎？公都子提出這問題，孟子便要有答覆，但孟子的答覆卻像
是憑空而來的：「乃若其情〔……〕」對於這一段的解釋，我曾修
改了三四遍，才覺得較為妥當。這段是很不好了解的。所以你說訓
詁明而後義理明這話，乃是沒有真正的老老實實的讀古典，才會說
的話。假使你真正的老老實實的讀古典，把古典作古典看，而想真
正去了解其中的意義時，你便不會說這話，假若你是《說文》、
《爾雅》的專家，你當更不會說這話。說這句話，那是表示你是外
行。

　　我舉一個最明顯的例子，《荀子》書中有這樣一句話：「隆禮
義而殺《詩》、《書》」（見《荀子・儒效篇》），「隆」是崇
尚，「殺」是減殺、貶抑。「隆」、「殺」相對為文，這是很明顯
的。荀子尊崇禮義而貶抑《詩》、《書》，這意思在《荀子》書中
是隨處可見的。荀子之思想有其特殊處，和孟子不一樣。孟子則是
長於《詩》、《書》，重視《詩》、《書》。荀子以為《詩》、
《書》雜而無統，《詩》只是抒情，《書》只是些材料，沒有什麼
道理。故荀子較質樸、較笨，他看《詩》、《書》，只就《詩》、
《書》自身所表現的樣子看，看不出什麼道理來。而孟子讀
《詩》、《書》，則由之而起悱惻之感、超脫之悟，因而直至達道
之本、大化之原。可見孟子及荀子兩個人的心態不同。孟子才大慧
高。荀子則較笨，誠樸篤實，故要隆禮義而殺《詩》、《書》。這
是荀子的特殊主張。但乾嘉年間的考據家，作《爾雅義疏》的郝懿
行，卻不懂隆禮義而殺《詩》、《書》之義，他大概認為《詩》、
《書》是聖人留下來的，怎可以減殺，所以「殺」字不通，要改。
他說「殺」字應改為「敦」字，即此句應作「隆禮義而敦《詩》、

《書》」，這眞是不通之甚。郝懿行只能識字，他作的《爾雅義疏》作得很好，把《爾雅》中的每個字的相關文獻都抄引在一起，廣徵博引，很見功力。但他根本讀不通《荀子》，他只是識字，而不能識句，根本沒弄通文句之意義。對由文句而聯成之文章，那便更不能讀了。我眞不知道乾嘉的考據家，讀書讀出個什麼來，他們根本不能亦不想了解文義。這當然不可一概而論，在清儒中，王念孫是可以讀通文句的，他提出來的訓詁考據的意見，大體是可靠的。他是讀書而又能了解的，他能了解字句。但進一步對於義理，他能了解到什麼程度，則是另一回事，他可說：我對這方面並無多大興趣。

由此我們可知了解的困難。思想家發出這些話，是由他個人生命中發出的一種智慧，所以你要了解這些話，那你的生命中也要有相當的感應才可以。他所發出這智慧的背境、氣氛及脈絡，你要懂，這就不是純粹的訓詁便可以了解的。譬如我再舉一個簡單的例子。孟子曰：「形色，天性也；惟聖人，然後可以踐形。」（《孟子・盡心上》）這簡單的兩句話，我好久都弄不明白，不能了解其中的意義。前一句說的是形色，下一句說踐形，把「色」字省略掉，這是什麼意思？爲什麼說形色是天性，踐形是什麼意思？一般人籠統的看，也可以看出一點意思，但若要嚴格的了解文句，不隨便發議論，便不容易。此上句中「天性」之「性」字，不是孟子在討論「性善」「性惡」時的「性」字之義。在說性善時，「性」字是實說人性。「形色，天性也」之「性」字若作「性善」之「性」字解，則下句便應說「惟聖人，然後可以踐性」，但他卻說踐形，這便顯得上下牴觸。我忽然想到，這「性」字其實即是「生」字，

「性」字和「生」字在戰國時還是可以通用，在《荀子》書中，是常常通用的。而在《孟子》書則不常見，只有在此一章上是如此。孟子重在討論人性之善，性便是性，沒有寫成「生」字。但性、生通用，性者生也是古訓，在春秋戰國仍是如此。故孟子此句之性字，可作生解，雖然這在《孟子》書中是一例外的用法。「形色，天性也」，即是說形色是天生的。「形色」是指人的四肢百體，這「色」字亦不好解，色非顏色之色，而是如佛教所說色法之色，即物質的東西，有形體可見的具體的東西。故西方人譯此色字時，意譯是物質的東西（material things），就字面的意義直譯，則譯爲形體、形態（forms），此 forms 是具體的意義，非柏拉圖所說之理型義。故「形色，天性也」即是說四肢百體是天生的，自然而有的。下一句「惟聖人然後可以踐形」，更不好解。「形色天性也」一句，「性」若解作「生」，則下句便好講。「性」字作「生」字解，這是訓詁問題，而這句「惟聖人然後可以踐形」，則是理解的問題，不是訓詁的問題。人人都有其形體（「形色」即形體，故下句可省略「色」字），人人都有四肢百體、耳目口鼻，但爲什麼說得那麼重，說只有聖人才能踐形呢？所以這句是個理解問題，而不是訓詁的問題。孟子說這話，便表示出一個智慧來。說只有聖人可以踐形，我們都做不到。這是什麼意思？何謂踐形？人人都有四肢百體，但誰能好好地用其四肢百體呢？故有耳的，當該善用其耳；有目的，當該善用其目，這便是踐形。這踐形之義，了解起來是不很容易的，而要實行起來，更是不容易。什麼叫做有耳當該善用其耳？此如佛教重聲聞之意，若有佛出來說法，你便要仔細聽。通過佛的講說聲音而得聞佛法，此之謂正聞。這就是踐耳官這一形體之

正用了。假若你有耳而不知善用其耳，天天去聽靡靡之音，那你便把耳糟蹋了。我們生命的過程，在現在的文明之下，幾乎全是糟蹋耳目的過程，耳目糟蹋完了，人的生命亦完了。以前人說平視，便是要人善用其目。故孔子說要非禮勿視、聽、言、動。老子亦說「五色令人目盲，五音令人耳聾，五味令人口爽，馳騁畋獵，令人心發狂。」這都是糟蹋我們的四肢百體的。要善用其耳、目、口、鼻，而不糟蹋，是很不容易的。故惟聖人然後可以踐形。孟子說這話，便表示出孟子的智慧之警策與夫對於人生體驗之深，這便要靠了解。要靠了解，便是一個義理問題，而不是訓詁的問題。要了解這句話，需要有相應的智慧上的感應與體驗人生進德之艱難，否則你便不能了解。生命不能相應，無所感，不能了解，於是便亂發議論，這便是現代的人毛病之所在。

由上述的簡單的例子，可知讀中國的文獻，理解是最困難的，這些文獻幾乎人人都讀，而沒有幾個人能真正了解。對於文句有恰當的了解，才能形成一個恰當的觀念。如是才能進到思想問題。說到思想問題，便要重概念。若要講古人的思想，便不能隨意發揮，這便要先了解文句，了解文句，並不是訓詁文句。若純粹站在訓詁立場上講，孔子在《論語》中所講的仁，便沒有下定義，亦沒有訓詁。但孔門弟子多問仁，而孔子答語不同，好像前後不一致。可知孔子之回答問仁，不是用下定義、訓詁的方式說。即如孔子那些回答弟子問仁的話，如「顏淵問仁。子曰：克己復禮為仁。」，「仲弓問仁。子曰：出門如見大賓，使民如承大祭，己所不欲，勿施於人。」，又說「恭寬信敏惠」為仁。然則究竟什麼是仁？孔子說的這些文句，是否有意義？若照讀西方哲學如分析哲學的人的說法，

那根本便是沒有意義，根本不清楚。所以現在有人發議論，說不要讀中國哲學，因中國哲學語意不清。故孔子這些話究竟有沒有意義，可不可以理解？這便成了問題，這並不是訓詁的問題。故了解文句，是最基本的工夫；了解了這些文句，才能形成一恰當的概念，一到概念，便是思想。概念與概念聯結起來，便是義理。古人所謂的講義理，義便是概念，而概念與概念之間的關連，便是理。形成一概念便要用文字來表達，孔子和孟子在說這些話時，他們心中有些什麼想法？想些什麼問題？孔、孟的心中總有個想法，有個生命上的體驗。你要懂得孔、孟說這些話的意思，固然要仔細通文字，但同時亦要懂得孔、孟說這話時生命的內蘊，及其文化的背境。若果你對他們的生命沒有感應，又把他們的文化背境抽離掉，而孤立地看這些話，那你便完全不能懂。現代人了解古典的困難便在於此。現代的人對古典全沒有生命上的感應，不知道孔、孟的這些話是什麼問題，是那方面的話，不知道他們所說這些話的社會背境、文化背境是什麼，而只會用些不相干的浮薄觀念去瞎比附，這便是現代人了解古典的一個很大的障礙。

再舉一個簡單的例，以說明現代人了解古典的困難。程明道有下面的一句孤零零的話：「觀天地生物氣象。」這句話以前的人大體都可以了解。只要稍為對儒家經典有點熏習，都可以懂。然而現在的許多專家，便不能了解。有人把這句話翻為「觀察天地間有生命的東西底 disposition」，這顯然是莫名其妙的錯誤。他把「天地生物」譯為「天地間的有生命的東西」，這明顯的是譯錯了。有生命的東西有什麼氣象可觀？而「氣象」他亦不會譯，遂把「天地生物氣象」譯為「天地間有生命的東西底意向（ disposition ）」。

「氣象」譯爲 disposition 是根本錯的。「觀天地生物氣象」這話，明明是根據《中庸》而來的。《中庸》說：「天地之道，可一言而盡也，其爲物不貳，則其生物不測。」「生物」不是有生之物，「生」字是個動詞，天地創生萬物，如此方有氣象可觀。此句意即「觀天地創生萬物之氣象」，如此了解才有意義。程子亦曾就孔子言「老者安之，朋友信之，少者懷之。」而言「觀聖人之言，分明是天地氣象。」。聖人使物物各得其所，亦如「天地位焉、萬物育焉」。聖人氣象即是天地氣象，天地氣象即是天地生萬物之氣象。揚雄云：「觀於天地，則見聖人。」伊川云：「不然，觀於聖人，則見天地。」《莊子‧德充符》記叔山無趾語孔子曰：「夫天無不覆，地無不載，吾以夫子爲天地，安知夫子之猶若是也？」以天地比聖人，或以聖人比天地，是中國的老觀念。於聖賢說氣象，於英雄說氣概，這亦是中國原有的品題詞語，凡此，現在的人都無所知，故有那種怪譯。中國哲學思想本來是很合理的（reasonable），但照現在的人的講法，都變成古裡古怪的、不可通。所以你說這一代的中國人，能對得起中華民族麼？能對得起民族的古聖先賢麼？現代的人的思想力全都沒有了，這很可怕。

所以我們講文獻的途徑，第一步要通句意、通段落，然後形成一個恰當的概念，由恰當的概念再進一步，看看這一概念是屬於那一方面的問題。這樣一步一步的往前進，便可以有恰當的了解，而不會亂。所以會亂，都是因爲對文句沒有恰當的了解，而所形成的概念都是混亂不合理的概念，於是也就不能了解原文句意是屬於那方面的問題。所以有人在講《易傳》的〈坤‧文言〉時，把「直方大，不習無不利」這話中的「直方大」，解爲幾何學上的直線、方

形、及無限的空間。〈坤・文言〉這句話雖然太簡單，不好了解，但它的意思，歷來都沒有其他的講法。以前人都知道「直方大」是德性方面的概念，是表示德（virtue）的，而你卻要將之講成幾何學，這怎麼可以呢？他說我就是要把它講成幾何學，我要把它科學化，這樣便壞了，這便是這時代的大障礙。這種講法，是完全不負責任的，只是亂扯。這叫做沒有學術的真誠，沒有學術的真誠，學問便會喪失了軌道，學問一旦喪失了軌道，則任何人都可以隨意亂講。他們每藉口學術思想自由而亂說。其實學術思想自由是要根據於學術尊嚴而來，學術的尊嚴根據於學術本身有它的軌道、法度，不能運用權威，不能說我一做了官，便無所不能，便是有學問。談學問，要請教學問家。如你要研究原子、電子，便要請教物理專家，這是一定的，這叫做現代化。我們現在天天都說政治現代化、經濟現代化，卻不知道你自己這個教育學術便不現代化，這是很可怕的現象。你光說人家要現代化，而自己卻不現代化，自己卻不守規矩，不守學問的軌道、法度。以前人都有法度，如前面所說，經學的今文學家須守今文學家的法度，古文學家須守古文學家的法度，不能亂，現在卻全都喪失了。

所以要重視理解，能理解才能有恰當的概念。譬如說老子《道德經》，這又是另一種智慧之提出。如說「道可道，非常道；名可名，非常名。」這裡沒有需要訓詁的問題，只有靠你理解，看你能不能理解這兩句話，這純粹是思想問題，而且還不是普通的思想，而是智慧。「無，名天地之始；有，名萬物之母。」道家的智慧便是「無」的智慧，究竟何謂無？又何謂有？「故常無欲以觀其妙，常有欲以觀其徼。」，這些句子你了解不了解呢？現在的人都不能

了解。不了解便說不了解算了，但現在的人卻要用種種不相干的新名詞、新觀念來攪和，弄得亂七八糟。故現代人不守規矩、瞎比附的本事很大，本來若有可比較的地方，是可以比較一下的。比附靠想像（imagination）想像有創發性，也很重要，康德也很重視想像。但想像也要有想像的軌道，不能隨意亂想。何以現在中國人的比附本事特別大？那是八股文習氣的後遺症。八股文不是學問，只是要小聰明，那完全是訓練你比附、瞎扯。隨意的比附，然後以之乎者也湊起來，便是一篇八股文。這習慣養成後，影響知識分子非常大，使中國人到現在仍不會運用概念，不能有概念的思想（conceptual thinking）。現在我們說學西方文化的好處，便是要學概念的思考，你不會運用概念，便不能現代化。概念不是很高的層次，但必須經過這一步。概念這一步，亦好像是孔子所說的「興於詩，立於禮，成於樂。」中的「立於禮」一階段。我們的生活、人品，要在禮之中才能站起來，故曰立於禮，我們的思想能夠站起來，能挺立起來成為一個思想，便要在概念中才可以。故這二者是相平行的，我們的人品要立於禮，可類比思想要成其為思想，要在概念中。離開概念，思想便不能站立起來，而只在感性的層次。故我們常說，社會上一般的人，只是停在感性的階段，而沒有進到概念的階段。你不能輕視這個，這影響很大。現代中國的大悲劇，亦是因為頭腦沒有概念化而造成的。共產黨人訓練了一套不成概念的意識形態──虛妄理論，便可以把知識分子的頭腦全都征服了。只有一般世俗的聰明，是抵抗不了共產黨的。若輕視思想而重感性，這便表示你的思想意見大體是停在感性的層次上，或是在想像的階段中，那你在面對共產黨時，便會吃虧。以前在民國三十八年，我

們撤退到台灣來時，便曾有人提出這個意見。我們之所以有這樣一個大挫折，其關鍵便是在於此。

　　思想要在概念中立，如同人品要在禮中立，所以我們講文獻的途徑，便是重視這個意思。由文句的了解形成恰當的概念，由恰當的概念進到真正的問題。是什麼問題，便要照著什麼問題來講。如果是道德的問題，便照道德問題來講；是宗教問題，便照宗教問題來講；是知識問題，便照知識問題來講，是不能亂來的。如現在的人最討厭道德，而孔、孟是歷來都是講道德的。儒家由道德意識入手，這是沒有人能否認的。可是現在的人就是怕講道德，一說到道德，就好像孫悟空被唸了金箍咒似的，渾身不自在。所以現在的人都不喜歡講道德，怕了這個名詞。故要將「直方大」這道德的詞語，講成幾何學的概念，根本不知道「直方大」說的是什麼問題。又如《中庸》裡所說的誠，有人便以物理上所講的「能」來說。其實誠便是誠，是道德意義的概念，你不能用自然科學的物理概念來了解。物理的概念只能用來說明物理現象，怎可用來說道德的德性？以前譚嗣同便曾以物理學的以太（ether）來說仁，譚是清末的人，我們可以原諒他，他能為維新運動而犧牲，亦很值得人欽佩，但他的思想並無可取。仁是道德意義的概念，怎可以用以太來說？一定要這樣說才覺新鮮，認為這樣才可以科學化，這便完全講壞了。對於這些我們亦簡直無從批評起，亦無從說起，這只有靠自己省察，知分寸而客氣一點，不要到處逞能。以上是隨便舉些簡單的例子來說明。

　　後來各期的思想，譬如到魏晉時期，你如要了解魏晉時期的思想，你便要把那時期的文獻好好了解。譬如說王弼、向秀和郭象提

出迹本這個觀念來會通孔子和老子。孔、老如何會通,或如何消解儒家和道家的衝突,是魏晉時期的主要問題。爲了解決這問題,他們便提出迹本這個觀念來。何謂迹本論?何以這個觀念可以會通孔、老?這便要好好了解。王弼很了不起,是個眞正有思想的人,他能抓住這個時代的核心問題。他能不能眞正解決這個問題,那是另一回事。在魏晉人看來起來,或許是認爲已能解答此問題。假若儒、道不相衝突,便可會通,而究竟是在那個層次上可相會通?你不能籠統的說三教合一,這樣的話是沒有用的。假使二家有衝突,則是在那裡有衝突?你不能說凡是聖人說的都是好的,我們都該相信。魏晉的時候,顯出了儒、道的衝突,道家的毛病都顯出來了。在戰國的時候,則二家之衝突尙未顯出來。王弼、郭象他們都能抓住這當時的時代問題,而要以迹本一觀念來會通。若要了解魏晉的思想,便要了解這個問題。若要了解這個問題,便一定要讀文獻。但魏晉時期的文獻,不像孔、孟的文獻那樣的明白和集中,而是零零碎碎的散在注解中。即在王弼《老子注》、郭象《莊子注》中,亦有些是在《晉書》和《世說新語》中,找起來不大容易。若資料找不出來,那你便不能讀,不能了解這時代的思想。魏晉這時代其實是一個很重要的時代。

再下面便是佛教的階段。佛教的文獻更難讀,一部《大藏經》那麼多,摘要而讀之,讀那些?了解佛教如何了解法?你能否了解中國吸收佛教的經過?對緣起性空,你如何了解?何以唯識宗要講阿賴耶識?何謂轉識成智?這些都要好好了解,後來發展至天臺宗、華嚴宗、禪宗,一步一步的發展,是有其發展上的必然性的。以前的人能盡他們的時代的使命。天臺宗、華嚴宗的大師們眞了不

起，世界上並沒有多少哲學家能敵得過他們。你贊成不贊成佛教是
另一回事，你須先作客觀的了解。要了解天臺、華嚴的義理，談何
容易！比之了解空宗、唯識宗難多了。到要了解禪宗，那便更爲困
難。你看禪宗啓發了個什麼問題？這不是現在談禪的人所能了解
的。現在談禪的人，正如《紅樓夢》中所說的「妄談禪」，是所謂
文士禪，連野狐禪亦說不上（野狐禪的境界其實是很高的）。文士
禪又懂得了什麼呢？近復有人拿維特根斯坦來與禪宗相比較。我不
知道維特斯坦和禪宗有什麼關係！如此比較，能比較出什麼來呢？
這根本是既不懂禪宗，亦不懂維特根斯坦。

　　由上述，可知在這時代講中國學問，是很困難的，故我們現在
勸大家走平實的路，這等於「歸根復命」。要講中國思想，首先要
把這些文獻好好的了解一下。第一步是了解文句，再進一步便是個
理解的問題。光訓詁是沒有用的，因爲那些文獻需要訓詁的地方並
不很多。所以你說訓詁明則義理明，這話當然是有問題的。今天便
講到這裡。

（楊祖漢記錄）

原載《鵝湖月刊》第11卷第1期（1985年7月）

哲學研究的途徑

梅校長、馮主任以及各位先生、同學：

今天所打算講的題目是「研究哲學的途徑」，這是很平常的一個問題。哲學這一門學問，本來依照康德（I. Kant, 1724-1804 A. D.）所講，不是可以學的。我們學哲學，大體學的只是哲學史，就是學歷史上某一人的哲學，譬如柏拉圖的哲學、亞理斯多德的哲學，這是個人意識思考所得的結果，假定叫它是「哲學」，那麼則是「主觀的哲學」（subjective philosophy）。但是相對於此種主觀的哲學還有一種叫做「客觀的哲學」（objective philosophy），此大體即是康德所說的「宇宙性意義的哲學」，此種哲學則不是可以由學習而得。因為我們所學的只能學作哲學性的思考活動，亦即學作理性的思考。宇宙性意義的哲學，所以無法透過學習而得，主要是因為天地間沒有一門現成的學問擺在那兒叫做「哲學」。數學可以學，歷史也可以學，但卻沒有一門學問叫做「哲學」，也沒有人敢以哲學家自居，依康德的意思，哲學家就是能將宇宙性意義的哲學「人化」或「人格化」者，在此，「人格化」或許不是很好的表達，其義大體是相當於程伊川所說的「以人體之」之意。在中國哲學中，以人的實踐行動、道德行動來體現宇宙性意義的哲學者即是

「聖人」；而古希臘哲學中，能如此體現宇宙性哲學的人，即僅為
「哲學家」（philosopher）。此種哲學家或聖人，現實上是沒有
的。所以客觀意義的哲學是不能學的，我們所能學的只是學作理性
的思考。學歷史上某家某家的哲學，那只能說是學歷史，不能說是
學獨立的理性思考，而要能獨立思考，這是要靠個人努力的。所
以，從這個觀點講，可以說我們學哲學是一種訓練，不論學西方哲
學或中國哲學，都是接受訓練，亦即通過歷史上某某人的理性思考
的結果，再經自己的消化而轉化為自己理性的思考。因此，哲學史
的訓練是不能沒有的。

去年，我在東海的演講是談論「哲學的用處」，探討哲學具有
那些作用。那一次演講的講詞在哲學系主編的《中國文化月刊》①
上也發表過，諸位可以找來看看，也許有點幫助。簡單地說，我們
接受一套哲學訓練，必須要能有所作用，也就是必須要能「放
光」。放光的意思，就是對於時代的問題，要關心，要能起照明的
作用。因為這個時代所以不安寧，所以有思想的衝突，根本是個哲
學性的問題。依照共產黨的說法，就是意識形態的問題（problem
of ideology）。這個「意識形態」不是普通的、隨便說的意識形
態，在這裡所說的乃是代表兩個世界──民主世界與共產世界──
的兩個價值標準。這兩個價值標準根本無法協調，因為生活的方
式、原則與方向皆不一樣。這個問題當然是哲學性的問題，而隨時
呈現在我們眼前的，都是這些問題的衝突，就拿我們跟中共大陸的
同胞作一比較，兩邊的人一見面，統統是中國人、黃皮膚，交談時

---

①請參看《中國文化月刊》第42期。

或者說四川話，或說山東話，或說廣東話，聽聞鄉音彼此都感到很親切，但講到最後，一個是反動的資產階級，一個是無產階級，那麼就沒話講了，這就是問題之癥結所在，亦是這個時代的艱難處。

因此，我們讀哲學，一方面要有專門的訓練，依康德所說之訓練——哲學思考的訓練，要有西方哲學的訓練，也要有東方哲學的訓練。而訓練的結果，則是要能隨時用心，留意這個時代有些什麼樣的問題，如此我們所學的哲學才是有用。但是要使哲學有用是相當困難的，因為當我們關心時代的問題，發現一些不合理的現象，而且是屬於思考性問題的衝突時，若想有一合理的處理是相當不容易的。所以，議論雖然多端，但大體上都是不合理性的，因為沒有受到完全的哲學訓練，亦即沒有學到像康德所說的理性思考。

順著這個意思，我今天主要想舉兩個例子，讓大家用心思考一下，在這兩個例子中，即可表現我們是否能作理性的思考，能否解答社會上流行的一些觀念。第一個例子是：馬克思曾有一句話：「以往的哲學都是解釋世界，而我們現在的哲學則當該改變世界。」馬克思所謂的以往的哲學，指的是從希臘哲學一直到他之前兩千多年的哲學，大體上是想說明這個世界，如科學的說明或哲學的說明。而哲學說明中又可分知識論、形上學、存有論、宇宙論等，這些無非都是想對世界有一說明。至馬克思提倡共產主義革命，則認為應該改變世界，因為革命是個行動問題。在此，我們注意到「解釋世界」與「改變世界」是兩個互相對揚而對顯的說詞，所以馬克思說的這句話並不完全是錯的。就如培根也說：「要想征服自然，必須先了解自然。」所謂「了解」就是說明，而了解之後才能征服、控制自然，此亦是改變世界之意。這種改變世界的意

思，儒家也是承認的，儒家雖然不說改變世界，但也說「參天地、贊化育」。在此，所謂參天地、贊化育，即含有改變世界之意。當初大度山只是一座荒山，漸漸地轉變成如今的東海校園，這不就是參天地、贊化育嗎？這不正是改變世界嗎？所以改變的意思不一定非指把黃銅變成金。「改變」蘊含著實踐的意思，亦即以往我們去解釋世界、說明世界，現在我們根據解釋所得去付諸行動。若如此解釋馬克思的那句話，他所說的也不無道理。

但是，現在有些聰明人在談論中國大陸為什麼容易被馬克思主義征服的問題時，認為共產黨的這套思想所以能在中國大陸生根，就是因為儒家原來就重視實踐，會有改變世界之意。這顯然是把馬克思所說的無產階級革命之改變世界，與儒家所說的「參天地、贊化育」之實踐關聯在一起了。這種聯想顯然很有問題，好像馬克思真成了聖人之徒，似乎馬克思所說的這句話，在《中庸》裡邊就可以找到根據，因為《中庸》裡的確講「參天地、贊化育」。但這實在是一種謬妄的聯想，這樣的聯想好像認為馬克思思想在中國傳統中可以找到根據，實際上是毫無根據可言。我們看看馬克思改變世界的結果如何呢？結果是階級鬥爭，殺人盈野；土法煉鋼，遍地災黎。但儒家所說的「參天地、贊化育」，卻教人「致中和，天地位焉，萬物育焉。」，並沒有叫我們去殺人做那殘忍的事，沒有叫我們去土法煉鋼，做那白癡的事。又好比蘇聯有位生物學家李森科，他認為他的生物學是「唯物辯證法的生物學」，而我們一般所學的生物學則是「資產階級的生物學」。他並且認為在資產階級的生物學下，小麥無法大量生產，唯有在唯物辯證法的生物學下，才可以使小麥大量生產。然而宣傳了好久，小麥仍然照舊，並沒有增加很

多的產量。這種想法很明顯地代表了共產黨改變世界的思想。羅素曾說了句很幽默也很有意義的話，他說史達林這一套思想，用來「威嚇人」很有效，但用來「威嚇自然」卻失敗了。所以我們不能一看到實踐行動，就將其等同於共產黨之改變世界；也就是不能因為共產黨主張實踐、行動與改變，而儒家也說「參天地、贊化育」的實踐、行動與改變，就以為馬克思主義可以在中國大陸盛行是有其傳統的根據，這完全是荒謬的聯想。這種似是而非的議論是很害事的，一般人不用頭腦仔細思考，很容易就接受了這種說法。我今天提出這個問題，就是希望大家仔細地思考一下，不要為這種謬妄的聯想所搖惑。

還有一個例子是：有些人認為我們現在反對共產黨的極權專利，那麼我們就不能承認中國自古以來（自秦始皇以降至滿清）都是君主專制，因為如此一來豈不是替共產黨的專制找到傳統的根據了嗎？這種忌諱，其實也是沒有必要的，我們不能因為反對共產黨的極權專制，所以就忌諱說中國自古以來就是君主專制。中國以前是君主專制和共產黨的極權專制根本不相干，這是不能隨便拉在一起講，也不需要把它視為一種忌諱。要能針對這個例子所引出的問題有詳細的說明與解答，也需要好多的知識與訓練。

前些時候，《中國時報‧人間副刊》登了去年八月間邀請金庸、余英時與沈君山三人所作的對話內容，主要是討論「中國應怎麼走」的問題[2]。文中，余英時教授提到馮友蘭前年到夏威夷出席「朱子學會議」後，到哥大接受母校頒贈榮譽博士學位，並作了演

---

[2]見73.3.11～12，《中國時報‧人間副刊》之〈難局下的沈思〉。

講，馮友蘭在演講時提到：毛澤東的文化大革命已經過去了，我們現在希望一個能涵蓋一切的大一統思想出現。馮友蘭說此話，當然是站在共產黨的立場說，雖然他不一定相信馬克思主義。余英時認爲馮友蘭此話說法，完全是站在極權專制的立場講的，在自由世界中，此種思想是要不得的。這是對的。因爲我們如果拿某一思想來統一天下，就等同於拿某一意識形態來統一天下，如此一來，當然是妨害個人的思想自由、學術自由。自由世界所謂反共，也就是反對此種思想。極權社會是一個封閉社會（ closed society ），它很顯明地是對反於自由世界的開放社會（ open society ）；而極權社會所以封閉，就是因爲被一套一家之私意所統制。在封閉社會中，不能肯定各種的自由，因此，也就不能肯定多元價值。而在自由世界的開放社會中，所主張的最重要的概念就是肯定多元價值。

但是，余英時似乎是將統一的「一」代表共產極權主義，只以多元價值的「多」來代表自由世界，而卻並未顯出自由世界中的「一」，這樣，「一」與「多」便必然是衝突的、矛盾的。然而，「一」與「多」是不是一定衝突呢？我們是不是可以問：自由世界，像英、美國家，是不是只有「多」而無「一」呢？美國是開放社會，且肯定多元價值，從華盛頓的立場，有美國的憲法爲依憑，但是各州也有它們各自獨立的憲法，此是否表示美國這個開放社會只有「多」而無「一」？再看看英國，英國可以說是自由、民主的發源地，那麼英國是不是也只有「多」而無「一」？自由世界之爭取民主自由，可以說從十三世紀英國的〈大憲章〉就開始了，英國也沒有經過天翻地覆的革命，很穩定而且按部就班地就進到了現代化。比起英、美兩國，德國和法國的政治還達不到如此穩定程度，

德國政治始終不太穩定，而法國的多黨政治也很麻煩。這兩國當然都肯定多元價值，但卻沒能達到像英、美兩國政治之穩定程度。由英、美兩國政治之穩定看來，我們不能否認英、美也有「一」，因為，假定只有「多」而無「一」，彼此立場不同，天天衝突，根本就無法成就我們現在所看到的英國、美國。所以，我們不能因為英、美國家主張多元的開放社會，就以為他們只有「多」而沒有諧和的統一。很顯然的，英、美國家也有「一」，那麼問題就在於：我們應如何了解英、美式的「一」？又如何區別共產極權的「一」與自由世界的「一」？

在共產黨所統治的極權世界中，是拿一套死硬的意識形態來控制人們，所有的人只能依照此一意識形態去行動，其他的思想皆被禁止。自由世界中，當然也有很多國家允許共產黨為合法，因為在它們那裡，共黨自居為政黨。但在臺灣則是被禁止的，因為中共專從事於顛覆。無論如何，這種禁止不同於共產黨之專制，因為在臺灣，除了馬克思主義以外，其他很多思想都是合法的；而在共產主義社會，則是除了馬克思主義以外，其他的都被禁止。所以，我們應將共產世界所主張的「一」之意義明確地界定，然後再回過頭來，看看自由世界所有的「一」又是什麼意義的「一」？因為，假定自由民主社會不具有「一」，那麼就無法維持社會的秩序與安定；但很顯然地，英、美兩國不但社會安定，政治也穩定，從來也不出什麼大問題。就好比尼克森雖然是總統，但鬧出了水門事件，遭到罷免被請下台，也沒有發生流血事件和鬧革命，這可以說是民主世界政治上了不起的成就，而且應該算是代表了一種諧和的統一。那麼，這種情形的「一」又是什麼意義的「一」呢？這種問題

就需要我們好好地思考，詳細地說明才行。要不然，共產世界既只有「一」而無「多」，自由世界便應只有「多」而無「一」，如是「一」與「多」是互相衝突的，依此，反共的自由世界便不能承認有「一」，不能有「一」，社會根本就不能安定。如此一來，我們就應該仔細思考，什麼意義下的「一」才是與「多」相衝突的，這個問題需要好好地解釋與說明。

余英時教授似乎認為自由世界中只能是多元的，而不能講「一」。認為我們平常所說的「自由、平等、博愛」具有「可塑性」，可以做各種不同的解釋。同時，臺灣方面所提倡的三民主義，其中民族主義講倫理，民權主義講民主，民生主義講科學，而「倫理、民主、科學」也是具有可塑性。因其具有可塑性，故可以成為一個開放社會。在此，「可塑性」一詞用得是否恰當？此種說法究竟有沒有說明「自由、平等、博愛」與「倫理、民主、科學」所蘊涵的意義？而「自由、平等、博愛」或「倫理、民主、科學」究竟代表不代表一個「一」？此種「一」與共產黨所標舉的「一」，應如何加以說明和區別呢？光說「自由、平等、博愛」具有可塑性是不行的，「可塑性」指的是可以接受不同的解釋，但此並不即能表示「自由、平等、博愛」的意義。如此「倫理、民主、科學」可以有不同的解釋，如此一來，究竟拿誰的解釋作標準？所以「可塑性」這個名詞，我想是不妥當的。倫理、民主、科學並沒有什麼可塑性的解釋。民主就是民主，假定有「可塑性」，那麼毛澤東可以說：你的解釋是第三階級的民主，而我的解釋是屬於第四階級的民主，而且，你的民主不可靠，我第四階級的民主才是真正的民主。如此一來，是不是表示毛澤東也講民主？同樣的，自由就

是自由，無所謂不同的解釋，或可塑性的解釋。所以，「可塑性」
這個詞語是很不妥當的。他又莫名其妙地聯想程、朱是專，陸、王
是紅，所以這個時代只應講程、朱，不應講陸、王③。這真成了笑
話。若說紅，都是紅，所以自稱漢學家者說理學家空疏無用，而且
在一意義下，程、朱之紅尤甚於陸、王，故戴東原斥程、朱以理殺
人。實則此皆妄也。何得更濫用共黨紅、專之邪言，來比附說陸、
王是紅，程、朱是專而又以為不應講陸、王？

　　嚴格地講，「一」與「多」並不必然衝突，就如康德所講的十
二範疇，其中「量範疇」（quantity）包含了「單一性」
（unity）、「眾多性」（plurality）和「綜體性」（totality），而
「單一性」與「眾多性」合起來就是「綜體性」。這三個範疇各自
獨立，但並不互相衝突，此即表示「單一」與「眾多」並不必然矛
盾、衝突。共產黨拿一套思想來統一天下，這代表一個「單一
性」，而自由世界的「自由、平等、博愛」或「倫理、民主、科
學」雖足以保障「眾多性」，但同樣也具有「諧一性」，那麼這兩
個世界的「一」應該如何區別？在此，需要明確的解釋，這個問題
才能暢通，要不然藉口反共的人永遠拿「多元」來打你這個
「一」。我們自己要自覺到我們所主張的「一」是什麼意義的
「一」，如此才能理直氣壯地講「一」，同時也才能理直氣壯地反
對共產黨所講的「一」。否則說話就顯得中氣不足，尤其是碰到那
些習用時下流行名言亂作聯想者──所謂的「漂亮人物」（smart
fellow），自然就為其所攪和而迷惑不清。實際上，這些人並沒什

――――――――――

③同註②。

麼眞知灼見，他們只知對社會上流行的觀念來留心，並且拿這些觀念到處用，其實，他們自己也並不一定眞懂。例如何炳棣當初在美國，很有名氣和地位，做到講授敎授，但是一旦投共，竟然說「自由是奢侈品」，這是很沒良心的話。這類人很麻煩。所以，我們所要思考的問題是：在什麼情形下，「一」可以避免是個極權專制的一？大家必須正視這個問題。

這幾十年來，從大陸至台灣，關於這個問題的癥結，始終沒有化解。好比共產黨講「唯物論」，我們要反對共產黨，但又不敢公開講「唯心論」，所以我們就講「心物合一論」，表示旣不唯物也不唯心。同樣的，共產黨講「唯物史觀」，我們不能講「唯心史觀」，所以就講「民生史觀」。這一類的理論，並不是不可以講，其是跟在共產黨後面說，結果是無效。因爲馬克思主義成爲一套「意識型態」來禍害天下，自然有它的心理上的反動，它代表「純粹的否定」（pure negation）。「純粹的否定」依照宗敎立場講，就是撒旦（Satan），撒旦代表魔鬼，是 spiritual evil，是與上帝絕對相反的，所以是純粹的否定。共產黨採用一大堆漂亮名詞來吸引知識份子與青年人，表示他們所說的理論是進步的、理想的與革命的；而資產階級則是腐敗的、落後的。現在甚至還提出「精神汙染」這種詞語，「精神汙染」是多麼高尙的詞語，怎麼可以拿來亂說？可見，共產黨所提倡之唯物論或唯物史觀，就好像撒旦一樣，所以它的特色容易凸顯出來。但是我們這邊總是順著共產黨的理論，再提出一個相對的理論，這等於是放馬後炮，根本起不了作用。從抗戰時期開始，我就發覺到這個問題。

馬克思主義所說的唯物論和哲學史上所說的唯物論並不一樣，

哲學史上的唯物論是很平常的，如德謨克利圖斯（Demokrites 460-370B.C.）的「原子論」即是唯物論。而所謂唯心論，也是一廣義的名詞，嚴格講起來，西方哲學史沒有眞正的唯心論。一般將 idealism 翻成「唯心論」是不恰當的。idea 依柏拉圖說，指的是「理型」，依康德說則是「理念」，指理性上的一些概念，至於照柏克萊（George Berkeley 1685-1753 A.D.）所說則爲 perception，我將其翻爲「覺象」。因爲 idea 照希臘文原義，即指可感覺的各種相狀、可看見的各種形相，所以柏拉圖所說的 idea 並不很合乎希臘文之原義。海德格（Martin Heidegger 1889-1976 A.D.）即認爲柏拉圖將 idea 之意義顚倒。但是，我們現在讀西方哲學史，大都是依柏拉圖的說法來理解 idea。實際上，英國哲學家柏克萊也懂希臘文，他用 idea 的意義，即指 perception，就客觀講爲 percepts，就主觀講則爲 perception，此即指「覺象」；可感覺的現象，也就是指形相或相狀（form or shape）。所以，idea 不管是指「理型」、「理念」或「覺象」，雖與心有關，但不即是心。依柏克萊講，idea 所代表的是指「現實的對象」（actual objects），它是客觀的對象，不是主觀的心本身。所以西方哲學，嚴格而言，沒有眞正的唯心論。中國所講的心性之學才是眞正的唯心論，但同時也是眞正的實在論，如陸象山所說的「宇宙即是吾心，吾心即是宇宙」，這講的就是心，而不是 idea。又如佛教所講的「如來藏自性清淨心」。也是指的眞正的智心本身。因此，使用「唯心論」這種名詞，不能隨便混淆，否則令人頭腦混亂。廣義地講，idealism 可翻成理想主義，但是共產黨一來，認爲不是講唯物，就是講唯心，所以 idealism 就變成了唯心論，這是簡單的二分法，其實是不

對的。

　　馬克思所說的共產主義的唯物論，並不是哲學史上與理想主義
（idealism）相對的唯物論，他是針對客觀事實（objective facts）
說唯物。馬克思所說的客觀事實即是物，而客觀的事實是沒有人能
否認的。依康德所說，在空間中的表象（representation）即是物，
在時間中的表象即是心，而馬克思所說的物即是此義，所以共產黨
順此說法，認為康德也有一點唯物論的意思。嚴格地講，馬克思在
英國住了很久，他那一套思想應該叫做「動態的實在論」
（dynamic realism），此不同於羅素等人純就知識層面而言的「靜
態的實在論」（static realism），因為他要改變世界，所以要付諸
行動，因此他所說的理論是動態的。馬克思採用黑格爾（G.W.F.
Hegel 1770-1831 A.D.）的詞語來裝飾他自己的理論，如此一來，
「動態的」（dynamic）一詞轉為「辯證的」（dialectic），所以馬
克思的思想即稱為「辯證的唯物論」。「辯證」一詞，根本不能應
用於經驗事實（empirical facts or physical facts），我們不能說物
理、化學的變化是辯證的，這種說法根本不通。所以，馬克思說黑
格爾的理論是頭在下腳在上的大顛倒，是錯誤的；實際上，馬克思
自己的理論才是大顛倒。馬克思硬是將「辯證」用在經驗事實之
上，根本只是譬況之詞，只是說著好聽而已。基本上，這種用法根
本不合學術術語的意義與軌道，亦可說是一種濫用，如此一來，一
切都成了辯證。譬如馬克思說數學中「正」與「負」有辯證的關
係，因為負負（double negation）得正，這種說法實在是瞎比附。
實際上，沒有人說數學中的演算是辯證的，同樣的，陰陽電子的關
係，也決不可說是辯證的。所以，不可以把「辯證」隨便用在經驗

事實或客觀事實之上。

　　一切的哲學理境可分爲兩種：一種是分別說的理境，亦即是分解的（analytic），一般的哲學家都是用功在此方面；另一種則是辯證的理境（dialectic）。因此，我們研究哲學的朋友們，在此就當該注意西方哲學家在使用「辯證的」一詞時，所含的意義爲何。從古希臘開始，已有人使用 dialectic，康德也使用 dialectic，不論是古希臘時的說法，或是康德的說法，dialectic 都是一種貶詞，指的就是製造幻象。康德在《純粹理性批判》中所說的「純粹理性底誤推」（the paralogisms of pure reason）與「純粹理性底背反」（the antinomy of pure reason）④，都是指一些假象，爲什麼是假象呢？因爲在其推理過程中有錯誤，而所謂「二律背反」，其背反並非眞正的矛盾，是自己鬧出來的矛盾，是可以批判掉的。所以，康德使用 dialectic，是一個貶詞，不是個好字眼，而說它是一個貶詞，即表示其背後是以邏輯作標準。但什麼時候開始，康德所說的 dialectic 轉變爲「辯證法」？dialectic 正式叫做「辯證法」，是源自黑格爾哲學，而黑格爾意義的辯證法在什麼意義的問題下出現，並使得 dialectic 的意義由消極（negative）轉爲積極（positive）？這是哲學中一個大問題，需要大家好好考慮，甚至可以拿來當作博士論文之研究論題。

　　這幾年來，我也常和同學們談這個問題。黑格爾意義的「辯證」，只能講精神生活的發展，講自己修養功夫的發展。修養不是

---

④請參看康德《純粹理性之批判》第二分，第二卷〈純粹理性底辯證推理〉第一章、第二章。

一句話，需要層層往裡發展，在此發展中才有辯證的意義出現。這就好像王若水在大陸上所說的「社會主義的異化」，「異化」即是辯證中的一個概念。所謂「異化」即是自我否定（self-negation），為什麼可以自我否定呢？這在數學或科學中是不可能的，只有在精神生活中才有可能。個人精神生活的實踐活動，可以由正面轉成為反面，好比佛教中強調「涅槃」為修行的理想境界，但如果我們一味地執著於涅槃的境界，那麼就將涅槃轉成非涅槃，此可以說是「涅槃的異化論」，亦即表示涅槃自身的否定。所以要懂得「辯證」，是需要好好訓練的，必須對古希臘意義與康德意義的辯證，有清楚的認識，然後再看看康德意義的辯證，在什麼情況下轉為黑格爾意義的辯證。依黑格爾所講的辯證，代表的是一個哲學的大理境，而非虛妄假象。而且只能在精神生活的發展上講。但是黑格爾的講法只是一個開端，最好的講法是在中國的道家與佛教，在道家與佛教中，對辯證的意義講得最暢通，一點毛病也不顯。

我們再回到前面所說的「一」與「多」的問題。很明顯的，我們在自由世界中，也不能沒有「一」，但自由世界中所說的「一」，並不是像共產黨想拿一套思想來統治天下的「一」。所以，要對治或瓦解共產黨那一套思想，就不能跟在後面放馬後炮，這樣只是消極的反應，到頭來總是吃虧的。要自己先站穩立場，能講就講，不要講就不要講。我們既然反對共產黨那一套意識形態，所以就該好好反省我們所強調的自由、平等、博愛或倫理、民主、科學所代表的「一」，這不能與共產黨的「一」相提並論。自由、平等、博愛就好像家常便飯，它不是理論（theory），所以不能把

它看成一套 ideology 意識形態。平常有人說，馬克思的共產主義是一套意識形態，同樣的，儒家思想也是一套意識形態。這種說法，可以說是完全不了解儒家思想。儒家思想並不是一套意識形態，如果我們將儒家的教訓如五倫等，看成意識形態（ideology）或教條（dogma），那是錯誤的。君臣、父子、夫婦、兄弟、朋友這人間的五種關係是事實而非理論，它具有普遍性與常道性，所以不能將其當成一套思想、理論看。由此看來，我們對於一些詞語不可以隨便亂用。五倫既不是理論，所以不可譯為 theory，當然也不能翻為 dogma。我討厭有些人用某某學說如政治學說、教育學說等來說孔子，又有人說孔子是大教育家、大政治家等，也是很無聊的說法。因為一說「家」，就是指「專家」（specialist），必須具備專家的知識。實際上，雖說聖人無所不能，但並不說他就是什麼專家。這就好像在宗教上說上帝無所不能，但是某一國真該亡國時，上帝也是照樣的沒有辦法。

我們提倡自由、平等、博愛，自由就是自由，沒有什麼可塑性的解釋，或其他什麼不同的解釋。平等就是平等，它本身具有一定的意義。自由世界的平等，就是給予每個人平等的機會自由發展，而不是說大家都非吃兩個麵包不可才叫作平等。同樣的，博愛就是博愛，沒有資產階級的博愛或無產階級的博愛的不同解釋。所以自由、平等、博愛是有其確定的意義的，而就在此確定的意義下使社會表現了諧和的統一，這個「一」就保障住「多」，也保障了社會的開放與自由。同時，我們也靠倫理、民主、科學所表現的「一」來保障自由世界的各種活動，令其有一定的分位。這種意義的「一」，我們叫它做「活一」，而拿一套思想來統治天下的一則為

「死一」。「死一」就是王船山所謂「立理以限事」。這樣的「死一」是不能保住多元價值的。「死一」不可講，但「活一」必須講。如果我們只講「多」而不能顯出「一」來，或只以「多」來反對「一」，則自由世界必日趨於散漫與灰色，而中心無主，而亦越發助長共產極權者之氣焰，加深其對於自由世界之蔑視，並輕忽多元價值之可貴。

我們講倫理、民主、科學等，其背後最高的標準是自由，是套在自由世界講，而三民主義所強調的也是如此，所以「活一」和「死一」是很不同的。「死一」好比一個人空想一套思想，並以此一套思想來統一天下。但實際上，要統一天下是不能依靠某一人自己空想一套思想的。好比儒家所強調的，想與社會溝通，必須靠個人的人格與智慧，不能靠個人的思想或意識形態，如此才能成就真正解放的開放社會。中國文化傳統中，無論是儒家或道家，主要就是培養這種精神，而西方的自由世界，所強調的也是如此。所以，如何清楚地區分「活一」與「死一」，值得我們大家仔細地想一想，順著我剛才的分析，或許我們可以切實地解決這類問題。

最後，我們再談談哲學訓練之方式。我們總希望受了哲學訓練，能解決時代的問題，並且大放光明。我們從唸哲學系到取得學位，甚至取得教授資格，都是個人自己研究活動。因為在大學裡教書，每個人都是教個人所感興趣而有所研究的課程，因此，都只能算是個人行動而沒有共同研究。這幾年我常想到，唸哲學如果光是個人的行動，並不太夠。因為有些事不是個人之力所能成就，也有些工作不是短期就可以完成。譬如對於一門學問，沒有一個人能從頭到尾全部把握得住，頂多是把握一部份。就拿了解康德哲學來講

吧，西方人在翻譯康德三大《批判》時，很少一個人能完全翻譯出來，大抵是一個人譯一種。所以，要整個把握康德的哲學系統，必須靠分工合作，並且需要有持續性。又比如我們現在講哲學史，沒有一個人，一部哲學史從頭到尾全部講完，總是講了一部份或半截，時間就差不多了，結果是講到宋明理學時，往往是「尊德性、道學問」兩句話就結束了。如此講法，這門學問當然不能算是完整地講究。解決的辦法，就是要靠大家分工合作，每人負責一部分，才能將哲學史的課程充實而完整地講完。

我最近深切感受到這一點，所以常想到《華嚴經》譯經工作這個例子。華嚴宗之譯經決不是一個人所能完成的，華嚴宗裡許多人前後連續、彼此合作，才完成了《華嚴經》的翻譯工作。而且像這種譯經工作，作為共同而且長期合作的地方，這就是寺廟，在這個場所，大家可以聚在一起研究和工作。這幾年，我就想到，在學校的科系以外，當該在社會上成立一個永久性的「哲學研究中心」，在此研究中心裡，大家朝著一定的方向，彼此分工合作。這種工作，當然不能期望在學校教書者負責，因為在學校裡，各人有各人負擔的課程，當然不能要求他們彼此合作。但是，研究中心的工作性質則不同。因為在研究中心一定的方向下，個人除了主觀方面的工作以外，也可以共同參與一些客觀的研究活動；比如整理文獻這種工作，就可以彼此分工合作，並且可以連續地作下去。而且，只有在研究中心裡，才能真正的培養一些人才。所以昨天晚上與馮主任談話時，我曾談到中央研究院所做的工作，到底是什麼樣的工作，我實在不太明白。而我這個哲學研究中心的構想，也是順著這個問題提出來的，它與大學的研究工作並不重疊，它本身有一定的

方向和工作；而且這些工作，不是在大學任教的個人，獨自所能負擔的。

最後，我們將今天所講的做一個總結：首先講的是，我們唸哲學的，對此時代當該有負擔，並舉幾個例子來說明。想要解答我們這個時代所遭遇的一些問題，就必須有相當的基本訓練，也就是需要有學術訓練，才能對時代的問題有所關心。如此，讀哲學的用處才能顯出來，才能大放光明。其次，我們現在若要強調哲學的用處，並持續下去，光靠學校教育恐怕不夠。所以必須成立一個研究中心，好好培養一些人才，大家在一定的方向，彼此分工合作，才能使哲學眞正放光。我今天就講到此爲止。

（民國73年講演於東海大學茂榜廳，尤惠貞記錄。）

原載《中國文化月刊》第83期（1986年9月）

哲學與圓教

一

　　哲學，philosophy 一詞，在西方希臘的古義解作 " the love of wisdom "。在希臘文 philo 是愛，sophia 是智，即愛智慧。洞見到「最高善」謂之智慧。「愛智慧」即嚮往最高善，衷心對之感興趣、有熱愛、有渴望。所以哲學或智慧學，作爲一門學問看，是離不開最高善的。離不開最高善，也就是離不開實踐理性的。實踐理性必指向最高的善。最高有兩義：一是究極，一是圓滿，在此取圓滿義。康德道德哲學中之「最高善」最好譯爲「圓善」，意即整全而圓滿之善。所以希臘古義的哲學，是追求最高的善，是相當於中國傳統的所謂「教」。聖人所說的就是教，即不說聖人，亦可以說：凡足以開發人之理性並指導人通過實踐以純潔化人之生命而至其極者爲「教」。所以哲學就是開發人之理性並指導人通過實踐以純潔化人之生命的學，從此意義說，哲學是一種教訓，即依概念與行爲而說的教訓，即包含概念與實踐兩方面。概念即最高善的概念，行爲即是「最高善因之而被得到」的那行爲。故哲學也可以說

是「最高善論」。

愛智慧旣是尋求最高的善，但有智慧未必展開成系統。將智慧概念化而成爲教訓，便可形成系統。所謂系統，即孟子所說的「始終條理」，即形成有始終條理的概念教訓。系統往往不能無偏，像人之性格、性之淸、性之和、性之任，皆有所偏。西方自希臘以後，哲學都只偏重於以概念形成系統，而忽略了古義中尋求最高善的「教」的意義，古希臘意義的哲學反而在中國傳統保留了，發展到現在英、美的分析哲學，哲學等於沒有了，歐洲哲學均不言最高善，缺乏道德成份，古希臘意義的哲學反而在中國傳統保留了。儒、道、佛可說是中國的哲學，是東方實踐的三形態，儒家的道德修養是實踐，道家的修煉是實踐，佛家的戒、定、慧亦是實踐。儒家要人成聖人，道家要人成眞人，佛家要人成佛，都是要純化我們的生命。

二

康德講最高的善或圓滿的善，是德福合一的。就是說，德福兩方面兼顧才是圓滿。中國人不這樣講，孟子講「殺身成仁」，董仲舒講「正其宜不謀其利」，乃是從道德意義講，幸福必須以道德爲條件，不可逆其序而說道德以幸福爲條件。德福一致當然是圓滿，但須以德爲條件。福不能苟得，求之有道，得之有命。福之得與否不能由自己決定，這有個人之命限在，這與存在有關。德之得與否則可完全自己決定，由自己負責任。孔子所謂：「我欲仁斯仁至矣。」德與福的關係是綜和關係而非分析關係。旣非分析關係，那

便沒有必然性。我們靠何種因素將二者連在一起，使報應絲毫不爽，德福之間有一恰當的比例呢？所謂「大德必得其位，必得其壽」，一般人都是這樣希望。但現實上不一定如此。西方將這理想上的德福一致寄託在上帝的存在上，所以康德認爲上帝的存在是一必須的設定。上帝的必要性即在於使最高的善之概念成爲可能。但最高的善在現實上永遠達不到，西方文化精神即顯爲不斷的追求，多元的，相互激盪、衝突，而顯出精采，教的哲學意義變成基督教宗教形態的教，是通過上帝而非通過實踐和自覺來達到，基督教不像儒、道、佛肯定實踐以成神。中國文化開始已是一統一性的文化，梁漱溟稱中國文化爲理性的早熟。中國文化爲諧和的統一體，是單線一直向前的；大陸馬克思主義爲中國文化的一大歪曲。中國儒、道、佛三教都強調從實踐達於最高善，這永遠達不到的最高善亦可一下子達到，此即謂「頓悟」。我的《圓善論》就是要將康德的最高善論轉進一步，從中國儒、道、佛的立場說圓善。

（本文爲牟先生在法住學會十月份文化講座所講。由於錄音出了毛病，未能錄下牟先生所講之全部內容，此爲劉國強根據筆錄整理而成。）

原載《法言季刊》第4期（1986年12月）

中國文化發展中義理開創的十大諍辯

這個題目看起來大得很，對這樣大的題目，我想以條舉的方式，對每一部分用幾句話做綱領式的說明。雖然是大題小作，只要能將問題的眉目勾畫清楚也就可以了。

所謂中國文化發展中義理開創的十大諍辯，其中前九個都是過去歷史中流傳下來的，而第十個則是我們眼前時代的問題，合起來共十個。因為我認為我們這時代是與歷史相關連著的，不是孤立的。現代人大體是橫斷面的思考，和歷史接不起來，這在民族文化的發展上並不是正常的現象。所以我要把當前時代的問題也列入文化開展的大流中來討論，希望能喚起一般人的注意。

所謂「義理開創的諍辯」乃是從中國幾千年的歷史發展中特別關注於思想方面的諍論來考察，說得專門一點，也就是屬於哲學問題的諍辯。

第一個諍辯就是春秋戰國時代：儒、墨的諍辯。春秋末期儒家思想建立以後，跟著就有墨家的興起，兩個集團主張不同，於是有儒、墨是非的諍辯。在儒、墨以前，夏、商、周三代沒有思想上的分歧諍辯，所以儒、墨是非可以算是中國文化發展史上第一個諍辯。《莊子·齊物論》裡有句話說：「道惡乎隱而有真偽，言惡乎

隱而有是非，道隱於小成，言隱於榮華，故有儒、墨之是非，以是其所非而非其所是。」可見諍辯的激烈。莊子想要消解這個大諍辯，便提出「欲是其所非而非其所是，則莫若以明」的辦法——這些話在這裡不能詳細講，有原文及注解在，大家可以自己去看——莊子是道家，道家有道家的一套想法，他想用道家那一套來平息儒、墨的爭論，究竟做到做不到，中肯不中肯，我們先且不管。我現在想要請大家注意的是通過儒、墨是非的爭辯，儒家在中國文化的發展中取得了正統的地位，一直貫穿到清朝末年。到民國以來才出問題，雖然出問題，但並沒有完全斷絕。即使最反儒家的共產黨，當年批林批孔，可是現在大陸上又不批孔了，變回來尊孔，可見儒家是有其定常性的。儒家為什麼有此定常性，這是值得注意的。

第二個諍辯就是孟子和告子的「生之謂性」之辯。孟子為什麼一定反對「生之謂性」？主要為了講「仁義內在」。這是一個了不起的大問題。能了解仁義內在，就能了解道德之所以為道德，儒家之所以為儒家。平常每一個人都會講道德，都有一點道德感。但是什麼是道德的切義，並不一定能懂。所以要了解什麼是道德，什麼是儒家的本質，仁義內在是一個很重要的關鍵，這要靠孟子才能表達出來。所以我叫這一個主張是一個「偉大的洞見」（great insight）。這一偉大洞見二千餘年來並沒有幾個人能真正了解它的意義。假若諸位想要了解這論辯的內容，就必須好好去讀《孟子‧告子》篇。這一篇的文句和義理都不容易了解，我曾費了一番工夫把這一篇從頭到尾逐句疏解過一遍，收在《圓善論》一書中，大家找來看看，可以幫助了解。以上是先秦的兩大諍辯。

　　兩漢以經學為主，在思想上沒有突出的表現。經學到東漢末年便僵死了，不能滿足人的精神生活，於是有清議出現。由清議釀成黨錮之禍，再一轉成為魏晉的清談。清談和清議有很大的不同，清議議政事，清談談「三玄」。「三玄」是《老》、《莊》、《易》，而以老、莊道家思想為主導，所以魏晉思想可以說是道家的復興。自從春秋戰國儒、墨之爭後儒家取得正統地位以來，墨家這一套思想便沒落而趨於斷絕。道家雖也興起於同時代，但在當時儒、道的衝突並沒有顯出來，莊子並沒有批評孟子，孟子也未曾批評莊子。到了魏晉時期，道家興盛，遂顯出了儒、道的衝突。但孔子聖人的地位，早就在歷史上被公認了，沒有人能反對，這一來，人們便立刻察覺到道家和儒家的衝突有解決的必要。因此，會通儒家和道家就成了魏晉的時代課題，當時的說法叫做「會通孔老」。由王弼首先提出「聖人體無」、「聖人有情」一類的主張來領導這一時代的思想，向秀、郭象也都朝這方面努力。他們以「迹本論」來解決這個問題。他們認為通體達用方能能算是聖。周、孔皆聖人，有創制之用；自用而觀，他們皆在迹中。但他們所以能有迹用是因為他們能以「體無」為本。體無者能將道家所講之「無」體而有之之謂。但老、莊卻只能講之而不能體之，此其所以終於只能為哲學家而不能為聖人，但其所講之道卻並不錯。王弼等這種會通法是否能會通得了，當然還有問題。尤其這種大教的會通，並不是一了百了、一定永定的事，這問題永遠是新鮮的，即使到現在，依然有重新衡量的價值，你若稍一接觸這一問題，則思想境界馬上得到開發，這是人類永恆的問題之一。

　　第四個諍辯也發生在魏晉時代，就是名言能不能盡意的問題，

這也是哲學上一定要接觸到的大問題。這種諍辯雖然發生在魏晉時代，其實老子《道德經》開頭一句「道可道，非常道，名可名，非常名」便已經對名言的作用有深刻的反省。有可以道說的，有不可以道說的。不可以道說，即表示我們的名言有其限制性，不能把某些道理完全表現出來，亦即我們常說的「書不盡言，言不盡意」的意思。魏晉人討論名言的作用，分成三派說法：一派是主張名言能完全盡意，這是歐陽堅的主張。一派是主張完全不能盡意，這是荀粲的主張。另一派認為完全盡意乎，也很難說；完全不能盡意乎，也很難說，這一派是主張「盡而不盡，不盡而盡」。這是王弼的主張。這三派主張都有他們的論點和論據，詳見我的《才性與玄理》一書，大家不妨找來看看。言與意的問題即在現在依然是新而又新的問題。二十世紀從三十年代到五、六十年代，幾乎就是羅素所說的「維特根什坦的時代」。維特根什坦所以能在這時代出鋒頭，無非是靠他那句話——「凡是可以說的，就清楚地說，凡是不可以說的，就保持沉默。」什麼是不可說的呢？他認為關於形而上的真理、善的問題、美的問題，還有世界的意義、人生的價值等，都屬於不可說，不可說就不要說。這種主張就是邏輯實證論所宗主的。邏輯實證論是英、美哲學界的顯學。但是這種主張當然不可能是最後的，我們討論當代的哲學問題，便直接想到魏晉時代的論辯，又直接想到《道德經》的「道可道，非常道」一語中所函的可道之道與不可道之道之分。可見這種論辯是永遠常新的。

第五個諍辯，發生在南北朝時代，就是關於「神滅不滅」的問題的諍辯，這是因為佛教傳到中國來，其中有輪迴的說法，當時有一個自然主義者，接近唯物論的思想家叫范縝反對輪迴，主張「神

滅」──人死後精神現象即歸滅盡。范縝有一篇〈神滅論〉流傳下來。但是佛教方面為了講輪迴，必主張神不滅。所以當時也引起一場諍辯。這些辯論的文章都收在《弘明集》及《廣弘明集》裏。但這些文章很少人看，也很少有人討論這個問題。這可能是因為這一番辯論，在現在看來，並沒有成個型態。其所以沒有展開成型，問題不在范縝這一面，范縝這一面講神滅的自然主義思想本是極簡單的頭腦就可達成的。而是在佛教界那些講神不滅的人不夠深入。現在我們重新反省，又比照西方宗教來看，便知其中問題並不簡單。首先，神不滅既不是儒家所說立德、立功、立言的三不朽，其次，也不同於基督教所說的靈魂不滅。因為佛教的神不滅應該從阿賴耶說，阿賴耶是識心，識心是剎那滅的，正好與基督教的靈魂不滅相衝突。法身常住也不是不滅的個體靈魂。嚴格講，儒、釋、道三教都無西方個體靈魂不滅的觀念，其講「常」與「不朽」都不指靈魂講。然而當時的諍論對於這些都不能深入明徹，也不能有明確的規定。所以這個諍論看起來並未成型，似乎只是一時歷史的現象，並無多大思想上的價值。然而我們現在可重新考量之，也未始無消極的價值。

第六個諍辯是佛教完全吸收進來以後，發生於天臺宗內部一個關於很專門的問題的諍辯。他們所諍辯的問題太專門，所以不容易為人所了解。但這問題成型態，而且對開拓人類的智慧非常有貢獻。這就是天臺宗「山家山外」關於圓教問題的爭論。什麼叫「山家」？山即指天臺山。智者大師晚年在浙江天臺山宏法開宗，天臺宗的成立完全是靠智者大師，所以叫這宗派為天臺宗。天臺宗當身正宗叫做「山家」，而旁枝不合天臺教義者謂之「山外」。唐武宗

毀法時，把佛教經論燒燬殆盡，天臺宗文獻也不能倖免，所以佛門沒有文獻可讀，而天臺宗亦隨之中衰。好在天臺教義在此之前已傳到高麗，在那裡有完整的文獻保存下來。到唐末五代吳越王才再派人到高麗取回天臺宗文獻。天臺宗和尚又重新了解本宗的教義。但因爲義理深微而且斷絕太久，所以有些人能接得上，有些人便接不上了。接不上的，在了解上便產生偏差，大抵是用華嚴宗的觀點來了解天臺宗。當時眞能了解的人是知禮，號四明尊者，是爲天臺宗第十七祖，他起而維護本宗，後世稱爲「山家」，而稱不了解者爲「山外」。山家、山外相互論爭，這叫做山家、山外的諍辯，擴大說也可以說是天臺宗和華嚴宗的諍辯。天臺、華嚴二宗是佛教在中國發展達到高峰的表現，而二宗所爭的焦點集中在「圓教」的問題上。圓教的問題是哲學上最高深最終極的問題，西洋哲學尚未能接觸到這一理境，可見其理論的深微。但中國的思想家沒有人能把它宏揚出來，這是很可惜的事。我們現在如果能再提出來研究，則在了解中國自身的文化的價值上，與對西方文化比較的工作上，都有非常重大的意義。

再接下來，是宋明時代理學家的興起，也是儒家的復興。宋明理學中，大家當然知道有程、朱和陸、王的分別，但這是宋明內聖之學內部之分別，這不是我們現在所要注意的。我現在所要提出的第七個大諍辯是南宋時候陳同甫（亮）和朱夫子的諍辯。大體上看，宋明儒的學術討論集中在內聖之學方面，而朱夫子和陳同甫辯的卻是外王的問題，所以這一個諍辯很有特殊性。這一個諍辯的主要論題是由討論漢、唐價值而起。朱子站在純粹道德的立場，地道是道德主義，認爲漢、唐沒價值，就如我們一般社會上也會說「髒

唐臭漢」，因為漢、唐皇帝大都亂七八糟，所以站在嚴格的道德立場看，漢高祖、唐太宗是不及格的。但他們是英雄，一個開漢朝四百年，一個開唐朝三百年，都是了不起的英雄！朱子就不管這一套，人若不守道義倫常，就判為無價值。以這種嚴格的眼光去評量，則歷史只剩下堯、舜三代，三代以後不值一提，連平常人最稱讚的漢、唐盛世，在理學家看來還是不行。所以陳同甫就出來爭，他說照你這種說法，則三代以後豈不就是「架漏過時」？所以他稱讚漢、唐英雄之主，認為儘管有一時之糊塗，但當其心清眼明，則有所見，有所為，能為人間作主。他是絕對的英雄主義者。兩方面諍辯得很厲害，文獻俱在，大家應該看一看，這是屬於歷史哲學的問題。朱子以道德觀點來看歷史，只能做「道德判斷」。本來對個人的修行工夫，嚴格地用道德約束是可以的，但對歷史的了解，是不是完全站在道德立場做道德判斷就可以呢？這便有問題。我認為要了解歷史，應該具備兩種判斷才行，一個是「道德判斷」，一個是「歷史判斷」。沒有道德判斷當然不行，蓋因為若這樣就沒有是非。但只有道德判斷也不行，所以另外要講歷史判斷。朱子只有道德判斷一面，不能引進歷史判斷，這樣便不能完全說明歷史，就有陳同甫「架漏過時」之譏，譬如秦始皇固然昏暴，站在道德判斷上當然不行，中國人從來也沒人說秦始皇好。但是秦始皇在歷史上有他的作用，而且這一個朝代在歷史上總是個存在的事實，我們當如何去了解呢？總不能因他沒道德，便抹去不談；要談，便須有另一種判斷的談法。又譬如共產黨毛澤東這一類妖怪，站在道德判斷上，是混蛋，毫無價值，但共產黨的出現在中華民族的發展中是個不容抹殺的事實，我們當如何去了解這一段歷史？讀歷史是很難

的，兩種判斷都要具備。而且歷史判斷並不表示「凡存在皆合理」。完全承認既成事實並不是歷史判斷，這裡面還有許多是智慧問題。去了解朱子和陳同甫的諍辯，就會接觸到這一類問題，但從他們爭論後，能了解這種問題的人並不多。我在東海大學時，徐復觀先生曾說要寫這個問題，那時我正好完成《政道與治道》一書，裡面有專章述解朱子與陳同甫的諍辯，並解析這兩種判斷，自信可以解決此一諍辯。陳同甫爲漢、唐爭地位，這雖然不是道德主義的立場，但若依他的觀點，他能不能維持住歷史判斷呢？一樣不能。因爲陳同甫是英雄主義，英雄主義靠直覺，直覺的立場重當下的英雄生命。英雄生命固有其精采，但只著眼於英雄生命還是不能引進歷史判斷。朱子以道德看歷史，是屬於理性的態度，但其理性，若用黑格爾的詞語說，是屬於「知性」的理性。知性的理性是學究式的、散文式的理性，以知性的理性看歷史是靜態地看。依黑格爾說，要眞正接觸歷史，必須從知性理性進入到動態理性。朱子是知性的理性型態，陳同甫是感性的直覺型態。這兩者是對立的，皆不能於了解歷史中引進歷史判斷。只有在動態的理性中——即曲線辯證的理性中，始能引進歷史判斷。蓋在動態理性中，知性與直覺的對立已被消融故，詳見《政道與治道》一書。

　接下來還有明朝王學內部的兩個諍辯，首先是王龍溪與聶雙江的「致知議辯」，這可算是第八個諍辯。王陽明講致良知，什麼叫致良知，王陽明的諸弟子了解互不相同，自起諍辯。大體說來，王龍溪是陽明家鄉的直接弟子，他可以繼承王學的精神，江右派的聶雙江、羅念庵是起疑惑者。江右即是江西，王陽明在江西平宸濠，事功鼎盛，聞風來學的人很多，但這些人浸潤不久，對王學大體不

很懂，所以王陽明去世後，便和王龍溪起諍辯。這一諍辯怎麼也算一偉大的諍辯呢？因為關於一個教義的本質以及關於此教義誰能了解誰不能了解，常常在一諍辯中顯出來。若只從話頭上看，大家都可以隨便說幾句，但這並不表示就真懂。真懂不真懂必須要在層層轉進的諍辯中看其思路如何前進，看其措辭之輕重本末，才能考驗出誰是真有所得，誰是真能相應。譬如黃梨洲對王陽明很崇拜，但他編《明儒學案》時，卻說江右是王學正宗。由這種錯誤的判斷，可見他並不真懂王陽明。王學的正宗明明在王龍溪和羅近溪。當然二溪可以有毛病，但毛病也是各從其類。若說江右學說可以有些補偏救弊的作用則可，若說江右諸人能了解王學的本質則不可。所以這一個諍辯很重要，是評判當時誰能了解王學的試金石，也是後人了解王學的一個最好的訓練。

以下再講王學內部的第二個諍辯，這可算是歷史上的第九個諍辯。這一諍辯就是許敬庵和周海門的「九諦九解」。「九諦」代表許敬庵的主張，他對王陽明「無善無惡心之體」一句話起疑惑，認為人應該「有善有惡」，怎麼可以無善無惡，無善無惡豈不沒有是非？儒家當然肯定是非善惡，所以凡是正面肯定是非善惡，便是「諦」——真理。許敬庵提出九段說辭以主張這方面的真理，叫做「九諦」。對方周海門則回答說有善有惡固然不錯，但必須了解王陽明所說「無善無惡」並不是沒有是非，而是「無善無惡謂之至善」。於是依照九諦逐條回答，叫做「九解」。但許敬庵這一面始終不能了解這「無」的意義。其實這「無」就是道家所常說的「無」。道家所說的「無」本來就是一個「共法」，任何聖人都不能反對的。而且凡是實踐工夫到達一定水準，一定要接觸到這種理

境的,所以佛家也講,儒家也可以講。《書經·洪範》篇即說:「無有作好,無有作惡。」好惡是必須有的,好惡就是是非善惡的分別,人當然要有,這當然不可否認。但當人表現好惡時,如何用最好的方式表現,這就成了另一個問題了。有善惡有是非,是屬於what——是什麼的問題,亦可以說是屬於存有層的問題,但如何表現好惡,用什麼方式表現得最好,這是how——如何的問題,亦即是作用層的問題。這兩個問題層次不同,必須首先分清。道家所講的「無」,是屬於「如何」的問題,是各家都可以講,而且都必須講的,孔子也說:「予欲無言,天何言哉,四時行焉,百物生焉。」可見「無」是一種境界,並不專屬於道家。但從前思想家,尤其是理學家往往鬧不明白,一看到「無」便認為是佛、老,便不是聖人之道,便是異端,成了大禁忌。這種禁忌在朱夫子表現得最緊張,影響六、七百年,一直不能解除。不解除這方面的禁忌,對於弘揚儒學是大不利的。所以我一直想把這個道理說明白,叫大家解除這個禁忌。因為正面的真理要如實的表現,必須用「無」的方式,這是工夫的最高境界,道家的「玄智」完全從這裡發揮出來,所以道家不容忽視。我且舉一個最顯明的例來幫助各位了解。共產黨,我們不能說沒有好惡,他的好惡強得很,他對資本家深惡痛絕,他對他所反對的東西用種種惡毒的詞語來咒罵,他又自以為同情弱者,是菩薩救世心腸,一說起話來,好像天下的真理都在他那邊。但結果為什麼變得那麼壞呢?中國有一句老話叫做「惡惡喪德」,共產黨的一切罪惡就在其「惡惡喪德」上。現實上那有十全十美的社會呢?社會的毛病多得很,當然有可以令人憎惡處,但是憎惡它,你自己不應再陷於罪惡中,你若以更大的非理性來憎惡

它,那麼,你的罪惡比你所惡的惡還大!共產黨便是因爲這樣而造成了天下的大惡。「惡惡」爲什麼會「喪德」,這句話我起初不懂,直到看了共產黨的罪惡,才使我明白。我也才眞正了解道家的思想實在也表現了人生最高智慧之一面。以前一直把它看成「異端」是不必要的。道家只是偏而已,道家只有「如何」一層的問題,而沒有「是什麼」的問題,儒家兩面具備,所以儒家爲大中至正之道。儒、道的差別即在這個要點上。一定要分淸這兩層有無,才能眞正把握儒、道兩家的本質,苦混亂一氣,一看到「無」便以爲要取消是非善惡,這樣對兩家都是不利的。「九諦九解」一番論辯,正可以幫助我們去了解此中義理之分際。

　　以上所說的九大諍辯,雖然都發生在過去,但它們是中華文化的命脈。凡是陳迹,談過去的總當讓它過去,留也留不住。但這些諍辯所表示的不可以陳迹論,它是生命的智慧方向。你一反省它,它就能開啓你的生命,觸發你的靈感,彰顯你思想的光輝,任何人都不應把它看成古董。自外於這個方向的人,便是自外於自己文化傳統的人。

　　其次,我們也對當前時代做一考察。每個時代有每個時代的課題和使命,魏晉時代的課題是會通孔、老,宋明時代是對付佛教,我們這個時代要對付那些問題呢?這對我們來說應該是很切要的,這就是我想說的第十個諍辯,但這個諍辯不是誰和誰諍辯,而是每一中華兒女都要面對的問題,總的來說,即是中華文化暢通的問題。我們的文化現在不暢通,首要的障礙是大陸被馬克思主義所征服,爲什麼炎黃子孫一定要用這一套魔道來自我毀滅呢?這眞是中華民族的大悲劇。所以當前的使命是要「破共」。共產主義根本是

一魔道,應該徹底破除,所以在這裡不說「反共」,而說「破共」。馬克思主義一天消除不了,中華民族的生命便一天不能暢通。現在鄧小平還守著四個堅持不肯放,因為他一放便要垮。但他也說了老實話,說共產主義在大陸實驗了三十多年,尚未能證明它比資本主義優越,所以現在大陸漸漸要開放。我們現在最要緊的工作就是盡力促成他開放,開放和他的堅持是矛盾的,開放到他那四個堅持堅持不下去了,共產黨便自然瓦解,中華民族才可以更生。此外,第二件工作是如何消化西方文化的問題,而其重點則在宗教方面。中國文化不管是儒家、道家、佛教,都是東方宗教的型態,此型態和西方基督教型態有根本的不同,所以我們當前第二個工作是「辨耶」。信仰自由,不管天主教、基督教,我們都不反對,但辨同異總是可以的,這是一個站在中國文化的立場,要為中國文化做主人的人所應該做的。中國文化自有其特質,能認識到多少是程度問題,無所謂。但我們不容許渾水摸魚,不容許故意歪曲、篡竊。第三件事則要「立本」,立本就是維護中國文化傳統,也就是要順著中國文化發展的主脈去恢復中國立國之大本。第四件事是要求現代化,現代化並不是洋化,我們要求現代化,但反對洋化,洋化便是失其本。以上破共、辨耶、立本、現代化四件事如果不能做到,則中華民族便不算盡其本性。《中庸》說:「盡己之性,盡人之性,盡物之性。」,人要盡其性,民族也要盡其性,盡其性就是盡當前所應有的時代使命,即暢通文化生命以健壯民族生命。文化生命受歪曲,民族生命一定受挫折。民族不能盡其性,便不足以建國。所以這是全中國人共同的使命。

　　(本文係牟先生於75年12月4日在國立中央大學與《中國時

報・人間副刊》合辦之人文社會科學「柏園講座」上演講記錄，王財貴整理。）

原載《鵝湖月刊》第12卷第11期（1987年5月）

依通、別、圓三教看佛家的「中道」義

　　「中道」是佛家一個很重要的觀念，對於「中道」的了解，依通教、別教、圓教來說，各有不同，那麼，通教所了解的「中道」，別教所了解的「中道」，圓教所了解的「中道」，他們的分別又在那裡呢？他們對於「中道」又有什麼講法呢？這個問題牽涉到佛學中的判教問題，能了解這個問題，就可了解通教、別教、圓教這三個教理系統的義理關鍵。

　　通教、別教、圓教是天臺宗判教的名詞。依天臺宗的判教，除了這三個教理系統外，還有藏教，此即「藏、通、別、圓」四教。

　　藏教是指小乘教說的，藏的意思即是三藏——經、律、論，謂之三藏。為什麼藏教是小乘教呢？為什麼以三藏來代表小乘呢？因為三藏的結集是在佛滅度後由小乘人所做的，故此便拿它來代表小乘，但這並非表示大乘不要三藏，大乘有大乘的三藏，故小乘名藏教只是歷史的因緣，並非本質的理由。

　　通教的「通」，乃是前通小乘、後通大乘的意思。在前通小乘這方面，是通教的積極義；在後通大乘這方面，則是通教的消極義。因為前通小乘，即表示這個教可以把小乘接引到大乘來，所以說它有積極義；但在後通大乘這方面，因其在解脫上只能除見、思

二惑，以及界內塵沙惑，未能斷除界外塵沙惑及根本惑，故此其解脫只能限於三界以內，未能進於三界以外，故說它只有消極義。其實，通教之所以為通教，以前通小乘這方面為其當教義，當教即當身，即通教自身的意思，表示通教自身有其特殊的教義、特定的內容，和小乘是共通的。①

假如就《般若經》般若的立場來看通教之通，以為這個「通」是依般若觀空來說的話，那並不是天臺宗所說通教的意思。般若只是一融通淘汰、蕩相遣執、不捨不著的精神，它實則只是一個共法，佛教中一切大、小乘均須肯定它而不能所有違背。它本身空無特定的內容，只是順著既有的大、小乘教法而如影隨形地表現，它可在大乘中表現，亦可在小乘中表現，而它本身則不能說是大乘或小乘，因為它只是共法。所以，般若絕對不能決定教乘的是大是小，而這個教的系統內有什麼特殊內容，般若亦不能決定。以前的人對於這個意思可能不大了解，故提出了共般若與不共般若之分——以般若在小乘的教法中表現，與小乘共通的為共般若；在大乘的教法中表現，專屬於大乘的為不共般若。這個說法其實是不很通的，般若就是智慧，智慧又怎能有大小之分呢？智慧可在天地萬物處表現，甚至涵蓋天地，但亦可在我面前這隻小小的杯子上表現。就表現智慧這方面講，智慧是沒有分大小的。所以，假定般若這觀念亦和智慧一般有這樣的意思和規定，則不應有「共般若」和「不

①諦觀《天臺四教儀》：「通教者，通前藏教，通後別圓，故名通教。又從當教得名，謂三人〔聲聞、緣覺、菩薩〕同以無言說道，體色入空，故名通教。」

共般若」之分。

前通小乘是通教的當教義,即是通教自身的意思,這表示通教自身有一些特殊的主張、特殊的教義下和小乘相通的,但這相通的地方不是由般若這方面來講,不是在般若這方面,那麼,這相通的地方又是什麼呢?這通於小乘的「通」又應依什麼方式來講呢?換句話說,通教自身的特殊主張及特殊教義,是什麼來的呢?關於這個問題,其實是值得我們好好地想一想。通教的通,不是在般若這方面講,而是就著佛果方面來講。小乘成佛的最高境界是阿羅漢(聲聞乘)、辟支佛(緣覺乘),作為通教的龍樹菩薩的空宗,雖然屬於大乘,所謂大乘空宗,但假如就成佛講的那個佛性,依龍樹學的思想,還只是灰斷佛,灰斷佛和小乘的阿羅漢、辟支佛沒有什麼不同,都是同樣在解脫後灰身滅智——在成佛以後,灰身入滅,連智也不表現了。這不是後來大乘所說的大乘佛,後來大乘所說的大乘佛是講佛法身常住、永恆常住,小乘是不會達到這個境界的。所以,從灰身滅智、灰斷佛這個地方講,通教在佛果解脫方面是和小乘共通的。這點就是通教自身所表現的特殊教相。另外,還有一點特殊的主張是和小乘相通的,就是對於法的存在的解釋。龍樹學雖然屬於大乘,但對法的存在的解釋只能限於欲界、色界、無色界的三界內,不能說至三界外,因為它只能如小乘一樣依眼識、耳識、鼻識、舌識、身識、意識的六識來說法,不能進至第七識末那識、第八識阿賴耶識。第七識、第八識不在三界內,而是在三界外,未能進至第七與第八識,故顯然不能及於界外,只能限於三界以內了。龍樹學雖然是大乘,但說法的存在只能依六識而限於三界內,未能達到界外無量之境。它之所以說不到第七及第八識,更說

不到解脫後佛法身常住的觀念，是因爲《中論》裡沒有「佛性」
（buddha nature）這個觀念。《中論》裡雖然有佛性的字眼，但
它說的佛性那個「性」的意思，只是無自性的性，所以《中論》所
提及的佛性，只是說佛也是無自性的，佛也是依因待緣而成，也是
緣起。故此，《中論》所說的這個佛性，絕對不同於後來所說的佛
性，後來所說的佛性是根據《大涅槃經》講的。《中論》說的佛
性，其實可以說與杯子的性格一樣，杯子的性格是「空」，爲什麼
「空」呢？因爲杯子是因緣生起、依因待緣而有的。成佛也要依因
待緣，成佛沒有先天而成的，世間沒有一個佛好像西方的上帝一
樣，預先擺在那兒的。依因待緣就是說佛也無自性，這種意義的
「佛性」，和《涅槃經》所說的「佛性」的觀念完全不同。《涅槃
經》所說的「佛性」的觀念，在龍樹菩薩的《中觀論》裡是完全沒
有的。

　　灰斷佛的佛果，和「智不窮源，功齊界內」的這些主張，就是
通教的龍樹學裡一些特殊的主張，這些特殊的主張是通於小乘的。
我們必須清楚了解，佛教中大乘、小乘的分別，決定的力量不在般
若這方面，般若只是共法而已。雖然大、小乘都要學般若，但般若
本身卻不能決定你這個教乘是大是小。般若成爲大乘，只是說般若
在大乘教裡表現；成爲小乘，就是說般若在小乘教裡表現，般若本
身不能決定大，也不能決定小，那麼，決定大乘、小乘靠什麼呢？
那完全是靠「佛性」這個觀念。決定教乘是大是小，其實是在「佛
性」這個系統，不是在「般若」這個系統。通俗一點，是以「慈悲
心」的大與小來決定教乘的大小。慈悲心不夠，是小乘；慈悲心
大，則是大乘。慈悲心充至極至，就是達到有一眾生不成佛，我也

誓不成佛的境界。要成佛就必須就一切法而成佛，那慈悲的宏願是多麼的廣大。所以，通教的灰斷佛，在成佛解脫上以「化緣已盡，灰身入滅」的方式成佛，證明其佛性的慈悲心不夠，只有個人解脫，未能普度眾生，這是它與小乘相通的地方。

　　以上所說，只是佛學中一些基本觀念的釐清，尚非今天我想要講的東西，今天我想講的是：通教、別教、圓教三系統對於「中道」的中有什麼不同的看法，因為通教對於「中」有一種講法，我們可以用一句話點出它這種講法的特質所在；別教對於「中」亦有一種講法，也可以用一句話點出它這種講法的特質所在；圓教對於「中」亦同樣有一種講法，也是用一句話就可以點出來了。究竟通教的「中」、別教的「中」、和圓教的「中」有什麼不同的了解呢？我們由這三個系統對於「中」的不同看法、不同了解，便可以看出它們每個系統不同的特殊性格。

一、通教的中道義──「中無功用，不備諸法」

　　首先，先說通教。龍樹的《中觀論》裡有一個偈：

　　因緣所生法，我說即是空；
　　亦為是假名，亦是中道義。（《中論‧觀四諦品》第二十四）

這裡提到了「中道」。關於這個偈，可以有兩種講法，一種是天臺宗的講法，一種是龍樹的《中論》裡原本的講法。依天臺宗的講法：「因緣所生法，我說即是空」，就是空諦；「亦為是假名」，

就是假諦;「亦是中道義」,就是中諦。這樣就成了空、假、中三諦,亦即傳統的講法「連三即」,表示有空、假、中三諦。但這個講法其實與原義不合,根據梵文原義,「亦爲是假名」一句的「爲」字是「因爲」的意思②,不是如天臺宗「連三即」的講法,以「爲是」作重疊字解,或以「爲」字作「謂」字解。依龍樹的中觀思想講,他是講二諦的,不是講三諦,即是只講世俗諦和第一義諦,第一義諦就是空諦。前兩名「因緣所生法,我說即是空」是以「因緣所生法」作爲主語;而後兩句「亦爲是假名,亦是中道義」卻是以「空」作爲主語,這裡換了一個主語。天臺宗的講法則是以「因緣所生法」作爲整個偈的唯一主語,以這個主語一直連貫下來,說這個「因緣所生法」就是空,就是假,就是中,成了空、假、中三諦。但《中論》原初的本義,則以前兩句說「緣起」就是「性空」的意義,後兩句以「空」作主語,說這個「空」是個假名,因爲「空」是個假名,所以不能離開緣起而說空,以爲有一個掛在空中的一個東西叫做「空」;旣不能如此,故它就緣起而說空,而此亦就是「中道義」了。整個偈的意思,依龍樹菩薩《中觀論》的原義是:「緣起」就是「性空」,你要了解「空」,就不能

_____

②青目釋云:「衆因緣生法,我說即是空。空亦復空。但爲引導衆生,故以假名說。離有無二邊故,名爲中道。」月稱釋云:「即此空離二邊爲中道。」如是,此四句當有兩主語。前兩句以「因緣生法」爲主語,後兩句以「空」爲主語。前兩句就是「緣起性空」義。後兩句接著就說此性空之空不可執實,亦因爲它亦是假名故,所以它就是「中道義」的空。中道是就此空「離有無二邊」說。(牟宗三《佛性與般若》上冊,頁94)。

離開「緣起」，要即於緣起來了解空，空並非一實物，亦只是一假名，如此就是「中道義」的空。由此可知，《中觀論》所說的「中」，其實就是「空」，「中」只是「空」之異名，所謂第一義空，就是中，「空」和「中」是同一意思。「空」和「中」代表真諦；因緣法、假名法代表世俗諦。這樣就成了二諦，不是三諦。這是依梵文了解偈中「爲」字的意思而抉發出《中論》原初的本義，發覺原義是與天臺宗「連三即」的空、假、中三諦是有出入的。

因此，通教這個「中」，其實和「空」是同一個意思，是「空」的異名，照龍樹學講，這個「中」就是第一義空、勝義空。依天臺宗的判教，通教這個「中」無特別的意義，它以一句話來判定這個「中」的特性：「中無功用，不備諸法」，指出通教的「中」不能具備一切法。天臺宗要講一個觀念，他們認爲這個觀念十分重要，就是「如來藏恆沙佛法佛性」，佛性要成爲一切法而爲佛性，他們認爲「中」必須具備一切法才成。龍樹學《中觀論》中的「中」，用現代的說法講，其實只是把「中」的內容意義（intensional meaning）講出來，只是講它的意義。所謂「中」的內容意義，就是指出它就著一切的緣起法而言說「空」的意義，亦即就著假名緣起法來了解空，如此就是「中」的意義，我們就叫做對「中」作內容意義（intensional meaning）的解釋。天臺宗說這個「中」不備諸法就是這個意思，因爲這個「中」不需具備諸法，它只是就著一切法而說它的無自性的意義。就著一切法而說無自性就是說「空」，而說「空」的意義就是說「中」的意義，不是離開一切的假名緣起法而憑空去說，天地間那裡有個「空」擺在那裡？天地間沒有一個東西叫做「空」。天地間假定你把一個東西叫做

「空」，將它擺在那裡和上帝一樣，這樣講是不合佛法的。假定你說離開緣起法有一個本體叫做「空」，或你將眞如空性當作本體，那完全是亂講的，完全是不合佛法的。佛教說的眞如，不是本體，佛教沒有本體的意義，因爲有本體就壞了，有本體就不空。

《中論》講空講中都只是就著緣起法講，故曰緣起性空，並沒有說到它的功用。所以說通教這個「中」，只是空之異名，又說「中無功用，不備諸法」。

二、別教的中道義──「空不空，是別教義」

別教又如何說「中」呢？所謂別教，別的意思不是分別的別，而是特別的別，即特別、專屬的意思，因爲這個教理系統是專屬於菩薩，不同於小乘。菩薩道是屬於大乘，故此別教這個系統也是屬於大乘的，是專就菩薩道而講的③。依天臺宗的說法，典型的別教是指「如來藏」，即《大乘起信論》那個系統，即「如來藏自性清淨心」那個系統。根據《大乘起信論》講，如來藏自性清淨心即是眞如心，亦可以說是心眞如。此眞如心一方面是「空如來藏」，一方面又是「不空如來藏」。「空不空，是別教義」這句話，就是指出別教對於「中」的看法，對於「中」的了解，亦即是別教對於「中」是以「空不空」來說明。

別教講「中」，一方面就著「空如來藏」來講空，一方面又就

---

③諦觀《天臺四教儀》：「此教明界外獨菩薩位。教理智斷，行位因果，別前二教，別後圓教，故名別也。」

著「不空如來藏」來講不空，將空和不空相融爲一，此即是「中道」了。這個「中」不是光講一面的，光講空一面不成，光講不空一面也不成，必須空不空融而爲一。這個「中」的講法和《中觀》龍樹學依緣起法說「空」說「中」完全不同，它是依「如來藏自性清淨心」的「空如來藏」和「不空如來藏」說的。華嚴宗的法藏賢首即就這「如來藏自性清淨心」而說兩義：一是不變義，二是隨緣義，所謂「不變隨緣，隨緣不變」，表示這「如來藏自性清淨心」一方面恆常不變（不變義），一方面隨緣起現（隨緣義），它雖然隨緣起現，卻又不會改變它恆常清淨的本性。這「不變隨緣，隨緣不變」的意義，亦是就著「如來藏自性清淨心」的「空如來藏」和「不空如來藏」而說的。

那麼，什麼是「空如來藏」？什麼是「不空如來藏」？空如來藏的「空」是空什麼？不空如來藏的「不空」又是什麼？我們必須對此有一清楚的了解，這樣才能明白別敎「空不空」的那個「中」的意義。

中觀學的「空」是就緣起法而講的，「空」是指空自性，空了自性的緣起法就是如幻如化的緣起法；「不空」是對假名講。自性可以空，但假名法卻不能空掉，假名法還是必須要有的。所以，「空」是單指空那自性，並非連假名法、緣起法也一起空掉，這叫做「去病不去法」，這樣的緣起法亦即「緣起性空」的意思。但是，講「如來藏自性清淨心」的「空如來藏」和「不空如來藏」，那「空」與「不空」的意義卻不是這樣的。

「空如來藏」的「空」，是指空煩惱，不是空自清淨心，正如《涅槃經》所說的「寂滅」一樣，「滅」是滅度，滅掉了煩惱的意

思;「寂」就是寂靜,表示本身寂靜。「如來藏自性清淨心」的空如來藏,它的「空」不是就緣起法講,不是空那緣起的自性,因為「如來藏自性清淨心」根本就不是緣起法,而是與「真如」、「法性」合一的真心。佛學的發展,由緣起法的「緣起性空」進展到「如來藏自性清淨心」這個地步,可以說是一個很大的轉變。所以,《大乘起信論》的地位在佛教裡面是很特別的,亦是很有價值的,支那內學院歐陽大師這些人瞧不起《起信論》,甚至對《起信論》加以誹謗,那是不對的。儘管《起信論》可能不是從印度傳來的典籍,或者是中國人造出來的論書,但它裡面說的義理卻是合乎佛法,沒有違反佛法的,即使這本書的確是由中國人所偽造出來,但「如來藏自性清淨心」的義理規模卻不是假的,不能反對的,因為《勝鬘夫人經》、《涅槃經》、《楞伽經》等這些印度的經典都講這個觀念,故此,這個觀念是絕對不假,《起信論》講這個觀念是不能反對的。

「如來藏自性清淨心」既然不是緣起法,所以「空如來藏」亦不是空緣起法的自性,而是空煩惱。這個「如來藏自性清淨心」既然是自性清淨,那麼,它那裡會有煩惱呢?所以,它是絕對的清淨,絕對的寂滅,絕對的空空蕩蕩,這就叫做「空如來藏」。

「空如來藏」表示「如來藏自性清淨心」是「空」的,是沒有煩惱的,是清淨寂滅的,但這個「自性清淨心」除了「空」這方面,它另一方面又是「不空」的。「不空」是指什麼呢?「不空」就是指這「如來藏自性清淨心」具足無量無漏的功德法,因為它沒有煩惱,絕對清淨,故此,一切法在這裡都是清淨無漏,因著這個意義所以說它具備著無量數的無漏功德法,這叫做「不空」,「不

空」就是從這裡講的。「自性清淨心」因為「不空」，所以具備著無量數的無漏功德法；因為它具備著無量數的無漏功德法，所以它有著豐富的內容；就因為它有著豐富的內容，所以又可以說「自性清淨心」是「不空」的。這裡所說的「如來藏自性清淨心」有豐富的內容，那「內容」的意義並非指一件東西的內容，「自性清淨心」不是一件具體的東西；若是具體的東西，就成了事件（event），成了一件實在的事情（actual occasion），但「自性清淨心」的無漏功德不是事件；若是事件，就是緣起法了，「如來藏自性清淨心」絕對不是緣起法。所以，無漏功德其實是指一個生命有無量數的清淨的意義，用中國傳統的說法，這個清淨的意義就是德（virtue），即是說，這個生命有無量的清淨的德。無漏的功德就是清淨的德、清淨的意義。德就是「意義」（meaning），不是事件（event），假如一個生命有無量數清淨的德，則這個生命就是充滿無量數的「意義」，因為每一個德都是一個「意義」。平常你們說的做功德，那個功德其實只是一個事件，只能當事件來看，是不可靠的，所謂功德法事，既然是法事，那麼很明顯的它就是一個事件。現在我們說的這個功德完全是「德」（virtue），是意義（meaning），不是事件（event），假如你想用較為哲學性的字眼來翻譯表詮這個「德」，你可譯作「本質」（essence），「本質」這個名稱比較哲學性（philosophical）一點，而「德」或者「意義」則比較邏輯性（logical）一點。具備著無量數的清淨的德、清淨的意義，有著無限豐富的內容，這就叫作「不空如來藏」了。

　　「如來藏自性清淨心」一方面空，一方面不空，這種「空不

空」我們就叫做「中道」。它不是單講空一面,也不是單講不空一面,這個「空不空」和當初《中觀論》所講的空和不空完全不一樣。當初《中觀論》講空,是就緣起法講的,空的是空自性,不空的是緣起法。緣起法的自性可以空掉,但那些如幻如化的緣起法、假名法卻一個也不能空掉。佛教是承認有緣起法的,所以佛教不說斷滅緣起法,它只是說不常不斷,這裡面蘊藏著很深奧玄妙的哲理,你們必須好好地去體會才成。

「空不空,是別教義」這一句話,點出了別教對於「中道」的了解和看法。這「空不空」的意義,我們可以用另外一句漂亮的話來代替,那就是「眞空妙有」。「眞空妙有」這句話已成為佛學中一句口頭禪,但這句話不是隨便可以說的,「眞空妙有」是依據「如來藏自性清淨心」的「空如來藏」和「不空如來藏」而說。「空如來藏」就是「眞空」,「不空如來藏」就是「妙有」,「空不空」就是「眞空妙有」。妙有這個「有」,就是剛才所說的,是一個「意義」（meaning）,是「德」（virtue）,或者是「本質」（essence）,是屬性（attributes）。它不是一個事件（event）,不是一件實在的事情（actual occasion）。假如它是一個事件,那就完全不妙了,它變成是緣起法,如幻如化了。

「空不空,是別教義」,這句話便是別教這個系統的一個主要標記（essential mark）,只要通過這句話,就可以了解別教,正如通過「中無功用,不備諸法」這句話,就可以了解通教的「中」,其實就是「空」的異名一樣。這「中無功用,不備諸法」便是通教這個系統的一個主要標記（essential mark）。

三、圓教的中道義——「一切法趣，是圓教義」

圓教又怎樣講「中」呢？別教的真空妙有，空不空如來藏這些觀念是有根據的，他們是根據《勝鬘夫人經》講的。而華嚴宗法藏賢首說的「不變隨緣，隨緣不變」亦是根據《勝鬘夫人經》引申而來，亦是有根據的。《勝鬘夫人經》不是有如來藏自性清淨心「不染而染，染而不染」的話嗎？④不染而染就是不變隨緣，染而不染就是隨緣不變。「自性清淨心」本身是絕對清淨，沒有一點汙染，這就是「不染」，但忽然間它又隨緣而染，這就叫做不染而染。講「如來藏自性清淨心」這個觀念，《勝鬘夫人經》是最典型的經典，比《楞伽經》還重要。

圓教所說的「中」，也是有根據。在《大般若經》裡面有一段文章，若把這整段文章總括起來，就是這麼一句話：「一切法趣某某，是趣不過。」⑤這句話我們平常不大注意，但天臺宗的智者大師卻發現這句話有很深的哲理，這裡顯出了他非凡的智慧。所謂「一切法趣某某」，這個趣某某可以隨便舉，沒有什麼限定。你可

---

④賢首《一乘教義分齊章·諸教所詮差別第九》：「不染而染者，明隨緣作諸法也；染而不染者，明隨緣時不失自性。由初義故，俗諦得成；由後義故，真諦復立。如是真俗但有二義，而無二體，相融無礙，離諸情執。」

⑤《大般若經·善知識品第五十二》，《大智度論》卷第七十一。般若不捨不著方式具足一切法，並且，在實相般若中，任一法皆如此，一切法皆可趣任一法，如趣色、趣空、趣中等，而同樣「是趣不過」。

以一般地說：「一切法趣空，是趣不過」，「一切法趣假，是趣不過」，「一切法趣中，是趣不過」；亦可以具體地說「一切法趣色，是趣不過」，「一切法趣聲、趣香、趣味、趣觸，是趣不過」。這是《大般若經》裡一段很漂亮的文章。

「一切法趣空」，「趣」是趣赴的意思，即是說所有的法都向「空」這個地方去。究竟這句話應該怎樣理解呢？什麼又叫做「是趣不過」呢？我起初看時，不大懂這句話的意思，看了幾遍，也不大懂，而這麼重要的一句話，龍樹菩薩在《大智度論》裡卻沒有解釋。《大智度論》是解釋《大般若經》的，《經》裡面的其他辭語都有解釋，但這句話卻沒有解釋。後來，我終於從經裡反覆的言詞中，領悟到其中的意思。重複是《大般若經》經體的特色。一個名詞，一個觀念，它總是重重複複的敘述，講完一遍又一遍，其實只是專講一個觀念。這種重複其實很有智慧，也非常美，正如董仲舒所說：「言之重，辭之複，其中必有美者焉。」⑥《大般若經》的重複就證明這句話之不誤。

在《大般若經》裡，什麼叫「一切法趣空，是趣不過」呢？這句話的意思就是：假如你要說空，則一切法就趣空，都向空的地方去，而且「是趣不過」。這「是趣不過」的意思就是最後的（final）、終極的（ultimate），是指趣空的趣，當體就是終極的，再沒有能超過或超出這個趣的。你可以說「一切法趣空」，亦可以說一切法趣假、趣中、趣如來藏、趣色、聲、香、味、觸……等，同樣地，所有的趣都是「是趣不過」，這表示一切法無論趣什

---

⑥董仲舒《春秋繁露》。

麼,當體即是終極(ultimate),當體即可指歸爲無一可得的空如實相。這就是《大般若經》裡所說的般若活智的妙用。般若活智是即一切法而不捨不著地具足一切法、成就一切法,而一切法就是在實相般若不捨不著的具足成就中當體而爲終極,而爲無一可得的空如實相。但是,必須留意的是,在實相般若中具足和成就的一切,這種具足和成就的意義只是藉著般若活智的妙用而具足成就,亦即是說,這樣的一切法只不過是般若活智作用地具足成就的一切法,一切法本來就是現成的存在那裡,不過現在藉實相般若穿透之,因而使到一切法得以成就其空如的實相。所以,《般若經》只是憑藉已有之法,而說般若之妙用,但未曾對一切法有一根源的說明。

　　天臺宗的智者大師則進一步將這種般若融通淘汰的精神套於一存有論上說,以便能夠對一切法有一根源的說明,此乃智者大師創發的智慧,從這裡正可顯示出天臺宗與《大般若經》相異的地方。後者只是透過實相般若作用地具足一切法,但前者卻進而將此般若作用套於「一念心即具三千世間法」這裡⑦,而使一切法不惟在般若活智中作用地具足,且在一念心中存有論地具足,由是得到一根源性的說明。

―――――――

⑦一念心即具三千世間法,即是天臺宗所謂「一念三千」。此一念心,在「不斷斷」中,它必須存有論地圓具一切法――三千世間法。智者大師《摩訶止觀》第七章〈正修止觀〉中說「觀不可思議境」云:「夫一心具十法界,一法界又具十法界,百法界。一界具三十種世間,百法界即具三千種世間。此三千在一念心。若無心而已,介爾有心,即具三千。〔……〕只心是一切法,一切法是心故。〔……〕所以稱爲不可思議境。」

　　所以，《大般若經》中的「一切法趣某某，是趣不過」這句漂亮的說話，充其量只能表現般若活智的妙用，一切法在般若的不捨不著下而當體而為空如實相。天臺宗卻進而將這句話移置於「一念心」處說，而一念心即具三千世間法，即是說，三千世間法（一切法）全部在這一念心裡具備，以天臺宗的專有名詞說，這就是「一念三千」。三千世間的一切法就是在這「一念心」中得到存有論的具足和成就，得到一根源的說明。故此，在這個意義底下，一切法不只是在般若活智的穿透下作用地具足成就，而且是在「一念心」中存有論地具足成就。如此，《般若經》的「一切法趣某某，是趣不過」，在這裡便進而具有存有論的意義。

　　三千世間法都具備在「一念心」中，但這種具備方式卻不單只是散列地如如具備，而且亦可以是「一切法趣空、趣假、趣中……，是趣不過」地具備。即是說，假如你說「一切法趣空」，那麼一切法全部都是空，一切法在「空」這裡就是最後的、終極的空如實相；並且，一切法的存在亦全是具備在「空」這裡作為最後的、終極的存在。假如你說「一切法趣假」，則一切法就全部是「假」，全部具備在「假」這裡而為最後的、終極的存在，亦即是在「假」這裡「是趣不過」。同樣地，一切法亦可以趣中，趣如來藏、趣色、趣聲、趣香、趣味、趣觸，甚至趣我面前這隻杯子，也同樣是「是趣不過」，都是當體而為最後的、終極的存在。這是圓頓教的說法，是當機指點的一種啟示，有著很高的洞見（insight），要了解是很不容易的。在這裡我想到維根斯坦（Wittgenstein）在他的《名理論》（*Logisch-philosophische Abhandlung*），又譯《邏輯哲學論》裡曾經說過這句話：「邏輯

形式是沒有數目的。因此，在邏輯中並沒有特出的數目，因而亦無
哲學的一元論、二元論。」⑧我當時看了不大懂這句話的意思，覺
得很奇怪，爲什麼邏輯裡面會沒有特出數目呢？一元論、二元論是
哲學的問題，與數目有什麼關係？後來我領悟到所謂「邏輯」，就
是「套套邏輯」（ tautology ），它是以套套邏輯的形式
（ tautologial form ）來表現。既然邏輯是以套套邏輯的形式表現，
則邏輯形式本身就不可以用數目來表明，不能有一、二、三……，
因爲在套套邏輯裏，一、二、三這些數目沒有意義，它們每一個形
式都可以是最高的、最後的、終極的。我們不能說那幾個是更根本
的可以標舉出來以爲先在的假定，其餘都由之而推出。凡套套邏輯
的形式都是一律平等的，故此，邏輯裡面又那裏有什麼特出的數目
呢？它是不可以數目標舉的，因而亦無哲學的一元論或二元論等之
可能性。這便和天臺宗「一切法趣某某，是趣不過」意義很相近。
要了解這些具有深刻洞見的說法，是必須好好用心去思考和了解
的。

　　從「一切法趣某某，是趣不過」這句話，天臺宗由此引申出另
外一句漂亮的說話，藉此顯出圓教的意義，那句話就是「一切法
趣，是圓教義」。

　　「一切法趣某某，是趣不過」套於「一念心」而說，則一切法

---

⑧維根斯坦《名理論》4‧128云：「邏輯形式是沒有數目的（不可以數
　表明的 anumrical zahllos ）。因此，在邏輯中並沒有特出的數目
　（ preeminent numbers ），因而亦無哲學的一元論或二元論等之可能
　性。」（見牟宗三先生譯本頁68，臺灣學生書局民國76年初版）。

遂不單只是在般若活智穿透的作用下圓滿具足，並且同時在「一念心即具十法界三千世間法」當中得到存有論的圓滿具足。亦即是說，一切法在這裏才能被穩定得住，才能得到一根源的說明。

「一切法趣，是圓教義」顯示了「一切法趣某某，是趣不過」這句話具有圓教的特色，為什麼這樣說呢？因為這句話透顯著一個「理」，這個理就是一切法存有的「理」，就是所謂「中道實相理」。一切法的存有就是這個「中道實相理」中存在；而這個「中道實相理」亦是即於而且具備著一切法而為實相理。所以，「中道實相理」的「中」就是「圓中」——圓中的意義就是：它不只是實相般若的「即空即假即中」之觀法上的「中道」，而且是在「即空即假即中」當中同時具備著一切法而成為「中道」。要言之，圓教的這個「中道」，我們稱它做「圓中」，它是具備著一切法的；反過來說，一切法的存在亦必須在這「即空即假即中」的「中道實相理」中具備。故此，我們在這裏可以清楚看到，天臺圓教這個「圓中」，是對一切法的存在，即一切法的根源，有所說明的。

大乘佛教的唯識宗亦對一切法的根源有說明，他們以阿賴耶識作為一切法的根源，故此，唯識宗這個系統就叫做阿賴耶緣起系統。他們以識的變現為中心說明一切法的出現。唯識就是唯識變，一切法的存在都是由阿賴耶識變現而來，這是唯識宗的講法。阿賴耶識即是第八識，而第八識和第七識（末那識）都是在欲界、色界、無色界的三界以外，所以，唯識宗說法的存在遂可以及於三界外，因此，它可以屬於菩薩道的法門，可以算是別教。但天臺宗雖承認唯識宗屬於大乘別教的系統，但卻不視它為典型的別教，而說

它是「界外一途法門」，不是「通方法門」⑨。別教的「通方法門」是指《勝鬘夫人經》的如來藏緣起系統，阿賴耶緣起系統其實是從如來藏系統中開出來的「一途法門」。所以，天臺宗以如來藏緣起這個系統作為典型的大乘別教。

唯識宗講唯識，以「識」說明一切法的存在，但這並不是圓教所說的「一切法趣識，是趣不過」的那個「識」。因為唯識宗的這個「識」，是分解地說的「識」，而圓教所說的「一切法趣某，是趣不過」，是開決了唯識宗的分解說的識而為非分解說的「一念心」，即「一念無明法性心」。此固是識，但卻是非分解的識；此固亦是心，但是非真常心，而是煩惱心、剎那生滅心。

所以，依圓教說「一切法趣某某，是趣不過」的方式，則固然可以說一切法趣識，是趣不過，而一切法就是唯識；但亦可以說一切法趣色、趣聲、趣香、趣味、趣觸……，故一切法亦可以是唯色、唯聲、唯香、唯味、唯觸……。即是說：圓教的每一個趣，都可以是最後的（final），當體即成終極的（ultimate），這就是圓頓的意思，必須從這個地方才可以了解圓教所以為圓的意義。

圓者，滿也。天臺宗這種說法的方式，就表示了一切法在「一切法趣某某，是趣不過」套於一念心這裏可以得到圓滿、具足。從這裏我想到宋代理學家程明道，他的「一本論」也和「一切法趣某某，是趣不過」一樣，有著圓頓的意義，因為「一本」的意思是指一個路頭，天地萬物都只從這一個路頭出去，並且在這個路頭處得

---

⑨智者大師《法華玄義》卷第五下云：「界外一途法門，非通方法門。恐猶是方便，從如來藏中開出耳。」

到絕對的圓滿、絕對的自足。這種講法絕對不同於西方哲學所說的一元論，一元論其實很簡單，並不太難了解，因爲它只是用分解的方式，指出宇宙最後的本體只是一個，譬如說上帝是宇宙最後的本體，這就是一元論。假如說宇宙最後的本體是兩個，那就是二元論；是超過兩個以上的，那就是多元論。無論是一元論、二元論、或者是多元論，他們全部都是用分解的方式講，以分解的方式建立，但程明道的「一本論」，卻不是分解的講，而是就一個路頭相即著天地萬物而一起圓融地講──無論從那一個路頭出去，每個路頭都是最後的、當體而爲終極的，並且是絕對地圓滿、絕對地自足；換一句話說，每一個路頭都可以涵蓋天地萬物，這和一切法無論是趣什麼，同樣是「是趣不過」的意思完全相同。所以，程明道的「一本論」是圓融的說法，它是以非分解的方式建立，這和西方哲學以分解的方式講一元論，如肯定上帝乃唯一本體的方式完全不同，這裡顯示出中國人特別的智慧。

程明道的「一本論」，可以借墨子「兼愛」那個觀念來一個比照。墨子的「兼愛」要怎樣講呢？必須從「天志」那裡講起，但「天志」高高在上，無法觸及，那怎麼辦呢？唯有另外從「至親者始」，那樣才可以將「兼愛」這個觀念落實而行。於是，「天志」成一路頭，「至親者始」又成一路頭，這樣便成了兩個路頭。孟子對於墨子這個理論最反對，他以爲這樣便成了二本了。程明道循孟子之反二本而談一本，以爲道理只有一個路頭，任從一處說起皆通全體，故云：

萬物皆備於我，不獨人爾，物皆然，都自這裡出去。（《二

程全書》，《遺書》第二上）

不單只從我這裡說皆備於我，從任何物處說亦皆備於它這個我，故「不獨人爾，物皆然，都自這裡出去」。這就是程明道的一本論。

程明道的「一本論」，和天臺宗的「一切法趣某某，是趣不過」，都顯示出徹底圓滿的意義。

最後，我們可以綜括說：在大乘佛教的系統裡，通教的龍樹學的「中」是空之異名，是「中無功用，不備諸法」；別教的「中」，是「空如來藏與不空如來藏」的真空妙有；圓教的「中」，卻是「一切法趣某，是趣不過」的圓中。

（本文為牟先生於民國76年10月間在香港能仁研究所所作之學術演講，賴光朋記錄。）

原載《鵝湖月刊》第14卷第4期（1988年10月）

「陽明學學術討論會」引言

　　今天師大人文中心舉辦「陽明學學術討論會」，是很有意義的事。主辦單位要我在會前做一引言，因爲時間並不很充裕，我只略爲表達一點意思：

　　陽明學在明武宗年間出現，以後一直往下傳，學風盛大，試打開《明儒學案》一看，幾乎全部都是王學。可是發展到明朝末年，王學中的泰州學派盛行，講學的情形有一些奇詭，被一般人目爲「狂禪」。又恰逢明朝亡國，所以顧亭林、王船山諸儒出來，因爲不忍亡國之痛，而有歸咎學術之意，尤其對王學特別不客氣，比之爲洪水猛獸，把亡國的責任推到王學上。從此以後，大家便習於這些評論，道聽塗說，人云亦云，遂眞認爲王學負亡國之責。其實何嘗如此？前友人唐君毅先生對此有比較中肯的解說，他說：「唯有知識分子才能如此責備知識分子，旁人沒有資格這樣來責備知識分子。」這句話很有深見。顧亭林與王船山是站在讀書人的立場，表示君子對天下、國家、歷史、文化負責任的態度，才會說那種悲痛反省的話。事實上，明朝亡國與王學有何關係？王陽明能負那樣大的責任嗎？這也猶之乎顏、李學派的顏習齋罵宋朝理學家說：「北宋出那麼多聖人，不能夠免於徽、欽之北狩；南宋出那麼多聖人，不能夠挽救帝昺之投海。」你那些聖人又有何用呢？所謂「無事袖

手談心性，臨難一死報君王」這於事何濟？若是把這種話看成是知識分子責備賢者自我惕勵的表示，則有意義；若是普通人也拿這樣的話來罵人，便是不負責任的風涼話。北宋徽宗、欽宗被俘，是程明道的責任嗎？還是伊川的責任？南宋帝昺投海，是陸象山的責任嗎？還是朱夫子的責任？明朝亡國亦復如此。明朝中葉以後，政治那麼貪殘腐敗，能在社會上冒生死爲百姓講話的，大都是泰州派的人物。泰州學派的理學家都具有英雄氣，有「赤手搏龍蛇」的手段。大家看《明儒學案》中被當政者誣蔑迫害的理學家有多少，就可以曉得把亡國的責任推給理學家公平不公平了。所以明朝末年的理學，在中國知識分子的腦海中留下一個很壞的印象，是有點莫名其妙的。到滿清一來，學問轉了另一個方向，不但反王學，甚至反整個宋明理學，他們說宋明理學不是儒學，而是來自佛、老。凡是這些批評，都是流言、浮言、濫言，是不可信的，但中國的知識分子到現在還是這種論調，可見懵懂到什麼程度。

換另一個角度來看，日本吸收中國理學的歷程也和中國學術發展相平行，開始是朱子學，以後是王學，而接受王學的那些人，如佐藤、大鹽、吉田、西卿等，都能有事功的表現，幫助了明治維新。可見王學的影響並不一定都是負面的。爲什麼王學在中國被指爲狂禪誤國，而在日本開花結果呢？這是一個值得探討的問題，張君勱先生有一本《比較中日陽明學》的小冊子，大家可以參考參考。

王學在中國泯沒兩、三百年，民國三十八年以後，我們的老總統重新在台灣提倡王學的知行合一，並特地將草山改爲陽明山。老總統在國族多事之秋提倡陽明學，其用意是很好的。但是這種學問

是不太容易談的。尤其在國民黨的政治背景、三民主義的系統下，對於中國文化傳統的關係有些微妙，可以用「若即若離」形容之——你說國民黨不負一點文化的責任，這是說不過去的。當年孫中山先生講三民主義時，也承認堯、舜、禹、湯、文、武、孔、孟的道統，這表示國民政府以繼承傳統文化自許，而且歷年來確實常有表現。尤其共產黨以破壞中國文化為職志，國民黨當然要表示對文化的承擔使命。這樣，便表示國民黨在本質的意識上，應可以接得上中國文化，這就是所謂「若即若離」的「即」。但仔細考量起來，究竟能「即」到什麼程度呢？國民黨對中國文化的瞭解和誠意有多少呢？則很難講。——以下我說幾句比較客觀的話，亦即是老實話，請大家不要見怪——我雖然不做國民黨員，但我向來不隨便批評國民黨，因為我就剩下台灣這一塊生存地了，如果再隨意搗亂下去，事情緊急了，你有地方跑，我往那跑？住到國外並不是舒服的事，你知道嗎？所以我不贊成殷海光那些人，也不贊成雷震那些人。就連我的朋友徐復觀先生對國民黨有些過激的話，我也不贊成。我與國民黨沒有恩怨，我不是站在國民黨的立場反共，我是站在孔子的立場反共，站在人類理性的立場反共，站在中國文化的立場反共。為什麼我還在台灣？因為台灣還允許我講孔子，大陸上連講孔子的自由都沒有。在這種情況下，我就可以生存在台灣，並且有時表示一些文化上的意見，期望國民黨能更上一層，真正為中國文化發揚出一點成績來。——若依照國民黨原初的建國使命，想要使政治活動配合文化發展往前進，則他應當越過清朝，而繼承明末三大儒的意識下來，往前開一個歷史文化大格局。因為明末三大儒的意識是順著宋明數百年內聖學之完熟而要求開外王事功的意識。

這一意識正合乎西方十七、十八、十九世紀三百年開近代文明的方向，時間既相合，方向也相同，那是一個很好的契機。西方十七、十八世紀是崇拜中國文化的時代；法國大革命、美國獨立宣言，其理論的基礎多引證《孟子》。那麼繼承孔、孟而開發的顧、黃、王之思想意義在西方可以得正果，為什麼在中國便不能開近代文明？這其中的歷史運會當該切實正視。須知三大儒的理想不幸被滿清的異族軍事統治堵回去了，開發不出來。所以黃梨洲有《明夷待訪錄》，王船山有《黃書》之作。滿清兩百餘年的統治，文化由封閉而趨於僵滯，整個民族元氣日漸衰竭，而西方世界正好在這兩、三百年之間蒸蒸日上，開拓變化，這兩個方向一上一下，相去遂不可以道里計，這真是中華民族的悲劇。

滿清的鼎盛是乾嘉，而乾嘉時代的學風是考據，它支配中國學術直到清末，餘風至今未息，從那時起，中國的學問傳統就斷了。即使如梁任公這樣博學，號稱近代思想家的人，竟然對中國文化發展的脈絡絲毫不清楚，他把乾嘉年間的學風看成中國的「文藝復興」，這簡直是違背常識，荒謬到極點。可見中國知識份子到清末已經沒有思路了，不知道如何表現觀念。我常感慨在清末民初之際，正是民族危急存亡之秋，而知識份子卻拿不出辦法，不能思考，沒有理路，不會表現觀念。「沒有觀念就沒有生命」（no idea therefore no life）我這句話就是對這時代而發。中國人本來很聰明，很有智慧，文化累積那麼深厚，為什麼會落到如此地步呢？因為民族生命受挫折，文化生命受歪曲，學術傳統斷了，時代挑戰一來，便只能以世俗浮淺的聰明去反應，衷心無主，東西跳梁，到最後就是共產黨出現。這一步步的下墮，照黑格爾的說法，其中也有

「歷史的必然性」（historical necessity）。所以滿清三百年對中國影響太大，使中國知識份子接不上傳統，把乾嘉考據當作文藝復興，這是梁任公的陋見。

考據本來也是一門學問，並不是完全沒有價值，但我們必須了解，考據的作用是什麼？它的學問限度在那裡？它能解答的是那一類的問題？它是不是可以作為學術的主導？它是不是可以為時代擔綱？而且我們也必須了解乾嘉考據是在什麼情況下產生的？其實它不是在正常的文化發展中自然與其他學問配合而產生的，它原是個病態下的產物。當時知識份子受滿清統治，不敢表現儒者本有的對歷史、文化、家國、天下的擔當，只好退縮回來，退到自己的書房裡做考據。一門學問在這種情況下產生，便成病態，而這種病態下所產生的讀書人我稱之為「幫閒」（不能幫忙），只能替王公大人做「清客」。這樣的學問怎能歌頌它是「文藝復興」呢？一直到現在，知識份子還不能痛切反省，還站在清人的立場批評王學、罵宋明理學，中國文化之根到那裡去找呢？

所以我考量歷史，分析國民黨的革命本質，其外在的政治使命是推翻滿清，其內在的文化使命應是承繼顧、黃、王的理想往前進，開一個內聖外王的大格局。可惜國民黨始終不能，也不肯接上去。這就是我所謂「若即若離」的「離」。孫中山先生倡導革命時，就沒有看到這一點，他一直若隱若顯的要和洪秀全拉關係。洪秀全是個亂七八糟的人，你和他拉關係，是很不明智的。儘管洪秀全「排滿」是不錯，但他的實際精神背景是什麼？他那個教算什麼教？他又禁讀聖人的書，結果他比滿清還壞，比夷狄還夷狄。所以曾國藩受不了，才出來替滿清把太平天國消滅。曾國藩固然了不

起，但因爲洪秀全這一曲折，他不得不爲滿淸建功，在歷史地位中便先天地注定他只能是第二等人，不能是第一等人。另一方面，朱元璋雖然殘暴好殺，但因只他驅逐外族恢復漢家衣冠，他在歷史地位中佔第一等位置。所以明末的亡國感人最深，台南延平郡王祠中，現在還留有一幅沈葆楨感懷鄭成功的對聯，聯曰：「開萬古得未曾有之奇，洪荒留此山川，作遺民世界；極一生無可如何之遇，缺憾還諸天地，是創格完人。」——鄭成功的特別受人懷念尊崇，道理亦在此，而反淸復明的地下幫派組織，都從台灣發出，成爲中華民族靈魂之寄託。台灣的歷史地位要從這裡來衡量，才更見價值。國民黨若眞要爲中華民族歷史文化做主，爲什麼不堂堂正正繼承明末三大儒的文化理想呢？偏偏要去拉那個不成材的洪秀全，這樣的文化見識，眞是不可思議，我始終不能理解。這樣便叫做「離」。

我先提以上的話，就是要說明老總統當年在陽明山提倡王學，其用意是對的，但老總統對傳統文化、對王學究竟能眞切到多少呢？一個人並不是萬能的，人並不一定樣樣都要懂，幹政治的不一定要懂哲學。做政治領袖不一定也要做敎主，常常要作之君作之師是不行的。國民黨一直有幾個問題糾纏在一起鬧不淸楚。譬如：中國有個知行的傳統講法，《書經》上說：「非知之艱，行之惟艱。」這是合乎生活常識的話，是不能反對的，大家都知道抽大煙不對，結果還是抽大煙，這不是很明顯嗎？而孫中山先生出來講「知難行易」與之反對，這是有問題的。所以民國十七年時，胡適出來說：「知難，行亦不易。」便寓諷諫之意。其實知難行易中所說的知，只是限於科學之知或專技之知。有幾個人能了解相對論

呢？當然很難，所以說「知難」。而工友也會裝電燈，當然「行易」。《孫文學說》中的十大鐵證，只說了這些，難道這樣就能否證「非知之艱，行之惟艱」嗎？像這樣簡單的糾纏，國民黨沒有人敢出來澄清。本來三民主義的理想是可以往前開展的，卻硬把自己封限在一條小路上，把自己夾死了。像這樣講知行問題，不但於事無補，反而把年輕人的頭腦攪和得亂七八糟。我前幾天看電視上講國父遺教，說孫中山先生反對「天賦人權」而講「革命人權」，這也讓我不能理解。「天賦人權」怎麼可以反對呢？洛克、盧梭都講天賦人權，就是因為有了天賦人權的意識，所以才有近代的民主革命。即使講革命人權，也不能和天賦人權相衝突。而且「革命人權」一詞本就難解，根據講者的解釋：你參加革命，才能享有人權；不參加革命，就不能享有人權。這樣一來，人權不成了特權嗎？這樣講人權有誰欣賞呢？其實，用哲學術語說，「天賦人權」就是「人權之在其自己」。這當然不夠，但這是個標準，是個依據，先要承認人生而平等，人本質上是自由的，然後才有第二步的自覺奮鬥。國民黨的革命也要在天賦人權的根據上才能講，你的民主建國為的就是要把那潛在著的天賦人權加以客觀化、現實化。這樣子，「天賦人權」便是你革命的底子（根據），而不是你去爭論的對象了。孫中山先生當年固然得風氣之先，能談一點西方的東西，但當時的人對西方的了解都是很淺的。這本來沒關係，沒有人能一下全部懂，只要後來的黨員能夠把他的思想漸漸往前開拓充實，不是一樣可以講得好嗎？為什麼一定要把那些當做「教條」，不准向前推進呢？

　　類似這樣的問題，老總統也不大清楚，所以繼「非知之艱，行

之惟艱」、「知難行易」之後，採用陽明的成語提出「知行合一」
的口號。「知行合一」在陽明的學說中，是有他一定的講法的，必
須了解他思想背景才把握得來。陽明的「知行合一」既不是普通的
知行問題，也不是科學知識的知行問題。他是根據孟子良知良能而
提出來的。「人之所不學而能者，其良能也；所不慮而知者，其良
知也。孩提之童，無不知愛其親者，及其長也，無不知敬其兄也，
親親、仁也；敬長、義也。無他，達之天下也。」人「知愛其親，
知敬其兄」之知就是良知，但他知愛其親、知敬其兄，同時就能夠
愛其親、敬其兄。這就是良能，所以良知不是普通的知見之知，良
能也不是普通的技能才能之能。是自道德說的，是自人人所具的道
德性說的，這樣的知行不但合一，而且本來就是一。「知行合一」
要這樣了解才有力氣。如果落在一般的知行上去牽扯，當然公說公
有理，婆說婆有理；你說合一也可，說不合一也可，說「知易行
難」也有道理，說「知難行易」也有道理。這樣子分際不清，不是
瞎爭辯浪費精神嗎？這就是所謂「離」，所謂「隔」。

陽明學既然因明朝亡國而斷絕了，雖有國民黨的提倡，還是
「若即若離」。作為一個今日的知識份子，怎樣以正當的態度來接
近陽明學呢？我認為首先不要把一切東西都直接和民主、科學拉扯
在一起。就以孟子為例，雖然《孟子》中有「民為貴，社稷次之，
君為輕。」的民本思想，但《孟子》究竟沒有民主政治，從孟子的
民本要進到民主，還要隔一段距離。現在講學問，應該先科學歸科
學，民主歸民主，哲學歸哲學。不要為了羨慕科學，便要把《中
庸》、《大學》講成和科學有關，也不要為了羨慕民主，便把陽明
學和民主拉關係，這種拉扯並不見得有好處。良知能產生科學嗎？

良知並不能產生科學，因為講良知不是為了成就科學而講。同樣，
講良知也並不是為了成就民主政治而講。但是通過文化上講，通過
社會教養上講，講良知決不會反對科學，也決不會反對民主政治。
不僅不反對，凡是人類理性所開發出來的真理，良知都要加以肯
定，加以追求。良知是價值的標準、文化的動源、創造的活力。中
國老祖宗沒有開出民主、科學，沒關係；只要今天我認識了它的重
要，我想要，我便能去奮鬥，這樣不就開出來了嗎？這樣那有像大
陸《河殤》所說的那些浮辭妄論呢？你埋怨老祖宗沒有事事替你準
備好，那麼你光想來討便宜吃現成飯嗎？這叫做沒出息，沒有良
心。你現在要科學，為什麼不好好去做科學家呢？為什麼只想做
官？牛頓也沒做官，愛因斯坦也沒做官，為什麼中國科學家都去做
官？這也令我不懂。

　　所以講話要明分際，要明白學問的層次與分際，講王學、講宋
明理學要把它當教化問題看，當作民族的智慧方向看，才能看出它
的價值。宋明理學就靠著孔、孟傳下來的智慧方向看，才能看出它
的價值。宋明理學就靠著孔、孟傳下來的智慧方向來辨佛教。防止
佛教征服中國，它發揮了無形的文化力量，保住了民族生命的根
源，完成時代的使命。當今，從積極方面說，我們也需要有像宋明
理學家的人物來吸收消化西方文化。從消極方面說，假如清末民初
有一批像宋明理學家的人物的話，馬克思思想怎能泛濫到這地步？
章太炎、康有為、吳稚暉等人是抵抗不住共產黨的。能抵抗馬、
恩、列、史魔道的，還是要靠中國文化傳統中的智慧方向。那方向
是文化之水、生命之機。保住方向，即得保住生命，這才能面對時
代，因應時代。講王學要從這個層面來講才見精采。

這樣要幹政治的人若要講王學，應當把它當作「教化」來講，不應當拿來作訓練幹部的口號。訓練幹部是指派給他某個特殊的任務，講王學是對社會作普遍和長遠的文化教養。唸科學的人誠心誠意唸科學，便是表現了良知。做官的人誠心誠意做官做事，也是表現了良知。

假若了解了文化的功能，就不會有像吳大猷先生「亞洲四小龍與儒家文化無關」的那種沒有文化意識的話了。四小龍並不是從天上掉下來的，它們是在中國文化智慧方向培養的文化之水中滋長出來的，怎麼可以說一定和中國文化沒關係呢？吳先生能為這句話提出科學證據嗎？吳先生是不是中國人呢？一個身居中央研究院院長最高位的高級知識分子說這種無謂的話做什麼？中大王邦雄教授就指出：「孔子真是一位聖而不可知的人物，在他逝世兩千五百年後的今天，還在庇蔭他後代子孫，一切不好的都歸他承擔，一切好的都和他不相干，人情冷暖，竟至於斯。」這樣子的聖人，也太難為了吧！知識份子的心理變成這樣，這叫做沒有文化意識，沒有文化教養。這是因為我們平常疏忽了文化意識的培養。

此外，如果社會涵潤在文化教養中，則信洋教的人也不至於敢說：「良知不可靠。」這樣的話來詆譭中國文化。良知不可靠，難道你那個上帝可靠嗎？上帝可靠也要靠良知可靠才行。沒有良知，祈禱上帝也沒有用。希特勒和羅斯福都祈禱上帝，上帝幫誰呢？這道理不是很明顯嗎？信教是個人的自由，但因信某某便詆譭中國文化，則沒有道理。

文化上的問題隨時都有，而且與人人都有切身關係，希望大家多用點心，則台灣這一個小小的正果或許還能保得住，並可以往前

邁進。

（王財貴整理）

原載《國文天地》第4卷第9期（1989年2月）

客觀的了解與中國文化之再造

　　前些日子，《聯合報》刊載了香港吳明先生所記錄的一個訪問辭，那篇訪問辭的最後，我有兩句話，說：「當今我們最需要的是要有客觀的正解，有正解而後有正行。」所謂「正解」、「正行」，是模仿佛教八正道中的詞語而說的，佛教教人修行有八種正確之道，又叫八聖道分，即正見、正思惟、正語、正業、正命、正精進、正念、正定等，「正解」與「正行」之意都包含在裏邊。簡單地說，正解是正當、正確的了解，正行是正當正確的實行。爲什麼我們處在這時代特別需要正解、正行呢？我有一些感想，在這個「當代新儒學國際會議」上講一講，我想是很恰當的。

　　前幾年在大陸湖北曾舉辦一個熊十力先生百年誕辰的紀念會，他們出了一個紀念專輯，大概大陸上一些相關的文章都收了，海外的很少。收輯的範圍包括前後三代，前一代是老一輩的，是熊先生那輩，包括比他稍大的一些人以及他的同輩與比他稍晚的，如蔡元培、馬一浮、梁漱溟、賀麟、馮友蘭等都在內，老一代的人多，文章也多；中一代是像我這一輩的，下一代是當今中青年一輩，人物、文章都不多，也寫得不好，只有一篇朱寶昌寫得較好，而最差的是任繼愈，其他則大體不甚相干，只報告一些事實。整個看完了

這一個中國近百年來對中國哲學界頗具代表性的紀念專輯，我立即有一個很難過的感想，就是：中國從明朝亡國以後，學問傳統即告斷絕，所謂學絕道喪，一直到清末民初，社會上了不起的高級知識份子，大體都有眞性情，在某一方面說，亦有眞智慧、眞志氣。但他們爲什麼都不得成正果？這些眞性情、眞智慧、眞志氣算是白白地浪費了！我常想：這癥結到底出在什麼地方？

我思考的結果發現癥結在於他們生命中都缺乏某種東西，那種東西就是孔子所說的「學而時習之」的那個「學」。生命中的眞性情、眞智慧、眞志氣都要靠「學養」來充實才可以支撐得起來，而那一輩老先生正好都缺乏足夠的學養。人在社會中要關心時代，關心天下家國大事。但人是有限的存在，關心的事那麼多那麼大，所以若光靠天生一點氣質所凝結的才情華采，而無學問知識以充實之、長養之，怎能應付得來？尤其在此風雨飄搖的時代，「學養」之足不足遂成爲一個非常嚴肅的問題。「學養」，實在的說，也就是對問題要做「客觀的了解」，要有正確的知識，不誤解，也不籠統。什麼叫籠統？我且舉一個例子：有明崇禎末年，天下大亂，內有闖王，外有滿州，舉國如焚，正如《桃花扇》中所謂：「十七年憂國如病，呼不應天靈祖靈，調不來親兵救兵。白練無情，送君一命。傷心煞煤山私幸，獨殉了社稷蒼生。」結果是崇禎皇帝於殺宮後跑到煤山自縊身死。當那時局正緊，皇帝臨朝與百官謀策時，理學家劉蕺山上奏說：「陛下心安，則天下安矣。」這句話當然有其至理，我們不能說劉蕺山說錯話，就如講邏輯有所謂分析命題，分析命題絕不會錯，但因爲它不是綜和命題，所以對經驗知識無所助益。在當時，「陛下心安」當然是「天下安」的必要條件，但並非

充分條件。在國難當頭，正需拿出辦法來時，「知識」、「學養」是不可缺少的要件，這時光講《大學》正心、修身即可進而治國、平天下是不夠的。所以以「陛下心安」來作爲安邦之策，可以說是講了一句廢話，難怪崇禎皇帝一聽，就嘆息道：「迂哉劉宗周！」就叫劉蕺山歸鄉養老去了。劉蕺山所以講出如此籠統而不切實際的話，正是因爲對政治之所以爲政治無客觀的了解之故。

處理現實事務當然繁瑣而需學問，政治、社會問題皆然。這道理極易明白，我現在且暫時不談這方面的事。只就有關宏揚中國傳統智慧的工作來看，看如果缺乏正確客觀的學問，對學術文化乃至整個國家民族前途有何決定性的影響。學術文化上的影響，對照政治、社會活動來說，本是「虛層」的影響，但「虛以控實」，其影響尤爲廣泛而深遠，所以我說它是一種「決定性的影響」，我們不可輕看，以爲是不急之務。不過學術文化上的事，幾微有無之間，若不明白指出來，一般人是不容易察覺的，所以我一個個舉實例而說明它：

民國以來，在學術界最出名的是胡適之先生，從其《中國哲學史大綱》看來，他本是一個講中國哲學的人，但其實他對中國哲學一點都不了解，沒有一句相應的話，所以只寫了上卷，後來也寫不下去了。轉去做考證，考證禪宗，也以外行人瞎考證，根本不知道禪宗內部的問題，只去做些外圍的事，如考證版本的眞假，這與禪宗有何本質的關係？況且憑什麼你就能斷定《六祖壇經》一定是神會造的呢？照我一看，我不須考證，就知道神會寫不出來，因爲神會的思想是另一個思路，神會禪是「如來禪」，《六祖壇經》是「祖師禪」，祖師禪是眞正的禪宗之禪，是神會了解不到的。胡適

先生連這一點都不清楚，還想跟人辯，難怪被鈴木大拙當面斥為外行，其實他是真的外行。以像他這種人來領導學術界，出大風頭，這當然非國家學術之福。所以他雖以哲學起家，到後來不但不講哲學，並且反哲學。他極力宣傳科學與考據，考據也並非不可以講，不過考據是歷史家的本份，但胡適先生既不讀歷史，亦不讀哲學，亦不讀科學，他只去考《紅樓夢》。考《紅樓夢》能考出科學來嗎？——他所有的學問就是這樣——浪費、無成。所以馮友蘭出來寫哲學史就超過他了。

說到馮友蘭的《中國哲學史》，是比胡適進了一步，至少表面上很像個樣子，一直到現在，西方人認為中國哲學史，還是以馮友蘭所作的為最好，余英時也這樣說。但他的討好，其實是表面的，因為他此書有一討巧的地方，平常人看不出來。他用的是選錄方式，西方人寫哲學史大體是用詮釋的方式。選錄方式不是不可以，但馮友蘭作這本書很狡猾，說好聽是很謹慎，所以很能保持一種「學術謹嚴」的氣氛。因為他很少對所引的文獻加以解釋，他盡量少說自己的話，盡量不做判斷，所以讀者實在很難猜透他到底對那些文獻懂呢？還是不懂？到了他該說話時，他就說幾句不痛不癢的話。若有真正下論斷的大關節，則一說便錯，由此，我們便可看出他實在不了解。所以很早我就說他這本哲學史是「膿包哲學」，膿包的特性是外皮明亮精光，但不可挑破，挑破便是一團膿，我是一向不欣賞那種書的。這本哲學史大體上卷還像樣，主要是他用了他那一點邏輯知識整理了名家，有一點成績，其他講儒家、道家都不行。先秦都講不好，後來魏晉道家、隋唐佛學更難講，他根本是門外漢，於宋明理學更是門外的門外。他以為他懂得朱夫子，但他何

曾知道朱夫子是理學家，不是西方的新實在論，他以西方的新實在論來解釋朱子，這當然是不相應的。他後來又講「新理學」，以程、朱自居，這都是妄人妄作。《中國哲學史》表面上寫得那麼嚴肅，出版時是那麼鄭重其事，他請金岳霖與陳寅恪來作審查報告。其實金岳霖先生是外行，陳寅恪雖是史學家，並不讀哲學，但他的見聞實比馮友蘭博洽得多，所以多少也能看出一些問題，只是馮友蘭不承認罷了。像陳寅恪這個人也了不起，其考證歷史確是當行，但這個人也有其缺點，我稱之爲「公子型的史學家」，他爲人爲學帶有公子氣，公子氣有什麼不好，我們暫時不去詳論它。近代中國史學界頗有成就：例如，講殷周史以王國維爲最好，講秦漢史以錢賓四先生爲最好，隋唐史以陳寅恪爲最好，宋史尙未見有誰最好，明清史則有孟心史，這都是衆所公認的。史學之所以有成，因爲他們上了軌道，有當行之客觀的了解。近代中國人對中國哲學的討論就未上軌道，像馮友蘭的《哲學史》，對中國哲學的發展中歷代各期哲學核心問題根本未接觸到，更遑論有什麼有價值的討論。以如此之書，而不論中西都公認它是一本代表作，這表示這一代的中國人實在太差勁了，不但對不起祖宗，也對不起世界，這眞是這一代中國人的恥辱。

又從那個地方可以看出馮友蘭對中國思想沒了解呢？在紀念熊先生的文集中，有一篇馮友蘭的文章，他以九十高齡，平生寫那麼多書，理應有些心得，誰知他卻說：熊十力之《新唯識論》和老唯識論的爭辯是一個老問題的復活──就是說有關這些問題在古代就有人討論過了，現在他們又拿來討論而已──我一看，這樣說倒是出語驚人！我仔細看他說的是什麼老問題的復活，原來馮友蘭是指

南北朝時代神滅不滅的討論，我覺得這簡直是胡說八道了。熊先生的《新唯識論》和玄奘《成唯識論》的不同怎麼會和神滅不滅扯在一起呢？請問熊先生是主張神滅呢？還是神不滅？而《成唯識論》又是神滅還是不滅？我看兩邊都安排不上，這種故作驚人的論調實在太差了！神滅不滅的問題重點在那裡都不能把握，後來佛學的高度發展更不容易契接得上，故其侃侃而談者，大體不可信。

此外，如梁漱溟先生、馬一浮先生與我老師熊先生在所謂「客觀的了解」上也都有缺陷。梁先生是了不起的人物。他敢於對抗毛澤東，對抗江青四人幫，這就了不起。但他終於被毛澤東所籠罩，所以最後毛澤東死時，梁先生還說：「毛澤東晚年雖然荒唐，但不管如何，他畢竟是非凡之人。」我看到梁先生說這種話，一時難過得很。以聖人自期之梁先生，何故竟作此不倫之語？他為何還會心儀於毛澤東？其實梁先生這個人對中國學問知識和文化意識都是很少的，才會有如此的判語。他和熊先生不同，熊先生講學或許有錯誤，但他的民族文化意識、縱貫意識很強，而梁先生在這方面很欠缺，梁先生的頭腦是橫剖面的，如他的「鄉村建設」之理論便是在橫剖面下了解中國社會而寫出來的。他並沒有通過中國歷史文化的演變去了解中國社會，只照眼前的風俗習慣而想辦法。他對中國社會的具代表性的了解是在其《中國文化要義》一書中所說的：「倫理本位、職業殊途」，他這樣了解並不算錯，但若止於這樣了解，是只了解到現實的社會狀況，若其社會所以形成之文化根據及背後之歷史淵源，則並未接觸到。只在這裡用力，不能對時代問題之解決有相應的了解。在這裡顯出梁先生的不足，所以他開出的救國路線是「鄉村建設」，鄉村建設能解決什麼問題呢？充其量也只能順

著太平時節之民風，協助長養一點民生，敦厚一下民情，而不能解決中國的政治問題。結果被毛澤東農民革命之大氣派唬住了。其實鄉村建設並不是不能做，但要了解時代才能配合時代，而這便須要有正確的現代知識，才能做時代的指針，要建設才有建設的依憑。而梁先生對時代的了解到死還是那兩句話：「西方的路我們不能走，蘇聯的路我們也不能走。」那麼你走那條路呢？一無所適，碰到共產黨魔道，抵抗不住，也不必談什麼建設了。說蘇聯的路不能走猶可，說西方的路不能走，可見梁先生對西方自由民主之價值不能認識，則你憑什麼建設中國，憑什麼應付共產黨呢？

以上是說梁先生的文化運動之無所成，至於純學術上的對中國儒、釋、道三家的研究，也是很薄弱的。所以熊先生每次勸他不要再搞鄉村建設了，要出來講學，梁先生兩眼一瞪，說：「我有什麼學問可以講呢？」梁先生對西方哲學的認識是得自於張申府先生講的羅素，與張東蓀先生翻譯的柏格森的《創化論》。柏格森在西方哲學上的地位並不高，羅素於邏輯有貢獻，於真正的哲學並無多大貢獻。當時中國哲學界對他們兩位推崇備至，也可見學風之淺陋。梁先生對中國的學問則欣賞王學再傳門下的王東崖，對「自然灑脫」一路頗寄其嚮往，欲由此而了解孔子之「仁」。其實從這一路進去也可略有所得，但畢竟不是了解儒家的正大入手處。梁先生是有性情、有智慧、有志氣之人，思考力很強，也有創發力。他寫《東西文化及其哲學》一書時年紀並不大，全是自己憑空想出來的。但也因如此，其中所造的新名詞都是無根的，所說的文化類型也太簡單，如說西方是前進的，印度是後退的，中國是適中的，這樣講都是一些影子罷了。所以思考力強、性情真、志氣高，也有相

當的智慧，可惜無學以實之，結果盡成空華，白白的浪費了一個人才。這種人間大憾，平常人是看不出來亦感受不到的，就連他自己也不自覺。他的這部書實並無多大價值，他本人亦不予以肯定。他最後是相信佛教，而不再做儒者，在中國這樣的亂世，生命人格想要卓然有所樹立是很難的。

馬一浮先生對中國歷史文化內部的義理常識最為博雅，但說到客觀而深入的了解則談不上。從那裡看出來呢？熊先生《新唯識論》剛寫出時，馬先生為他作了一篇序，四六駢文，美得很，其中說到熊先生的著作是「將以昭宣本跡，統貫天人，囊括古今，平章華梵」。這四句話贊得很漂亮，音韻鏗鏘，迴腸盪氣，但馬先生講這四句話時胸中有多少實義則很難說。後三句較易懂，其第一句「照宣本跡」，我當時（大學生）是看不懂，我看熊先生也未必真切。我現在知道這句話並不簡單，就如我剛才說紀念熊先生的文章寫得最好的朱寶昌也引用了這四句話，但他對「本跡」的涵義則胡亂說。「本跡」兩字是有淵源的，能用這兩字，這表示馬先生的多聞博識，但我想他並不一定得其實。「本跡」兩字源於魏晉時代，當時講會通孔、老有所謂的「跡本論」，「跡本」觀念貫穿魏晉南北朝兩百多年，最後有阮孝緒出來又總結了這個觀念，佛家天臺宗也借用此辭來判教，可謂源遠流長、義涵深厚。但馬先生用之於評論《新唯識論》，卻顯得突兀，《新唯識論》之主題用此辭去贊是不大對題的，只是做文章罷了。其序言另一段又說：「擬諸往哲，其猶輔嗣之幽贊《易》道，龍樹之弘闡《中觀》。」這兩句話，第一句將熊先生之作《新唯識論》比為王弼之注《易經》，王弼之注《易》不但注了經文，最後還作了《周易略例》，極有創見，但是

要知道王弼注《易經》是根本不相應的，您怎麼可以拿王弼之注《易》來比《新唯識論》？如果真如所比，則《新唯識論》豈不是沒有價值了？王弼是用道家的玄理來注《易經》，而《易經》是孔門義理，熊先生的立場是純粹的儒家的大《易》創生的精神，其立場與王弼正好相反，這是極為明顯的，而馬先生竟看不出來。這表示馬一浮先生所用心的是如何把文章做好，而並不注重客觀上正確的了解。至於「龍樹之弘闡《中觀》」一句，更與《新唯識論》之主旨不相干。龍樹是所謂的「空宗」，《中觀論》頭一個偈就讚緣起云：「不生亦不滅，不常亦不斷，不一亦不異，不來亦不去。」所謂八不緣起，這是佛家講「性空」的基本立場，講的是實相般若下所觀照的緣起法的性相，其性是「空」，其相是幻。這立場與熊先生寫《新唯識論》大相逕庭，熊先生《新唯識論》不但批評無著、世親的老唯識論，也不贊同龍樹的《中觀》，在此用「亦猶龍樹之弘闡《中觀》」來恭維，非但其義不實，而且走了板眼。

馬一浮先生只能作文章、作高人雅士，不能講學問，他文化意識並不如熊先生強，他自己也承認悲願不夠。文化意識不足不能講學，悲願不夠也不能講學。所以他的架子擺得很大，他說現在一般人都不足以教，若要教，也「只聞來學，未聞往教」，要人去他那裏請教才行，他決不接大學的聘書。他從年輕時起便隱居西湖，二十七歲就不見外人，也不出來。到熊先生寫出《新唯識論》時，那時他和熊先生都已四十多歲了。熊先生聽說西湖有此一高人，想往見之，或告之曰：他不見人，熊先生想找人介紹，介紹亦不行。熊先生不得已，就自己將稿子附一封信寄去，結果好久都沒下文，正待要發脾氣，馬一浮親自來了，真是「惠然肯顧，何姍姍其來

遲」。一見面，熊先生責問他為何久無回音，他回答說：「你若只寫信，我早就回了，你又寄了著作，我要詳細看，看看你的份量，如果份量夠，我才來相訪，現在我不是來了嗎？」兩人於是結為好友。由此可以想見馬先生的為人，這個人的名士氣太重，從學識方面說，他比梁先生、熊先生博學，但客觀的了解則沒有，譬如他好用新詞，但往往不通。我曾看他有一次寫信給賀昌羣，賀昌羣是唸歷史的，常到馬先生門下走動，也認識熊先生。他向馬先生請教南北朝隋唐這一段思想史的問題，也就是中國佛學發展的問題，馬一浮並不稱佛教為佛教，他造了一個新詞曰：「義學」。我起初看不懂，我知道古人有所謂「義理之學」，宋明有「理學」，而馬先生要用「義學」來稱佛教，不知其所據為何？佛教中所說的理是「空理」，義則是「法義」，即是現在所謂「概念」。如說諸法苦、空、無我、無常等，「苦」、「空」、「無我」、「無常」便是此「諸法」之法義，它們是一些謂述性的概念，所有這些概念拿「般若實相」來貫通。所以佛教說菩薩之「四無礙智」──辭無礙、義無礙、辯無礙、理無礙──其中即有所謂「義無礙」一項。儒家講「性理」，道家講「玄理」，「義」則是大家都有，儒家有儒家的義，道家有道家的義，怎麼可以用「義學」專稱佛教呢？

　　以上都講老先生的毛病，大家不要誤會我對前輩不客氣，其實我還是很尊重這些人。在這個時代，出這種人物，有真性情、真智慧、真志氣，已經是很難得了。我只是要強調「學」的重要，無「學」以實之，終究是浪費了生命、辜負了時代，這大體也是整個時代的毛病。即如我老師熊先生念茲在茲想接著現有的《新唯識論》寫出「量論」部份，也寫不出來。本來依熊先生的計劃，《新

唯識論》應有兩部：上部「境論」，講形上學；下部「量論」，講知識論。但「量論」一直寫不出來，其實就是因爲學力不夠。因爲熊先生的所得就只有一點，只那一點，一兩句話也就夠了。一提到儒家大《易》乾元性海、體用不二，熊先生就有無窮的讚嘆，好像天下學問一切都在這裏。當然這裏有美者存焉，有無盡藏，但無盡藏要十字展開，才能造系統，所以後來寫好多書，大體是同語重複。我奉勸諸位如果要讀熊先生的書，最好讀其書札，其文化意識之眞誠自肺腑中流出，實有足以感人動人而覺醒人者，至於《新唯識論》不看也可，因其系統並沒造好。不過雖說熊先生所得只有一點，但那一點就了不起、不可及。當年馬援見漢光武，嘆曰：「乃知帝王自有眞者」，此語可移於贊熊先生，熊先生之生命是有「眞者」在，這「眞者」就是儒家的本源核心之學，這點抓住了，就可以立於斯世而無愧，俯視群倫而開學風，這一點是儒家之所以爲儒家之關鍵，我們就從這點尊重我們的老師，但他的缺陷我們也應知道方。知道了，就有所警惕，警惕之，則可以定我們這一代學問奮鬥的方向，此之謂自覺。

　　自覺就是從「客觀的了解」中覺醒過來，有正見，心有定向。所謂「客觀的了解」，細言之，比如說讀先秦儒家，就好好正視它如何形成，裡面基本義理是什麼？這種屬於哲學義理的了解是很難的，了解要「相應」，「相應」不單單靠熟讀文句，也不光靠「理解力」就行。文句通，能解釋，不一定叫做了解。此中必須要有相應的生命性情，若不相應，最好去講文學、歷史、科學等。學問之路很多，各盡其長，各各在本科中不亂講即可，不一定每人要來講義理、講儒家。能相應者才來講，豈不更好？如周濂溪爲宋明理學

開基之祖，其觀念其實很簡單，只有幾句話就可以把《中庸》、《易傳》講得很清楚，而且不失儒家之矩矱，這完全是靠相應的了解，不在博學泛覽。所以黃梨洲《宋元學案》引吳草廬對周濂溪的贊語是「默契道妙」，「默契道妙」就是所謂的「相應」，對《中庸》、《易傳》之形上學了解很透闢。不但對先秦各家要有相應的了解，研究兩漢的經學、魏晉的玄學、隋唐的佛學都要有相應的了解。你有沒有那種了解，適合不適合講那種學問，這要自知。「自知」也是一種「客觀的了解」，不能講就不要硬講、亂講。譬如講中國佛學，更是困難，中國吸收佛教以至消化佛教，前後四百餘年，消化到天臺宗、華嚴宗、禪宗出現，眞是人類智慧發展之高峰。近代日本人看不起中國人，說什麼有印度佛教，有中國佛教，中國佛教是假佛教。這都是胡說，中國佛教當然和印度佛教有所不同，但那不同不是並列的兩相對立的不同，而是同一個佛教的前後發展的不同，在印度只有空、有兩宗，並沒有天臺、華嚴的判教。禪宗尤高致，只有靠中國人的智慧才能開發出來。但是禪宗雖聲稱爲「教外別傳」，究其實，也是「教內的教外別傳」，其基本理路，仍緊守佛之敎理而無失。中國佛教中之高僧大德，如智者大師、賢首等，都是大哲學家，像這樣高級的大哲學家，放眼西方哲學史，都找不出幾個可以相提並論，中國人實在不必妄自菲薄。當時人稱智者大師是「東土小釋迦」，是當時人對智者大師有相應的了解，而民國初年，內學院歐陽大師還瞧不起智者大師，說他沒登菩薩位。其實智者大師自己說自己是「五品弟子位」，此位在六即判位中屬「相似即佛位」，「相似位」即是「六根清淨位」。在西方哲學史中，我看只有康德近乎六根清淨，其他人大抵六根未淨。

一個人能修到六根清淨，談何容易？大家都稱世親、無著、龍樹等
印度和尚為菩薩，這是後人對他們客氣的稱呼，至於他們是否超過
六根清淨而達到菩薩地位，則很難說。若因智者大師誠實的自判為
「相似位」，就認為智者大師的話不可信，說什麼「台賢宗興，而
佛教之光晦」，而必以無著、世新為可靠，這種評判標準是沒道理
的。在修行上，達到六根清淨，固不容易；在學理上，能「判釋東
流一代聖教，罄無不盡」，何嘗不是一大智慧？佛教是大教，義理
涵蘊無窮，又發展那麼久，內部的各種系統當然精微繁複，要一一
抉發其原委，品論其高下，當然須要有很強的理解力與很高的慧
見，智者大師之判教是有法度有所本的，這才是真正高度的「客觀
的了解」下的工作，輕易視之，無乃太不客觀太不自量乎？

　　為什麼我一再強調要有客觀的了解呢？因為這個時代的人最無
法度，最不客觀，所以最須重新正視。首先是要了解自己的本，中
國古人講學，是有規模、有法度的。這個法度軌道，在明朝亡國後
就消散了，清朝接不上，民國以來離得更遠，所以病痛到來，沒有
觀念，無法應對。因為學問傳統是整體的，既無法了解自己，更無
法了解別人。像梁先生、馬先生、熊先生等都不能完全相應於前
賢，何況其他？至於胡適者流，以其不平不正之心態，又焉能了解
西方？學風如此，中華民族憑什麼來指導他的生命方向，憑什麼來
應付時代呢？所以先客觀的了解是很重要的，第一步了解自己，第
二步了解西方，然後尋出中華文化的出路，我們希望年青朋友要接
上這個責任。這個責任簡要地說，就是要恢復希臘哲學的古義。古
希臘「哲學」的原意是康德所規定的「實踐的智慧學」。什麼叫做
「智慧」？「嚮往最高善」才叫做「智慧」。一般人都知道哲學是

「愛智慧」，而所謂「愛智慧」之「愛」，即是「衷心地嚮往那人生最高之善而且念茲在茲的要去付諸實踐」的那種愛，所以希臘「哲學」之古義，康德名之曰：「實踐的智慧學」，這個詞語用得很恰當。但這樣的哲學古義，在西方已經被遺忘了，現在的哲學只剩下高度文明下的語言分析，講邏輯變成應用電腦，這其實不算是哲學，只是哲學之淪落為技術。若要進入哲學之堂奧，就必須有以上所說的「愛智慧」——「嚮往最高善」之嚮往。西方既已遺忘，而這個意思的哲學，正好保存在中國的哲學傳統中，即是中國古人所謂的「教」。「教」的意義，佛教表現得最清楚，儒家也有，就是《中庸》「自誠明，謂之性，自明誠，謂之教。」的「教」，也就是「天命之謂性，率性之謂道，修道之謂教。」的「教」。此教的意思不是現行學校教育的「教」，學校教育以知識為標準，而這個「教」的意思則是「哲學」，亦即是「嚮往最高善」之實踐的智慧學。

　　西方現在是英、美分析哲學當令，歐陸最出名的是海德格的存在哲學、胡塞爾的現象學，這些都是二十世紀的「纖巧哲學」，而未聞君子之大道。什麼叫做聞君子之大道？凡是能上通 noumenon（本體）的，才算是聞君子之大道，而這兩個人並沒有 noumenon 的觀念，所以我看胡塞爾之現象學，寫來曲曲析析，煞有介事，可是終究貧乏得很，可謂一無內容。因為他把智慧的法度給喪失了，哲學的本份放棄了，只好說空話。他們那些問題，歸到科學也就可以，何須哲學家去做啦啦隊？所以當今要講真正的哲學，不能靠西方，而是要好好回歸自己來了解中國的哲學。我一生的工作也很簡單，只是初步的客觀的了解，但也已超過前代，所以我曾寫信給我

一位在大陸的學生說我一生平庸，只有一點好處，即是我客觀了解的本事，在當今很少人能超過我。我沒有什麼成見，馬克思《資本論》我也部分地看過，我也能虛心地去了解，經濟學我也並不十分外行，只是不是我的專業而已。所以我的討厭馬克思，是我了解後真的無法欣賞，不是我的偏見。又例如我了解佛教也是下了苦功，熊先生是我的老師，我天天和他在一起，他天天批評唯識宗這裡不對、那裡不對，於是我就拿玄奘《成唯識論》加上窺基的《述記》及他人的注疏，一句一句的好好讀了一遍，是很難讀、很辛苦。讀完後，就跟熊先生說：「老師，你的了解不大對。」熊先生把我教訓了一頓。因為熊先生有一些偏見，一個人不能先有偏見擺在胸中，一有偏見，凡事判斷皆差，這時需要有明眼人一下點出，而且最好是師長輩。告訴他：不贊成可以，但不可做錯誤的了解。可惜當時沒有人能說服熊先生。熊先生讀書時心不平，橫撐豎架，不能落實貼體地去了解對方，首先把人家的東西弄得零零碎碎，然後一點一點來駁斥它。他對儒家的文獻也不多看，他只了解那乾元性海、體用不二。這是不夠的，所以幾句話就講完，而「量論」作不出來。我曾寫信給他，說：「老師的學問傳不下來，您要靠我去傳您，否則您是傳不下來的。」後來我寫成《認識心之批判》及《現象與物自身》，大體可以稍補熊先生之缺憾──「量論」方面之缺憾。

先了解古典，看看古人進到什麼程度，還能不能再進一步，如魏晉名士復興道家，對玄理之開拓很具規模，但到現在我們發現還不夠，所以現在要接著重新講道家。又如佛教在以前法度很嚴謹，有思路，但現在都荒廢了，而且其論說方式也不適合現代人，所以

我寫《佛性與般若》，重講天臺、華嚴。不管和尚居士，沒人講天臺、華嚴能講到合格的，因爲那是專家之學，不是一般隨便讀幾句佛經即可了解。我雖不是佛弟子，但我比較有客觀的了解而能深入地把它們重述出來，這於宏揚佛法不能說無貢獻。唐君毅先生力讚華嚴，其實華嚴比不上天臺，唐先生的客觀了解也不太夠。唐先生對中國文化的了解是停在他二、三十歲時的程度，他那時就成熟了，後來雖寫很多書，大體是量的增加，對開拓與深入沒多大改進。我講佛教是五十餘歲，理解力當然比較高，我是經過許多磨練才能下筆的。我再舉一個故事：當時我整理宋明理學，整理朱夫子和胡五峰的文獻，在《民主評論》上發表了兩篇文章，這兩篇文章對唐先生的生命起了很大的震動。有一天我去看他，唐師母告訴我說唐先生在睡覺時還在唸胡五峰，這表示他知道我的了解已經超過他了。有的人對我之那樣講朱夫子不服氣，學問是客觀的，不服氣也不行呀！

我們第一步要靜下心來好好了解古典，然後按照「實踐的智慧學」這個哲學古義的方向，把中國的義理撐起來，重鑄中國的哲學，「重鑄」要適應時代，要消化西方的哲學智慧，看西方文化對世界的貢獻是什麼，我們如何來消化它、安排它。我認爲做吸收西方文化的工作，康德是最好的媒介，西方哲學家固然多，但我們不能利用羅素，也不能利用海德格，更不能利用柏拉圖、亞里斯多德。繼承而重鑄，這要年輕人的氣力，我所能做的不多了。我最近把康德的第三《批判》翻譯出來了，康德三大《批判》我都已把它翻成中文，我不是康德專家，但我自信我比較能了解康德。要了解康德先要了解他的本義，第一《批判》講的人比較多，大家知道得

多一些；第二《批判》講的人比較少，大家就知道少些；第三《批判》根本沒人講，也沒人了解。我一面翻，一面用心去了解，了解他的本義，才能消化它。以我的看法，康德確實在談問題，想解決一些問題，但他的解決問題之限度在那裡，卻只有依據中國傳統哲學之智慧才能把它看出來，中國哲學可以使康德百尺竿頭更進一步。若康德專家只看康德，西洋人只讀西洋哲學，便未必能懂得康德的本義。英、美人翻譯康德，每個《批判》都有三個人翻，就沒有一個人翻三個《批判》，他們都是康德某方面的專家，而他們不一定懂康德。我不是專家，因為我有中國哲學之基礎，所以能看出康德的本義，而且能使他更進一步。

　　為什麼說康德對我們重新鑄造中國哲學是最好的媒介呢？我常說「一心開二門」是哲學共通的模型，西方古代就開二門，康德也開二門。而現在西方哲學只剩一門，可以說是哲學的萎縮。「一心開二門」之工作，在西方，noumenon 方面開得不好，到康德雖稍知正視，但也是消極的。維特根什坦《名理論》又順康德的消極再消極下去，只剩一點餘波。到羅素手裡，連這點餘波都消散了，他在給維特根什坦寫《名理論·導論》時，根本不提，所以維特根什坦認為羅素不了解他。因此我翻《名理論》時，羅素的〈導論〉不翻。維特根什坦的意思是凡屬於善、美等價值世界是神秘的，不可說，而凡不可說者就不說，這種態度當然消極到了極點。順此而下歐陸海德格、胡塞爾對 noumenon 根本不接觸，「二門」是哲學本義，現在只剩 phenoumenon（現象）一門。中國哲學正好相反，在 noumenon 一面開得最好，現象這一門開得差，這也是中國之所以要求現代化的真正原因。現代化所要求的科學、民主都是屬於現

象門的事，中國人以往在這方面差，我們就吃這一點的虧，所以現代人天天罵中國傳統、罵孔子。孔子那管那麼多？孔子受帶累，就是因爲他沒有把現象這一層開好。其實古人把本體那門開得很完全就很不錯了，你也不要只想吃現成飯，要古人什麼都給你準備好才行。所以如果對事理有正解，就不會怨天尤人，心就會平。沒科學、沒民主，科學、民主也沒什麼了不起，努力去學、去做就行，罵孔子反而於事無補。胡適天天宣傳科學，爲什麼不去唸科學，而偏要去考證《紅樓夢》？殷海光崇拜科學，崇拜羅素，爲什麼不好好研究羅素、講羅素，而只藉一點邏輯知識天天罵人？現在既然知道民主政治可貴，應好好去立法守法，不要天天在立法院瞎鬧，瞎鬧出不來民主。革命是革命，不是民主，民主是政黨政治，要守軌道。總之，科學、民主都是做出來的，所謂「道行之而成」，不是去崇拜的。上帝是崇拜的對象，科學、民主不是崇拜的對象。中國宣傳科學、民主的人把它神聖化，以爲不得了，去崇拜，這些都是因無正解，故無正行。無正解、正行，文化出不來，也沒有科學，也沒有民主。

西方順著高度科學文明向前進，結果消滅哲學，哲學只處理技術問題，就淪爲科學的附庸。技術吾人不反對，專家吾人尊重他，按照儒家「一心開二門」的胸襟，我們一切都加以承認，這一切都是人類理性中應有之內容，凡是人類理性中應有之內容皆應在人類歷史中出現，爲什麼單單中國人不能開出呢？爲什麼我說「從中國文化開出民主、科學」，就有莫名其妙的人反問我說「你開出來了沒有？」難道我是如來佛，耍魔術，我說開出就有了？如果我說開出就馬上出現，那還要你做什麼？天下事那有如此解決的？這樣問

我真是無理取鬧，既不科學也不民主。如果能深切了解「一心開二門」之義，則將了解到愈在高度文明之下，愈需要「實踐的智慧學」，亦即需要中國所謂的「教」，來貞定吾人之生命，導正高度文明所帶來的問題。所以西方人亦當向中國請教，不要只叫中國人去請教你。但是現在的西方人可以不尊重中國人，因為現代的中國人並不讀自己的書，所以也沒有什麼可請教的。例如，前些年有一個外國學生要研究《孟子》，他想：讀《孟子》應該到自由中國，而自由中國最高學府是台大，台大有一個人叫毛子水，很有名，他就到他門下去請教，結果是問道於盲，一無所獲。轉到新亞來，我叫他留在新亞跟唐先生唸，博士論文就以內聖外王為主題，他說「外王」觀念西方人沒有，可見他也得了一些觀念，所以我說不管中西方的人都應該好好穩住他自己的本，而後相互觀摩。中國沒有科學，已經知道向西方學習，西方人除了文明科技外，如何解決後現代化的文化問題？好好向中國儒、釋、道三教學習，應該可以得到一些啟發，這叫中西文化之會通。凡可會通處應促進其會通，凡不必會通處不必強通，每個民族有他的特殊性，則應保住，不必相同。可會通的是發自人類理性中的普遍性的東西，如世界各大教都有相當的人性基礎，都有其普遍永久的貢獻，都可參考學習。基督教、天主教有貢獻，儒家、道家亦有貢獻，所以我們不贊成以基督教、天主教來篡奪中國文化。以一偏之見來否定其他的貢獻，這是人間的罪惡，耶穌絕不會鼓勵他的教徒這樣做。

中國年輕人當此繼承與開創之際，眼光要放大，應知人類智慧發展到現在，已成就了五個大系統：一個柏拉圖系統、一個基督教系統、一個儒家系統、一個道家系統、一個佛家系統。對這五大系

統能有相當的了解，則對過去人類文化之了解，思過半矣。而各系統對人類的貢獻都有其分際，所以我們不能去求儒家對科學、民主有何實際的貢獻，更不可因為它於科學、民主無貢獻，就以為一文不值。譬如儒家不組黨，但儒家的人生理想可以培養出優良的政治家，孔子不反對你去競選，政治家正好可以替孔子行道。儒家也希望科學發達，改善民生，所謂正德、利用、厚生，他都要求。所以事情要大家一起做，各門各類把自己的價值表現出來，不要只要求孔子一個人，儒家不是萬能。有志於中國哲學的年輕人在此時代中，有非常重大而嚴肅的使命要擔在身上，就是要重新鑄造一「實踐的智慧學」，「實踐的智慧學」的價值不僅是中國的，而且也是世界的。此工作西方人擔負不起，中國人至少還有儒家、道家、佛家的智慧可供汲取，若能靜下心來，不隨時下的風氣轉，貢獻出你的生命力，一面反求自我民族之本，一面消化西方文化，立真志氣，發大智慧，以真性情求正解，行正行，人人盡其棉薄，庶幾中國文化可以再創新局。

（本文係第一屆「當代新儒學國際研討會」主題講演，於1990年12月29日講於台北中央圖書館，王財貴整理。）

原載《鵝湖月刊》第16卷第11期（1991年5月）

中國人的安身立命

　　法住學會召開國際學術會議討論安身立命問題，我個人沒有很好意見，借兩段話作為呼應。孟子說：「盡其心者，知其性也。知其性，則知天矣。」另一段：「存其心，養其性，所以事天也；殀壽不貳，修身以俟之，所以立命也。」安身立命是今天討論的主題。「立命」是孟子首先提出的，此處「命」指命運之命、命限之命，「立命」即表示命運、命限可立。用甚麼方法「立」呢？「殀壽不貳，修身以俟之」就是立命的原則、立命之道。

　　立命何以是命運、命限之命呢？孟子說：「是故知命者，不立乎巖牆之下。」這是說知命者不應站在快倒塌的牆下。孟子下面又說：「桎梏死者，非正命也。」蓋生死有命，也不能隨便死。如抗戰時日本鬼子炸我們，響警報，我們還是要躲，如以為生死有命，任其轟炸，不躲避，也不合理。故「桎梏死者，非正命也。」

　　法住學會今天提出的安身立命的「立命」，依我了解，不完全是立命限、命運之「命」，此「命」範圍應更廣些；與命限、命運純消極的一面比，更有積極的一面。這積極的一面的「命」，大概在《論語》、《孟子》中尚未有。孔子曰：「不知命無以為君子」，此「命」仍指命運、命限之義。後來宋朝理學家張橫渠說：

「為天地立心，為生民立命，為往聖繼絕學，為萬世開太平。」此中張橫渠所言「為生民立命」之「命」與命運、命限之意思不同：命運、命限非我們所能立，即使聖人亦不能立，則聖人如何「為生民立命」呢？因此，此「命」不指命限、命運，而另有積極意義。張載下面兩句是呼應上面兩句：「為往聖繼絕學」是呼應「為天地立心」；「為萬世開太平」是呼應「為生民立命」。因為在社會上，如靠一個人的小聰明是無用的，靠一個人的主觀意識也是無用的，不論是釋迦牟尼佛的智慧或是孔子的智慧或耶穌基督的智慧，都非個人的私見，都非個人主觀的哲學；這些往聖不能隨便抹殺，不能隨便輕蔑。我們現在的人心裡骯髒、心胸狹窄，但釋迦牟尼、孔夫子、耶穌的心非如此。故要為往聖繼絕學，才能看出一道路、一原則，這原則不止為天地立心，亦能為生民立命、為萬世開太平。雖往聖不一定比現代人好，在科學方面講是後來者居上，但從發展的機會上講，後人不一定居上。現在有些人提後現代化，即表示愈先進、愈發達地區，但發展的機會越小。如香港最先進，有高度的文明，但沒有文化。文化與文明亦有差別，文明與文化非等同：文明是 civilization，指生活軌道與應付環境的技術，文化是 culture 指教養、教化。

我常有一感覺：累積三、四千年的文化，將來後現代化，生活徹底科技化後，人類是否還有當年如康德這樣的大哲學家出現？是否還有《紅樓夢》這類的文學作品出現？我想，即使出現，是否還有人能看懂也是問題。

人類的科技知識愈積愈多，人類的靈感卻愈來愈少，腦子全充斥科技，已經沒有空間。靈感產生的機會有兩個條件：一是不能離

自然太遠，而現代科技卻到處毀壞自然，這十分可怕；二是不能太舒服，科技的發展卻令人愈來愈舒服，科技文明使人幸福，但生活愈方便，愈造成實質個體的萎縮、枯竭。佛教說：六道眾生裡人最容易成佛。為甚麼呢？因為天堂的眾生（如長壽、天）享福太多，不能成佛，地獄、餓鬼生存太苦，也不易成佛。故佛教說「四難」：人身難得、中國難生、佛法難聞、生死難了。有機緣生即為人很難，做中國人又很難，天天講佛法，但不一定聽到，聽到也不一定懂，則能解脫生死很難很難。

我民國三十七年就逃難到香港，四十多年還是在逃難，沒有停止，因為我無家可歸，我原籍是山東棲霞縣，但山東棲霞縣人不承認我，因我沒有戶口。我祖宗在山東，但回去無人承認我，只歡迎我帶錢回去。我仍在逃難，實為可悲。

話再說回來，張橫渠的四句，後三句聯在一起，為一核心，最高層次是為天地立心。其「立命」與孟子的「立命」有別，除指命限、命運之外，還指生命之命，亦指生活的正當途徑、方式。一般老百姓、芸芸眾生是沒有辦法為自己解決生活的。需要社會制度，所以這是客觀的，故下一句說「為萬世開太平」，這是政道的建立，故誰能敢說為眾生立命呢？照中國以前所說：周公制禮作樂，可算是「為生民立命」為眾生開出一正當的生活途徑。人在其中過一正當的生活，並非無命運、無生死，也有壽天、富貴等問題，這即是命限。但我們要有一正命，生死也要有一正當的生、死，這就叫為生民立命。正當的生死並非容易，這話說出來大家皆難過，中華民族、中國人那一個能得以正當的生死？誰能答覆我？有人說：中國的人權是生存權，但中國人哪有生存權？你有正當的生死嗎？

連劉少奇、彭德懷都談不上正當的生死，這是甚麼問題呢？這就是為生民立命、為萬世開太平的問題，這即是張橫渠所說的正面意義，比孔、孟的「命」含義更廣、更積極。人就是要求一正當的生死，這種要求要靠一生活的道路、社會的軌道來完成。這是政治問題，也是今天我們要談的客觀化問題。

從秦漢大一統到辛亥革命二千多年來，中國都是一君主專制的政治形態。其中有幾個很難解決的問題，王船山曾將之集中為三點：皇位繼承難、朝代更替難、為宰相難。首先，皇位繼承難以解決；其次朝代更替沒有軌則，只有打天下、馬上得之，或革命、篡奪，朝代更替靠武力，槍桿子出政權，政權由槍桿子出即是非理性的語言。這些都不是儒家甘心情願的方式，從孔子起沒有一個真正的政法制度。如朱元璋做皇帝後誰做？按宗法社會講長子嫡孫做，建文帝繼位，燕王朱棣不服就只有篡奪、只有打。又如唐高祖時，李世民出來爭，結果有玄武門之變，現在仍有此問題，天天培養接班人，仍培養不了。另一問題是宰相困難，在中國封建專制下對宰相的要求相當高，宰相無政治權利，要做一正當的宰相很難，此三點王船山論得很清楚；中國社會一向只有吏治沒有政治，宰相所代表的是治權而非政權。政權在皇帝手中，是皇帝打天下得來，是非理性的獲得；皇帝是非理性的存在。在中國歷史上皇帝是一個 irrational being，此處無理可講，宰相幫忙皇帝，其實幫忙也談不上，只能幫閒。總言之，這三個問題在中國文化裏一直得不到很好的解決，傳統宗法制度用在政治、經濟上都很不夠，故中國需要現代化，則為生民建立制度以安其生活很重要。

王船山對中國歷史提了三點，皇位繼承難、朝代更替難、宰相

地位難，這三點又牽涉到中國傳統文化，以王船山這樣的大思想家到此也無辦法。明朝末年黃梨洲對這些方面也有考慮，有「原君」、「原臣」之作，仍想不出具體辦法來限制君權。王船山最後說一句「自非聖人崛起，以至仁大義立千年之人極，何足以制其狂流哉！」還是把希望寄託於聖人。這話令人悲觀，等到甚麼時候纔出大聖人呢？傳統中國思想家想不出辦法，但現在與西方文化接頭後，這問題已不難解決。中國那個社會一條線傳下來，王船山、黃梨洲未能解決，根據傳統的固有文化往下走難有辦法。如梁漱溟先生說：「中國文化理性早熟。」假定不與西方文化接頭，永遠如此，這句話雖有問題，但也有相當的道理。這是梁先生了不起之處，即從自己原有的一條路走出來，當同另一文化接觸，有眼睛一亮的感覺。以前王船山想不出辦法的，我們現在連一個普通人也可想到，不必等「千年之人極」。「千年人極」一類的話既玄又籠統。蓋儒家說天、地、人三極，即三才之道，則人極早已建立起來，王船山的「人極」不是儒家傳統之人極。故為生民立命纔成為一嚴重問題。張橫渠當年說的是一大話，但今天我們看現代社會及自己的處境，這句話的意思就非常清楚。

　　社會制度不能違背自然、違背人心的常道。不能違背人心是如家常便飯的，也恰恰是現實需要的，不能天天吃肥雞大鴨，為生民立命就要按自然之常、人性之常來建立一生活的道路。這並非需要特別技巧，中國幾千年的文化傳統有其價值，西方從希臘、羅馬以來也有價值，不能隨便以封建或資產階級的名詞來概論之，這兩個傳統都有其真實性，要平心處理、皆收。

　　人如能平心把理性呈現出來，中國現代化還有甚麼困難呢？不

必如王船山等說要等待大聖人出來立千年人極。現在很多人說中國現代化很難、很難，難在哪裏呢？現代化是一理性問題，科學是一理性問題，民主政治也是一理性問題。理性問題爲甚麼單西洋人能作出，中國人不是 human being（人），不是 rational being（理性的存在）嗎？這是說不通的。連對中國人的這點信念都沒有就十分可憐，爲甚麼說我們不能像你那樣理性化、現代化？不能擁有你那一套？這根本說不過去。以上我講的是關於客觀方面爲生民立命，若談到這次法住學會舉行安身立命的討論，從外邊生活軌道引申到自己內部、自己的生命問題，這就十分難說，非三言兩語。以前各大宗教、哲學講得很多，儒、釋、道、基督教皆有貢獻，這是內邊的問題，與客觀的是兩面。外邊問題即使統統解決，安排恰當，天衣無縫，若對自己內部生命無法，那也無法。安身立命最後是在自己內心，外邊只是配合的安排。不過社會軌道好了，就比較容易。內邊來說，無論中國人、西方人，傳統文化對之都有大的貢獻。這猶如亞歷山大所說：「征服世界容易，征服自己難。」即指自己內部生命問題。佛家在這方面體會甚深，宋明理學家、儒家傳統、道家傳統體會都深，大家對這方面統統都不注意，首先把學問忘掉了。從這一意思講張橫渠所說爲往聖繼絕學就是從內邊講安身立命，單從外邊講往聖的哲學還不夠。今天僅講到此，謝謝大家。

（民國80年12月23日講於「安身立命國際研討會」，陳尙琨整理。）

原載霍韜晦編《安身立命與東西文化》

（香港：法住出版社，1992年12月）

鵝湖之會
—— 中國文化發展中的大綜和與中西傳統的融會

前　言

受《鵝湖》朋友所託，在「當代新儒學國際學術會議」前夕訪問老師。因想到老師平常說：「哲學家要為社會指示一個方向。」因此，我想問以下三個問題：

㈠想請老師談談中國文化發展的方向。

㈡最近亞洲電視台給老師做了一個專訪。電視訪問中，老師說：儒家思想是「人性之常、自然之常」。老師講課的時候也曾說：「儒家哲學是實踐的智慧學，它是個人生活的指導原則，也是社會實踐的指導原則。」那麼，我想請老師談談新儒家在現時代中應該有怎樣一個擔當。

㈢最後一個問題，就是現在大陸上要求改革開放，儒家與現代化的關係成了熱門話題。新儒家如何回應這種問題？

牟先生：你提出這三個問題，我不必逐個答覆。總起來是一個問題。兩年前那次新儒學會議我有一個講辭，那篇講辭是一個反省

之語，前一輩老先生啟發性有餘，客觀的了解不足，所以不能適應時代之所需。這次換一個話題，就你剛才所提的問題總起來講兩點。

未來中國的文化是一個大綜和時期

新儒家的興起有歷史運會的必然性，因此，它在歷史運會中也有它在這個時代中的使命。今天我就告訴你兩點。

「七七」事變那一年，中國《哲學評論》會議在南京召開，其中有沈有鼎先生的一篇文章。念哲學的人當中，沈有鼎是最聰明的一個，他有邏輯的天才，但也有哲學的天才。但是他的堅持性、執著性不夠。《中庸》說：「擇善而固執之。」，不管你有哪一方面的天才，假定你有邏輯天才，你固執下去，你可以成邏輯專家，有貢獻；假定你有哲學天才，你固執下去，你對中西哲學的最高境界也可以有貢獻。可惜他就是持續力、堅持力不夠，但他有些識見、洞見力很強。他也不是真正的對中國的歷史文化有詳細的深入內部的了解，但他籠統的有一個看法。當時他的文章有一個說法：中國文化在先秦儒家是孔、孟，後來是宋明理學家。將來這個時代，中國歷史的運會是一個大綜和時期。這個大綜和時期一定是繼承宋明儒，從宋明儒偏枯的一面再往前推進一步，適應現時代。

我們平常說，宋明儒學特別偏重於內聖。到明朝末年，十六、十七世紀，王船山、黃梨洲、顧亭林出來的時候，他們已經知道中國歷史的運會要開一個新方向，不能再維持宋明儒那六百年的方向，那個方向太重視內聖。所以，黃梨洲、王船山、顧亭林他們就

主張從內聖開外王，就是向外開，因此，才重視經世致用之學。從內聖開外王的方向爲什麼打斷了，開不出來了呢？就是滿清的關係。滿清一到中國來，就是一個異族統治中國，把黃梨洲、王船山從內聖開外王的方向堵住了。大家都知道，黃梨洲、王船山、顧亭林是明朝三大遺老。王船山在衡山猺洞著書，他的書根本不得印行，後來曾國藩才替他印出來。黃梨洲的《明夷待訪錄》是多麼開明，但滿清一來都給堵住了。顧亭林一方倡言亡國、亡天下之不同，一方力主經世致用之學。但因他根本反對滿清，所以他的學術思想、文化精神持續不下去。

十七、十八、十九世紀三百年是滿清大帝國，滿清大帝國對中國文化一點好處也沒有，這就是近代中國的歷史。中國原有的歷史文化怎麼能出來共產黨呢？就是五四運動的淺薄的理智主義。五四運動爲什麼那麼淺薄呢？這就是滿清乾嘉年間考據學問的遺害，這個學風一步一步影響下來，所以，中國知識分子喪失思考力，喪失發展思想的能力。滿清三百年的統治，知識分子喪失思考力，那個歷史運會錯失了，那個從內聖開外王的方向、要求堵回去了。假定沒有滿清三百年統治，中華民族發展的自然方向跟西方差不多。清朝是十七、十八、十九世紀這三百年，而西方正是這三百年蒸蒸日上地向現代化走。這些向外開的思想在黃梨洲的《明夷待訪錄》中都有了，都看出來了。中華民族這個文化生命是自然地要往外開，就是讓滿清人堵回去了。

沈有鼎是念邏輯的，但他喜歡談大問題、說大話，他有這種聰明。他有哲學天才，我寫《易經》那部書，旁的人不能欣賞，就是他能欣賞。他說我那部書是「化腐朽爲神奇」。

我們這個朋友有洞見，他當時就說：中華民族文化生命本來就是要求向外開，讓滿清堵回去了，現在我們碰上中、日戰爭這個大時代，但將來歷史總還是要往前進，日本不能亡中國的。所以，他看到：在歷史的運會上，將來的中國一定是一個大綜和，這個大綜和就是繼承宋明儒內聖之敎往外開。當時沈有鼎有此一說，只是幾句大話而已，沒有人理會他。他們也沒有這個見識，因爲我們對以前的內聖之學不淸楚，「七七」事變那年我才二十七歲，所以自己不淸楚。當時我看了沈有鼎那篇文章，覺得很有道理。但他不能「擇善而固執之」，所以也不能把他提出的那個大綜和的脈絡、內部的結構一步一步講出來。沈有鼎講不出來，我當時也一樣講不出來，但我那時候就有這個識見，我說這篇文章很有道理。以後就是抗戰，上海一撤退，我們就逃難。八年抗戰和熊先生在一起，對於中國文化的核心與內蘊重新磨練，仔細薰陶。先不要講往外開，先把中國文化最核心的內蘊好好整理，客觀了解，了解透徹了，自然就往外開了。

沈有鼎說中國將來是一個大綜和，當時大家都不能夠很淸楚地確定地了解這句話。大綜和不是一句大話，說大話是沒有用的。綜和什麼東西呢？如何綜和呢？當時我們都不淸楚。中國文化有一個文化生命，有一個本，這是不錯的，但本是本，要綜和些什麼東西呢？這個很難解答。

將來支配中國命運的是徹底的唯心論

今年十月間，濟南山東大學舉辦新儒家會議，傅成綸參加了。

傅成綸是抗戰時期我在成都教書時的一個老學生。會議結束之後，他寫了一封長信給我，告訴我那個會議的情況。會議裡面講新儒家，這個以前誰敢講？以前批林批孔呀！山東大學一位教授談到新儒家三點貢獻：第一點，繼承中國傳統文化的方向。這個傳統在大陸上已經成「死螃蟹」了，紮死了；第二點，權衡其得失，如何現代化；第三點，如何建立一個中西文化結合的模型。這位教授也談到新儒家的缺點，就是經世致用的比例不夠。他們問的就是這個問題：你新儒家究竟與現代化有什麼關係呢？我不是政治家呀！我上哪裡去經世致用呢？科學不是耍魔術，不是我說要科學，科學就來了。這種問題是大家的問題、民族的問題、歷史運會的問題。我們能從哲學上疏通其通路，這就是新儒家的貢獻了。

傅成綸的長信最後提到沈有鼎，沈有鼎這個人很怪，他心中始終存有那一個看法，但他平常不注意這一套，他不念政治哲學，不念歷史哲學，也不講文化問題。傅成綸信中提到：沈有鼎當年在昆明寫了一篇文章，文章說：「將來支配中國命運的不是延安的徹底的唯物論，就是此間的徹底的唯心論。」「此間」是指廣義的自由世界，照中國講就是當時國民黨統治的世界。沈有鼎說了這麼兩句怪話，前一句話大家都知道了，當時左傾的意識風靡天下，一般人都往延安跑，左傾的社會風氣整個的往一邊倒，社會輿論都掏空了。沈有鼎說的「徹底的唯物論」就是共產黨那一套，以後它果然成功了，但也不過如此。蘇聯、東歐都垮掉了，中共能夠維持多久很難講，但它早晚非和平演變不可。大陸總要變，總要改革開放，沒有回頭路可走。中共主宰大陸四十多年，主宰的結果是「徹底的唯物論」的徹底失敗，沒有人相信馬克思。

「徹底的唯物論」過去了，那麼，「不是延安的徹底唯物論，就是此間徹底的唯心論。」什麼叫做「徹底的唯心論」？這個「徹底的唯心論」由誰來表現？沈有鼎的話有一種哲學洞見，這種話只有哲學家可以說出來。「就是此間的徹底的唯心論」這句話跟他在南京講「大綜和」的文章是相呼應的。這個大綜和說得更哲學化一點，就是徹底的唯心論，徹底的唯心論就是一個大綜和。沈有鼎當年說這句話，現在看來應驗了。風氣又轉過來了。再沒有人相信徹底的唯物論，沒有人相信馬克思了。傅成綸給我的那封信中談到，山東大學那個新儒學會議結束的時候，有一個女副教授提出來：為什麼會場上沒有人提馬列主義？這個在以前是不成的。可見風氣變了。沒有人提馬列主義，馬列主義給冷落了。年齡大一點的人要敷衍共產黨，拉孔夫子跟馬克思合作。沒有人相信馬列，他們就拉孔夫子，這樣一來，孔夫子又倒楣了。你把孔夫子拉去，孔夫子就是徹底唯心主義的一個象徵。

這個時候說的徹底唯心論，不是哲學上一個空洞的名詞，要徹底好好了解。沈有鼎說徹底唯心論的那篇文章我沒有看到，他怎樣個說法，如何論證，我也不清楚。他寫這篇文章還是抗戰時期，我們還在成都，當時也沒有人注意他。可見他寫的那篇文章不是很大，或許只是幾句話。所以我說沈有鼎這個人順著自己的洞見「擇善而固執之」的堅持力量不夠，學力也不夠。「徹底的唯心論」只是一句話，這點要充實內部，它是一個大系統、一個大的綜和。這個大綜和要一步一步撐起來、建構起來，加以展開。這個工作很難，要下工夫。

沈有鼎說：「不是延安的徹底的唯物論，就是此間的徹底的唯

心論。」延安的徹底的唯物論表現過了，表現的結果是徹底失敗。將來中華民族的方向、歷史運會的方向必然是徹底的唯心論，必然是一個大綜和。這就是說，新儒家的興起有歷史運會上的必然性，你要擔當這個必然性。中華民族要擔當這個必然性。

念茲在茲，默默耕耘

我這個人是個默默耕耘的人，我一生沒有做官，我不參加國民黨，當然我更不參加共產黨。我不是這個時代的參與者，我是這個時代的一個旁觀者。所以我這個生命，你要注意這一句話。「旁觀者」就是你自己鬧中取靜，你自己默默地在耕耘。「旁觀」就是這個意思。默默耕耘中，我活了八十多歲。要有相當的時間才成呀！沒有時間，任何聰明都沒有用。

我這個人只能教書，既不能幹政治，也不能做生意，抗戰時期也沒有汗馬功勞。所以，對於這個時代，你不是一個參與者。你只能默默地耕耘，就是自己讀書，教一輩子書。同時念茲在茲，思考一個問題。思考什麼問題呢？就是中國文化的歷史發展的方向，如何從內聖開外王。如何從內聖開外王，就是沈有鼎所說的那個大綜和。

這個大綜和不是一句空話，假定你從中國文化生命的命脈一步一步的滲透悟入，先了解了自己才成。籠統地說「文化生命」，只是一句話，沒有用的。籠統地說「先秦儒家」，也只是一句話，也沒有用的。你要一步一步進去，要把握住中華民族的文化生命的命脈。這要費時間，要下苦功，不是一句空話就完了。「孔、孟之教」一句話沒有用，要徹底了解什麼是孔子的智慧，什麼是孟子的

智慧。要一步一步契入，這就是荀子說的「真積力久則入」（〈勸學篇〉）。對於自己的文化生命的命脈要能契入，一步一步地悟入，你才能夠知道這一個生命的命脈爲什麼能開出一個大的綜和系統。

一步一步契入文化生命的命脈。先講先秦，我寫了幾部書，一部是《歷史哲學》，一部是《政道與治道》，從夏、商、周三代一直演變到春秋戰國，這樣才能夠把握先秦時期孔、孟的生命智慧，了解在歷史運會中、歷史發展中孔孟生命的格範。再往前發展，經過漢朝的經學期，到魏晉時期復興道家，我又寫了《才性與玄理》。寫《歷史哲學》、《政道與治道》，都是了解中國的原始文化生命，從夏、商、周三代開始如何發展到春秋戰國，以後又如何出現兩漢經學，這就是中華民族自己一根的發展，發展到東漢末年停止了。西方人認爲中華民族文化發展到漢朝就完了，以後就沒有了。但是我們不能這樣看，我們認爲中華民族是大器晚成。

中華民族文化原初那個模型一條根發展到東漢末年停下來了，至魏晉時代是峰迴路轉，所謂「柳暗花明又一村」，就是道家復興。道家是中國原有的，道家在先秦戰國時代已經出來了，但沒有起作用，道家真正在時代中發光是在魏晉時代。所以，我寫《才性與玄理》，展現魏晉玄學系統。通過道家的復興，接受佛教，下一個階段是南北朝、隋唐。到南北朝、隋唐的時候，中國文化生命斷絕了，那是一個大彎曲，繞個大彎曲子，繞出去了。那個時候是佛教的天下，但是佛教究竟不能治國平天下，雖然到隋唐佛教都吸收進來了，唐太宗打天下還是繼承中國老傳統文化，只是那個文化精神沒有顯出來。經過道家的復興到南北朝、隋唐佛教，我寫了《佛

性與般若》，徹底了解佛教。佛教以後，下面就是宋明理學。我寫了《心體與性體》疏導宋明理學。通過長時期的工作，寫出這幾部書，契入中華民族文化生命命脈的內部，然後把這個生命表現出來。這樣表現出來，「文化生命命脈」就不只是一句空洞的大話，這樣才能夠講往外開的問題。我們講往外開，開什麼東西呢？當年黃梨洲、王船山要求從內聖開外王，那是十七、十八世紀。到現代，我們就是要求跟西方文化傳統相結合，要求一個大綜和。

以中國文化命脈爲本創建一個大綜和

現在我們要求一個大綜和，就是吸收西方的科學傳統、自由民主傳統。這個大綜和首先要契入中國幾千年文化生命命脈的最內部，一步一步地經過了解，儲蓄在心中。中國文化生命豐富得很，不是像胡適之先生和共產黨那樣，「中國在哪裏？」懵然不知。不是中國貧乏，是你胡適之先生本人貧乏；不是中國傳統文化生命貧乏，是你們共產黨、馬列主義邪惡非理性。那麼，這個大綜和就是以我們自己的文化命脈作本，要求跟西方希臘傳統來一個大結合。西方的科學、哲學從希臘開出；近代化的自由民主成分很多，希臘傳統有貢獻，羅馬也有貢獻，再加上近代工業革命、英國的〈大憲章〉，西方的自由民主也是近代的事，就是近三百年的事，不是一開始就有的。講西方傳統，除了希臘、羅馬之外，還有希伯萊傳統，希伯萊傳統是宗教（基督教）。這就是西方文化的輪廓。

我們要求一個大綜和，是根據自己的文化生命的命脈來一個大綜和，是要跟西方希臘傳統所開出的科學、哲學，以及西方由各種因緣而開出的民主政治來一個大結合，不是跟基督教大綜和。跟基

督教沒有綜和問題，那是判教的問題。我們不反對基督教，西方人相信祈禱，他們可以用那個方式，我們不用那個方式，但是我們可以判教，跟以前佛教判教一樣，可以分別它的同異、高低、圓滿不圓滿。

所以，這個大綜和一方面要徹底了解自己民族文化的命脈，要經過這個時代，一步一步要客觀了解。不要以為隋唐佛教與治國平天下沒有關係，便輕視它，隋唐佛教對於開發思想的理境貢獻很大。先把自己民族文化生命的命脈弄清楚，然後了解西方的傳統，從希臘的科學、哲學傳統一直到現在的自由、民主政治。這個不就是一個大綜和嗎？這個大綜和不是一個大雜燴，不是一個拼盤，它是一個有機的組織。所以，大綜和要從哲學上講，它就是一個哲學系統，這個哲學系統就是沈有鼎所說的「徹底的唯心論」。

沈有鼎說：「要不是延安的徹底的唯物論，就是此間的徹底的唯心論。」現在，徹底的唯物論應劫而生者已經過去了，徹底失敗了。那麼，現時代應運而生的就是徹底的唯心論。這個徹底的唯心論是一個大系統，這個大系統是什麼樣的一個大系統呢？外在地講，就是中西兩個文化系統的綜和。內部講，內在於這個義理系統的內部看，就是沈有鼎的那句話——「徹底的唯心論」。

徹底唯心論系統之建構

什麼叫做「徹底的唯心論」呢？用「唯心論」這個名詞倒是不錯，但是西方哲學裡面沒有唯心論，西方哲學只是 idealism。這個問題首先要弄清楚。無論柏拉圖的 idealism 或者是康德的 idealism，或者是柏克萊的 idealism，皆不能視之為唯心論。

idealism 不是心，所以西方哲學只有 idealism，沒有唯心論，一般翻譯作「唯心論」這是共黨的亂罵人。共黨用唯心、唯物是價值的標準，他們那裡懂得西方的 idealism！idealism 是講 idea，但 idea 本身不是心。照柏拉圖那個 idealism 說，是理型論。照康德講的 transcendental idealism 說，是「超越的理念論」。理念是什麼？是理性上的概念，在康德 idea 是理性上的概念，理性上的概念不同知性上的概念。從知性上講的概念是範疇，是成功知識的條件。理性上的概念不能代表知識。所以，在康德，只能稱之為 transcendental idealism（超越的理念論）。在柏克萊，idea 是知覺現象，它不是心，是心的對象、具體現實的對象。柏克萊說：to be is to be perceived（存在即是被覺知），是主觀的覺象論。所謂主觀的觀念論、主觀的唯心論，這些譯名統統不對的。西方使用 idea，都是作對象看，對象跟心有關係，跟認知心有關係，但其本身卻不是心。所以，假定說徹底的唯心論，只有中國才有唯心論。

中國有唯心論，沒有 idealism。中國人所說的心，不是 idea。孟子所說的良知良能是心，四端之心是心。陸象山言：「宇宙便是吾心，吾心便是宇宙。」是宇宙心，其根據在孟子。王陽明講良知，還是心。佛教講如來藏自性清淨心，也是心，不是 idea。如來藏自性清淨心前一個系統是唯識宗，唯識宗講阿賴耶，阿賴耶識是識心，也是心，不是 idea。所以，只有中國才有真正的唯心哲學。什麼叫做徹底的唯心論呢？就是中國唯心哲學這一個大系統。這個大的哲學系統如何撐起來呢？如何凸顯出來呢？大綜和代表的那個大的哲學系統，內部地講，就是中國的唯心論系統；外部地講，就是中西兩文化系統結合。

以哲學系統講，我們最好用康德哲學作橋樑。吸收西方文化以重鑄中國哲學，把中國的義理撐起來，康德是最好的媒介。康德的架構開兩個世界——現象界（ phenomena ）和本體界（ noumena ），套在佛教的名詞上說，就是「一心開二門」。在西方，noumena 方面開得不好，根據康德系統，noumena 是消極意義的。照佛教講「一心開二門」，一心就是如來藏自性清淨心，開真如門、生滅門。生滅門就是現象界。天臺宗所謂「一念三千」，對兩門而言，不是有兩套三千世間法，只有一套，一轉手就是寂滅真如，常樂我淨；一轉手就是生死流轉。三千世間法從哪裡來呢？它不是從如來藏自性清淨心創造出來的，如來藏自性清淨心不會創造。三千世間法怎麼來的呢？從無明來，由無明才變現出這麼些東西，把無明拉掉，三千世間法就變成清淨功德、變成明。這就是《維摩詰經》所講的除病不除法。所以佛教講「一心開二門」。

中國以前佛教講真如門、生滅門，二門都開得好。先講生滅門，然後講真如門。西方康德生滅門開得好，生滅門就是現象界，但真如門開不出來，因為康德說 noumena 是消極意義的。借用「一心開二門」這句話，應用到康德的哲學，就是 phenomena 和 noumena，這要根據中國，東方儒、釋、道三教的命脈、文化精神來了解，根據康德那個系統是不夠的。「一心開二門」要根據中國的傳統。所以，我說你要把握中國幾千年的活動，要深入文化生命的命脈內部。要徹底浸潤，你才能了解它的好處，要不然「文化生命」只是空洞的一句話。照胡適之先生，中國文化在哪裡呢？他完全不能了解，那麼，中華民族幾千年不等於在那裡睡覺嗎？

徹底了解中國的唯心論系統，然後根據這個系統的智慧方向來

消化康德。因為康德不能說徹底的唯心論，他只能講超越的理念論，超越的理念論就函著消極的意思。照康德，積極的是經驗的實在論（empirical realism）就是限於現象世界、經驗世界。這個問題，請看我的《現象與物自身》。所以，我們根據中國的智慧方向消化康德，把康德所說的超越的理念論與經驗實在論那個形態轉成兩層的存有論──「執的存有論」和「無執的存有論」。「執的存有論」是識心；「無執的存有論」就是智心，這就是徹底的唯心論。徹底的唯心論就從「無執的存有論」透出來，這個在西方是透不出來的。由無執存有論透出的徹底唯心論，亦稱徹底的實在論。因為智心與物如同時呈現，智心是絕對的心，物如是絕對的實在，固同時是徹底的唯心論，同時亦即是徹底的實在論也。陽明說明覺之感應為物，物是無物之物，亦同此解。此種精微之玄理，若不深入其裡，那能得知？

表現徹底的唯心論系統不能依附政黨

現時代，我們要求科學、民主政治。表現這個徹底的唯心論的大系統不能希望任何一個政黨來領導。政治家管不了那麼多，你不能靠他們來做。政治家亦要在我們這個大系統的方向之下。這是什麼意思呢？就是說，這個大系統是一個哲學問題、文化方向的問題。在中西兩個系統的結合之中，我們肯定科學，肯定自由民主，並疏通其哲學理境上的可能性。在肯定自由民主這個自由社會裡，讓我們獨立地講這個思想，永遠講這個思想。只有在自由民主的社會，我們才可以自由講學。國民黨是政黨，他向自由民主走就是好的，就有貢獻中國的現代化。不必期望他仍能講這個大系統。共產

黨更不行，因為他根本是中西兩傳統的反動，只有他徹底改革了，開放了，放棄其馬列邪思，他始能回歸於中西兩傳統。所以，你只能督促他實現自由民主。在自由民主之下，保障你講學的自由，維護住中西兩傳統之命脈。

馬克思主義已經過去了。大陸上可以講社會主義，但不是馬列的社會主義，馬克思的那個社會主義根本是個反動，存心不正。所以，大陸上講「社會主義」一定要照〈禮運〉篇那個「大道之行也，天下為公」來講。照〈禮運〉篇講社會主義，就一定要放棄馬列主義。因為馬克思的社會主義不承認有普遍的人性，不承認價值的標準，一切道德價值統統被抹掉。這就是反動，就是量化的精神。所以，馬克思的社會主義是「量的社會主義」。照〈禮運〉篇所說的社會主義是「質的社會主義」。大陸上要實行社會主義，一定要從它那個「量的社會主義」轉變成「質的社會主義」。質的社會主義就是孔子作主，不是馬克思作主。

最後，我要說：科學、自由民主是理性上的事，是人類理性中所共同固有的。既然是人類理性上的事，怎麼能說單屬於西方呢?!這不是「西化」的問題。中共不許講「自由民主」，是害怕和平演變。同時，我要說：科學、自由民主不是哲學家一個人的事情，這是大家的事情，大家肯定科學、自由民主，自然可以開發出來。這個「大家」，臺灣、大陸都包括在內。大陸、臺灣都走科學、自由民主的道路，我們不是可以自由講學了嗎?!所以，我說，新儒家要在自由民主政治保障下擔當歷史運會中的那個大綜和的必然性。

（盧雪崑訪問記錄）

原載《聯合報》1992年12月20／21日

超越的分解與辯證的綜和

各位先生：

　　今天我所講的題目是「超越的分解與辯證的綜和」。「超越的分解」是依康德哲學而說的，「辯證的綜和」則是照黑格爾的辯證義而說。這本是哲學上的兩個大題目，在此演講場合只能長話短說，尤其是我近來身體不太好，前些日子生病，在醫院住了兩個月，現在還在家休養，所以今天只能簡短地表示幾個重點。

　　在此題目下，首先須知，要講黑格爾式的辯證綜和，必須預設康德的超越分解，有如康德在其三大《批判》中，每一《批判》的內容都分為〈分解部〉和〈辯證部〉一樣。但是康德所說的「辯證」，是古典義的辯證，從希臘開始直至康德本身，都同用此義。到黑格爾哲學的出現，「辯證」一詞，才另有獨特的新義，而大不同於古典通用之義。古典義的辯證，以邏輯為標準，所以其所謂辯證的過程，是可以施以邏輯的檢查的，結果雖然表面上有背反的情形，卻不是真正的矛盾，或者兩者皆假，或者兩者並存。但在黑格爾所說的辯證法中，卻是要通過矛盾而達到一更高的境界。發現此義的「辯證」，是黑格爾的大貢獻。但說其為「大貢獻」，是站在西方哲學史的發展上說的話，若在中國，則這一方面的理境本就很

高，只是中國不用這些名詞，也沒有在理論上大肆鋪排罷了。中國在這方面講論最多的是道家和佛教，儒家也涵具這一套，而不大喜歡講。雖然說中國儒、釋、道三家都能講這方面的辯證，但儒、釋、道三家所表現的辯證和黑格爾所表現辯證完全不同。我今天的講題主要要指出這一點。

說到辯證的綜和必先預設康德批判的分解，其中批判的分解是西方哲學中屬於最艱深的部分，現在人說「分解」大體是從萊布尼茲、羅素下來的所謂邏輯的分解，那是很容易的。辯證的綜和所必須通過的不是羅素的分解，而是康德義的分解。把批判分解所分解的內容，通過一辯證的歷程，綜和在一起，達到一個全部的大融和，此即所謂「辯證的綜和」。

依中國傳統，一說「辯證」，就預設有「工夫」和「本體」的分別。所謂「本體」，若以康德哲學表示，大體是屬於意志自由、靈魂不滅、上帝存在等理念方面的事。康德立這三個理念，若在思辨理性或理論理性上看，它們皆是一空的概念，即只是理性所提供的概念，這種概念和知性所提供的概念（範疇）意義不同。在思辨意義下，理念只能是「軌約原則」（regulative principle），而不能是「構造原則」（constitutive principle），這兩個原則的分別是康德用心所寄，了解了這兩個用詞，方能真正懂得康德哲學的精義。康德在第一《批判》中，認為三理念既不能是構造的，故用「超絕的」（transcendent）說之，而不用「超越的」（transcendental）一詞。「超絕的」是對著「內在的」（immanent）而講。「超絕」、「內在」二詞是由亞里士多德之批評柏拉圖的 idea 之是 transcendent 而不是 immanent 而來，只是

康德所說的「理念」（理性的概念）不同於柏拉圖的「理念」（理型）而已。從思辨理性上說是如此，可是若從實踐理性上講，則三理念不停留於超絕的，而可以變成是內在的，即是可以落實得下，可以平舖得下。在思辨中超絕的、軌約的、消極的概念，在實踐中可以有內在的、構造的、真實的意義。

而所謂有「內在的、構造的意義」，也必須有所簡別。依康德之意，三理念之成為內在的、構造的，是站在第三《批判》中所謂「反省判斷」上而始成為「內在的、構造的」。在此意義下，有關上帝的存在一理念可以講出一個「道德的神學」，即對上帝之存在給出一道德的證明。西方是基督教傳統，康德首先提出「道德的神學」一觀點。並且說，只能承認「道德的神學」，而不承認「神學的道德學」，這是西方神學的大轉向。但在中國哲學中，並無神學可講。照儒家義理說，只能講一「道德的形而上學」。而且亦如康德之只承認「道德的神學」而不承認「神學的道德學」之思路，儒家也只能承認一「道德的形而上學」，而不能承認「形而上學的道德學」。在這種思考路數的比對中，我們見出康德與中國儒家之相通性。這種相通性，是表現在各方面的，所以我認為如要講中西哲學的會通，康德應是最好的橋樑。

康德對人類理性全部的運用有「思辨理性」與「實踐理性」之分，這是哲學上的大貢獻。西方哲學的重要成就是在思辨一方面，而中國哲學的傳統，一下就落在實踐理性上，跟本沒有接觸到思辨理性的問題。思辨之學不足，往下不能開邏輯、數學與科學，這是中國文化的大缺陷。但中國學問一向在實踐理性上說話，往上開本體界，就說得很透闢。而實踐理性在整個理性的作用中實具有優先

性，所以我認爲只有眞正懂了中國哲學才能完全了解康德，現在的中國人既不了解西方的傳統，也不了解中國的傳統，眞是一個可憐的時代！

中國哲學談到實踐之事，必工夫、本體兩面同時講求，作工夫以呈現本體，到最後工夫、本體固可以是合一，但在實踐歷程中，工夫與本體的分別一定要先承認的。「本體」在康德分爲三理念說之，在中國則只「本體」一名，無二無三。這「本體」觀念的來由，可說源遠流長，它可溯自《詩經》頌文王之詩：「維天之命，於穆不已，於乎不顯，文王之德之純。」《中庸》引此詩，繼之再贊一句曰：「純亦不已」。其中講出兩個「不已」，一個是天命之「於穆不已」，一個是文王之德之「純亦不已」。「於穆不已」是客觀而絕對地講的不已，其地位就等於西方哲學的上帝，即創造原則也，中國人不說上帝創造萬物，而說天命不已。文王之德之純亦不已是主觀實踐地講的不已，是聖人的工夫。工夫之最高境界是「天理流行」，在「天理流行」處，工夫完全將本體呈現出來，本體與工夫合一，這可說是「辯證的綜和」。依此義而觀，「辯證」一問題本是屬於工夫上的問題，而不是本體上的問題。

把「辯證」看成屬於「工夫」之事而不屬於「本體」之事，這是一個高度的智慧！此所以中國人講辯證不會轉成「唯物辯證」之關鍵，辯證的綜和是在工夫中的事，工夫過程才有如此的跌宕。這跌宕的花樣即黑格爾所謂 cunning of reason──理性底詭譎，這種詭譎在古典義的辯證中是沒有的，但在黑格爾的辯證法中，卻允爲一大眞理之發現。這種眞理，中國古人，了解得最透徹，佛家、道家固是在此顯光采，儒家也很透徹，如明末王船山曾論秦始皇之廢

封建置郡縣之舉是「天假其私以行大公」，秦始皇是站在統治的私心行事，而天道卻借用了他的私心而實現了天理之公，使貴族采地之封建制度變爲國家之郡縣。這豈不是政治制度上之進一步的發展？「天假其私以行大公」一語，不正是黑格爾所謂「理性的詭譎」之最恰當的說明嗎？可見如果是眞理都有普遍性，黑格爾能發現，王船山同樣也能發現，而且發現得更早。至於道家與佛教講得更多，以至於爛熟，所以老子有「正言若反」之語，佛家講般若，更好用詭辭以表意，如「般若非般若，是之謂般若」。你要學得般若，便要「以不學學」、「以無得得」。若自以爲知道什麼是般若，便不是般若；若以學的方式去學般若，便是不善於學般若。此亦如同孔子之不居聖，居聖便不是聖，此即是一大詭辭。

然而這些詭辭的運用，都表現在工夫上，亦即依中國的傳統，都了解到：唯有在工夫中才能引起黑格爾所說的「理性底詭譎」、「辯證的綜和」。存在本身無所謂詭譎，亦無所謂辯證。黑格爾最大的錯誤是在這裡有所混漫！西方哲學家對此早有不滿，如羅素即批評黑格爾把 thinking process 和 existent process 等同化，到最後把上帝也拉到辯證裡去。黑格爾的《大邏輯》從空洞的絕對存有，即上帝，開始起辯證，通過辯證過程，漸漸充實化它自己，以至於完成它自己。這樣一來，辯證的過程即是存在的過程，這就成了最壞最危險的思想，足以擾亂天下。因爲上帝本來是穩定的祈禱的對象，或工夫體證的本體，現在把它拆散下來，混同於工夫中之辯證，則世界無不在鬥爭之紛擾中，這種思想便成大亂之源，此即孟子所謂「生於其心，發於其事，害於其政。」黑格爾之害尙未顯著，至於馬克思之因著絕對存在之起辯證，落實在現實物質存在上

說「唯物辯證法」,「唯物辯證法」一出,則不僅為「大亂之源」,而且是實際的天下大亂,「千萬人頭落地」!請看中國因此死多少人?毛澤東是大魔,其魔之源即來自黑格爾。

其實,存在不能拉在辯證中,而「唯物辯證法」一辭尤其不通,既是「唯物」,那來辯證?物質的變化是屬物理、化學的變化,無所謂辯證,「辯證」一辭是不可亂用的。所以近代中國人可憐,既不懂「唯物」,也不懂「唯心」,把西方的 idealism 了解為「唯心論」或「觀念論」,都是不對的。不管是柏拉圖的 idealism,或者是康德的 transcendental idealism,或者是柏克萊的 subjective idealism,其中之 idea 皆是一對象(object),而不是「心」,乃反而是心之「對象」。所以中國始有「唯心論」,卻沒有 idealism,而西方只有 idealism,卻沒有「唯心論」。若不了解「唯心論」,則也不能了解什麼是「唯物論」,於是唯心、唯物隨便亂喊,凡事不好好求正見求了解,只會人云亦云,接受宣傳,全國如癡如狂,毛澤東懂得個什麼唯心、唯物?都是知識份子左傾以敗天下,而知識份子又懂個什麼唯心、唯物?只是中魔發狂,才會相信唯物論。「唯物辯證法」一辭本就不通,而在沒思想訓練的中國,就可以拿不通的東西來殺人,毛澤東說要千萬人頭落地,果然就千萬人頭落地,而知識份子一無覺醒!

再進一步說,如黑格爾把存在也拉到辯證歷程中,把辯證講「實」了,不是把辯證當工夫歷程看,則不能有「辯證最後也要來個辯證」這句話,即辯證過程之最後來個自我否定而把辯證消除。黑格爾之哲學不能說這樣的話,因為他的絕對存有以及其所創造之萬物這一整個存在歷程等同於辯證歷程,則其正、反、合必須永遠

拖下去，永遠在矛盾中。落實在政治意識上，就是永遠在鬥爭殘殺中，所以生心害政造成天下大亂，足以毀滅一切而有餘。在中國儒、釋、道三教，既如理地把辯證看成工夫中事，則它是虛層的精神修養中事，不是著實的粘著於存在的東西。我要它有，則可以無限拉長其歷程；我要它沒有，則可以當下停止，消除其歷程，所謂辯證來個辯證，一切歸於平平。而說「消除」，當不是憑空而講，在理論上自有「可消除」之根據，此即中國哲學所講的「圓頓之教」。「頓」有頓之所以可能的根據，「圓」有圓之所以可能的根據，不是空談，不是朱子所說的「只要今日格一物，明日格一物，久而久之，自然一旦豁然貫通」。因為依朱子之學，是陽明所謂「向外求理」，外物無窮，格之之功亦無窮，則豁然貫通境界之達成無必然性。所以所謂「圓頓之教」，馬克思的物質的辯證達不到，黑格爾式的精神的辯證也達不到，朱子式的豁然貫通也無達到的必然保證。儒、釋、道三教之實踐哲學，在工夫過程中，當然也可以講黑格爾義的「辯證的綜和」，所謂「工夫不可以已」，但也隨時可以講圓頓之教，辯證馬上解除，當下證得本體，呈現一「如如自在」、「逍遙無待」、「天理流行」之最高境界。「工夫不已」和「當下具足」兩句話同存而不相衝突，這才是精神辯證的本義，人類極高的智慧表現，如此說辯證，則不會轉為禍害。

最後我再舉兩個實例以說明工夫辯證之義。王陽明曾經說了一句話：「有心俱是實，無心俱是幻。」但同時又說「無心俱是實，有心俱是幻」。你看這兩句話是否衝突？如不衝突，這明明相對反的兩句話，如何去了解？如真正了解這兩句話，則一方面可了解中國的智慧傳統，一方面也可了解康德的道德哲學，並可了解黑格爾

辯證之眞義及其差謬之所在。又如佛敎中講「貪欲即是道，恚癡亦如此」，「煩惱即菩提，生死即涅槃。」諸語，這些斷定語如何了解？是否同於邏輯中的 A、E、I、O？在邏輯中，貪欲只能是貪欲，怎可同時又是道？諸如此類玄談，中國哲學典籍中俯拾皆是。而要澈底了解此中精義，必須先於康德超絕內在之分、軌約構造之分，以及超絕的何以可變成內在的、軌約的如何可轉爲構造的，並此諸轉變是在反省判斷中說，而非在決定判斷中之事，凡此諸分際層次有所掌握，復於黑格爾辯證之眞理性及其限制性諸關節有所釐淸之後，乃能透悟之。此則年靑人所應長期用功所在，在此不及多說。謝謝諸位。

（王財貴整理）

原載《鵝湖月刊》第19卷第4期（1993年10月）

「宋明儒學與佛老」學術研討會 專題演講

全所長、各位先生及各位同學：

剛才全所長這一段話，我馬上想到一個觀念，就是我們有位朋友許思園先生，無錫人，是江南才子。他以前任教於中央大學，也是唐君毅先生的好朋友，現在已經過世了。他曾說過：「中國文化發展到唐朝時期達到最高峰，而發展到宋朝，中國文化已經到了成熟而至爛熟的境地了。」另外，日本人也說過：「唐朝的文化是人類的智慧發展到最高峰的時代。」這些話並不是亂說，可以有相當的真實性。剛才全所長介紹了宋朝的人口和經濟的大致情形，可見宋朝是一個非常繁榮的時代，而且宋朝在中國的歷史上也是最自由的時代。宋朝因為人口和經濟繁榮，社會又自由，同時文化上又遇到會通佛、老的問題，所以才能發展出一種高度的文化反省的理學的思想。因此，剛才全所長所說的是屬於經濟和社會方面，但可說是將宋明理學所以產生的社會背景和思想基礎作了簡單的介紹，這一點是很有意義的。許思園說中國文化發展到宋朝已經很成熟而至於爛熟了，可見宋朝不是很簡單，但這些已經過去了，我們也不去詳細多談了。

現在我們要直接說明的是這個研討會的題目所以訂為「宋明理

學與佛老」的緣由。當初是我們新亞研究所的同學,他們有一個讀書會,幾位同學發動想開個會,來討論宋明理學。我就對他們說:這個時代誰講宋明理學呢?因為宋明理學這種學問聽起來令人頭疼,而且太孤單地講宋明理學也是不行的。所以我告訴他們把題目稍為擴大一點,同時關於宋明理學我正好看到一篇文章,就是在《鵝湖》雜誌上有一位年青的同學寫了一篇文章,寫得很好,寫這篇文章的就是在座的林美惠同學(〈論朱子倫理主義中的唯美原則〉,《鵝湖月刊》第16卷,第8、9期)那麼我們就依這篇文章作一個發起因緣,來成立這個會。林同學這篇文章可以作為在這個時代講朱夫子學問的一個起點。

當初我們辦新亞書院時標榜「新亞精神」,所謂的「新亞精神」指的是由張丕介先生的苦幹精神、錢穆先生的大名和唐君毅先生的理想這三個成分所支持起來的。唐君毅先生的理想寄託在那裡呢?就是寄託在對於中國文化的反省。因為中國文化從先秦開始一直發展到宋朝達到最高峰,所以新亞的精神在理想方面就是多講一點中國文化和中國哲學。我們可以說儒家的文化傳統加上宋明理學的發揮,這是新亞書院表現他的理想,而能夠屹立於香港這個社會中,並且成為今天中文大學的一部分所憑藉的基礎。當初在新亞書院講宋明理學講得多得很,而且講出來有精神、有生命,就像唐先生在講這些學問時,常常是滿頭大汗。但是現在,在中文大學裡誰講宋明理學呢?即使講了也沒人聽。新亞的精神跑那兒去了?根本就沒有了。就在新亞研究所裡,你們同學中誰能講宋明理學呢?所以我們就藉著這個機緣召開這個會,多請幾位台灣的年青朋友來參加,相觀而善,是很有意義的。

　　這次開會，台灣方面來的朋友都有提論文，而我們新亞研究所同學的論文在那？為什麼寫不出一篇論文來呢？這是個事實，值得大家好好反省一下。雖然在這個時代，講這種學問還不是完全落後的，但是現在在香港已幾乎沒有辦法講了。本來香港這種社會就不適於講這種學問的，因為香港是一個工商業的社會、殖民地的社會，所以我們常說香港只有高度文明而沒有文化，而文明、文化還是有一點不同的。但是雖然不適於講，我們仍然要鍥而不捨地繼續講下去；而且關連著時代，仍然有它時代上意義。譬如現在大家爭著講現代化，一達到現代化馬上就有現代化的問題出現，這個就是我們現在所謂的「後現代化的問題」。當我們面對後現代化的問題時，講講這種學問仍然有它的意義。

　　接著我們再進一步講宋明理學本身的問題，先就宋朝講，在這個時代講宋儒朱夫子的學問是很難的，因為朱夫子的學問，照現在的人看來，你可以說它太保守、太古典了。這個時代的人生活在花花綠綠的社會中，什麼叫作「理學」？可能有些人根本就不瞭解這兩個字的意義。可見在這個時代要講宋明理學並不容易，而要使這個時代的人接受朱夫子的學問更難。因為香港是個花花綠綠的社會，這從電影上就可以看出，不是黃色就是黑色。這是一個自由的社會，雖然充斥著各種色彩，但它並不犯法，這就叫作文明，是屬於科技的文明、自由民主的文明。然而文化又在那裡呢？

　　但我何以說朱夫子的學問現在還是可以講？因為要對治這個時代的社會問題，朱夫子的學問還是有他教化上的意義。那麼，我們現在所要表示的是我們這個時代要用什麼樣的態度來講這種學問呢？在這個地方，我隨便再說句話。朱夫子這種學問，在宋朝的時

候講說，其精神已經不太合當時的氣氛。所以，一般人提到宋明儒學，就有一種莫名其妙的氣味。這種氣味也很難講清楚。總之，一聽到理學家就令人頭疼。這種氣味最主要是對著程、朱（程伊川、朱夫子）而發，大概不會從陸象山那兒發。這就令我常常思考為什麼朱夫子的學問不十分合宋朝那個時代的氣氛？大家要注意，宋朝在中國長期歷史發展的運會之中，按照以前的老傳統，是屬於「陰」的格局，也就是說這個運會是出現在「陰」的時代。以前的人有這麼一個評判，從夏、商、周三代經漢、唐，歷史的運會一直轉變，轉到宋朝這個階段，是屬於「陰」的格局。這個話也許很玄，但會算命的人卻很相信這個話。這個話仔細想想，不是說得沒有道理。在這個陰局的運會之中，朱夫子講學問的方法是以陰的方式講，如此就犯了「陰中陰」的毛病。這個「陰中陰」就是「重陰」，所以令人透不過氣來，令人起反感。我們從歷史的運會中很明顯地就可看出主要的問題出現在此處。像陸象山那種講法，他是用「陽剛」的精神講，因為在陰柔的局勢中，講學問應以陽剛的方式講，才能配合，如此生命才能暢達、無滯。照朱夫子那種講法，則屬於陰中陰，所以理學在宋朝時，一提起來就令人頭疼。

因此，幾年前我退休後到台大去講學，有位同學曾對我說：「為什麼老師講宋儒和一般人不同呢？聽起來總感覺不一樣。」我說不同在那裡呢？那位同學也說不出個道理，但總感覺有些不同。他說聽一般人講理學，總令人悶氣、頭疼，為什麼聽老師講卻不令人討厭？我就告訴那位同學說：「我講宋儒是以陽剛的方式講，像朱夫子那種講法是不行的，令人太憋氣了。」可見過去講宋明理學有這些問題存在。但在這個時代我們仍然需要講，這個學問還是了

不得的。我再說一說朱夫子學問不得了之處在那？不管你懂不懂，只要把《朱子語類》拿來看一看，沒有一個人不被它吸引的，它的吸引力非常強，這就是所謂的「有味」。一般人即不懂也沒關係，只要讀一讀《朱子語類》，總是會被它吸引，這就表示它具有吸引力（attracitve force），由此可看出朱夫子是一位不得了的大理學家。至於「有味」是什麼味呢？就是朱夫子本人所常說的「如嚼橄欖，如飲醇酒」。嚼橄欖需要細嚼，不能囫圇吞棗一頓，就像豬八戒吃人參果，一吞下去就沒得味了。喝醇酒亦如嚼橄欖一般，需要慢慢品味，越喝越有味道。喝最好的四川大麴酒，慢慢喝則喝得很舒服，最後一定醉倒，這就是《水滸傳》中所說的「出門倒」。假定你所喝的酒不是很有味道，那麼怎能吸引住你呢？由此可見朱夫子學問所以具有吸引力，自有它了不起之處。

至於朱夫子的學問何以有這樣的性格呢？因爲朱夫子在宋朝那種陰的格局中用陰的方式講，雖然屬於陰中陰，是重沓的性格，令人悶氣，但是它爲什麼又具有吸引力，就好像是嚼橄欖一樣呢？我們只要仔細想一想，就可看出朱夫子所用的是屬於「陰剛」的方式講，而陸象山則用的是「陽剛」的方式講，所以光明、俊偉、敞亮。朱夫子也承認此種評斷，但是他不喜歡這種方式。我們說朱夫子用「陰剛」的方式講，這句話好像說不太通，因爲我們一般都說「陰柔」，沒有說是「陰剛」的，但是朱夫子用的卻是「陰剛」的方式。因爲是用「陰剛」的方式講，所以有厚重的力量，有殷實的力量；它具有嚴肅感，具有一股剛氣在其中，因此能把人給鎮住。但現代人誰能受得住這種精神呢？所以，我們處在這個時代，要重新講朱夫子的學問，或者用「陽剛」的方式加以疏導，亦即用批判

的方式，就是用堂堂正正的方式講，把朱夫子那個「重陰」的格局衝開，不使人悶氣。但是這種講法太重，也不是一般人都受得住。因此，除了「陽剛」的方式，另外還有一種「陽柔」的方式，這句話也好像不太通。實際上，陰中有剛柔，陽中亦有剛柔。用陽剛的方式講太重，則換「陽柔」的方式講。「陽柔」的方式是什麼樣的方式？這就是這位林美惠小姐所走的路。她用「陽柔」的方式講朱夫子，至少可以不令人悶氣，可以暢通一下。就因為它可使人的生命暢通，所以是屬於「陽」的方式講；又其所採取的是審美的態度而不是分析和批判，所以是屬於「柔」的方式講。

我剛剛說過，不管你懂不懂，只要讀讀《朱子語類》，沒有一個不被它吸引的，既能吸引人，就表示其中必有美者焉。它的確有令人可欣賞的地方，而其可欣賞處，即是徹底的「理性主義」。西方理性主義重視條理、系統，既有條有理又整齊，這就是美。這種美，就是西方人所說的 perfection，也就是所謂的「圓滿」。理性主義所說的圓滿，首先就是吸引我們對整個宇宙的秩序（cosmic order）能欣賞其條理性、整齊性和系統性而起美感。這種美感就是屬於圓滿。不過，朱夫子的學問是理學而不是美學，這個地方需要加以注意。西方在康德（Immanuel Kant）以前，像萊布尼茲（Cottfried Wilhelm Leibniz）和沃爾夫（Christian Wolff）等人幾乎是將「美」（beauty）與「圓滿」（perfection）等同，也就是將兩者混在一起不分。這種思想經過康德的批判後，我們才明瞭兩者是不可混同的。所以，我們雖然可以用審美的方式，亦即用「陽柔」的方式講，但朱夫子的學問是理性主義的理學家，不是講美學。所以，「圓滿」（perfection）雖可以令人起美感，可它並不

是審美中那個美的意義。

依康德的說法，什麼叫作「圓滿」？perfection 這個觀念是屬於道德的（moral），根據道德的一個目的而來，凡是環繞著這個目的，其周圍的一切東西統統合這個目的，沒有一個遺漏，這就叫作圓滿。這個意思就好像佛教的華嚴宗喜歡講的「主伴俱足」，此表示每一概念有主，主就是主幹；另外則是周圍輔佐的伴，亦即同伴的伴。主、伴能俱足，這就正好合乎康德所說的「圓滿」。華嚴宗講一切東西，喜歡用「十」來表示，所謂「十十法門」。譬如講「身」，一般講「三身」，是「法身」、「化身」和「報身」。華嚴宗一定講「十身」，三身是主，那周圍還有一些伴從的東西，統統關聯在一起，所以是「主伴俱足」，如此即構成「十十法門」。華嚴宗由「十十法門」所表顯的圓滿，正好合乎西方理性主義康德所說的 perfection。而此圓滿義是屬於道德的觀念，雖有其可欣賞處，但它本身並不是美，亦即不屬於美學的美。美學中的美是 beauty，而了解這種美，則是屬於「鑑賞」（taste）。道德並不屬於 taste，所以「圓滿」與「美」不可混同。

朱夫子學問的系統很整齊，是有令人可欣賞處，這個意思在林美惠同學的文章中表現得很清楚，大家可以找來看一看。朱夫子說：「那箇滿山青黃碧綠，無非是這太極。」（《朱子語類》卷九十四，周子之書、太極圖、義剛），說滿山青黃碧綠只是一個太極在那兒貫穿，這句話就很美。這句話所用的是美的鑑賞（beautiful taste）的表達方式。好比我們看鳳凰木很美，用的是審美的態度來看，但理學家不是用純粹的審美態度看鳳凰木，他是在太極的貫穿之下所看的鳳凰木。太極是一個最高的理，一切的目的是依照太極

來決定，所以這種美或這種圓滿是屬於道德的。

假定我們現在不採取「陽剛」的方式講朱夫子的學問，因為若採取「陽剛」的方式，則一定要遵守嚴格的分析和批判，而要能接受分析就要觀念清楚、一致，這個在朱夫子的系統中是很有問題的。所以若我們採取「陽柔」的方式講，不管他的理論系統通不通，他的大系統井然有序，貫穿整個世界有條有理，就是可欣賞的。我們就從其可欣賞處來作居敬的功夫，也就是「敬貫動靜」。不管他所說的敬是表現何種形態的敬，但人在生活中表現一點敬，總是好的。敬是什麼呢？自己整潔，對人有禮貌，不要隨便放肆。禮貌不但是對人，也要對自己禮貌。就是在家庭之中，父母子女以及兄弟姐妹之間，隨時生活也不可亂來，這就是敬。所以「敬是心之貞」，這句話就美得很。你生活上能依此而行，不就很好嗎？從小學、中學、大學以至於出社會、服務國家，都能依著敬而作功夫，那麼生命中的理性不是很容易恢復？那裡會像這個時代的非理性呢？而非理性的登峰造極就是共產黨的胡作非為，共產黨的所作所為已經是沒有理性、沒有良心，可以說心都黑掉了。

所以，我們若用陽剛的方式講朱夫子的學問，用批判的、分析的方式講，朱夫子的系統就要接受檢查，所以我評判他為「別子為宗」，他不是孔、孟的正宗。朱夫子那套義理系統不合孔、孟的原義，這是沒辦法反對的，即使你不高興也沒辦法。現在有好多講朱夫子的學問，想替朱夫子辯護的，那些人都是外行，其自身都不夠資格講朱夫子的學問。因為這是屬於理學家內部義理的問題，陸象山反對朱夫子，即是屬於此種義理上的問題。這種問題就好像大乘佛教裡邊，從玄奘講阿賴耶識，發展到後來必須進到如來藏自性清

淨心，亦即從阿賴耶識的無漏種子（屬後天熏習），一定要進至講本有種子（屬先天本有），其內部義理的發展有一定的道理在。但是若不採取這一條路（陽剛方式）講，認為這條路太重了，而採取稍為輕鬆一點的講法，對於這套義理的差別不去爭論，純粹就其可欣賞而依之而行，這也很好。如此作即表示肯定朱夫子學問系統的價值，因為雖然在內聖之學內部義理的系統上講，朱夫子的學問系統是「別子為宗」，他並非孔、孟的正宗；但從一般的教化上講，他倒是正宗。像陸象山那樣作功夫，並不是一般人所可以表現的，那是指內聖之學講的，因為儒家講學問，最高的目的是成聖成賢。但儒家之學也有一般教化的意義，在這方面朱夫子的學問就有其作用。尤其在這個時代因為中華民族在大陸上已經快被蹧踏完了，所以在香港、台灣應多講講這種學，如此才可以挽救中華民族的劫難。

但是講的時候，不要用理學家那種方式講，容易令人害怕。輕鬆一點講，可以採取「陽柔」的方式講，從「陽柔」的方式來接引群眾。因為朱夫子講「察識涵養」的功夫，就是古中國春秋戰國、貴族時代的小學功夫。《禮記》裡邊不是有談到小學、大學嗎？但是到後來小學的功夫慢慢地淡了，所以朱夫子講涵養就是要補充小學功夫的不足。小學功夫是什麼呢？從幼稚園到小學皆要學習灑掃應對，這些即是朱夫子講涵養功夫所落實的地方。這些當然重要，照台灣講，就是所謂的九年國民生活教育。但是以前台灣在推行國民教育時，只是拿著孫中山先生的遺囑來作為普遍的教訓方式，唱國歌、升旗，這是國民黨所提倡的。但是即使是這些生活教育，現在因為黨派之間的抗爭，在台灣的小學也保不住了，這種現象可惜

得很啊！而且立法院兩黨不時的爭論、打鬥，對小學的國民教育有非常大的影響，當小學老師的，在面對這些脫序現象時，如何教導小孩呢？所以除了國民黨所訂的唱國歌、升旗和讀〈總理遺囑〉以外，平常老師多給小孩講一些朱夫子所強調的涵養功夫，總是有好處的。我前年在台北時，曾到台中的教育廳作一次講演，我亦強調這些敎養對種族（也就是熊十力先生所謂的「族類」）的重要性，而這些對政府文敎政策的實施也是有幫助的。

因爲朱夫子的學問具有陰剛性，所以第一步先用陽的方式來疏通它。但若用「陽剛」的方式來分析、批判就有鬥爭性，因爲你說它是「別子爲宗」，可是別人卻不一定服氣，如此一來自然易引起爭論。所以，我看重用「陽柔」的方式來講朱夫子的學問，而「陽柔」方式即是採取審美的態度，亦即對其敎化採取欣賞的態度，並親身力行之。以上我所說的是宋代朱夫子學問的性格（屬敎化上的正宗），在我們這個時代需要多講講這種學問，對整個民族、社會都有好處。

進一步，我再講講明朝的學問，而明朝學問是以「王學」（王陽明）爲主。我在此並不是要逐一地介紹王學內部的基本概念，而是要提出一個觀念，希望透過此觀念能將一些問題加以釐清、了達，也算是對於過去的成就作一個總結式的了解，然後再往前開。這個觀念是從王學發出來的，黃梨洲寫《明儒學案》，可以說是中國學問發展到最精微、最高峰的一部書。現在有些人拿著思想史來講《明儒學案》，這根本是不通的。所謂最精微處在於黃梨洲面對儒、佛的問題時，在其按語中，是以「流行之體」此一觀念來加以分判。你們讀《明儒學案》時，到底有沒有注意到這個詞語？黃梨

洲拿「流行之體」來分判儒、佛之間本質上的差異，他認為從宋儒開始，如周濂溪、張橫渠與程明道等都曾判儒、佛；但各種不同的分判雖多得很，卻總是不能了達此問題，也就是判不煞，不能定得住，這也就表示這些分判沒有必然性。依黃梨洲看來，他認為以「流行之體」來分判，是最終極的判定，屬於最後的判教。所謂「流行之體」並不是說流行後邊的本體，而是指流行這個體，流行就是體。中文裡的「之」字實在很妙，和英文文法中的 of 一樣地具有好多意思。這個「之」必須作這樣的解釋，而英文的 of 也有這種意思，譬如說 department of philosophy，這個 of 就有這種意思。另外，category of causality 的 of 是不是同樣的意思呢？中國這個「流行之體」不是 substance of becoming，不是說 becoming 後邊有個本體，那是另一個意思。

黃梨洲認為以前對於儒、佛的分判都不盡，他認為儒者也見到「流行之體」，而佛教也同樣見到「流行之體」，既同見到「流行之體」，那麼分別在那裡呢？照黃梨洲的說法，其差異就是在於「有理」、「無理」之別。儒家見到的流行之中「有理有則」，即有所謂的「天理」；而佛教講「緣起性空」，它並不承認有天理。所以，黃梨洲認為佛教雖見到「流行之體」，但卻不能於流行之體中見到天理，所以判其為異端。他認為這樣就能把儒、佛分判得清清楚楚，但實際上他說這句話本身就是個大糊塗。因為說儒家見到「流行之體」，並沒有經典上的根據，而黃梨洲說此話時自以為有其根據，但他那種根據，如果深入佛教內部教義來看自是一種誤解，而此誤解竟然沒有人找出來。

佛教見什麼「流行之體」呢？如何了解佛教所見的「流行之

體」呢？我們只要一問這個問題，馬上就可看出問題所在。儒家的
「流行之體」應從那兒講呢？這個詞語怎麼來的呢？先秦儒家並沒
有這個觀念，這個觀念從什麼時候才出現呢？每一觀念皆有其「原
委」，所謂有原有委，亦即有其 origin 和 consequence。所以不論
在什麼時代講中國哲學，最重要的就是要把這些原委弄清楚。但是
到了黃梨洲拿「流行之體」來分判儒、佛時，對這個詞語的原委已
經不明白了。我們由這個詞語一轉再轉到熊十力先生的《新唯識
論》，他也用「流行之體」一辭，但他在用此詞語時更加誤解。這
些誤解當該一步步地加以疏解，我想這個工作應該由你（指林安
梧）好好地去做。熊先生的《新唯識論》主要講〈轉變章〉、〈功
能章〉，這就是照「流行之體」講的。他把「流行之體」拿來分
析，通過「功能」、「轉變」來了解。「功能」這個觀念是從佛教
唯識宗所講的「種子」而來，因為每一種子有它的功能，這就好比
英文中 function 的意思。因為每一種子有它的功能，而種子本身又
如瀑布一樣，在那兒遷流不息，所以說「阿賴耶識恆轉如瀑流」，
就此意義而說「轉變」。但怎麼能通過種子的功能以及它的轉變來
了解中國哲學中的「流行之體」呢？「功能」和「轉變」這兩個觀
念統統由佛教來，而且以之解釋中國哲學實際上是不恰當的，因為
如此一來，便把「流行之體」講壞了。對於「流行之體」的原委的
意思，黃梨洲已經不明白了，至熊先生則更是將其當作一客觀的、
積極的（positive）講法，如此則將其執定而當一個主張
（doctrine）來看，當成一個終極實體（ultimate reality）。此為正
面的講法，把「流行之體」用積極的講法，把客觀的擺在那兒的東
西當作最後的實在、最基本的實在。但是，當初「流行之體」並不

是這個意思，不但黃梨洲沒有說出來，熊先生也沒有說出來。這是一個很重要的觀念，大家當該在此用心。

我們必須了解黃梨洲寫《明儒學案》時，「流行之體」的重要性是表現在〈泰州學案〉的〈羅近溪〔羅汝芳〕學案〉中。黃梨洲寫〈羅近溪學案〉時，描述羅近溪的那段文章非常精彩。但是這個境界從那兒來的呢？是從泰州學派傳下來的。泰州派的創始人是王艮（王心齋），以及王艮的兒子王東崖（王襞）。所以要了解這個境界先要把〈泰州學案〉好好讀一讀，要把王艮，尤其他的兒子王東崖的語錄好好地了解。王東崖曾說：「鳥啼花落，山峙川流，飢食渴飲，夏葛冬裘，至道無餘蘊矣。充拓得開，則天地變化，草木蕃；充拓不去，則天地閉，賢人隱。」（《明儒學案》卷三十二，〈泰州學案一‧東崖語錄〉）這句話的意境從那兒來的呢？為什麼說「鳥啼花落，山峙川流，飢食渴飲，夏葛冬裘，至道無餘蘊矣。」呢？因為至道就在此中顯。而這種境界發展到羅近溪時更是充分表現，達到最精彩的地步，而且也是從這個地方來總持「流行之體」的觀念（「蓋生生之機，洋溢天地間，是其流行之體也。」，語出《明儒學案》卷三十四，〈泰州學案三〉，黃梨洲寫〈參政羅近溪先生汝芳〉文），所以，黃梨洲在判決儒、佛的時候，到處可見此種這句話語。他認為同樣的「流行之體」大家都見到，儒家見到，佛家也見到，而其差別則在「有理」與「無理」。（「以義論之，此流行之體，儒者悟得，釋氏亦悟得，然悟此之後，復大有事，始究竟得流行。今觀流行之中，何以不散漫無紀？何以萬殊而一本？主宰歷然。釋氏更不深造，則其流行者亦歸之野馬塵埃之聚散而已，故吾謂釋氏是學焉而未至者也。其所見固未嘗

有差，蓋離流行亦無所為主宰耳。」出處同上。）但是「流行之體」代表什麼東西呢？它原初所代表的就是照著泰州學派所說的境界，也就是從剛剛所說的「鳥啼花落，山峙川流，飢食渴飲，夏葛冬裘，至道無餘蘊矣。」處講，同時也是廣東理學家陳白沙所說的鳶飛魚躍，活潑潑地。（參看《明儒學案》卷五，〈白沙學案上‧與林緝熙論學書〉：「色色信他本來，何用爾腳勞手攘？舞雩三三兩兩，正在勿忘勿助之間，曾點些兒活計，被孟子打併出來，便都是鳶飛魚躍。〔……〕」）

但是佛教並沒有「流行之體」，因為它講「緣起性空」，只講阿賴耶識如瀑流，而恆轉如瀑流的阿賴耶識並不是體，不能作為「流行之體」。這是講緣起法如幻如化，性空故無自性，既無自性那裡有「體」呢？所以佛教的基本精神就是把自性（self）拉掉，因為一般世間哲學是從 self 講 being，因此我說佛教是「為去掉實有而奮鬥」（struggle for non-being），而世間哲學就是「為實有而奮鬥」（struggle for being）。（參看《中國哲學十九講》的第十二講：〈略說魏晉梁朝主流的思想並略論佛教「緣起性空」〉）佛教既然講「緣起性空」，自然沒有「體」，那麼黃梨洲為什麼說佛教也見到「流行之體」？他這個「流行之體」的觀念是從那兒來的呢？要能回答這個問題，大家就需要好好仔細地讀書。這個境界實際上是從禪宗來的，但是禪宗仍屬佛教的教義，所以禪宗也不能違背「緣起性空」，那麼黃梨洲為什麼會說佛教也見到「流行之體」呢？它的「流行之體」在那兒表現？這是從禪宗「挑水砍柴，無非妙道。」處表現，所謂「挑水砍柴，無非妙道。」就等於王東崖所說的「鳥啼花落，山峙川流，飢食渴飲，夏葛冬裘，至道無餘

蘊矣。」，可見王東崖所說的意境明明是從禪宗來的。

　　但是所謂「挑水砍柴，無非妙道」的「道」指的是什麼道呢？這個道並不是指「流行之體」，而是如《六祖壇經》中六祖惠能大師針對臥輪禪師所說的偈：「臥輪有伎倆，能斷百思想；對境心不起，菩提日日長。」而回答道：「惠能沒伎倆，不斷百思想；對境心數起，菩提作麼長。」（《六祖壇經・機緣品第七》）；也好像惠能對神秀所作的偈：「身是菩提樹，心如明鏡臺；時時勤拂拭，勿使惹塵埃。」而答之以「菩提本無樹，明鏡亦非臺；本來無一物，何處惹塵埃。」一樣。（《六祖壇經・行由品第一》）六祖惠能強調他自己沒伎倆，不斷百思想。若作漸教的功夫，第一步先要廢除種種思想，這種境界不是很高？這就是佛教所謂的「除病不除法」。就因為「惠能沒伎倆，不斷百思想」，所以「挑水砍柴，無非妙道」。而此處所說的妙道又是指的什麼道呢？照佛教的教義而言，指的是「菩提道」。佛教言「煩惱即菩提，生死即涅槃」，但菩提和涅槃並不是「流行之體」。那麼為什麼轉成「流行之體」呢？「流行之體」是就境界而言，是修行的境界，若能修行到「沒伎倆」、「不斷百思想」，就依著這個思想之中就可以得菩提。這就像「除病不除法」一樣，要得菩提不一定要斷除煩惱。流行指的是我們的「菩提覺」，在我們的具體生活中，隨時表現，不一定跑到太平山上去表現，也不一定要關起門來表現。關起門來也就沒有生活，沒有流行了。沒有生活，就沒有 Heidegger 所說的 everyday life，沒有日常生活，就沒有二十四小時，既沒有二十四小時，那來的流行呢？

　　「流行之體」必須這樣講，這並不是通過一個分析，當作一個

積極的主張（doctrine），來肯定宇宙最後的本體是個「流行之體」。因爲禪宗所說的「流行之體」是從挑水砍柴、吃飯穿衣這些日常生活中表現，唯有在日常生活中才有流行。禪宗如此，儒家也是如此。宋儒講「天理流行」，天理不會動，也不會跑，怎麼能流行呢？這也就好像老子《道德經》所說的道一樣：「有物混成，先天地生。寂兮寥兮，獨立而不改，周行而不殆，可以爲天下母。」（二十五章）道那裡會周行？那麼「周行而不殆」這種漫畫式的詞語表示什麼意思呢？你若能了解老子這句話的意思，那麼你就能了解宋儒講「流行之體」的意思。天理不能流行，天理無動無靜，是超越於動靜之外，動靜屬時間化，而天理是超時間的，它儘管可以內在於時間中表現，但它本身並沒有時間性。「天理流行」指的是我們作功夫時，把天理表現在生活中；如果今天表現天理，而明天不表現，那麼就無所謂流行了。必須天天表現，時時表現，如此才有天理流行。把我們日常生活中的流行投影到天理上來，而就著此投影，才能說天理流行。

　　天理流行是一種境界，不是積極地、分解地講，當一個主張（doctrine）來看，認爲世界最後的本體是「流行之體」。若照積極地、分析地講，儒家並不從天理流行處來肯定宇宙的實體，因爲照《詩經》之說，其原義是「維天之命，於穆不已」。他只說「於穆不已」和「文王之德之純，純亦不已」。「純亦不已」和「於穆不已」並不是流行之禮，而是分解地講道的實體，是屬於超越地肯定。這就好像肯定上帝一樣，上帝那裡會跑來跑去呢？上帝也不會流行啊！道家講的道也不會跑來跑去，所謂「周行而不殆」只表示道是無所不在。我在《心體與性體》中費大力氣所要說明的就是天

命不已的實體，但是有幾個人真正去了解這些詞語的意思呢？

　　依朱夫子的了解，天命不已只是個理（ mere reason ），但若只是理，則不能「於穆不已」，如此則不合理學家的原意。朱夫子的體會很一貫，他將太極簡單化為一個理，這個理也無動也無靜，動靜是屬陰陽變化的事，不是理本身的事情。朱夫子的分析雖是很一貫，但這樣的了解，並不合乎原初「維天之命，於穆不已」的意思。因為它既然是於穆而又不已，那麼它就不能只是個理，不能只是 mere reason，也就是佛教所說的「但理」。就其只是理而言，我就名之為「只存有而不活動」。既沒有活動性，怎麼能不已呢？怎麼能起作用呢？依照陸象山、王陽明或者是程明道他們的體會，天理一定是「既存有又活動」，亦即同時是存有的也是活動的。若說它只是個理，就表示只是個 ontological being。什麼東西代表活動性（ activity ）呢？只有「心」、「神」才有活動性，所以宇宙理就是宇宙心（ cosmic reason = cosmic mind ），再廣義一點就是指「神」、「靈」。

　　而朱夫子固執得很，堅持理不能有心的活動義，也不能有靈的活動義。他的女婿黃榦在此就比他清楚，曾經懷疑《中庸》、《易經》中所說的「心」也好像屬於形而上，例如「自誠明」即是從誠的方面講的心，那麼這樣講的心就是屬於形而上的，是屬於理邊的。雖然朱夫子的女婿已經提出這種意思，但朱夫子卻頑固得很，他說依他看，心總是屬於氣，而屬於氣即屬於形而下；理則是屬於形而上，亦即形而上中只有理而沒有心與神。如此一來，心、神的意義就脫落下來了。朱夫子講的心既只屬於形而下，那麼形而上最高的實在的理就只是存有而無活動義；而因為這一點差別，也就影

響了全部的系統，同時作工夫也就統統不一樣了。所以我說他是
「別子爲宗」，這個判斷是一點也不差，這是通過嚴格的分析、批
判，沒有一點誤解，你們怎麼能爲朱夫子辯護呢？

　　但是這個理，不管它是只存有，或者既存有又活動，它皆是從
天命不已那個地方來，就是中國原始所講的「道體」。儒家講道體
是根據《詩經》「維天之命，於穆不已」而講。又孟子講性善也是
依《詩經》「天生烝民，有物有則，民之秉彝，好是懿德。」來
講，我們可以說儒家的智慧就蘊涵在這兩首詩中。儒家的思想根據
這兩詩，根基深厚，源遠流長，這其中那有什麼封建、不封建、反
科學、不反科學的思想？爲什麼現代人總不能瞭解而加以繼承呢？
上面所提的兩首詩，一首講「道體」，一首講「性體」。講性善就
等於講性體，而講性體就等於講心體，因爲孟子從心見性。所以不
論是「道體」或「性體」，其原來的意義是如此，並無「流行之
體」的意思。「於穆不已」的道體雖藏有心的活動義，但它只是含
藏有這樣的意思，它並不是「流行之體」。孟子所講的本心雖有活
動義，但它並不在流行之中（ not in becoming process ），它並沒
有流轉。它是本心（ original mind ），是超越的心體
（ transcendental mind ），也是道德的心（ moral mind ）；而道德
的心（ moral mind ）就是道德的理性（ moral reason ），從 moral
reason 處說性體，而從 moral mind 處說心體。

　　儒家發展到了宋明理學時，朱夫子的老師李延平最喜歡講「天
理流行」的觀念，即使沒有正面地講，但辭句中總函著這個意思。
但是這個意思朱夫子並沒有繼承下來，因爲他並不了解他老師的學
問。他走的是程伊川的路，不是他老師的路。李延平很喜歡講「天

理流行」，但天理如何能流行在日常生活之中呢？他最重要的講法是「冰解凍釋」。我們的生命常常凍結了，頑冥不化，淤滯不通，依李延平即名之曰「冰凍」。他認為作功夫最要的是要將冰凍、淤滯和頑冥都化解掉，這和日出則冰釋是一樣的道理，而冰化成水以後，自然就能暢流了（李延平曾謂：「學者之病，在於未有灑然冰解凍釋處，縱有力持守，不過苟免顯然悔尤而已。若此者，恐未足道也。」參看《宋元學案》卷三十九，〈豫章學案〉）。上面提到禪宗六祖惠能就很重視暢通的精神，「惠能沒伎倆，不斷百思想」，因為不斷百思想，所以能暢通。李延平講的「冰解凍釋」，是代表一種境界，這樣才能講「天理流行」，「天理流行」是我們作工夫時，使天理表現在日常生活中，隨處有天理存在。這種生活當然很美，意境也很高；所以我們可以用美的態度來欣賞，來講這套學問。這就是用我所謂「陽柔」的方式講。

由此可見，「流行之體」原初的意義是如此，黃梨洲說泰州學派的境界是根據禪宗而來，這是我們修行造詣的一種境界，不可以倒過來反成為一個主張（doctrine），成為一種積極的實體（positive reality）。這個原委黃梨洲其不瞭解，所以才會說出佛家和儒家同樣見到「流行之體」。實際上，佛家那有見到什麼「流行之體」？佛家見到的只是緣起性空，是如幻如化，根本不可能見到「流行之體」。不能因為禪宗說「挑水砍柴，無非妙道」，就認為佛家也見到「流行之體」，這樣的了解根本是不行的。黃梨洲這樣作文章，照現在看起來是不通的。他既不了解，自然就不能拿著「流行之體」的觀念來分判儒、佛。而實際上，佛教也根本不能用這句話來說明，你不能從他「挑水砍柴，無非妙道」處說他也見到

「流行之體」。因為說見到「流行之體」似乎表示我見到了客觀的「流行之體」。但是「挑水砍柴，無非妙道」是我修行中的一個境界，怎麼能說我見到了「流行之體」呢？同樣的，儒家談「天理流行」，也必須是從修行實踐的境界上去表現，而不能將其積極地肯定為一客觀的實體。

而這些誤解到熊先生時仍然是如此，他對於《明儒學案》中的一些詞語大概都知道，同時也認為宇宙的大根源是個「大功能」，一切事物都依著這個大功能在那兒運轉。熊先生對宇宙的運轉加以解剖、分析，遂客觀地肯定其為「功能」，因為是「功能」所以有「轉變」。但功能怎麼能形成轉變呢？這必須透過「翕闢」，「翕闢」是《易傳》上的話，這兩個名詞用得很不好，因為這兩個概念不美，我很不喜歡講這句話。因為從黃梨洲對「流行之體」的誤會一直到熊先生仍是誤會，如此一來講儒家也不對了。熊先生透過「功能」、「轉變」的概念來講，但最後所肯定的仍然是儒家所強調的創造的道，這代表的是從天命不已下來的道體的創造性。熊先生在《新唯識論》中講體用不二，也不是很諦當。這些分際和誤解，我只能大體說一說，其餘的要靠你們自己用功，仔細看看文獻。

所以上次楊祖漢來看我時，我曾對他說：你們去把宋明儒，從周濂溪開始，將每一位理學家評佛、老的那些詞語都抄出來，一直抄到黃梨洲拿「流行之體」來判佛、老，這其中有很多是很中肯的分判，像程明道和陸象山評佛、老就評得很恰當。你們將這些抄出來的詞語仔細地研究、分析，一直分析到「流行之體」，藉此我們可以具體地瞭解宋明儒如何判佛、老，同時也可看出現在要判佛、

老就不能再這樣判了。所以，我們現在要重新判教，重新判儒、釋、道和耶教。我們這個時代既然有判教的問題，為什麼不該好好地瞭解朱夫子呢？為什麼不該好好瞭解宋明理學呢？我就把這個觀念告訴大家，看看宋明儒如何判教，有那些是誤解，大家必須對這些問題作一個了達。

　　同時依以上所說，我們可以看出熊先生對佛教也有所誤解，所以他對於佛教的說明和批判也不是很恰當。譬如他從「兩重本體」來瞭解唯識宗，他認為阿賴耶識種子是一重本體，真如又是一重本體，這種瞭解是不諦當的。真如怎麼能當作本體呢？當時連歐陽竟無大師都不能糾正他，可見老一輩的學者作學問時是有其限制。熊先生是我的老師，他當然有他了不起之處；但是我們必須了解前一代的學者在作學問時能瞭解到何種地步，若有不諦當之處，到了後代把它改正就好了。但是他的精彩之處應該保留下來，熊先生總有他真的地方。熊先生對於儒家「道體的創造性」這一點把握得很緊，儘管他的表達不是很好。熊先生認為儒家的「乾元性海」就代表道德的創造性，而這種道德的創造性，依照朱夫子的系統就不可能表達出來，因為他所講的道體是只存有不活動，道體的創造性就無法表達出來。所以我說他不是孔、孟的正宗，這種批判是不能反對。即使是朱夫子再生，也是無辭以對的。好了，我今天就講到這裏。

（1991年8月24日講於香港新亞研究所，尤惠貞整理。）

原載《鵝湖月刊》第20卷第11期（1995年5月）

兩重「定常之體」

　　對於邏輯作理性主義的解釋，才能證明邏輯的必然性和普遍性。通過此解釋，我們知道邏輯符號系統所表現的只是「理則」。孫中山先生把邏輯譯為「理則學」是很恰當的。

　　什麼是邏輯？邏輯中無物象概念，沒有特殊內容，只表示思想自身所遵守之理則，不表示所思想的東西之理則。我們把所思想的東西稱謂「所思」，「所思」是「能思」的對象。例如，我現在講邏輯，我這「講」是能思，我所講內容是所思。邏輯所講述的是能思之理則，不是所思之理則。

　　邏輯一詞是從希臘 logos 一字轉來的，logos 相當於中國人所說的道。西方每一門學問，例如 biology、psychology 等，字尾的－logy 都是由 logos 這字轉來的，它們都有一實際內容（物象），例如 biology 是講生物的，邏輯則無物象的內容，邏輯是就思想本身之原則說。

　　邏輯沒有物象內容，那麼它如何表達它自己呢？邏輯只有依邏輯概念以成邏輯句法，藉以形成一成文之系統（即符號之系統）。每一成文系統皆是表示「推理自己」。邏輯概念可由符號代表，故邏輯有它的符號系統。符號系統可有多個，但不能無限多。

從古希臘至現在，邏輯符號系統有四個：①亞里士多德的傳統邏輯；②邏輯代數；③羅素的眞值函蘊系統；④路易士的嚴格函蘊系統。爲什麼邏輯系統不能再多呢？因爲邏輯系統只有依邏輯概念以成邏輯句法，藉以形成一成文之系統，而邏輯概念是有定有盡的，故邏輯系統，綱領地言之，亦須發展至路易士的嚴格函蘊系統而盡。

什麼是邏輯概念？邏輯概念分兩類：一是虛概念；二是實概念。前者如：任何（any）、每一（every）、肯定（is）、否定（is not）等。這些都是虛概念。羅素曾名曰「邏輯字」（這些虛概念，相當於中文的之、乎、者、也、矣、哉等虛字。參看《理則學》第一章論概念）。

物象概念無窮無盡，因爲世界無窮無盡，經驗內容無窮無盡。物象概念都是表象經驗內容的實概念，而邏輯概念則是虛概念。此猶如自然語言中的虛字（之、夫、者、也）。惟虛字或自然語言的句法，而邏輯概念之爲虛概念（虛字）則成「邏輯句法」。須知此等形式字是理性自己所示現之虛架子，故能斷其有定有盡，而亦惟因此，始能知其有理性上之必然與定然性。（以上兩段文字參看《認識心之批判》頁178-179）

假若邏輯沒有必然性、定然性，人的定常性在那裡？邏輯是闡述人類思想自身之法則，若邏輯不能表示必然性、定然性，人類理性也無從表示其恆常性。

要顯現邏輯的定常性是很難的。邏輯由人創造，人亦靠邏輯顯示我們思想中的定常性。人只有靠邏輯表示理性是一定的，才顯出人的定常性。顯現邏輯定常性之難乃由於邏輯是屬於「思想之領

域」(realm of thought)的，思想上的理則是有一定的，顯出這一定的理則，即顯出人思想上有一「定常之體」，如此解釋便是作理性主義的解釋。數學上有常數(constant)，我們把邏輯視爲人類理性或思想中之「定常之體」。邏輯代表理則，就是思想領域中的體。邏輯在推理上，從一步推到另一步是有一定必然的，這「一定」便是理，所謂理之必然。例如三段論法，從命題過轉至結論皆有一定，不能隨便，邏輯之理則便從此過轉中顯出。

當作理則看之邏輯自己是思想領域中的定常之體。了解此體要有高度抽象思考能力，其勁道與禪宗弟子求菩提的勁道一樣。禪宗公案是要你不向外追逐，要當下把心思全體放下，不住著於任何處：灑然澄然，此即是覺——菩提。

菩提在那裡？菩提不能在世間存在事物處找，菩提只在自己心中呈現，不牽涉存在。

一般學問是從「所思」講，較易理解，因有具體的物象可作依據。邏輯從能思講，因無具體事物作依據，全是思想自身範圍的事情，故十分難把握。禪宗公案就是要你不從「所思」方面去想問題。例如叩問「達摩東來意」，你若眞的去考慮他來東方的原因，便一定要捱棒喝，因爲每一從現實出發的問答都不能使你得菩提覺，且每一答案都可冠上「爲什麼？」來再作另一新問題，這樣便可無休止的問下去，那些答案都必然是與求菩提無關的，菩提覺不在外在的事物上，它只在生命自身之常惺惺亦即常寂寂。只要說些無關的說話更可破「東來意」一公案。因如此沒頭沒腦地扣上一句莫名其妙的話頭，便表示：(1)這一問語是一站不住的糊塗話，或者是說：(2)達摩東來意即在掃蕩執著上才獲透路。此執著是指向外思

考問題，不曉得向內探求內心之自己（參看《理則學》，〈禪宗話頭之邏輯的解析〉）。

避免無窮的追問，禪宗有教外別傳，要禪宗弟子從「所思」中超脫出來。所謂教外別傳是教內的教外別傳，即假設學者已懂教內的一切義理，但菩提覺不存於世間事物，不能從這些義理（教法）去求，須另開一教外之門徑，方能得覺。要了解禪宗，先要了解法國存在主義者馬賽爾說的一句話：世間上有是屬於問題的，有不是屬於問題的。

什麼是可問的？科學世界是可問的世界，成一問題，便要解答。成一問題，而且能解答便是在一定知識範圍內的問題。有的是既不屬問題也不屬可解答的。此境界很難解說。因人的思考總要依附一東西，要不依附任何東西，返回思想自己是很難的。陸象山對此體會很深，他說：人的思想如猢猻，必依附一物，樹倒猢猻散，不依附一物便無法思考。依附便有執著，要了解定常之體不能依附它物來了解，有所依附便表示並未看到那定常之體。要脫離依附，返回到本身才行。凡了解最根本的東西，不能從何答去了解。故五祖見六祖惠能時，當說至「應無所住，而生其心」，惠能便言下大悟。若能了解五祖的話，便能懂邏輯之定常之體，這是十分抽象的。應無所住，就是要把所依附的統統去掉。

人與人之間很難溝通，因每人都各有依附來說話，一旦沒有依附便沒有著落，說話形式和內容都不能超越他所依附的範圍內。明顯的例子如共產黨他們認為人只有階級性，階級把人劃分等級，資產階級就是不好的、自私自利、剝削階級，無產階級就大公無私，他們不和你說道德，不肯承認人有一共通的、恆常不變之體。即使

人有階級性，但不能說階級性就是人性，人就是憑藉最根本的仁體，才能把自私衝破，建立公正道德的社會秩序，人類的命運前途就是靠這一點光明。不承認人間有一定常之體，人亦無法站穩。

定常之體在何處呈現？一在邏輯中呈現，一在道德中呈現。了解定常之體不能有任何依附，要無所住。有所住，便是從有生心，這心便落在因果關係中，便不能得菩提。追求菩提得覺的精神與了解邏輯爲定常之體比較，其勁道是一樣的。羅素是不能了解的，因爲他有所住，他住於原子多元論中，了解邏輯爲定常之體不能和世界發生關係，不能靠多元的形而上學。

菩提即覺，此一念之覺在中國早已發見，諸葛亮有云：「惻然有所覺，揭然有所存。」此覺是不落在因果關係中的覺，亦即是佛教說的「眞常心」。吾人的心思若不在因果關係中，覺才能定住。若在因果關係中，便是依因待緣，依因待緣即無自性，只是如幻如化，故眞常心之朗現代表覺。再一佛教的話可幫助理解此覺，佛教有一句話「惺惺寂寂」是能道出此意的。

惺惺就是寂寂。惺惺是覺，雖覺而無所依著，就是寂寂。「惺惺與寂寂是一」的覺不在因果關係中。寂意寂然不動，但此寂不與動相對反，它只是一境界。此話可藉理學家周濂溪的話去幫助理解。周濂溪說：「動而無動，靜而無靜，神也。」即動無動相，靜無靜相，故說神也。他亦曾說：「動而無靜，靜而無動，物也。」動便不靜，靜便不動，服從邏輯同一律的原則，則只是物。

雖說要以了解禪宗的勁道去了解邏輯爲定常之體，但邏輯始終不能等同於菩提覺，菩提覺是要成佛的，但若是行菩提道、入無住涅槃、過人間生活，那便要說人類理性、要談此定常之體，故此

說，佛教在這方面很圓通。

定常之體在兩方面呈現，一在邏輯方面；另一在道德方面。道德方面，孔子稱那定常之體爲「仁」。邏輯是思想之定常之體，孔子所說的仁是生命中之定常之體，是屬於道德的。孔子說：「惟仁者能好人，能惡人。」有此「仁」體，好才能成其爲好，惡才能成其爲惡。沒有此仁作生命中之體，則好不能成其爲好，惡不能成其惡。何故？因若無仁爲生命之體，毛病百出，後果嚴重。中國有一句話「惡惡喪德」很能說明這點，所謂惡惡喪德，就是在你憎惡旁人的惡行時，同時亦喪失本身的德行，做出比旁人更壞的事來，那便是惡不能成其爲惡，同樣好也不能成其爲好。「愛之欲其生，惡之欲其死」，便是道出愛惡不得其正，反而要把所愛所惡的毀掉。

孔子說立於禮，人生命要在禮中才能站起來，最後成於樂。禮代表方正，樂代表和諧、圓融、處事圓通。若不在禮中站立，此圓通便成投機。在人品方面要立於禮，在思想方面則立於邏輯，此兩「立」是相通的，一是理論，一是實踐，兩層之定常之體均須肯定。自由世界所肯定的人權、自由、平等都是在「立於禮」的道德立場上派生出來的。先要有道德的定常之體，還要反省思想中的定常之體，此即是邏輯系統之解釋爲什麼一定要由約定俗成的形式主義的解釋進到理性主義的解釋。理性主義是要把邏輯的必然性定位，這才能代表人的理性。

邏輯之體是看不到的，要通過符號來表現，此符號便是邏輯符號。先了解邏輯句法，將邏輯字作一理性主義的解釋，然後對思想律作一理性主義的解釋，把整個系統表現爲一理則之呈現。不過，此理則不是惺惺寂寂或眞常心的覺，而是辯解的 discursive。邏輯

之為思想中的定常之體是在辨解過程（discursive process）中顯。
如前文說，邏輯由 logos 一字轉來，是形上義，後從形上義轉成為
思想本身，便有邏輯義，邏輯成一學問，並不難了解，但邏輯本身
則難理解，要由逆覺領悟，要根據此體在我們知識中之用及在認識
論中的角色來理解（由於此定常之體是終極存在，故須由此體在我
們知識中之用及在認識論中之角色去理解，故稱逆覺，亦即所謂反
本逐源，不向外追逐之謂）。

　　對於邏輯作理性主義的解釋，才能證明邏輯的必然性和普遍
性，通過此解釋邏輯才有理則可言。有此必然性和普遍性便能顯出
邏輯是一定常之體，理解此體的勁道與禪宗領悟菩提的勁道一樣。
邏輯是論及人的思想自己之理則，惟能肯定邏輯是人類思想中的常
體，人類理性的根本性、定常性，才有立足的根據。邏輯只有一
個，亦如人類的「根本理性是一」一樣。

（1990年1月30日，譚寶珍整理。）

原載《鵝湖月刊》第21卷第2期（1995年8月）

The immediate successor of Wang Yang-ming ﹕ Wang Lung-hsi and his theory of ssu-wu

I. SSU-YU AND SSU-WU

The thought and teachings of Wang Yang-ming, although widespread and popular in Ming China, had only three important branches or schools, namely, T'ai-chou, Chiang-yu, and Che-tsung. These schools were not classified according to a particular system of thought but rather by the dominance of geographical regions. The many thinkers within each school differed in philosophical nature and achievement; nevertheless, they all propagated Wang Yang-ming's ideas, or at least their interpretations. The T'ai-chou school, which originated with Wang Ken, was influential for a long period. A mixed unorthodox lot, the members of this school were, for the most part, uninhibited and of an untrammeled spirit. In the fourth generation, Wang Ken's philosophy was transmitted to Lo Chin-hsi, whose brilliant thoughts are taken as the predominant strain representative of the T'ai-chou school. The members of the Chiang-yu school were the most numerous, the three main figures were Tsou Tung-kuo, Nieh Shuang-chiang, and Lo Nien-an. Tsou's philosophy was essentially in accordance with Wang Yang-ming's, but Nien and Lo, both of whom held views rather divergent from Wang Yang-ming's, became the prime figures of this school. Ch'ien Hsü-shan and Wang Lung-hsi were the main proponents of the Che-tsung school. While the former's philosophy is plain and solid, it was Wang Lung-hsi who aroused controversy and became the central, outstanding thinker in the school. This article will attempt to present and analyze certain aspects of his philosophy. ①

Wang Lung-hsi was famous for his theory, pithily expressed as *ssu-wu*, which can be more fully rendered as "the mind, the volition, *liang-chih*, and the thing are nothingness (in the state of nothing). "This theory is a counterpart to Wang Yang-ming's well-

---

①This article, presented at the Conference on Wang Yang-ming held in June, 1972, at the University of Hawaii, is in large measure a translated segment from my much longer essay, in Chinese, that covers not only Wang Lung-hsi's philosophy but also has an exposition of Wang Yang-ming's philosophy and that of the other branches in the Yang-ming tradition. The complete essay can be found in the *New Asia Academic Annual* (Hsin-ya Shu-yuan hsueh-shu nien-k'an), 14 (1972).

known doctrine in four statements, abbreviated as *ssu-yu*, which in effect mean that the four items-mind, volition, *liang-chih*, and thing-are in the state of being. Actually both of these doctrines arise from Wang Yang-ming's concept of the "thing" which he defined in two ways : from where the volition intends, and from the transcendental affection of enlightenment (of *liang-chih*). From the former came the doctrine of *ssu-yu*, and from the latter the doctrine of *ssu-wu*. Wang Lung-hsi's doctrine, as will be seen, is not baseless or discrepant from Wang Yang-ming's own philosophy.

What does the statement mean that the four items are in the state of being? What does it mean that they are in the state of nothing? Wang Yang-ming's doctrine was originally put forward in four sentences:

> That which has no good and evil is the mind-in-itself. ②
> That which has good or evil is the activity of volition.
> That which knows good and evil of the activity of the volition is the *liang-chih*.
> And to perform good and get rid of evil is the rectification of things (our actions).

---

②The phrase *hsin-chih-t'i* should not be translated as "the substance of mind" but as "mind-in-itself." A full explanation for this has been given in the first part of the Chinese version of this article, cf. note 1.

Constituting Yang-ming's teachings on *chih-liang-chih* (the development of *liang-chih*), these four statements are in fact a synopsis of his explanation of the doctrines in the *Great Learning* on the rectification of the mind (the recovery of the mind-in -itself), the sincerity of the will, the development of *liang-chih*, and the rectification of things.③ Some people believe the four statements to be a summary made by Ch'ien Hsü-shan. Whatever the truth may be, the statements nonetheless do not run contrary to the fundamental tenets of Yang-ming's thought. Therefore, it is totally credible that the *Instructions for Practical Living* (chüan 3), the

---

③The different explanation and interpretation of the two terms *chih-chih* and *ko-wn* mark the fundamental split between the Ch'eng-Chu School and the Lu-Wang School. Unfortunately we cannot ascertain the original meaning of these terms in the *Great Learning*. According to Chu Hsi's explanation these two terms should be rendered as "the extension of knowledge" and "the investigation of things."

For the sake of uniformity and logical consistency in this essay, I have adopted Wang Yang-ming's explanation of these two terms. In the Chinese version, I have fully explicated these terms.

It would be both interesting and significant to compare the concept of "Conscience" in Kant's philosophy with the concept of *liang-chih* in Yang-ming's philosohpy. The difference between these two amounts to the crucial difference between the Confucian approach and the Kantian approach to moral philosophy. Of course, we cannot translate *liang-chih* as "Conscience." But other translations such as "innate knowlege," or "original knowledge," would be even more inadequate than "Conscience."

Chronological Biography of Yang-ming, and the *Recorded Conversations of Wang Lung-hsi* (chüan 1)all record this doctrine in four statements as being Yang-ming's own words.

Exceptionally intelligent and perceptive, Wang Lung-hsi explained the four statements as follows:

> Master (Yang-ming) sets up his teaching whenever he likes. This is called expediency that must not be fixed and prescribed. Substance and function, and the manifest and the subtle are from this same incipience. The mind, the volition, *liang-chih*, and the thing are one event. If we realize that the mind is the one without good and evil, then the volition is the one without good and evil, the knowing (of *liang-chih*) is the one without good and evil, the thing is the one without good and evil. For the mind wihtout the form of the mind④ is concealed in profundity, the volition without the form of volition is round (perfect)in its transcendental affection, the knowing without the form of knowing is tranquil in itself, the thing without the form of

---

④ *Wu-hsin chih hsin* . This phrae should be more freely and appropriately translated as "the mind without the form of mind." *Wu-hsin* does not mean that there is no mind; instead it means that in our moral practice we do not mindfully, but rather mindlessly, reveal the mind. " Mindfully reveal the mind" means there is the idea of mind in our mind, and this is tantamount to the idea that there is the form of mind in our mind. The term "form"(*hsiang*)is not used, as in Aristotle's or Kant's writings, to refer to a formal condition of something, which is analytically posited, but only signifies the idea of mind itself. "Without the form of mind" means "mindlessness," or "no attachment to mind itself." The opposite concept is "mindfulness(mind with form)."

the thing is unfathomable in function. The nature ordained by heaven is purely and supremely good. The incipience of its transcendental affection is ceaselessly active, there is no good to be named. Where there is originally no evil, there is no good. This is the meaning of beyond good and evil. If there is good or evil, then the volition is motivated by the thing and, not being spontaneous activity, is tilted to the state of being. What is active by nature is motivated without the form of motivation; what is attached to the state of being is motivated with the form of motivation. The volition is what the mind motivates. If the volition has good and evil, then the knowing of *liang-chih* and the thing are simultaneously in the state of being, and the mind cannot be said to be in the state of nothing. (*Recorded Conversations of Wang Lung-hsi*, chüan 1, "Witness of Tao at the T'ien Ch'uan Bridge.")

Lung-hsi's explanation of Yang-ming's four statements is much more detailed than any other appearing in the *Instructions for Practical Living* and in the *Chronological Biography*. For this article we are adopting Lung-hsi's statement as the standard.

But what does the last sentence of his explanation mean, particularly the phrases "simultaneously in the state of being" and "cannot be said to be in the state of nothing"? The underlying meaning of the term *wu*, 'without' (for example, in "the mind without the form of the mind" or "the volition without the form of volition") , appears to be obscure, but in fact is readily comprehensible. This "without" means "without form" in function, which is similar to the Zen(Ch'an)Buddhists saying that "the mind is Buddha; and the mind without the form of mind is the way (*prajñā*)," with the first sentence indicating the state of being, and the second sentence, the state of nothing. If the meaning of *wu*, 'without form' or 'having nothing', is definite, then the meaning of the phrase "simultaneously in the state of being" is also definite. However, this conclusion requires still further explanation.

II. EXPLANATION OF SSU-YU

In the first place, where the volition intends is the thing. There is good and evil in the activity of the volition. Then there is certainly good and evil, that is, right and wrong, in the thing where the volition intends, But we cannot say that there are also good and evil in the knowing that knows good and evil. It is absurd to mention good-knowing and evil-knowing, because this amounts to the negation of *liang-chih*. Neither can we say that "not being good and evil"("without good and evil") means that the supremely good "mind-in-itself" has good and evil, for to speak about good mind-in-itself and evil mind-in-itself is to negate the supremely good "mind-in itself."

The above analysis reveals the different meanings of the term "being" in "the state of being of the mind-in-itself and *liang-chih*" and in "the being good and being evil of the volition and the thing." Being good and being evil means that the volition and the thing have good and evil. But, to say that the mind-in-itself or *liang-chih* is in the state of being does not mean that there are good mind-in-itself and bad mind-in-itself, or good *liang-chih* and bad *liang-chih*. When we talk about the "being" of the mind-in-itself or of *liang-chih*, its meaning must be understood on another level. If we say that the volition is motivated by the mind and that there is good and evil in what the mind motivates, then the root or fountain that motivates the volition cannot be pure and clean; thus, the mind has definitely the seed or inclination to become good or evil. By this straight-forward inference, the mind-in-itself becomes neutral in nature with both good and evil not yet motivated to be differentiated. But this is not what Yang-ming meant when he said that not being good and evil refers to the supremely good mind-in-itself; neither is this what Lung-hsi meant. For Lung-hsi said, "The nature ordained by heaven is purely and supremely good. The incipience of its transcendental affection is ceaselessly active; there is no good to be named. Originally there was no evil, so there could not be good." Hence, to speak of volition from the motivation of the mind is an indirect, oblique inference. According to this, we have to affirm that the mind-in-itself is the transcendental mind itself, which is transformed into the volition under sensory conditions when it alienates from its own nature, thereby becoming attached to or blurred by the thing. The volition and the mind-in-itself are very much different. We should not draw the conclusion that the mind-in-itself has good and evil from the fact that the volition does.

If the volition and the mind-in-itself are not correlative, why and how should we say that the volition is what the mind motivates? The reason is that the volition belongs, ultimately, to the mind, just as a wave belongs to the water. The volition is the wave dependent on the mind. Solely owing to selfish desires and dispositions, the volition pursues the thing and diverges from the mind-in-itself to become an independent volition. Without this interdependent relationship, the volition cannot be transformed to return to the mind. For instance, when the wind ceases blowing, the wave disappears and there becomes nothing but water. Such interdependence is oblique (indirect). Hence, there is the necessity to show that the mind-in-itself is transcendental, while the activity of the volition is sensory, and that this is not the result of a straightforward inference.

If this explanation is accepted, the meaning of "being" in the saying that the mind-in-itself, *liang-chih*, and the thing are "simultaneously all in the state of being"also becomes definte. This "being" is, analytically speaking, positive "being"that appears with "forms" in correlation with different levels. For, as far as the volition is concerned, if we wish to perform moral practice to transform evil into good, it is necessary to have transcendental standard as well as an activating force for the sake of this transformation. This is tantamount to the affirmation of the mind-in-itself and *liang-chih*. This affirmation is analytically and transcendentally established with reference to the volition and the thing. But the volition is analytically expressed through a factual point of view. (Logically speaking, it may be said to be established; but morally speaking, it must merely be said to be expressed but not established.) So is the thing. The four items are spoken of individually and positively. These are the problems of "what is." All problems of "what is"pertain to "being": the volition is in the state of being in one manner, the thing is in the state of being in another manner, while the mind-in-itself and *liang-chih* are in still other manners. The volition and the thing are sensory beings on the empirical level, where as the mind-in-itself and *liang-chih* are intelligible beings on the transcendental level. The levels of these beings are different; however, they are all in the state of being. What is said positively and analytically is meant to establish or to express being. Once established or expressed, the being has the form of "being." This, as far as moral treatment in moral practice is concerned,⑤ is to reveal the "forms" of the four items in respect to their being a being.

Liang-chih as the being knowing good and evil is to reveal the form of knowing good and evil through the volition being good or evil, instead of the knowing without the form. Lung-hsi says: "The knowing without the form of knowing is tranquil in itself." But the knowing that reveals the knowing with its form shows a determined form, or displays a determined form of knowing. Then the knowing-in-itself is not tranquil, and the knowing is in the state of

---

⑤ Moral treatment. I translate the Chinese *tui-chih*, with this term which bears analogy to medical treatment. When a doctor treats a patient, he must prescribe the medicine according to the sickness. In curing this illness, the nature of the medicine and the symptoms of the illness will be contradistinguished.

In our moral practice, the main problem is how to transform the evil of volition into the good. Since the activity of volition can be good or evil, it is this problem with which we must cope. According to Wang Yang-ming, *liang-chih* is the ideal standard against which this problem is treated and is also the inner transcendental force for resolving the problem."To render the will sincere by the development of *liang-chih*" is the moral treatment in our moral practice. In this moral treatment, we not only accomplish our moral practice but also contradistinguish the nature of volition and of *liang-chih*. To contradistinguish the natures of the volition and *liang-chih* is to contradistinguish their being a being and ultimately to have a form (idea) of "being" in our mind. Hence, in moral treatment we say that the four items are in the state of being.

being, which means being with "form."

Likewise, that the mind-in-itself has no good and evil means that the supremely good being reveals, through the volition with good and evil, its supremely good form, which is different from volition. Therefore, it is not the mind without the form of mind. Lung-hsi says: "The mind without the form of mind is concealed in profundity." But the mind that reveals the form of supreme good displays a determined form of the supremely good mind. Then its concealment is not profound. That is why the mind is also in the state of being, which is also the being with "form."

The thing as in the state of being is through the volition as in the state of being. Moreover, this being is the being in being right or wrong. The right thing has the form of the thing and so does the wrong thing. These two are not the thing without the form of the thing. Lung-hsi says: "The thing without the form of the thing is unfathomable in function." But this thing with the form of the thing is intended by the volition. The function of this thing is the handicapped but not unfathomable.

To be not unfathomable reveals, in turn, that the volition with good and evil is the volition with the form of volition instead of the formless volition. Again Lung-hsi says: "The volition without the form of volition is round (perfect) in its transcendental affection." But the volition with form is motivated by the thing, and attached to the thing, and then is incapable of being perfect and round in its transcendental affection.

Therefore-from the point of view of the activity of the volition-it is owing to moral treatment that the mind, the knowing, and the thing have form, having it simultaneously as a result of the fact that the volition has form. This lengthy foregoing discussion reveals the reason why Lung-hsi regarded the four-sentence teaching as the four items in the state of being. His brief discussions of this profound topic contain many complications and levels, which have not been clearly expressed. Nevertheless, based on Lung-hsi's original context, what he meant has to be so.

III. EXPLANATION OF SSU-WU

Having explained the reason why the four items are in the state of being, we can easily understand the aspect of "nothing" in Lung-hsi's view, which is similar to the meaning of the Zen statement that "the mind without the form of mind (mindlessness)is the way (*prajñā*) ."Analytically speaking, the mind, the volition, *liang-chih*, and the thing are in the state of being in a cetain manner; then, regarding the mind-in-itself and *liang-chih*, we should, in moral practice, present them according to their respective natures. If we do so, we should not stick to their state of being. If we adhere to their state of being, our mind in moral practice has "forms," and so, we become unable to present them fully as in the state of being

without form (formless being). As the mind, that in moral
cultivation actualizes the substantial being (mind-in-itself), has
forms, the formless substantial being is concealed but not revealed.
Thus, the mind in moral cultivation is merely the mind of ideation.
Insofar as the mind in moral cultivation is formless like the formless
substantial mind, the latter can fully present itself. Then the mind
in moral cultivation and the substantial mind are perfectly unified to
become the full presentation (without the least attachment) of the
formless mind analytically affirmed beforehand. Thus, the so-called
nothing, functionally having no attachment or form in moral
cultivation, differs in level from the ontological, substantial formless
being. This is analogous to the situation that the *prajñā* that is
analytically explained is the *prajñā* in the state of being. But, if we
want to fully realize this *prajñā*, it is necessary to know that "the
prajñā which has no form of *prajñā* is *prajñā*." "Having no form
of *prajñā*" means the functional nothing in the realization of
prajñā. Without this function, *prajñā* cannot fully present itself.
Therefore, the statement "the mind is Buddha" is a positive
explanation of the mind in the state of being. However, in addition
to this, the Ch'an Buddhists also say that "it is neither mind nor
Buddha," which means that "the mind without the form of the
mind is the way," or *prajñā*. This is spoken from the point of view
of the formlessness in the realization of "the mind is Buddha" and so
is in the state of nothing. It is only owing to such "nothingness,"

such "formless *prajñā* " ("*prajñā* but not *prajñā* is called *prajñā*"), such "dwelling on *prajñā* but without attachment to anything, even to *prajñā* itself" that buddhahood, the full realization of the pure mind-in-itself of the *tathāgatha-garbha*, can be made possible. The meaning here is similar to the one embodied in Ch'eng Ming-tao's saying that "the constant principle of Heaven and Earth is that they pervade all things with their mind, and yet no function or form of the mind appears; the constant principle of the sage is that he responds to all affairs with his feelings and yet no operation of feelings appears." "With their mind" refers to the state of being, whereas, to "pervade all things and yet no form of their mind appears, " or, in other words, to pervade all things spontaneously without being mindful in the process, refers to the state of nothing. Only this kind of nothingness characterizes the mind of Heaven and Earth.

The foregoing analysis has dealt with the mind and *liang-chih* . As far as the volition and the thing are concerned, the case is quite different. Because the volition and the thing at the outset have good and evil, then through the development of *liang-chih* , the volition is transformed to follow the mind; owing to the function of *liang-chih*, what pertains to the empirical level is exalted to the transcendental plane. Thus, the volition also becomes "the volition without form, " namely, the purely and supremely good volition, which must be formless. Not only is the volition with differentiated good and evil transformed to purely good, but this purely good volition becomes, also, formless like the formless mind. Since the volition is like this, then the thing where the volition intends is also like this. The formless thing is "the thing without the form of the thing," which, being purely good, is solely "the manifestation of *liang-chih*-in-itself." How can there be diverse forms of right and wrong? There are neither forms nor the form of the "thing." On the one hand, the formless thing is "the manifestation of *liang-chih*-in-itself"; on the other hand, it is the absolute "thusness." Of course, to serve parents and to obey elder brothers are still to serve parents and to obey elder brothers; even grass, wood, tile, and stone are still grass, wood, tile, and stone. There are still differences, but not those between good and evil. The different things are all things as such; they are different without the forms of their differences. Things as such are purely the manifestation of *liang-chih*-in-itself. They are purely what the heavenly principles of *liang-chih* pervade and what the enlightenment of *liang-chih* transcendentally affects; so the thing becomes no obstacle, and the functioning of the volition becomes unfathomably mysterious. At this time the function of volition is tantamount to the function or transcendental affection of enlightenment of *liang-chih*.

Hence Lung-hsi says that "the mind without the form of the mind is concealed in profundity, the volition without the form of volition is perfect (round) in its transcendental affection, the knowing without the form of knowing is tranquil in itself, the thing without the form of the thing is unfathomable in function." The meaning of these sentences while seemingly paradoxical is indeed clear, definite, and intelligible. This is what Confucianism, Taoism, and Buddhism share in common, but not what comes from and blends with Ch'an Buddhism. The distinctions between Confucianism and Buddhism do not lie in this respect.

IV. SUDDEN TEACHING AND GRADUAL TEACHING

If we talk about the thing from the point of view of where the volition intends, then the thing and the volition must be cured, step by step, through moral cultivation; and the mind, the volition, *liang-chih*, and the thing have to be separately revealed, that is, each of them needs to be reflected and contemplated ——the volition and the thing are to be reflected, and the mind and *liang-chih* are to be contemplated, Thus, our spiritual state is in the state of being and is unable to become a unity. This is the reason the doctrine in four statements is in the state of being. If we talk about the thing from the standpoint of the transcendental affection of enlightenment of *liang-chih*, then the enlightenment of *liang-chih* is the mind-in-itself, the transcendental affection of enlightenment cannot but be smooth; the volition arising from *liang-chih* is free from the diversion of good and evil, while the thing presents itself in accordance with the heavenly principles of *liang-chih* and is naturally free from the impurities of right and wrong. Thus, the enlightenment of *liang-chih* does not deal with different levels, and the volition, *liang-chih*, and the thing are fully united, all of them manifesting themselves as thusness. The enlightenment of *liang-chih* knows nothing, and yet knows everything (nothing is not known). Besides, it has no form to be adhered to. This is the meaning of the saying that the four items are in the state of nothing. Actually the four items as a whole are one as nothingness. Of these two approaches just elucidated, the former is an empirical approach, whereas the latter is transcendental. Speaking from the standpoint of moral cultivation, the former is a posteriori, even though a priori standards are admitted; this is the so-called gradual teaching. The latter is a priori, with nothing to be coped with; so "sudden" enlightenment becomes necessary because there is no place for gradual teaching.

If we perform moral cultivation in accordance with the former approach, then once we become pure without selfish desires, we can also attain the realm where the four items are in the state of nothing. This is the meaning of the saying "where moral cultivation is, is the mind-in-itself." (The "is," in the process of moral treatment, is forever partially "is" as well as the "is" with form. It is not until there is nothing to be coped with that the "is" becomes wholly "is" as well as formlessly "is," then the moral cultivation also becomes formless.) If we follow the latter approach, then we realize our mind-in-itself straightforwardly; once this is realized, everything becomes realized. *Liang-chih* or the mind-in-itself immediately becomes manifest, and the event and the thing that it transcendentally affects also present themselves immediately. This is the meaning of the "round, sudden" teaching ("sudden" implies "round" and vice versa), or the saying "where the mind-in-itself is, is moral cultivation." Moreover, the mind-in-itself is also formless, and so is the moral cultivation. These two cannot be but ceaselessly profound and pure.

Those who perform moral cultivation in accordance with the first approach are men of middle (average) or low inherence. Generally speaking, most people are like this. Those who perform moral practice in accordance with the latter approach are, of course, men of superb inherence, who are extremely rare. Whether the inherence is high or low is not a problem of intelligence but of selfish desires and dispositions. Those of superb inherence seem to have few selfish desires and are unlikely to be influenced by sensibilities. Hence the saying that "Yao and Shun followed their nature." They follow their enlightenment spontaneously with ease. Men of middle or low inherence have many selfish desires and involvements or entanglements. Since their *liang-chih* cannot easily prevail, they must practice the moral cultivation of reflection and contemplation.

Now Lung-hsi's record of Yang-ming's combination of the four items in the state of being and those in the state of nothing becomes apparent. He wrote:

> Originally my teaching consists of two approaches. The saying that the four items are in the state of nothing is the teaching for the people of superb inherence, while the saying that the four items are in the state of being is for those of inherence on or below the average. Men of superb inherence, having realized the mind-in-itself without good and evil, set up their foundation from the state of nothing, and let the volition, *liang-chih*, and the thing spring from the state of nothing. Thus, all the difficulties are solved at the same time, and where the mind-in-itself is, is moral cultivation. This is plain and straightforward with nothing unaccomplished. This is the learning of sudden enlightenment. Men of middle or low inherence, who have not yet realized the mind-in-itself, cannot but set up their foundation on what is having good or evil, and let the mind, *liang-chih*, and the thing emerge from the state of being. Such men need the moral cultivation to perform good and to get rid of evil. By means of moral treatment wherever necessary, their minds gradually achieve realization and from the state of being return to the state of nothing, or to the mind-in-itself. Their final success is not different from that of the people with superb inherence. (*Recorded Conversations of Wang Lung-hsi*, chüan 1, "Witness of Tao at the T'ien Ch'üan Bridge.")

In chüan 3 of the *Instructions for Practical Living*, the statement about the high and low inherences are the same as Lung-hsi's above, but Yang-ming's statement does not include the following passages to be found in Lung-hsi's version: "set up their foundation from the state of nothing, and let the volition, liang-chih, and the thing spring from the state of nothing" and "establish their foundation on what is having good and evil, and let the mind, *liang-chih*, and the thing emerge from the state of being." Of course these words are Lung-hsi's interpolation; however, they cannot be said to be wrong, insofar as they are understood according to my exposition above.

The phrase "set up their foundation from the state of nothing" means "get a foothold from the state of nothing." This "foothold" leads to the ultimate unity without the need of moral treatment. Both the mind-in-itself and the moral cultivation are formless and "ceaselessly pure." For if there is no moral treatment, then there is no moral cultivation of development as that in "developing *liang-chih* in order to render the volition sincere." This is, of course, the learning of sudden enlightenment, which solves all problems at one stroke.

But the phrase "having not yet realized the mind-in-itself," which is about the people of middle or low inherence, does not mean that they have absolutely no realization (insight) or affirmation of the mind-in-itself without good and evil, or *liang-chih*-in-itself. For the saying that the four items are in the state of being explicitly contains the following two sentences: "That which has no good and evil is the mind-in-itself" and "That which knows good and evil is *liang-chih*." Furthermore, Yang-ming said that "as to the development of *liang-chih*, it depends on the realization of *liang-chih*." How can *liang-chih* be developed when it has not been realized? Therefore, the phrase "have not yet realized" must mean having not suddenly realized or attained the loftiest realm, where there is no good and evil but only unity. This realm has not been attained, therefore, moral treatment becomes indispensable. Thus the "form" of each item is revealed in the state of being, hence the saying that "the mind, *liang-chih* and the thing emerge from the state of being."

The phrase "cannot but set up their foundation on what is having good and evil" is not quite appropriate and becomes misleading. Here, "set up foundation" must also mean "get a foothold," which actually means to start cultivation from doing something about the volition with good and evil. That the volition has good or evil expresses that the volition is being in this manner. Here this "*yu*" (being) is different from the "*yu*" (having) in the phrase "has good or evil." The volition is the "being" in this manner and so is the being of the thing. However, the mind and the knowing of *liang-chih* are still the supremely good being, namely, the purely intelligible being which transcends sensibility. Although these four kinds of "being" are different, they are all in the state of being. Just because the volition with good and evil has once been revealed as being in this manner and has not sprung solely from *liang-chih* nor has been transformed to formless volition, then the mind, *liang-chih* , and the thing are each revealed as "being"in their respective manners. Hence, the saying that all "emerge from the state of being, "which is what Lung-hsi meant by "a posteriori learning."The phrase "set up their foundation on having good and evil"actually contains two phrases: (1)commence cultivation with the volition,(2)set up their foundation or get a foothold on the state of "being."Thus, the phrase "set up their foundation from the state of nothing" in the learning of sudden enlightenment (or a priori learning) should also contain two phrases : (1)commence cultivation with the a priori mind-in-itself,(2)set up their foundation or get a foothold from the state of nothing. Thus, doctrines of "being"are symmetrical.

V. A PRIORI LEARNING AND A POSTERIORI LEARNING

There is another passage in which Lung-hsi talked about these two kinds of learning from the point of view of a priori and a posteriori:

> Master(Lung-hsi) said to Tsun-yen Tzu (Wang Tsun-yen) . "The rectification of the mind is *a priori* learning, whereas the sincerity of the volition is *a posteriori* learning."Tsun-yen Tzu said, "Why is it necessary to discern between the mind and the volition by judging their being *a priori* or *a posteriori*?" Master said, 'All our worldly

(temporal) passions and desires arise from the volition. The mind originally is supremely good, and when moved by the volition, it has evil. If we can establish our foundation on *a priori* mind-in-itself, then what the volition moves cannot but be good, all worldly passions and desires cannot remain, and the moral cultivation of developing *liang-chih* naturally becomes simple and easy. This is similar to the saying"as he (the great man) is posterior to Heaven, he observes the Heavenly seasons. " But, if we set up our foundation on the *a posteriori* activity of the volition, we cannot avoid the impurities of worldly passions and desires. Once fallen into involvements, we are bound to exert ourselves in chopping off the entanglements; then the moral cultivation of developing *liang-chih* becomes complicated and difficult, and much endeavour is needed to recover our *a priori* mind-in-itself. " (*Recorded Conversations of Wang lung-hsi*, chüan 1, "Records of Three Mountains and Twin Swamps. ")

Here "the rectification of the mind" is regarded as the a priori learning. The word "rectification" has actually no meaning. The phrase "rectification of the mind" is employed merely to express sudden enlightenment. No longer has it the meaning of the same phrase in the context of the *Great Learning* or in Yang-ming's commentaries on the *Great Learning*. According to Yang-ming the moral cultivation of rectifying the mind consists in the sincerity of the volition. Hence he says: "It is not until attaining the sincerity of the volition that one's moral cultivation gains reality. " "Rectification of the mind" is nothing but a moral state devoid of practical content. The real moral cultivation lies in the sincerity of the volition, which is a focus based on developing *liang-chih* . The rectification of the mind mentioned by Lung-hsi as the a priori learning is obviously not that rectification in Yang-ming's context of explanation, which is the four-sentence doctrine that the four items are in the state of being. Lung-hsi's a priori learning aims at explaining that the four items are in the state of nothing and that "the rectification of the mind" actually means the straightforward sudden realization of the mind-in-itself. If we "have realized the mind-in-itself, then we set up our foundation from nothing, and the volition, *liang-chih* , and the thing all spring from nothing." These three items come spontaneously after the mind, therefore, the moral cultivation is "plain and straightforward with nothing una-ccomplished".

In the passage quoted above, there is a similar explanation: "If we can establish our foundation on the a priori mind-in-itself, then what the volition moves cannot but be good, all worldly passions and desires cannot remain, and the moral cultivation of developing *liang-chih* naturally becomes simple and easy." By saying "establish our foundation on the a priori mind-in-itself,"Lung-hsi rendered the word "rectification" meaningless. If we ask how we "can establish our ground on the transcendental mind-in-itself," then the answer is nothing but sudden enlightenment, which transforms the mind, the volition, *liang-chih* , and the thing into a unity; then not only is "the moral cultivation of developing *liang-chih* naturally simple and easy," but there also is actually no cultivation of "developing," because on this level, moral treatment has been transcended. Therefore, it is superfluous and misleading to repeat that "the moral cultivation of developing *liang-chih* is simple and easy," as this repetition may make people misunderstand that there are two kinds of moral cultivation for developing *liang-chih* —— one being easy while the other is complicated and difficult. In fact, under the circumstance that we have suddenly realized that the four items are in the state of nothing, there is no "developing *liang-chin*." If it is necessary to say "developing *liang-chih*," then there is only one system of moral cultivation, namely, the teaching that the four items are in the state of being.

Lung-hsi stressed the duality between the transcendental and the empirical and explained the sentences that the four items are in the state of being to mean "establish the ground on the empirical activity of the volition," which is the same as his words in the "Witness of Tao at the T'ien Ch'üan Bridge." This phrase has to assert two things: (1)to commence with the activity of the volition, (2)to establish the root, or set up the foothold, "on the state of being." Here the cultivation of developing *liang-chih* is naturally "more complicated and difficult" than the four items in the state of nothing, which are suddenly realized. In principle there are two levels. But affirming difficulty and easiness in relation to these two levels is liable to arouse the idea of avoiding difficulty and choosing easiness. For, now that there is the path simple and easy, why do we not take it? This is the defect —— wandering in the realm of void. We must know that sudden enlightenment is far from being easy and is not the way that everybody can follow; even men with superb inherence are not completely free from the impurities of worldly passions and desires, but for such men these impurities are comparatively slight and easily transformed. (Man is, after all, a finite being, a being with sensibility.) Thus, it is inappropriate to evaluate difficulty and easiness with respect to the duality between the transcendental and the empirical. Strictly speaking, the developing of *liang-chih* can be set up only on the basis of the saying that the four items are in the state of being; there is no such development on the basis of the saying that the four items are in nothingness. Thus, the duality between the transcendental and the empirical, or between the sudden and the gradual, proves to be crude and ambiguous. How gradual is the cultivation in accordance with the sentence that the four items are in the state of being? Is it thoroughly gradual? Is the learning thoroughly empirical? Answers to these questions require careful examination.

VI. IS THE FOUR-SENTENCE TEACHING A THOROUGHLY GRADUAL TEACHING?

In the saying that the four items are in the state of being, the moral cultivation of rendering the volition sincere is not a piecemeal cure in an empirical fashion, although developing *liang-chih* to render the volition sincere is viewed from the standpoint of the activity of the volition and based "on the state of being." The statement that the sincerity of the volition is where the moral cultivation lies merely means that the activity of the volition is where the problem is. The ground for solving this problem, that is, the transcendental ground of sincerity of the volition, is *liang-chih*. The activity of the volition is empirical, whereas *liang-chih* is transcendental. Thus, the ground of the moral treatment is transcendental or a priori. To be grounded on the activity of the volition is to be viewed from the standpoint of the activity of the volition, and based on "being"; if we stress the cultivation of moral treatment, then this cultivation is grounded on *liang-chih*. Therefore, the phrase "grounded on the empirical activity of the volition" does not imply that the cultivation of rendering the volition sincere is an empirical treatment. For, according to the teaching of developing *liang-chih*, the essential cultivation of moral practice is developing *liang-chih*, but not turning outward to rely on empirical learning (which is a secondary condition, like *paccaga* which is inferior to *hetu*); the ground that renders the development of *liang-chih* possible is *liang-chih* itself. It is absurd to leave *liang-chih* there and turn outward to secure a kind of external cultivation to develop that *liang-chih*.

This *liang-chih* is definitely not the nature or reason understood by Chu Hsi, who presupposed a duality between mind and nature, or mind and reason. *Liang-chih* itself is reason and also mind, that is, the unity of mind and reason. It possesses an irrepressible power which compels its own emergence. It is only the mind itself that has such a power. If it is merely reason, then it cannot possess this power, for the mind is capable of activity(which is not the movement of *ch'i*, the material force). This is similar to the pure mind-in-itself of *tathāgatha-garbha* in Buddhism∶ mind being True Thusness (*tathatā or tathāgatha*), True Thusness being mind, and the mind and True Thusness being a unity, we can speak of the "fumigation of True Thusness," that is, the True-Thusness-Mind has the power to cope with or weaken *avidyā* or *māyā*. But, for those who affirm *ālaya* as the origin of occasions but not the True-Thusness-Mind, True Thusness in their system is "mere reason" or "inactive True Thusness." Then, True Thusness is not tainted by *avidyā*, nor does it fumigate *avidyā*; it is only an object enlightened by *prajñā*. So those who belong to the School of Mere Ideation (Vijñaptimātra, Vijñānavada or Yogācāra) handed down by Hsüan-tsang have to deny the fumigation of True Thusness in the *Mahāyāna 'sraddhotpāda sāstra*, or *Treatise on the Wakening of Faith in the Mahāyāna*. (On this point, Chu Hsi and the Mere Ideation school share the same type of thought, therefore, both are thoroughly gradual teaching, which is also thoroughly empirical learning because it depends solely on empirical treatment.)

Liang-chih, the unity of mind and reason, however, naturally possesses the power to emerge. In coordination with the phrase "to make the volition sincere," we say "to develop liang-chih"; as far as the "development" of liang-chih is concerned, liang-chih actually develops itself by itself instead of by external cultivation. Hence there is the necessity to affirm that liang-chih can unconsciously present itself anywhere and at any time. Reflective realization and verification mean verifying liang-chih immediately during its presentation. Moreover, this realization is not irrelevant to liang-chih but is the awakening of us through the shocking power of liang-chih itself, which urges us to reflect or contemplate it before affirming it. In short, reflective realization is contemplating liang-chih itself, by its own power of shock. Then the development of liang-chih is developing itself by itself rather than by external cultivation. Therefore, speaking about developing liang-chih to render the volition sincere, we must first admit that, in a sense, we have already verified and realized liang-chih, or else it is impossible to explain the development of liang-chih. Hence Yang-ming says that "as to developing liang-chih, it depends on the realization of liang-chih itself: once liang-chih is fully developed, all problems are solved immediately." (Preface to the Ancient Scripture of the Great Learning, chüan 7, Complete Works of Wang Yang-ming.) Thus, even the development of liang-chih in the saying that the *four items are in the state of being necessitates our "realization of liang-chih* itself." It is in the process of moral treatment that the mind, *liang-chih*, and the thing are simultaneously in the state of being. It is owing to moral treatment that the word "being" is in the saying that the four items are in the state of being. Without moral treatment, we must say that the four items are in the state of nothing.

Therefore, what the "Witness of Tao at T'ien Ch'üan Bridge" recorded about Yang-ming's statement resolving the differences of view between Wang Lung-shi and Ch'ien Hsü-shan is inappropriate since it incorrectly stresses the duality between "having realized" and "not having realized." If the saying that the four items are in the state of being applies to the men of middle or low inherence, then, how can they develop *liang-chih*, provided that they "have not realized the mind-in-itself"? Moreover, this would contradict the saying that "the development of *liang-chih* consists in the realization of *liang-chih* itself." In sum, the realization of the mind-in-itself is essential to the sayings that the four items are in the state of being and that they are in the state of nothing (having realized *liang-chih* is tantamount to having realized the mind-in-itself). The distinction between superb and low inherence does not lie in whether or not the mind-in-itself is realized, but in whether or not there is moral treatment. Therefore, the previously mentioned statement of resolution by Yang-ming should be amended as follows: Men of superb inherence, having suddenly realized the mind-in-itself without good and evil, set up their foundation on the state of nothing, and let the four items attain ultimate unity without undergoing gradual moral treatment, while the volition, *liang-chih*, and the thing spring from the state of nothing; men of middle or low inherence, despite their final realization of the mind-in-itself, need moral treatment and so cannot but commence moral cultivation with what is having good or evil, that is, establish their foundation on the state of being, and let their mind, *liang-chih*, and the thing emerge from the state of being, Thus, Yang-ming's ideas become crystal clear and definite, From this we see that the saying that the four items are in the state of being is neither thoroughly gradual teaching nor thoroughly empirical learning.

Tackling the activity of the volition belongs to the empirical level, but the ground of moral treatment is *liang-chih*, which is transcendental. It is solely owing to the necessity of moral treatment that the teaching is gradual. On account of having this transcendental ground, the gradual teaching also possesses the ground for the possibility of sudden enlightenment. (It is owing to the affirmation of the mind-in-itself that the sudden teaching becomes possible. Without the transcendental mind-in-itself, the teaching cannot but be thoroughly gradual teaching and empirical learning, like those of Chu Hsi and the Mere Ideation school.) This kind of gradual teaching resembles that of the *Treatise on the Wakening of*

Faith in the Mahāyāna. Its implication of sudden teaching is similar to the situation of the Hua-yen school grounding its philosophy on the *Treatise on the Wakening of Faith in the Mahāyāna* but advancing its sudden teaching according to *Avatamsaka sūtra*, or *Hua-yen ching* (Flowery Splendor Scripture) . Thus, the four-sentence teaching also contains the possibility of sudden enlightenment, and leads to the sudden teaching despite its being gradual teaching. Hence, Lung-hsi's saying that the four items are in the state of nothing is not without its ground in Yang-ming's teaching. Further, the four-sentence teaching may be regarded as a universally applicable constant principle of moral practice, because even men of superb inherence cannot totally dispense with the moral treatment necessitated by the impurities of worldly passions and desires, though comparatively slight and easily transformable.

For this reason, the saying that the four items are in the state of nothing expresses only the loftiest realm attained, after practicing or exercising moral treatment, instead of an objectively practical teaching. Since the gradual teaching presupposes the ground of sudden enlightenment, suddenness means only the loftiest realm, whereas the lack of suddenness means the gradual realm. (Thoroughly gradual teaching and empirical learning can never involve suddenness.) Men of superb inherence are capable of instantaneous suddenness, while people of average or low inherence also possess the ground enabling suddenness. For high inherence and low inherence, there seem to be two kinds of teaching methods; however, the is only one, that of the four-sentence teaching. The phrase that the four items are in the state of nothing cannot independently become a teaching method; it has been considered as a teaching method insofar as it is applied to men of superb inherence who "follow their nature" and become the so-called heaven-gifted sages. If they "follow their nature" that is heaven-gifted, how can the saying be a teaching method? (The T'ien-t'ai school said that suddenness is a manner of tecahing instead of a principle of teaching. Here we say that suddenness is confined to men of superb inherence, or the suddenness is expressed by the sudden time in the four-sentence teaching. However, Lung-hsi emphasized only the duality between the transcendental and the empirical. He seemed to instruct people to abandon the a posteriori and take on the a priori; his teaching was inappropriate in making the a priori learning appear easy, taking the four-sentence teaching to be a posteriori, and neglecting the a priori nature of *liang-chih* in this teaching. In short, Lung-hsi was negligent and imprudent. Nevertheless, apart from the doctrine that the four items are in the state of nothing, he stressed only *liang-chih*. He always said that one can succeed if one trusts *liang-chih*. Thus, the fact that the four items are in the state of being in developing *liang-chih* can lead to the state of nothing. Interpreted in such a way, Lung-hsi's teaching may be regarded as faultless.

Those ambiguous wored of Lung-hsi were because of his imprudence in thinking and inaccuracy in expressing his ideas. No wonder his inappropriate words aroused others' sarcastic remarks. Even Yang-ming was stimulated by Lung-hsi's intelligence and advocated the doctrine of high and low inherence to suit Lung-hsi instead of making a detailed exposition of his own philosophy for Lung-hsi. In addition to this, according to the *Instructions for Practical Living*, Yang-ming said that the four-sentence teaching "originally is a universally applicable principle of moral practice." (Lung-hsi's records did not mention this because he regarded it as an expediency.) Therefore, this teaching is not confined to men of middle or low inherence. It is a pity that Yang-ming did not explain it to enlighten Lung-hsi.

Ⅶ. CONCLUSION

My critical exposition above has clarified and rectified Lung-hsi's equivocal sayings. The terms such as *ssu-yu* or *ssu-wu* have their precise meanings, whose differences and ramifications should be made clear. Thus, we can now state that the four items are in the state of being or nothing, that men can attain sudden or gradual enlightenment, and that the four-sentence teaching is a universally applicable principle of moral practice.

Lung-hsi's insight into the theory of *ssu-wn* is not without ground. On the whole, he stayed with Yang-ming's prescriptions, promulgating and developing them; he may be called the fittest successor of Yang-ming's philiosophy. Should his imprudent words be expunged, his sayings would be mostly what Yang-ming had already pronounced, among all Yang-ming's disciples at that time, Wang Lung-hsi was the most proficient in and familiar with Yang-ming's thoughts. He inherited all of Yang-ming's doctrines without establishing new ones, concentrating exclusively on Yang-ming instead of absorbing other Sung Neo-Confucianists' ideas thereby making his doctrine impure. In sum, Lung-hsi has been characterized by his saying that the four items are in the state of nothing, whence he displayed both his ingenuity and his negligence. However, if all inexact and imprudent words were disregarded, then his theory would also be the natural consequence of Yang-ming's teaching of *liang-chih* and would not be fallacious.

In chüan 12 of the *Anthology and Critical Accounts of the Neo-Confucianists of the Ming Dynasty*, Huang Tsung-hsi commented on Lung-hsi, "Master (Lung-hsi) succeeded Yang-ming's final instructions after a long intimate relationship, so most of Yang-ming's subtle words survive through him"; Huang also said, "Master (Lung-hsi) channelled and disentangled many lines of thought, contributing much in expounding Wen Ch'eng Kung's (Yang-ming's) learning." These remarks do not diverge from the fact. But it is erroneous for Tsung-hsi to say that Lung-hsi's doctrine that the four items are in the state of nothing "cannot but resemble Ch'an Buddhism and have diverged from Confucian prescriptions," since Huang Li-chou (Tsung-hsi) was never himself clear about the key to making distinctions between Ch'an Buddhism and Confucianism.

原載 *Philosophy East & West*, Vol. 23, No. 1/2, Jan./Apr. 1973

《牟宗三先生全集》總目